JN083271

鳥の眼で観る一流サッカーチームの戦術事例

とんとん
TONTON
サッカー戦術分析ブログ『鳥の眼』

TACTICS VIEW

鳥の眼で観る一流サッカーチームの戦術事例

とんとん TONTON
サッカー戦術分析ブログ『鳥の眼』

はじめに

欧州サッカーシーンの勢力図は瞬く間に移り変わる。

11-12シーズンのリーガでは前季4位につけたビジャレアルが18位で降格。14-15シーズンのブンデスリーガでは前季2位のドルトムントが、シーズン中盤まで最下位に低迷。

逆に18-19シーズンCLではアヤックスがベスト4へと進出する快進撃。アタランタはセリエAで3位と健闘し、クラブ初のCL出場と同時にこちらもベスト8へと進出してみせた。国内5部相当のリーグに属していたRBライプツィヒはたったの10年間でバイエルン、ドルトムントを抑えブンデスリーガ秋の王者に輝きCLベスト4へ進出するまでに急成長を遂げた。

こういった変動が起きる理由は様々だ。新監督就任に伴う戦術の変化による好転、潤沢な資金を活かした補強、同一監督の長期政権化によるマンネリ、他クラブからの対策による苦戦、ビッククラブからの主力選手の引き抜き、過密日程、怪我人の増加…。

資金力でビッククラブに劣るチームが毎年上位に割って入るのは簡単なことではない。主力の引き抜きにより、同等の機能性を保つことが難しくなるのが最たる要因だ。

またビッククラブでは、他チームからの対策による苦戦の回避が重要課題となる。そのため、戦術のアップデートやそれに伴う選手の補強を定期的に行う必要がある。

つまりクラブ規模の大小に関わらず、どのチームにおいても短期スパンで様々な移り変わりが発生するため、ピッチ上で見られる戦術的機能性は刹那的なものとなる。その中には、当該システムにおける戦い方の「教科書」と表現するに足るチームも多数存在した。そんなチームの存在は決して風化させるべきではない。

では、これら戦術の「教科書」を知ることにいかなるメリットがあるのか。

プレイヤーにとって「止める」・「蹴る」を基本とする技術や、スピード等の運動能力が重要であることに疑う余地が無い。しかし、戦術的知識がプレイヤーの助けになることもまた然りである。

「チームの一部として俯瞰的に視た自分」が、どこでどういったプレーを行うべきなのかを理解できているだろうか?

例えばあるゴールシーンでのポジショニングについて、選手Aは「この辺りにいればシュートに持ち込めそうな気がしたから」と答える。これは自身の感覚に頼る部分が大きく、次回同じようなシーンに遭遇した際、その時の感覚次第でポジショニングが変わるため、高い再現性は見込めず、素早く合理的な判断を下せるか疑問が残る。

似たようなゴールシーンで選手Bは、「SBのオーバーラップで敵のSBが外に引っ張られたため、空いたスペースでボールを受ければ、パスとシュートの2択の選択肢を持つことができる。今回は敵のカバーが遅かったためパスではなくシュートを選択した」と答える。

これは「周囲の敵・味方の状況を俯瞰的に把握」したうえで自身の立ち位置を決めている。「右脚でシュートを撃ちやすい」等の自分自身のプレーの成功率を上げるためだけのポジショニングではないという点がポイントだ。「チームが点を取るために、チームの一部としてどこにポジショニングするべきなのか」を論理的に思考できている。

そのため、次回同じようなシーンに巡り合っても周囲の状況を読み取り、チームの得点の可能性が高い的確な判断を下すことができるだろう。そしてこういった思考のできる選手は他のあらゆる状況においても的確な判断を下すことを期待できる。

どんなテクニックもフィジカル能力も「然るべき時に然るべき位置で用いることで最大限の効果を発揮」する。この然るべき位置はチーム戦術によって定まるケースが多い。だから「チームの一部としての自分」をきちんと把握する必要があるのだ。その助けとなるのが、戦術的知識である。自分とチームを助けるために戦術を学ぶ。試合時間の98%にも及ぶ「ボールを持っていない時間」を有効に使うための知識だ。

また、戦術的知識はサッカーを観戦する人たちにとっては、選手やチームの「良いところ」を発見する助けとなる。チームや選手のことをより深く知りたいというのはファンの常だ。

そしてファンにとって、その選手に関する最大の情報源はピッチ上の姿であろう。

戦術的知識を養うことで、今まで見えてこなかったチーム、選手の「良いところ」が見えてくる。曇りのないフィルターを通して選手たちの姿を見ることで、もっともっと選手たちのことを理解できるはずだ。

戦術的視点からチームを分析したい人たちにとっては、手本となるような他チームの戦術を学び、「比較」することで多角的な考察が可能となる。別の視点からでないと見えてこない長所・短所というものは確実に存在する。教科書との差異が短所となっているのか、はたまた個性となっているのかを見極めるのは効果的な分析方法のひとつだ。

本書は戦術的知識を養うため、「戦術の教科書」と呼べるほどまでに機能していたチームが、いかに戦ったのかを紹介していきます。少しでも多くの人に戦術に興味を持ってもらい、戦術的知識が「自分がどこで、どのようなプレーするべきかを判断する」うえで、そして「ピッチ上のチーム・選手を深く知る」うえで、助けになれば幸いです。

TACTICS VIEW 鳥の眼で観る一流サッカーチームの戦術事例【コンテンツ】

KEYWORDS IN THE FIELD OF MODERN FOOTBALL

近年

重要性を増してきた

サッカー用語紹介

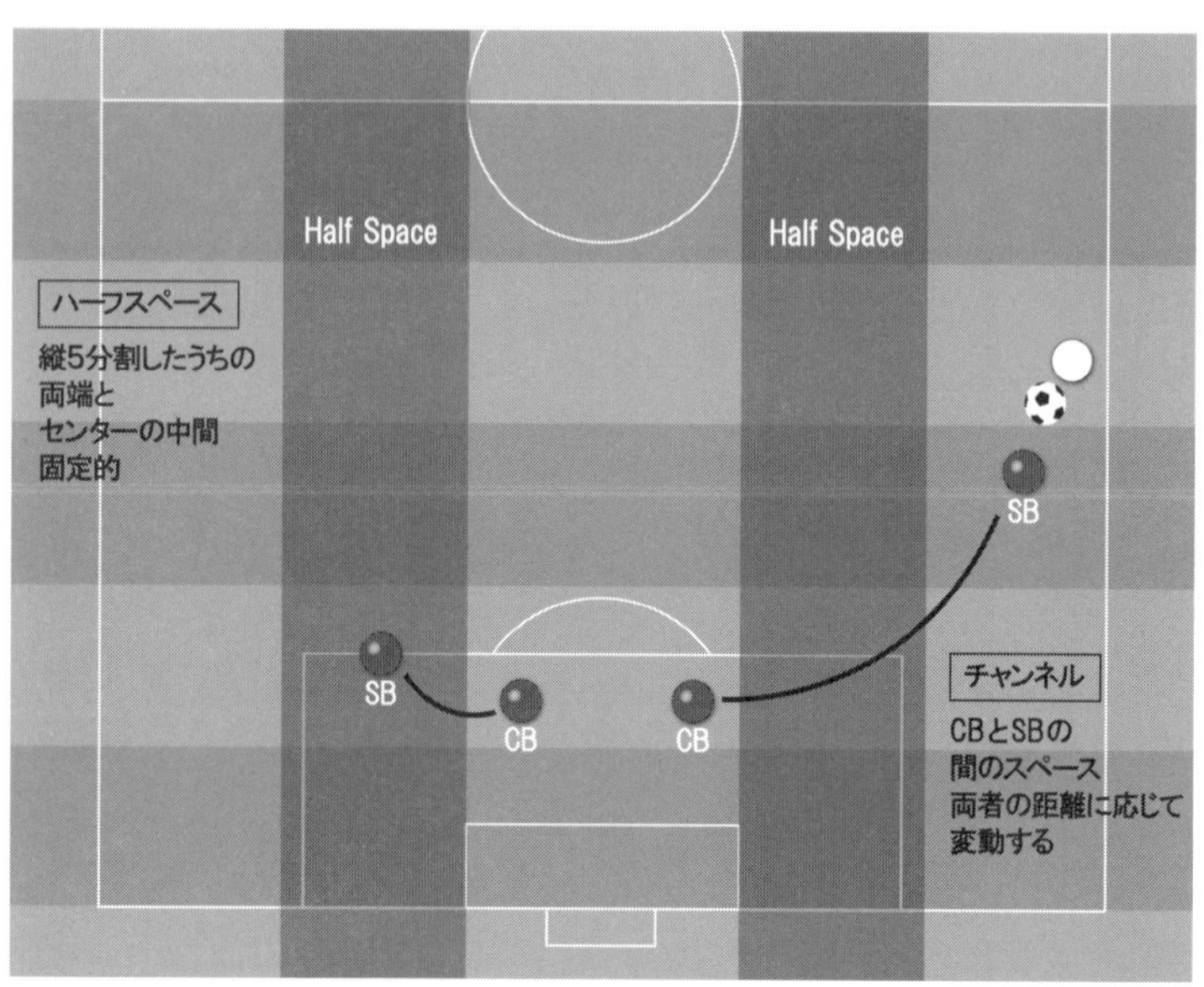

チャンネル
Channel

CBとSBの間のスペースを指す。CBが中央に留まりSBが外に開けばチャンネルはどんどん広がっていく。チャンネルに侵入する攻撃手法は現代サッカーのトレンドである。

ハーフスペース
Half space

ピッチを縦5分割で見た時の大外とセンターの中間のエリアを指す。

大外よりもゴールに近いためチャンスメイクを行いやすく、中央ほど密集していないため時間的・空間的にプレーしやすい。2014年ブラジルW杯の時期近辺からその重要性が強く説かれるようになった。

チャンネルはCBとSBの位置によって広がったり狭まったりするが、縦5分割は広がったり狭まったりしないので固定的である。HSは固定的、チャンネルは変動的と理解する必要がある。

オーバーロード

Overload

一定のエリアに人数を集中させた状態を指す。人数をかけて、細かいパスを繋いで攻撃を展開するために必要な距離間を確保している。

敵からしてみれば、特定のエリアに複数人が雪崩れ込んでくるため数的不利が生まれ、対応に苦戦する。当然全体を大きくスライドさせて守るのだが、その際反対サイドの人数が少なくなる。この状態は「アイソレーション」と呼ばれる。各エリアに均等に選手を配置するのではなく、あえてバランスを崩すのがこの戦術の特徴である。

利点としては以下の6つが挙げられる。①選手間の距離が狭まり、ロンドの様な細かいパス回しが可能になる。②縦パスの出し手・受け手、スペースへの侵入者の確保、増加。縦へのスイッチを入れやすい。③枚数不足に起因する縦への推進力の欠如が解消される。④溜めを作りやすい。⑤アイソレーションサイドへのロブパスで裏を突きやすい。⑥ボールを奪われた際にプレッシングをかけやすい。

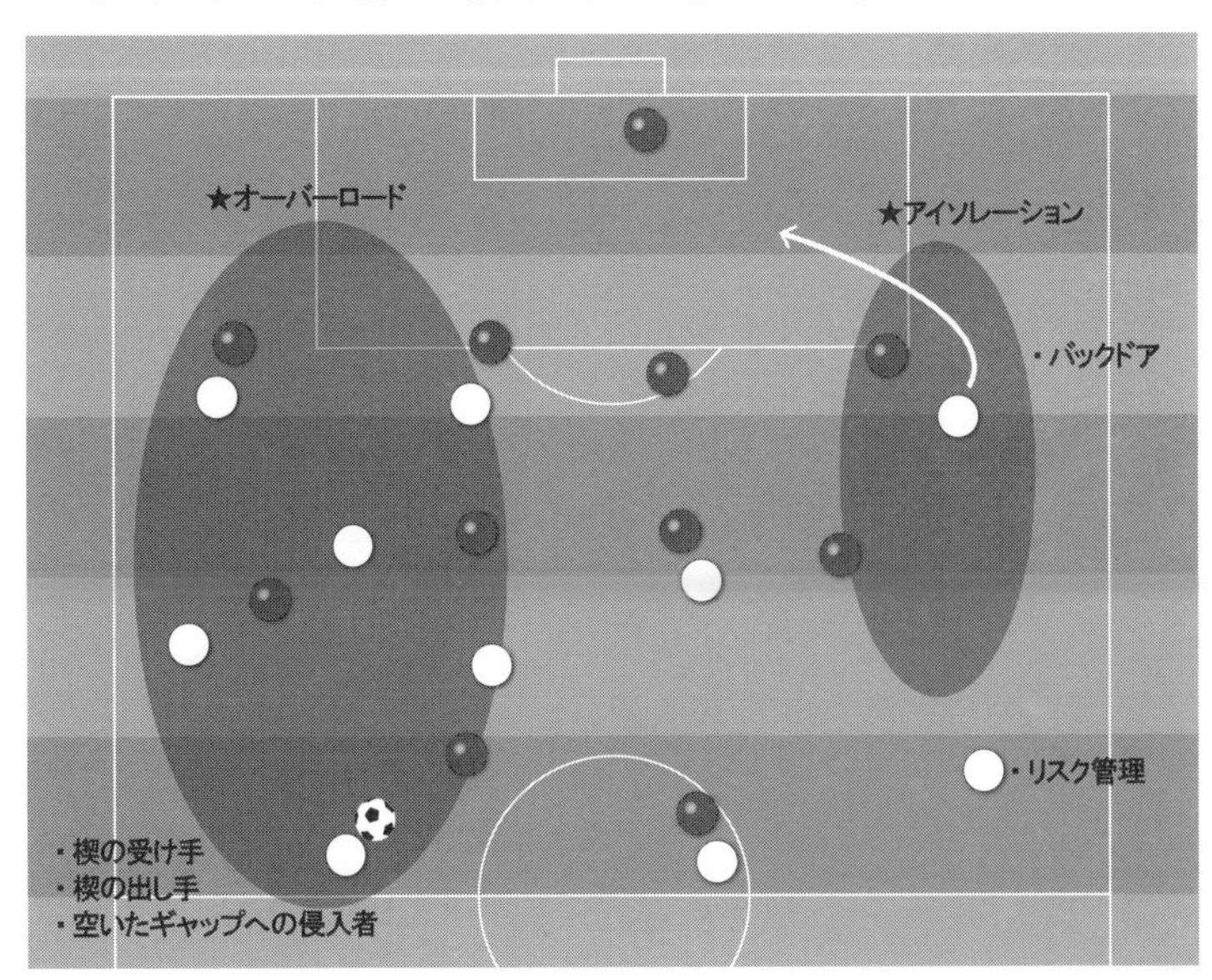

レイオフパス

Layoff pass

楔を受けたポストプレイヤーが用いる「落としのパス」を指す。

レイオフパスを攻撃に組み込むには①「楔のパスを出す選手」、②「レイオフパスを行う選手」、③「レイオフパスを受ける選手」の3人の選手が必要となる。このレイオフパスを組み込むメリットは、楔の処理が楽になる点にある。レイオフパスを行わない場合、受け手は敵の間を縫う鋭い楔のパスを、正確にトラップし、かつ反転をしないと前を向けない。

対してレイオフを組み込む場合、2人目がゴールに背を向けてレイオフ、3人目が前を向いた状態でバックパスを受けるという形となるため、多少強めの楔を打ち込んでもスムーズに前を向いた状態を作り出すことができる。「鋭い楔のパスを2人がかりで収めてかつ前を向く」というイメージだ。「狭いスペースでのターン」という高度な技術がまるごと省かれるので、技術的なハードルをぐっと低く抑えることができる。

レイオフを組み込むための条件は、2人目と3人目が適切な距離感でペアを組み、楔を処理するためのポジショニングをしている必要がある。

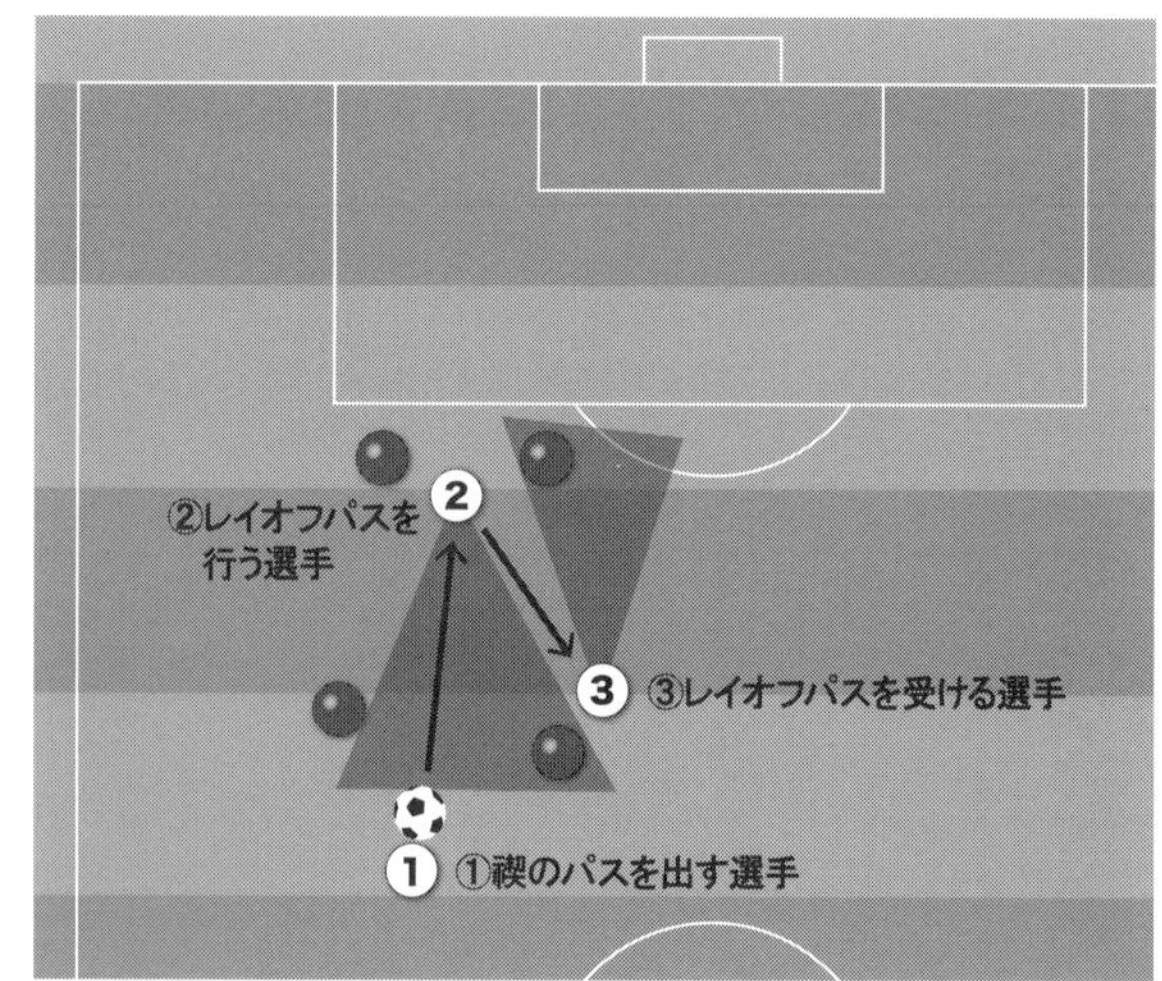

バックドアとフロントカット

With backdoor Front cut

バックドアは敵の背中側を、フロントカットは敵の視野の中を通ってDFラインの背後に抜けるプレー。

フロントカットは敵の死角を突けない反面、オフサイドの心配が少なく、さらにパスコースに敵より早く到達できる。パスコースに敵より早く到達できるということはつまりパスカットの心配がないということだ。

なぜならパスコースと敵の間に自分の身体が入っている状態だからだ。つまり、パスコースがゴールに向いていれば、敵DFの障害無くシュートまで持ち込むことが可能ということである。サイドの選手が行えば、敵DFと入れ替わり、完全に置き去りにすることが可能となる。

3オンライン

3online

3人の選手が一直線上に並んだ状態。この状態から中央の選手Bが抜ける。BのマークがBについてこなければBはそのままボールを受けることができる。BのマークがついてくればAからCへのパスコースができる。敵に2択を迫ることでパスコースを作り出すユニット戦術である。

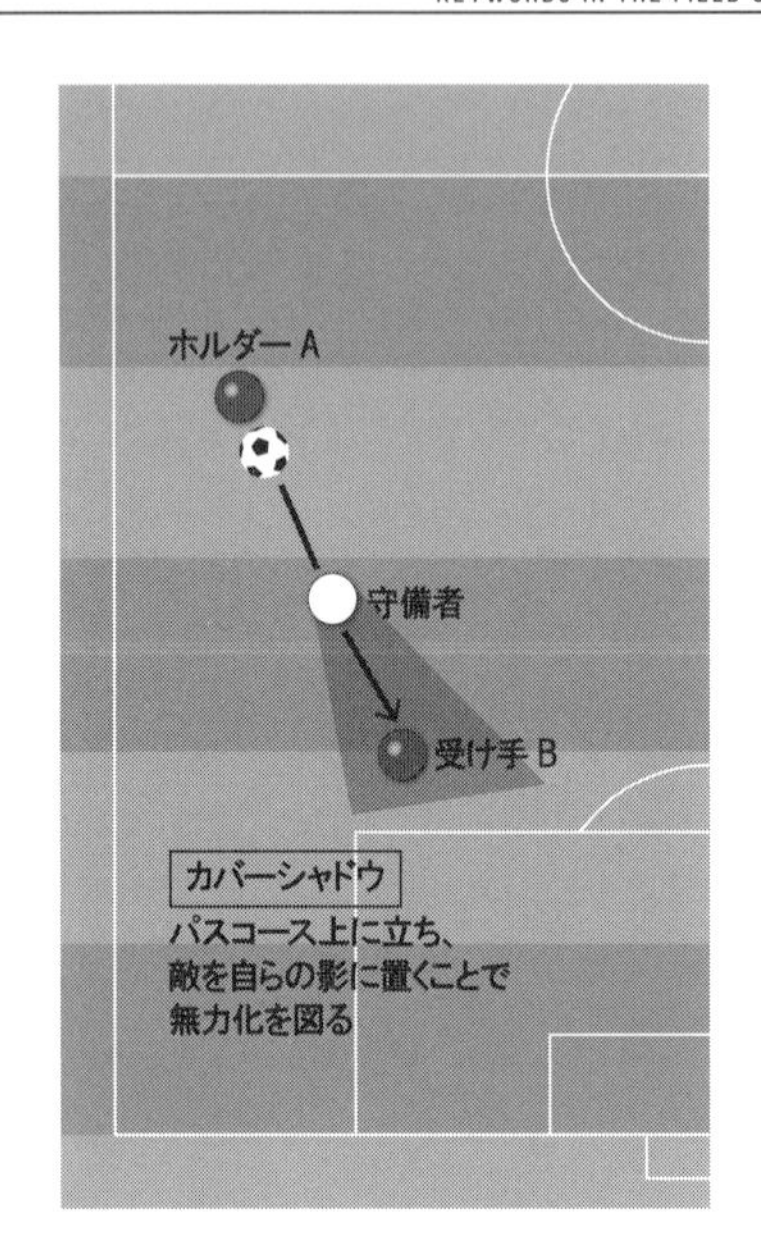

カバーシャドウ

Cover shadow

パスコース上に立ち、敵を自らの影に置くことで無力化を図る守り方。パスコース上に立ちながらボールホルダーに寄せることで、「1人で2人に対応する守備」が可能となる。ゾーンディフェンスを行ううえで必要不可欠な守り方。

ドリブルアット

Dribble at

2vs2でOF1vsDF1、OF2vsDF2がマッチアップしている状況におけるユニット戦術。

DF2は、OF2を見つつ、DF1のカバーに入れるような位置取りをするだろう。この状況からボールホルダーのOF1は、DF2に向かってドリブル（正対）する。DF2の視線はOF1に向かうことになり、マッチアップの組み合わせはOF1vsDF2に変わる。そこで死角となったOF2が裏に抜ける。この時、DF1がOF2に対応するカバーポジションをとれないというのもこのプレーにおける利点である。

逆サイドへのロブパスで裏を狙う際にも非常に効果的なプレーとなる。その際のパサーは蹴る直前に自身の居るサイドとは逆脚のアウトサイドにボールを置き直し、インスイングのパスを送る（図の場合右脚のアウトサイドに置き直して正対し、右脚のインフロントで裏へ送る）。

マーカー方向に身体を向けつつボールを蹴り脚側深くに置き直すことでマーカーはボールホルダーの次の動向に注目しなければならない。そのためボールウォッチャーとなり、足が止まり、タイミングも外され、裏抜け役を見失う。背後を狙うのに不可欠な技術。

ポジション・役割名称早見表

ゴールキーパー GK

ただ一人違うユニフォームを着用、「手」を用いてゴールを守ることが許された唯一のポジション。近年ではセービング能力だけでなくパス交換に加わる足元の技術やDFラインの背後をケアする飛び出し等も評価の判断材料となっている。

【別称】守護神／フットサル：ゴレイロ

ディフェンダー DF

ゴールキーパーの手前でゴールを守るポジション。近年では攻撃の起点となるプレーも求められる。

【別称】最終ライン

センターバック CB

DFラインの中心に位置してゴールを守るポジション。「大柄でヘディングに強い反面、それほど足の速くない選手」が多くを占めるため、敵のアタッカーについていくだけの「スピード」を持つ選手は評価が高くなる傾向がある。また守備の能力だけでなく、低い位置からパスで攻撃を組立てる際起点となるための足元の技術が求められるようになりつつある。

【役割】スイーパー：特定のマークを持たず、主にカバーリングを行う選手。
【別称】リベロ：スイーパーのイタリア語版。特定のマークを持たないため、攻撃時は積極的に前線まで顔を出す。現代サッカーではほとんど存在しない。

パターン 4-2-3-1

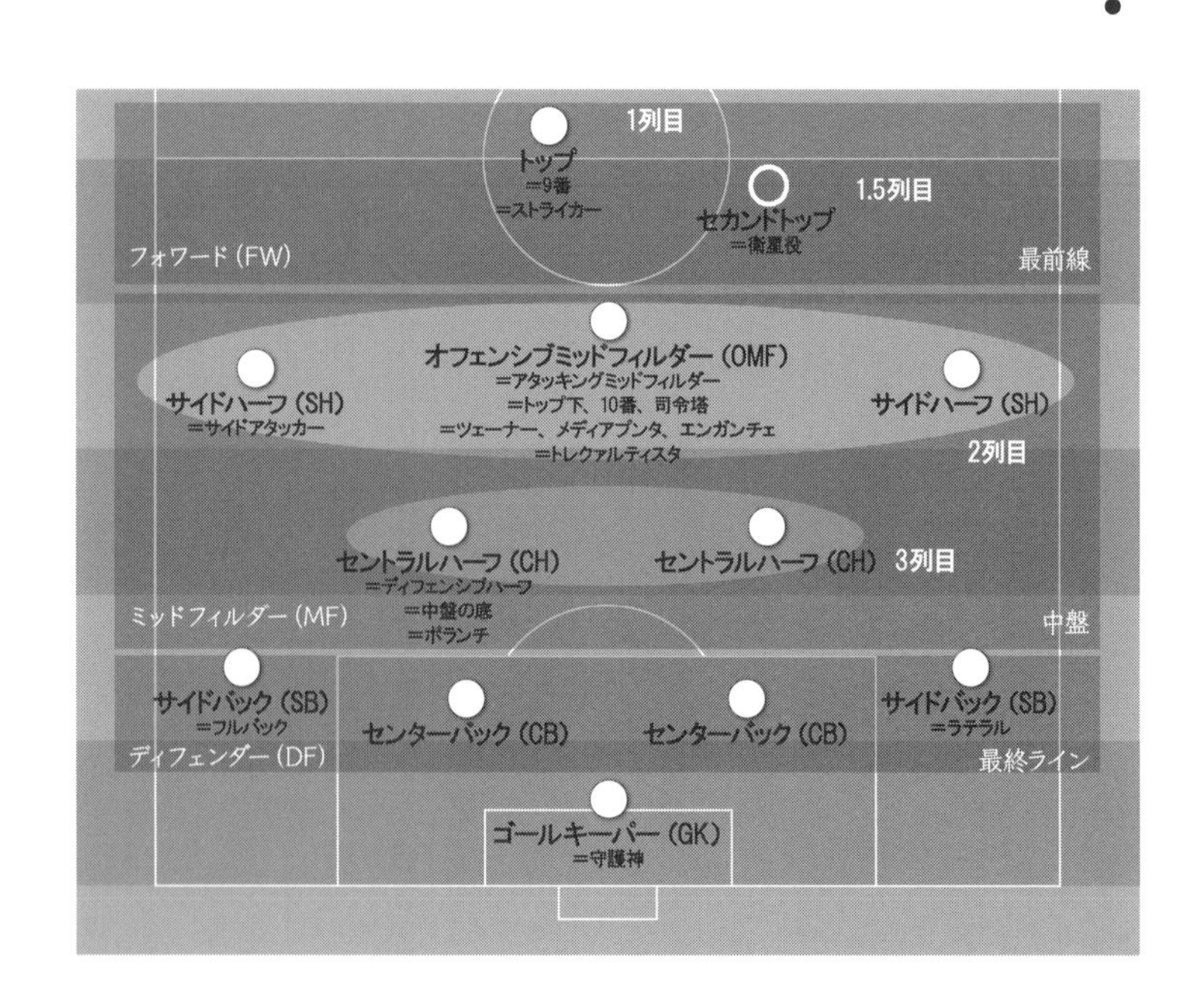

サイドバック SB

DFラインのサイドに位置してゴールを守る選手。敵のアタッカーを食い止める守備技術や競り合いの強さだけでなくゲームを作るパス能力、オーバーラップに必要なスピードとスタミナ等、チームの戦術によって求められる能力が異なる、近年重要性が増してきたポジション。

【別称】イングランド：フルバック／スペイン：ラテラル

ミッドフィルダー MF

陣形の中心に位置し、攻守のバランス感覚と運動量が求められるポジション。

【別称】中盤

セントラルハーフ CH

中盤の底が2枚の際の呼称。4-2-3-1、4-4-2等。4-3-3のように中盤が逆三角形で底が1枚の際は別の呼称(後述)。陣形の中心に配置されるため攻守のバランスがとれて、状況を読む判断力があり、視野が広く、スタミナがあり、パス技術に長けた選手が起用される。片方に攻撃的、もう片方に守備的な選手を起用してバランスをとることも多い。日本代表の場合、片方が遠藤保仁や柴崎岳のようにパス能力の長けた選手、もう一方が長谷部誠等のように守備やバランス感覚に長けた選手という役割分担で構成されている。

【別称】ディフェンシブミッドフィルダー（DMF）／守備的ミッドフィルダー／ボランチ／3列目(4-2-3-1等の際）／イタリア：メディアーノ

【役割】

・ボックス・トゥ・ボックス
自陣のペナルティエリアから敵陣ペナルティエリアまで激しく上下動を繰り返すタイプ

・ホールディングミッドフィルダー
守備を重視したタイプの選手。（イタリア：インコントリスタ）

・インクルソーレ
イタリア語。襲撃者の意味で積極的に攻撃に参加するタイプ。

・ディープライイングプレイメーカー
中盤低い位置でパス回しの中心となりボールを捌き、攻撃を司る選手。（イタリア：レジスタ）

・6番と8番
数字で表す役割。6番は守備重視、8番は攻撃重視。4-3-3ではポジション名の別称として用いられる(後述)。

サイドハーフ SH

中盤の底が2枚のシステム(4-2-3-1、4-4-2など)でのサイドの選手。サイドから攻撃を仕掛けるためのドリブル技術やスピード、CHを助ける守備での貢献が求められるポジション。

【別称】サイドアタッカー

オフェンシブミッドフィルダー OMF

敵陣で攻撃の中心となる選手。花形のポジションであり、最も別称が多いポジション。周囲の選手に点を取らせるアシスト能力、自ら得点するシュート技術、チャンスクリエイトするドリブルや敵の予測を外すプレーが求められる。狭いスペースでボールを操るアジリティや当たり負けしない身体の強さ等、フィジカル面での特徴を押し出す選手も多い。

【別称】アタッキングミッドフィルダー（AMF）／攻撃的ミッドフィルダー／トップ下／10番／司令塔／2列目(4-2-3-1の際、このポジションとサイドハーフの選手を総称して）／シャドー（3-4-2-1等のシステムの2列目の2人）
スペイン：メディアプンタ／ドイツ：ツェーナー（数字の10を指すZehnより）／アルゼンチン：エンガンチェ／イタリア：トレクァルティスタ

【役割】

・ニードルプレイヤー
狭いスペースでプレーすることができる、アジリティとボールテクニックに優れたプレイヤー。

・「クラシカルな10番」
ピッチ中央に位置して味方がボールを運んでくるのを待ち、パスを受けてからスルーパスやドリブル、シュート等で決定機を演出するタイプ。来たる一瞬に集中するために他のプレーには深く関与しない。「ファンタジスタ」として時代を彩った花形だが、今や絶滅危惧種であるため「クラシカル」という表現が使われる。

・セントラルウインガー
ピッチ中央から離れ、サイドに流れることで攻撃の起点を作る動的なタイプ。偽10番。

フォワード FW

敵のゴールに最も近い位置で得点を求められるポジション。

【別称】最前線、トップ

センターフォワード CF

敵のゴールに最も近いポジション。得点能力が求められるポジションだが、近年はボールを収めて展開するポストプレーやスペースを作るためのデコイ(囮)の動き、守備の能力も重要視されてきている。比較的大柄なプレイヤーが務めることが多い。

【別称】9番／ストライカー／ターゲット

【役割】

・ポーチャー
パス回しにはほとんど参加せず、ペナルティエリアの中で駆け引きを繰り返し、得点をとることに特化・集中するタイプのプレイヤー。ワンタッチシュートや駆け引きの技術が必須。近年では非常に少なくなっている。

・ポストプレイヤー
味方からのロングボールや鋭いグランダーのボールを前線で収め、攻撃の起点となる選手。大柄な選手が務めることがほとんどであるが、岡崎慎司のように小柄でもレイオフの技術を駆使して務める選手も存在する。

セカンドトップ ST

CFよりも動的にプレーし、メインターゲットのCFを囮に使ってスペースに侵入したりこぼれ球を拾ったりしてチャンスに顔を出すプレイヤー。大柄なCFに対して、小柄で機動力のあるタイプが起用されることが多い。

【別称】1.5列目／衛星役(CFの周囲を動き回る様子から)

【役割】

・ラウムドイター
広範囲を動き回り、チャンスになりそうなスペースに飛び込む感覚とシュートの技術を駆使して決定機に絡む選手。通常のセカンドトップよりも広範に動く代わりにテクニックはそれほど必要としていない。非常に稀なタイプ。

アンカー CB

中盤が逆三角形を構成する場合の、底となる選手。機動力はそれほど求められないが、的確なポジショニング、安定した守備能力、広い視野とターンの技術、パスの技術、守備に重きを置いた選手（ホールディングタイプ）かパス能力に長けた選手（ディープライイングプレイメーカー）を置くことがほとんどであるが、どちらを採用するかはチームの戦術次第である。

6番／スペイン：ピボーテ（2CHの際も使用）／ドイツ：ゼクサー（数字の6を指すsechsより。）

インサイドハーフ IH

中盤が逆三角形を構成する場合の、上の2頂点に入る選手。ドリブラー、パサー、守備型、運動量型等、様々なタイプの選手が配置される。ここに位置する選手の特徴によってチームとしての色も変わってくる。基本的には攻撃的な振る舞いが求められる。

8番／スペイン：インテリオール／イタリア：メッザーラ／ドイツ：アハター（数字の8を指すachtより。）

ウイング WG

3トップを構成する際の両サイドの選手。サイドから攻撃を仕掛けるためのドリブル技術、敵の裏をとるためのスピード、得点に直接関わるシュート技術が求められる。

※サイドハーフとの違い
・サイドハーフ＝中盤の底が2人の場合（4-2-3-1等）。守備のタスクがウイングより重い。
・ウイング＝中盤が逆三角形のシステム（4-3-3等）の場合。守備のタスクがサイドハーフより比較的軽い。

システムと守備時のポジションの高さ・貢献度で使い分ける。

【役割】
逆足／順足アタッカー
左サイドを担当する選手が左利きの場合順足、右利きの場合逆足。順足の場合、縦に突破してから利き足でクロスをあげられるが、カットインからシュートを撃つ場合は逆足となってしまう。逆足の場合、縦に突破してからのクロスは利き足とは反対の足となってしまうが、カットインからのシュートは利き足で撃つことができる。どちらが望ましいかは、チームの戦術による。

【別称】
スペイン：エストレーモ

パターン 4-3-3

パターン 5back

トップ
フォワード（FW）
最前線
サイドハーフ（SH）
サイドハーフ（SH）
セントラルハーフ（CH）
セントラルハーフ（CH）
ミッドフィルダー（MF）
中盤
ウイングバック（WB）
ウイングバック（WB）
左センターバック（CB）
＝ハルプフェアタイディガー
右センターバック（CB）
＝ハルプフェアタイディガー
センターバック（CB）
ディフェンダー（DF）
最終ライン
ゴールキーパー（GK）

ハルプフェアタイディガー HV

ドイツ語。5バックの際の外から2人目の2選手。守備だけでなく攻撃の起点となるビルドアップ能力、サイドをケアするスピード等が求められる。SBが務めることもある。
※本書ではドイツ語でHalbraum（＝ハーフスペース）に位置するVerteidiger（DF）であるHalbverteidigerを「HV」と表記しています。

ウイングバック WB

5バックの際の大外の2選手。サイドバックよりも攻撃的な振る舞いを求められる。本職サイドバックの選手が務めることが多いが、サイドハーフの選手が務めるケースもある。

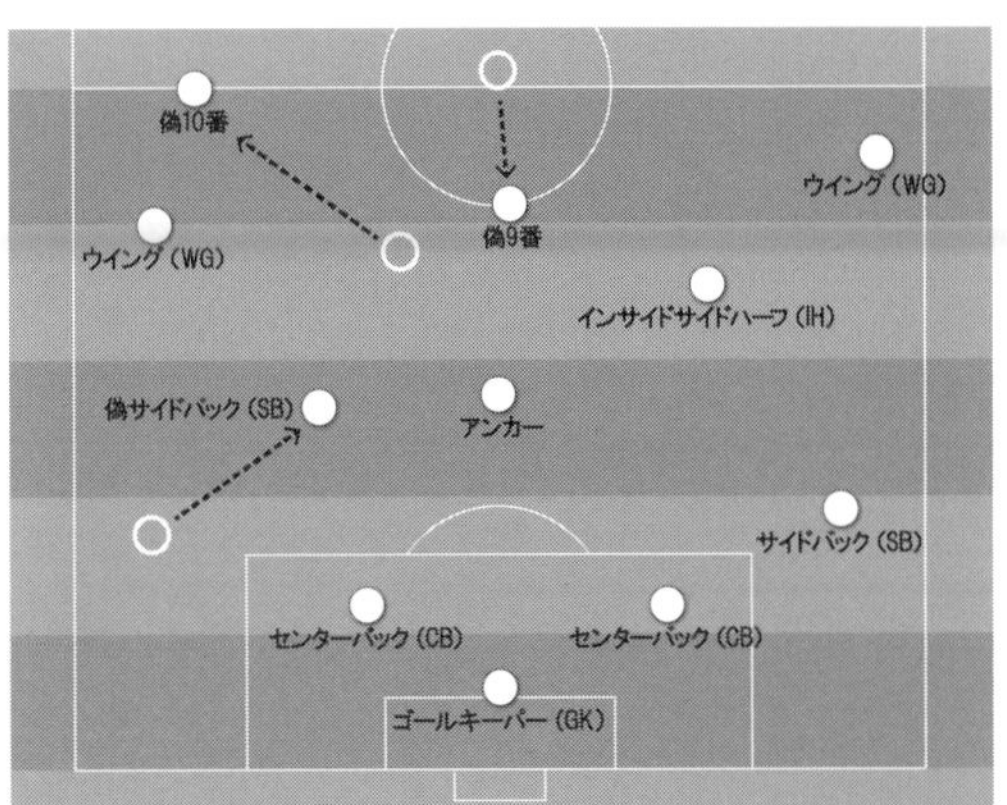

偽サイドバック

守備時はサイドバックの位置に入るが、ビルドアップの局面でタイミングを見てアンカーの脇まで絞って組み立てに参加する選手。

偽9番

通常時はCFの位置に入るが、中盤まで下がることで敵に「CBと中盤の選手どちらがマークにつく?」という迷いを生じさせ、敵のマークの所在を曖昧にするポジションをとる選手。
代表的な選手：リオネル・メッシ

偽10番

通常時は10番（トップ下）の位置に入るが、サイドに流れることで敵のマークの所在を曖昧にするポジションをとる選手。流れるのがIH（8番）の選手の場合もこの呼称が用いられる。セントラルウインガーとも呼ばれる。

※本文中の図の見方

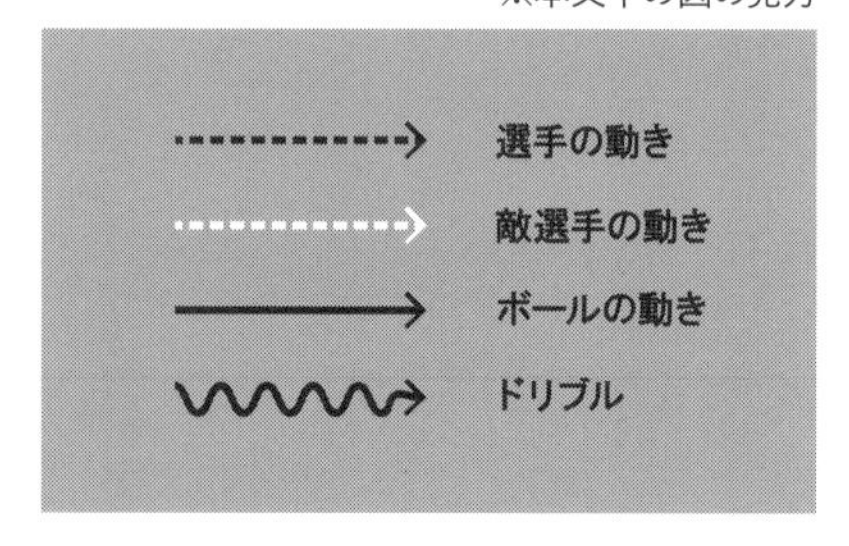

装幀・本文組版・本文作図：布村英明
編集：柴田洋史（竹書房）

4-3-3

System formation

chapter.01

リヴァプール

Liverpool

ENGLAND PREMIER LEAGUE

season 18-19

クロップが作り上げた最強の4-3-3

18-19シーズンCL制覇、19-20シーズンプレミアリーグ優勝。ドイツ人監督ユルゲン・クロップ率いるリヴァプールは他を寄せ付けない圧倒的な強さで勝ち続けた。

彼らが圧倒的な強さを誇っていた理由、それはフットボールにおける4局面（攻撃、攻→守、守備、守→攻）に相乗効果が見られた点にある。

かつて栄華を極めたペップ・グアルディオラ率いるバルセロナは敵を押し込んでの攻撃とボールを失った瞬間のプレッシングの相乗効果によりゲームを支配してみせた。これは敵陣に人数をかけた攻撃を行うことで、ボールロスト時にボール周辺に味方が多数いる状態を作り出し、即時奪還に繋げている。つまり「攻→守」に移る前段階の「攻」の時点で既に「攻→守」を優位に行うための土台が築かれているということだ。

リヴァプールも内容こそ違うがバルセロナと同様、フェーズが移る前段階から優位に立つような仕組みが出来上がっていた。ここでは4-3-3を採用するリヴァプールの圧倒的な強さの秘訣について紐解いていく。

■基本布陣

リヴァプールの基本布陣は4-3-3だ。自慢のシュートストップで数々のピンチを救ってきたブラジル代表のアリソンと、スピード・高さ・ディフェンステクニック・ビルドアップ能力と全ての能力に秀でた世界トップのDF、ファン・ダイクが守備の要だ。ファン・ダイクの相方を務めるのは主にジョー・ゴメスとなる。

右SBには精度の高い右脚のキックでプレミアリーグでのDFシーズン最多アシスト記録を塗り替えたアーノルド、左には同様に攻撃面での貢献度の高いロバートソンが起用される。

アンカーにはボール奪取能力に長けたファビーニョ、IHには主にヘンダーソンやワイナルダム、ナビ・ケイタといった万

【リヴァプール「基本布陣」】

能型の選手が配置される。

　左右のWGには小柄だが圧倒的なスピードを誇り、ドリブルを得意とするサラーとマネが起用され、常に背後のスペースを狙う。CFは、中盤に降りてレベルの高いフリックやフェイントを駆使してリンクマンとなるフィルミノが不動の地位を築いている。

■守備戦術

　まずは4局面のうちのひとつ、守備のメカニズムを見ていく。大まかな仕組みとしては、3トップの守備で攻撃を制限し、3トップの隙間を通すボールに中盤がプレッシャーをかけることでビルドアップを阻害。


【図1「立ち位置と役割」】

3トップはカバーシャドウを駆使。CFフィルミノはホルダーとアンカーのライン上に位置。WG（サラー&マネ）によるCBへのプレスは、弱いバックパス、横パスが出た時。SBへのカバーシャドウは常に維持。中盤以下のラインは背後から敵を捕まえる。奪えなくても前は向かせない。バックパスをさせれば、WGが合わせてプレッシャーに向かえる。

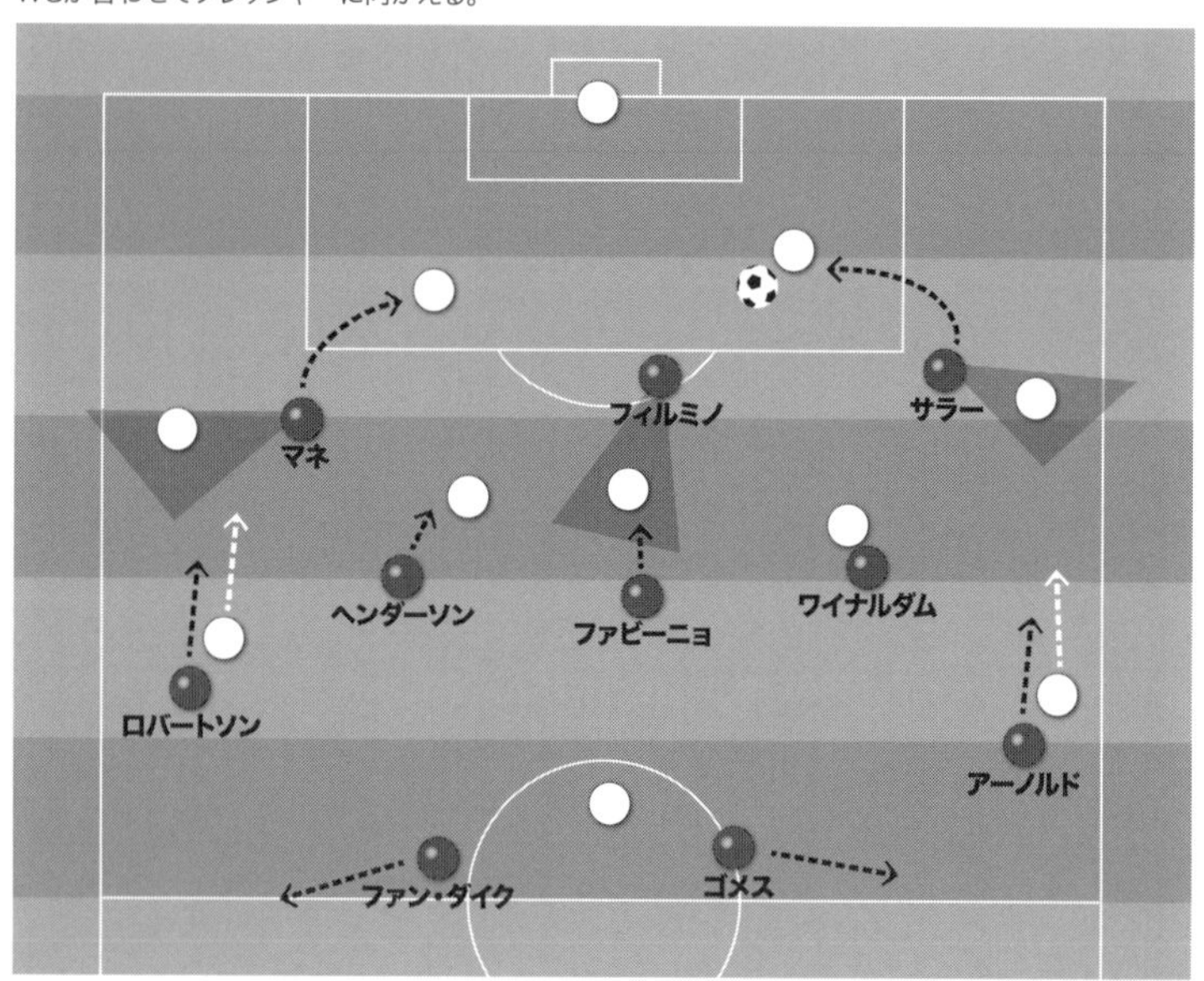

ロングボールを選択してきた場合4バックと中盤3枚で拾うという形だ。以下、クロップ・リバプールの4-3-3の基本的な立ち位置と役割となる。【図1「立ち位置と役割」】

★CF（フィルミノ）：ホルダーとアンカーの直線上でアンカーを消すカバーシャドウをかける。

★WG（マネ、サラー）：CBとSBの間でSBを消すカバーシャドウをかける。CBへのプレスはバックパス、弱い横パスが出たタイミング。

★中盤3人（ファビーニョ、ヘンダーソン、ワイナルダム）：IH、アンカーに前を向かせないように寄せられる位置（高さ）かつ3トップの隙間に位置する。また、中盤3枚はフラットに並ぶ。そのため中央のファビーニョも積極的に前進し、背後からプレッシャーをかける。前を向かせずバックパスを選択させれば、WGがそれに合わせてプレッシャーに向かえる。

★SB（アーノルド、ロバートソン）：WGを高い位置まで捕まえに出る。

★CB（ファン・ダイク、ゴメス）：SB裏のスペースをカバーできるくらい外まで出る。

基本的にカバーシャドウをかけるのは3トップのみ。3枚で制限をかけて、残りの7人で網にかからなかった獲物を仕留めに行く。

■CB→SBへと渡った場合

CB→SBのパスは、WGのマネとサラーがカバーシャドウで牽制をかけているため、出しにくい状態となっている。ただ、そうはいっても毎回切れるわけではない。トランジションで陣形が乱れた時などは特にそうだ。

SBに渡る際、各選手にプレッシャーがきちんとかかっている状態かつIHのスライドが間に合う場合は、IHが前に出てアプローチに向かう。この時中央が空いてしまわないよう、WGのマネは味方(ミルナー)の位置を見て絞り、ハーフスペースを封鎖している。この担当ゾーンの受け渡しが、敵の前進を阻むうえで、また体力の消耗を抑える上で非常に効果的であった。前方の敵WGはSBロバートソンが対応し、その裏はCBファン・ダイクが流れてケアをする。マネが中央を埋めて、フィルミノがアンカーを切ることで、敵の攻撃の選択肢を絞れているからこそ可能な守備である。【図2「SBにボールが渡った場合」】

【図2「SBにボールが渡った場合」】

IHのミルナーがSBに寄せる。マネはミルナーの空けたスペースをカバーシャドウで埋める。そしてCFのフィルミノはアンカーをケア。

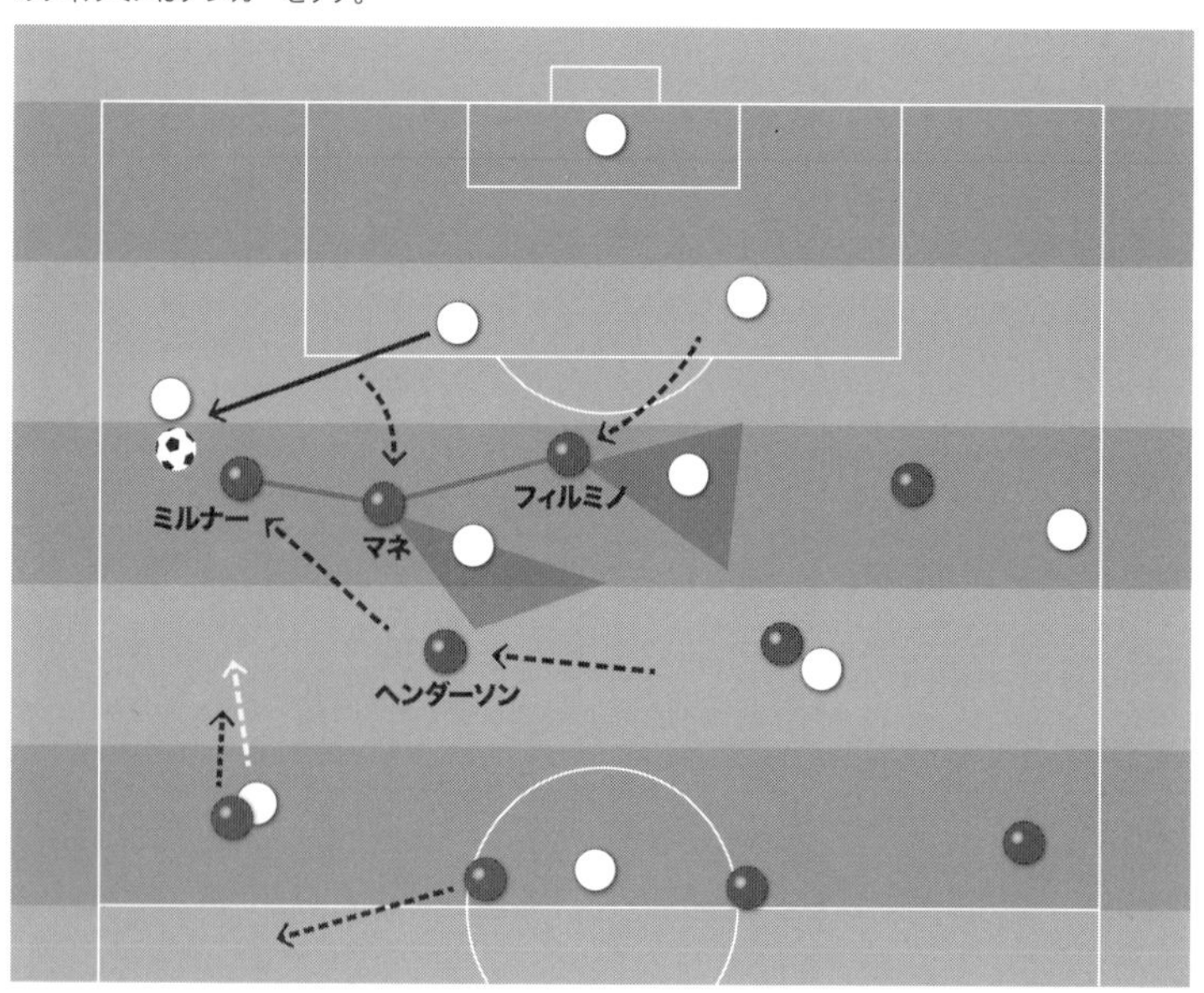

■WGが外に釣られた場合

WGのカバーシャドウが利かず、プレッシャーがかかっていない状態でIHのアプローチも間に合わない。その場合はWGがCHを切りながらSBにアプローチをかける。この時ポイントとなるのは3センター中央の選手のポジショニングだ。【図3「WGが外へプレスをかける」】

リヴァプールは中盤3枚がほぼ横並びであり、中央のファビーニョが前進して奪いにいけば、両脇の2人が絞ってカバーポジションにつくという流れが浸透している。マネが外に出てフィルミノとの距離が空いてしまった際、ファビーニョ（もしくは状況に応じてIH）が前進して埋める。この時、ヘンダーソンとワイナルダムは中央のカバーができる位置にポジションをとり、さらにフィルミノがIHを消すためにカバーシャドウをかけている。チーム全体にカバーリングの意識が浸透していることにより可能な守備である。【図4「ファビーニョの前進」】

また、ボールホルダーに強いプレッシャーがかかっていない場合、逆サイドへと展開される可能性がある。そのため、右WGのサラーはそれほど絞った位置をとらずに構え、サイドチェンジ対策の役割を担うこととなった。

■ファーストラインを通過された場合

これだけ策を張り巡らせても通過される時は通過される。では、ファーストラインを通過された場合どのような対応をとっているのか？

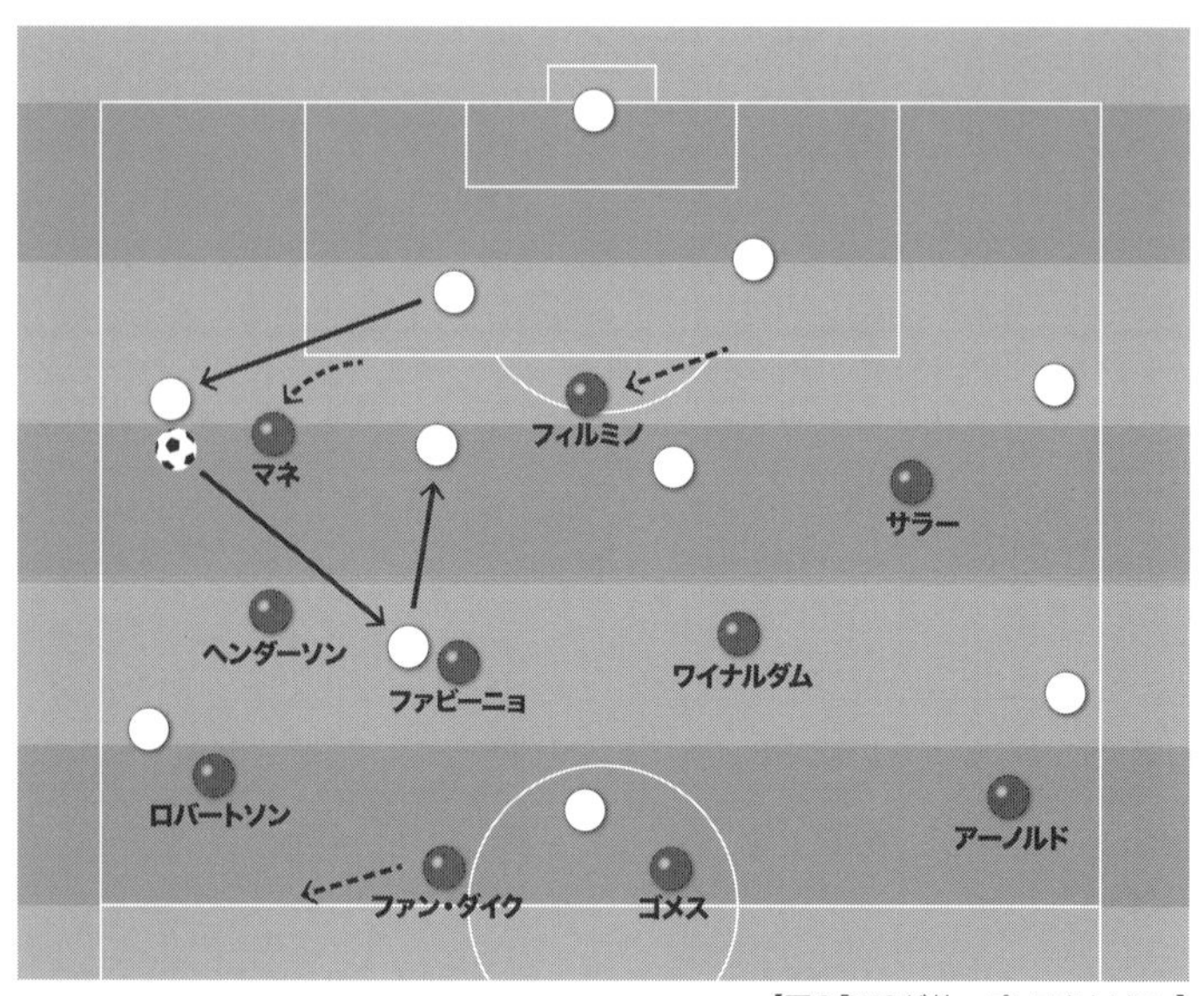

【図3「WGが外へプレスをかける」】

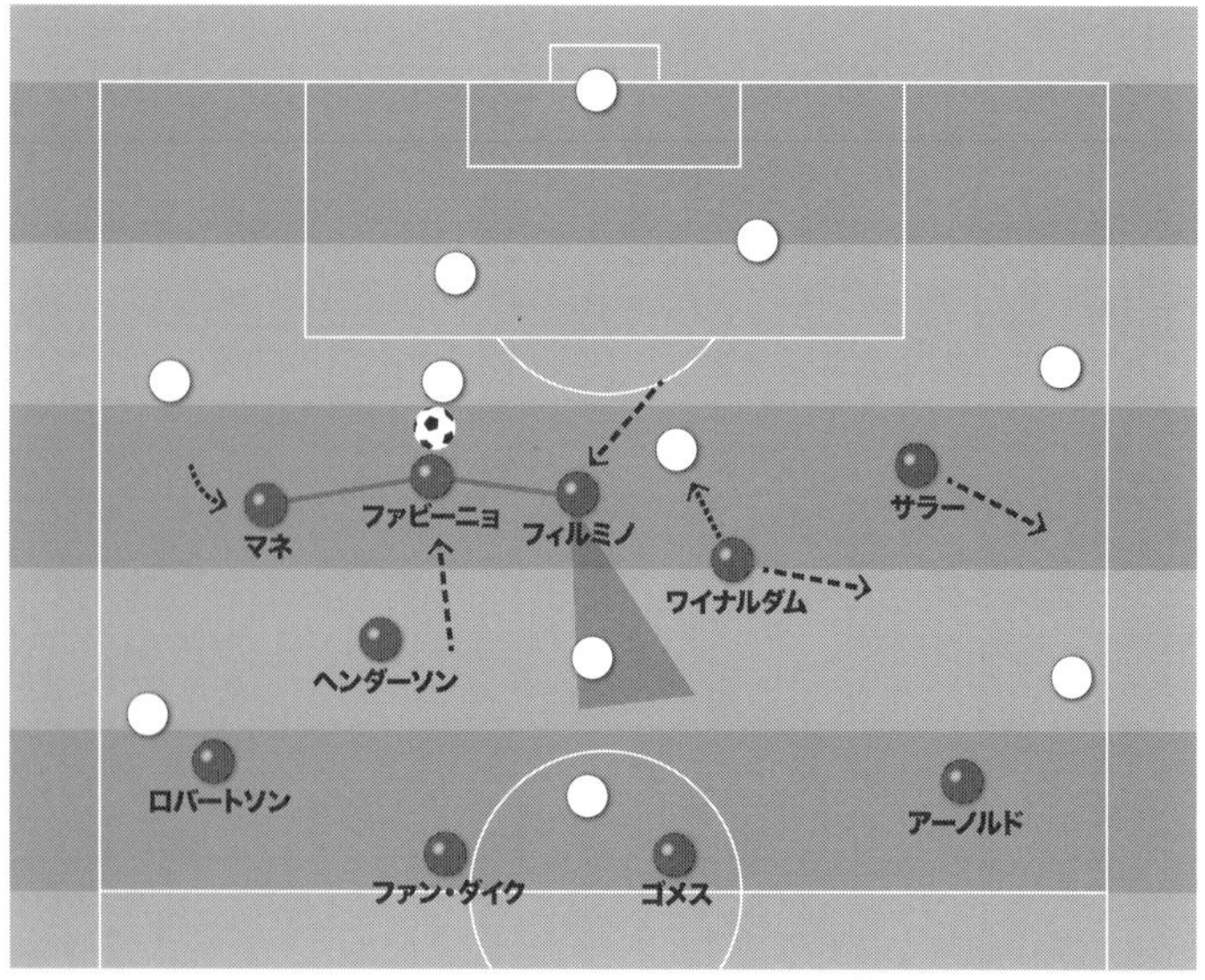

【図4「ファビーニョの前進」】

基本的に3トップのうち、戻るのはCFのフィルミノだけだ。ただしフィルミノも戻るのはアンカーからボールを奪取できる位置までである。この時、必ずしもカバーシャドウをかけられる位置というわけではなく、背後から強奪できる位置。とにかくアンカーを使わせないという点に意識を置いていた。

WGの2人、マネとサラーはそれほど戻らない。ただし、戻らない＝守備をしないというわけではない。守備は確実にこなしている。WGの2人はCBを使ったやり直しを防ぐ役割をしっかりと果たしている。これは低い位置まで戻ったらこなすことのできない役割だ。ファーストラインを通過された際に3トップ全員がすぐさまやり直しを防ぐ守備へとシフトしている。そのため中盤、DFラインはボールサイドにスライドして積極的なチャレンジ&カバーを行うことが可能となるのだ。【図5「通過」】

また、リヴァプールのWGの持ち味は何と言ってもスピードだ。前線にWGを残すことでこの脅威を敵に植え付けることができれば、カウンター対策のため攻撃にかける人数を制限させることができる。「抑止力」として働かせることで敵の攻撃力を弱めているのである。

敵の攻撃サイドに制限がかかれば、中盤の3枚がボールサイドにスライドを行い対応する。つまりリヴァプールの中盤は走って守ることを苦にしないタイプの選手が必要となるのだ。

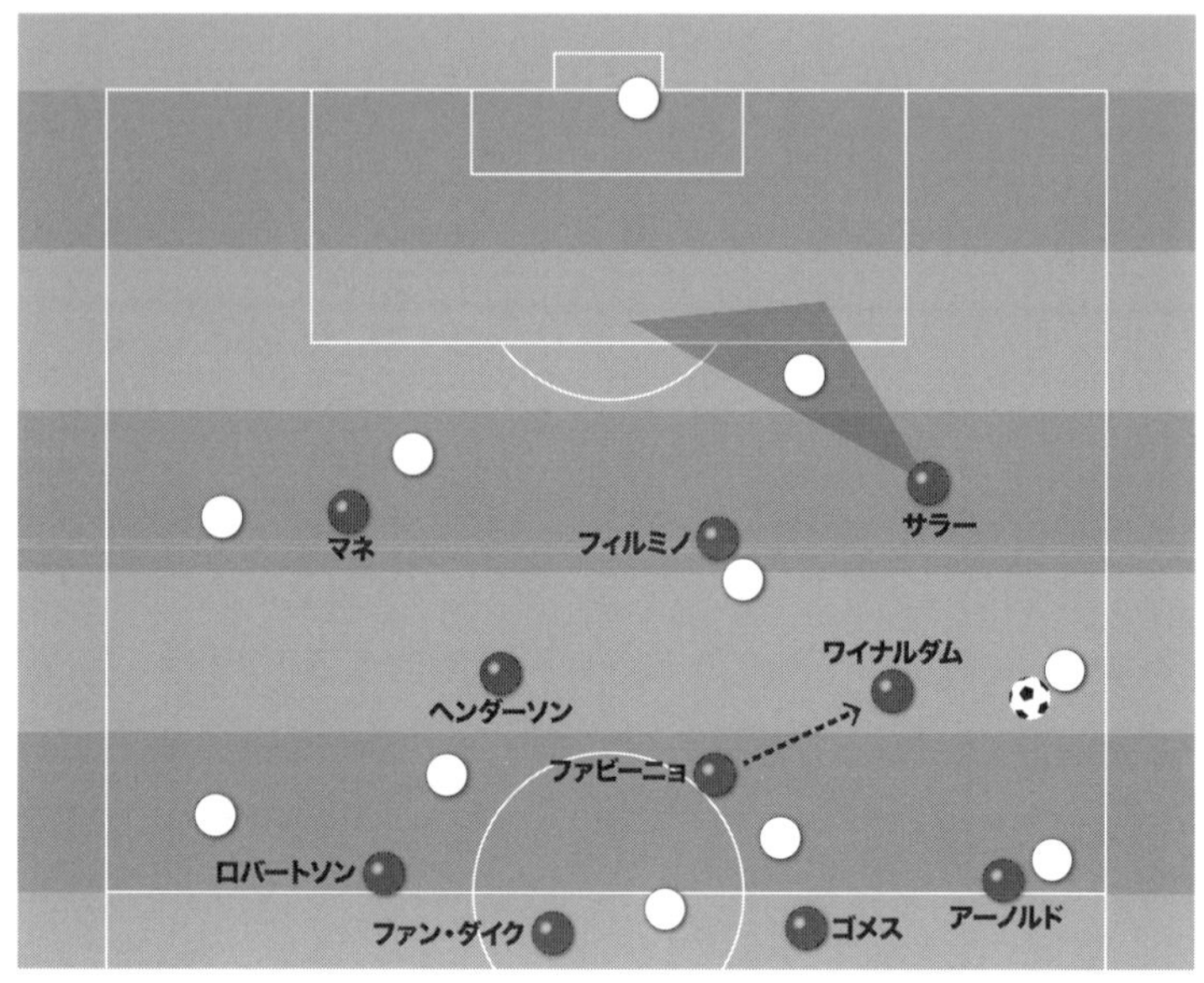

【図5「通過」】
両WGのサラーとマネは低い位置までは戻らないが、CBへのパスコースはきちんと切り、やり直しをさせないポジションをとる。カウンターの脅威を常にチラつかせることで、相手の攻撃にかける人数を制限させる。CFのフィルミノも戻るのはアンカーからボールを奪取できる位置まで。

■一般的な4-3-3守備との違い

一般的な4-3-3守備とリヴァプールの4-3-3。並びは同じだが、中身は大きく異なる。それは前述のポイントなのだが、まとめると①WGのカバーシャドウ②WG-CF間の埋め方③前から寄せる中盤の構造（フラット）、の3つになる。

一般的な4-3-3との最大の違いはWGのカバーシャドウだ。リヴァプールのWGは「外にパスを出すのを躊躇させる守備」を行っているのに対し、一般的な4-3-3は「外に出されてから対応する守備」を行っている。

WGがアンカーを切りながら外にプレッシャーをかけるチームには、WG-CFの空間を埋める術を持たないことが多い。中盤は横のスライドに忙しく、ピッチ中央アンカー周辺のケアに気を回す余裕が持てないのだ。横にボールを動かせばボロがでる一般的な4-3-3と、横のボールの移動を躊躇させるリヴァプール。どちらが守備の段階から主導権を握ることができるかは一目瞭然だ。

■課題

ではレベルの高い守備を見せるリヴァプールに対して、どのようなビルドアップが有効なのか？2つ例を挙げる。

まず1つ目はマンチェスター・シティによる対応策だ。シティはアンカーのフェルナンジーニョの横にもう1枚（B・シウバ）加えてダブルボランチとするアプローチをとった。ホルダーとアンカーの間に立って邪魔をするフィルミノに対して、ボールの出口を一つ増やしたのだ。CF1人で2つのパスコースを切るのは物理的に不可能である。

2つ目はサッリ時代のチェルシーが採用したアプローチだ。彼らはまず、CBを大きく開かせた。CBが距離をとるとホルダーとアンカーの間に立つフィルミノの移動距離も長くなり、対応できなくなる。シティと同様、崩すのは負担の大きいフィルミノからであった。そこからはサッリが得意とするオーバーロードの出番だ。カバーシャドウの弱点であるレイオフを用いるため、IHをサイドに流れさせる等でオーバーロードを実現。前進した後はウィリアンを裏に走らせるオプションも見せ、リヴァプールに対し優位に試合を進めて見せた。

また、SB周辺の守備も課題となっている。WGが高い位置をとるため、SBが1人でサイドを守るシーンが時折見られる。通常I Hがスライドしてサポートに入るのだが、間に合わない場合、または人数をかけられた場合はどうしても対応が難しくなる。CLで敗北を喫したナポリ戦はまさにそういった形が散見された。

■守備局面のまとめ

リヴァプールの守備は非常に緻密な構造で成り立っている。

①アンカーを使わせない→使われたら中盤が対応する
②SBを使わせない→使われた時の対応を2パターン用意

①と②によりファーストラインを通過させない→通過されたらサイド限定、やり直しを防ぎ、カウンターに繋がるポジションをとる→やり直しと攻撃にかける枚数の制限により単調な攻撃を強いる。

アンカーを使わせない、サイドにも出させない。仮に使われても受渡しが整備されており、奪うための術が全体に浸透していて、カウンターへの筋道も明確だ。完成度の高い守備組織だが課題としては前述の「課題」への対応、そして起用される選手によって少しずつ歯車が狂うという危険性だ。緻密であるがゆえに、小さなズレが全体の歯車を狂わせる。それはスタメンと控えの差としても言えることであるが、例えばトランジションの影響でフィルミノとサラーが入れ替わった際に各々が同じ仕事をこなせるかというとその答えはNOである。

課題はどのチームにもある。ただしリヴァプールにはこういった課題を覆い隠す「スピード」という絶対的な武器がある。絶対的な武器を手に、守備のフェーズから主導権を握ることができるのはこのチームの強さの秘訣だと言える。

■守備→攻撃の局面

前記の守備を行い、高い位置でのボール奪取に成功すればショートカウンターに繋げることができる。では、ロングボールを選択させた際はどうなるか？ 敵にロングボールを選択させるというのは、リヴァプールにとって都合が良い。その理由は2つある。

まず1つはWGのサラーとマネが体力の消耗を最小限に抑えたまま、高い位置で守備を終えられる点だ。彼ら2人は、単騎でカウンターを完結することができる圧倒的な個人能力を持ち合わせている。そんな彼らが守備の段階から高い位置をキープできれば、カウンターの脅威は倍増する。

2つ目は中盤とDFラインの構成にある。最終ラインには世界最高のCB、ファン・ダイクが控えており、ロングボールを跳ね返す力は圧倒的だ。中盤にはファビーニョを中心に、守れて走れる「働き者」タイプが多く起用されている。セカンドボールの回収に適したメンバー構成であり、中盤でのボール争奪戦を苦にしない陣容だ。ここでマイボールにできれば、時間的・空間的に余裕を持てるタッチライン際のアーノルドやロバートソン等SBに繋ぐことができる。この2人は超高精度のキック技術を持ち合わせており、高い位置に残るマネやサラーに点で合わせることができる。3トップの守備方法と中盤、CB、SBの人選が相乗効果もたらしているというわけだ。

■攻撃の局面

19-20シーズンにおけるリヴァプールの平均ポゼッション率はマンチェスター・シティに次ぐリーグ2位、約57％であり、ボールを保持する時間も長い。

遅攻における攻め手として、キーマンとなるのはCFのフィルミノだ。彼が中盤まで降りることで敵CBが釣り出され、スペースが生まれる。そのスペースを突くのがWGの2人となる。そのため、攻撃時において4-3-1-2のような形に変化する場面

【図6「遅攻」】

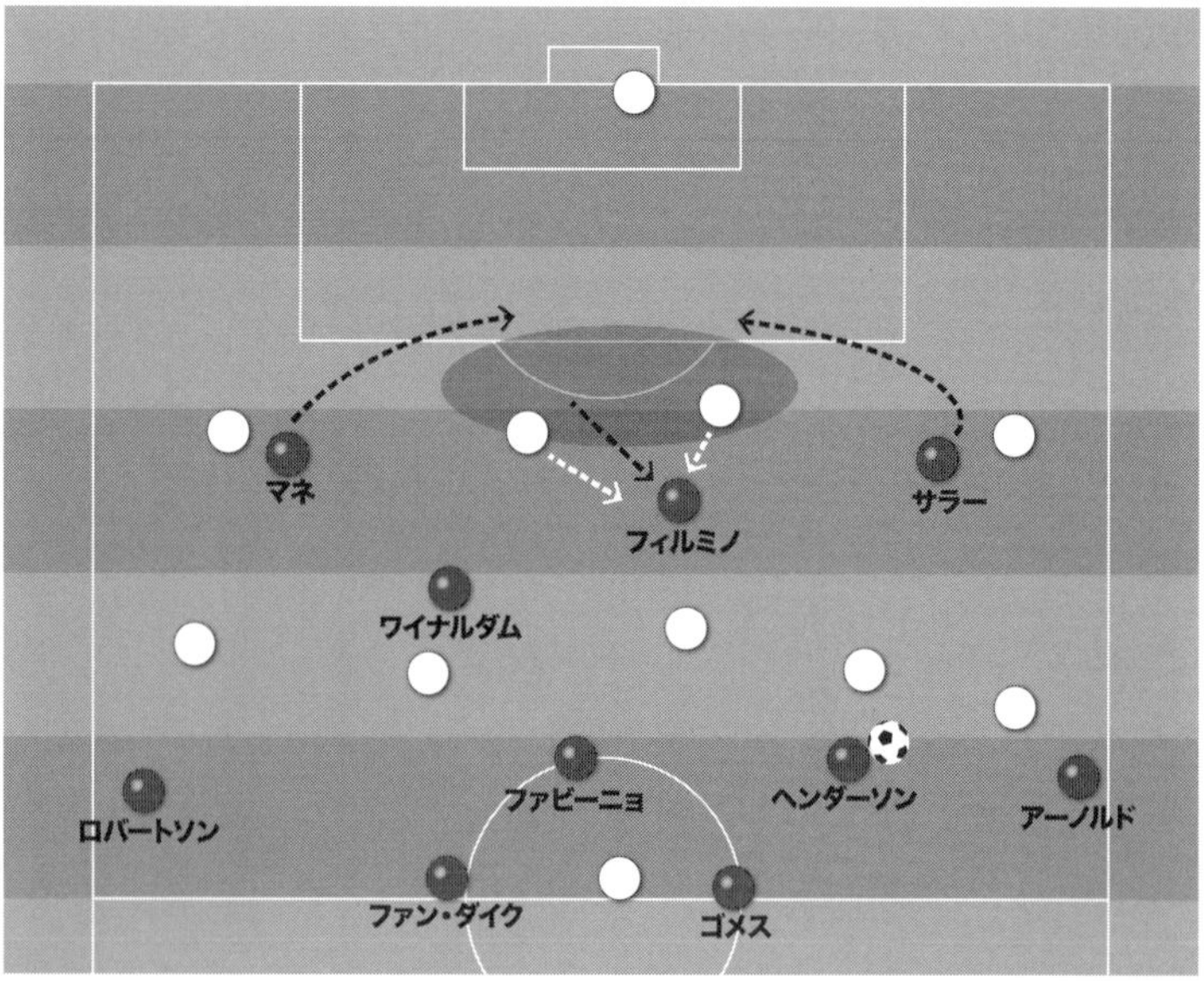

も多く見られる。【図6「遅攻」】

フィルミノのポストプレーは狭いスペースを縫う上で非常に大きな武器となっている。彼と入れ替わるようにIHが前線に進出するシーンも少なくない。フィルミノの動きを軸に生まれたスペースを突いていくのがリヴァプールのスタイルとなる。複雑なポジションチェンジやパス回しを用いた攻撃は少なく、隙さえあればシンプルに前線の選手へとボールを送り込む。ポジションチェンジが少ないため、ボールを奪われた時点で多くの選手が所定の位置に居ることも多い。そのため守備への移行が行いやすく(守備→攻撃の際に優位に立てる)、即時のボール奪還力がボール保持率の高さに繋がっているという側面も大いにある。

もう一つの武器として前述のSBロバートソンとアーノルドの高精度キック、とりわけファーサイドに落とすアーリークロスが挙げられる。これはカウンターだけでなく引いた状態の敵の守備ブロックに対しても有効だ。巻いて落とすクロスとなるため、長身のCBでもボールに触れることが難しく、逆にマネやサラーのような背の低い選手でもファーサイドに走り込むことで合わせることができる。

19-20シーズン最大のライバル、シティ戦で見せた得点はまさにロバートソンのアーリークロスから生まれたものであった。【図7「シティ戦」】

前線へのロングボールが弾かれたもののファビーニョが回収。右のアーノルドに預けてすぐ左のロバートソンへとサイドチェンジ。彼の左脚から放たれたクロスはフェルナンジーニョの足先を抜け、ファーサイドに走り込んだサラーがヘディングで押し込んだ。一から十までまさに狙い通りの形であった。

■4局面の相乗効果

攻撃→守備の局面はSBもしくはアンカーやIHが必ず低い位置をとっており、遅攻で複雑なポジションチェンジを行うケースが少ないため、陣形の乱れが生じにくく、カウンターが致命傷となることが少ない。またゴール前最後の砦となるファン・ダイクの圧倒的な存在感も見逃すことはできない。

リヴァプールの強さは4局面の結びつきを強めた総合力にある。総合力というとあまりにもボンヤリとしているためクリアにしていこうと思う。

【図7「シティ戦」】

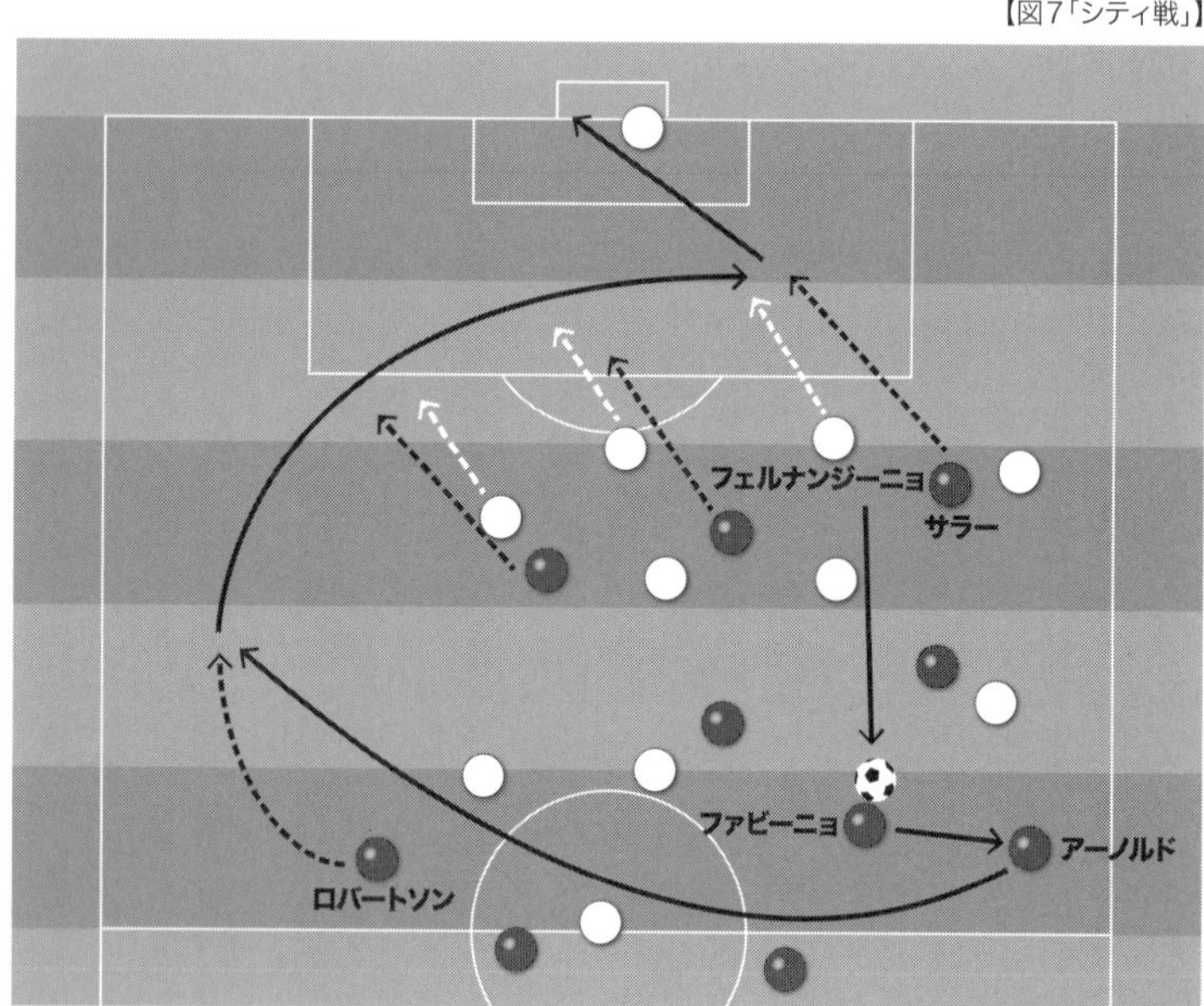

4局面のサイクルとしては、「3トップが高い位置で守備↓ロングボールを強いる↓DFラインが弾き、中盤で拾う↓SBへ展開↓高い位置をキープしたWGへ送り込み、速攻を仕掛ける」【図8「局面推移」】となる。WGへのパスがカットされたら元のセットされた守備陣形に戻るか、「中盤で拾う」から再度同様の流れが繰り返される。またチャンスであればSBを経由せずにダイレクトで前線にボールが供給される。

それぞれのポジションに圧倒的な能力を持つ選手がおり、その選手に与えられるタスクが持ち味と合致している。例えば、3トップの守備で敵にロングボールを蹴らせても、中盤でボールを拾える選手がいなければ意味が無い。その役割をこなすにあたって必要な能力を兼ね備えた選手を適材適所

【図8「局面推移」】

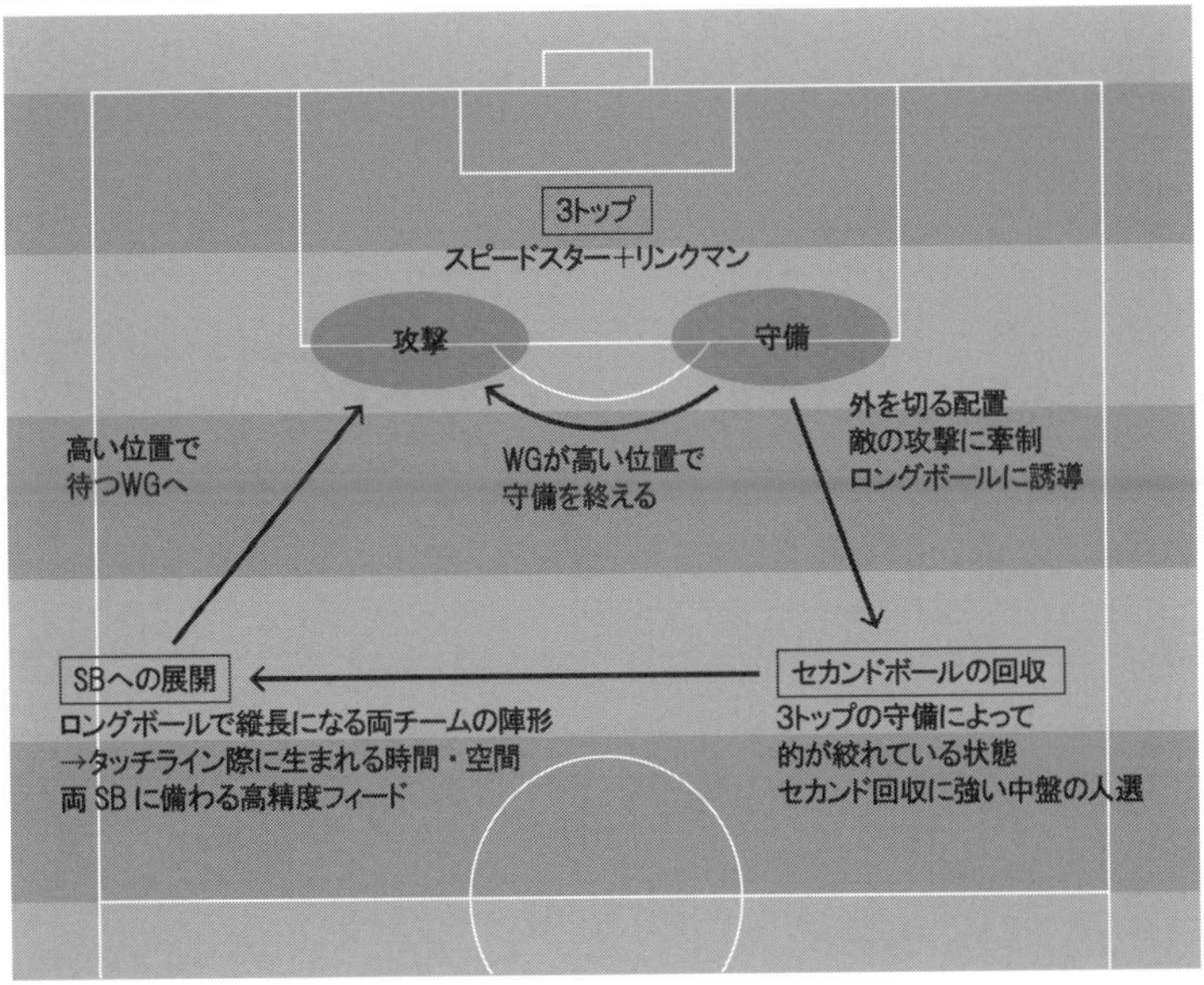

3トップ
スピードスター+リンクマン
攻撃
守備
外を切る配置
敵の攻撃に牽制
ロングボールに誘導
高い位置で
待つWGへ
WGが高い位置で
守備を終える
SBへの展開
ロングボールで縦長になる両チームの陣形
→タッチライン際に生まれる時間・空間
両 SB に備わる高精度フィード
セカンドボールの回収
3トップの守備によって
的が絞れている状態
セカンド回収に強い中盤の人選

に配置しているのだ。

さらにそれぞれのフェーズが前後のフェーズと密接にかかわり、相乗効果(3トップの守備方法がそのままカウンターの脅威に繋がっている等)が生まれている。このシームレスで無駄のない設計こそがリヴァプールの圧倒的な強さの秘訣となっている。

各フェーズが前後のフェーズと密接にかかわっており結びつきが強く、相乗効果が生まれている。「良い攻撃は良い守備から」と言われるように、シームレスに局面が移り変わるフットボールという競技において、各フェーズの結びつきが強く、次のフェーズに移る前に現フェーズから優位に立つことができるというのは非常に大きな強みとなる。

仮に3トップがロングボールに限定できなければ…。仮に中盤でセカンドを拾える選手がいなければ…。仮に低い位置からWGへつけるボールを蹴れる選手がいなければ…。仮にWGが押し込まれてしまったら…。フェーズ間の結びつきと当該フェーズでの優位性が薄れ、盤石とはいかなくなるだろう。

例えばグアルディオラ監督時代のバルセロナの、敵を押しこんだ状態で攻撃を進め、奪われた瞬間近くの選手からプレッシングをかける、というのも同様だ。押し込んでいる状況のため、奪われた地点周辺にバルセロナの選手が複数いるためプレッシングもかけやすい。攻撃とネガティブ・トランジションの結びつきが強かったのである。

フットボールは時代と共にシームレス化が進んでいる。リヴァプールの圧倒的なパフォーマンスは、局面毎の相乗効果をより一層考慮したチーム設計が必要となるというフットボールの今後を示唆するかのようであった。

マンチェスター・シティ
Manchester City
ENGLAND PREMIER LEAGUE

season
18-19

常勝の秘訣は「2択」と「ポジショニング」

18-19シーズン、2シーズン連続でプレミアリーグを制覇したマンチェスター・シティ。このチームの強さの秘訣は潤沢な資金を活かした選手補強だけではなく、ペップ・グアルディオラが施した「戦術」という名の魔法にあることは間違いない。

マンチェスター・シティのスタイルは丁寧にパスをつないでボールを保持し、ゴールに迫る攻撃的なサッカーだ。ゲームの主導権を握ることで常に対戦相手を後手に回らせる。

世界最高の監督の一人であるペップの指導は、チームだけでなく多くの選手をワンランク上へと導いている。バイエルン時代のジョシュア・キミッヒ、シティではスターリング、ウォーカー、デブルイネ等がその筆頭と言えるだろう。ただ、主導権を握るパス回しを実現するポイントはこういった選手一人一人のボールコントロールのスキルの向上だけではない。技術も当然重要であるがそれと同様に、的確なポジショニングにより敵に「二択を突き付ける」攻撃手法が彼らの強さの秘訣であるといえる。

マンチェスター・シティをプレミアリーグ優勝へと導いたペップの戦術を、いくつかのポイントを挙げてみていく。

■基本布陣

　マンチェスター・シティは丁寧にボールを繋いで攻撃を行うため、後方の選手にも高いボールスキルが求められる。GKのエデルソン、CBのラポルトやストーンズはその代表格だ。SBにはジンチェンコのように起用にボールを扱う選手のほか、より身体能力の高いウォーカーやメンディといった選手も起用されている。

　アンカーには広い視野でパスを回す技術だけでなく、シティの課題であるカウンター対応にて敵の攻撃の芽を摘む能力が必要となる。そういった意味でフェルナンジーニョはまさに適任であった。IHは狭いスペースでも落ち着いてボールを捌けるダビド・シルバ、そして持ち前の走力とキック精度を駆使していくつもの得点を生んできたデ

【マンチェスター・シティ「基本布陣」】

ブルイネが起用された。

サネ、アグエロ、スターリングにより構成される3トップは高さこそないが、全員が圧倒的なスピードで敵の背後を突くことができるメンバーとなっている。

■攻撃のベース

シティは最終的にWGやCFがDFラインの背後に飛び出す形を狙っていく。そのために彼らはどのような陣形で戦っているのか。ポイントとなるのはWGの位置取りと、アンカー周りのエリアの獲得だ。【図1「ポイントとなるエリア」】

WGのサネとスターリングはサイド高い位置に張り出す。これは敵のDFラインを押し下げて全体を間延びさせるのに加え、敵DF同士の間隔を広げるのに役立つ。横の間隔が広がればチャンネルへの侵入が容易となり、カバーリングも難しくなる。高いドリブル技術とスピードを持ち合わせるサネやスターリングと1vs1の状況となれば苦しいのはもちろんDF側である。

ここで重要なのは「横に広げる」が目的とならないようにすることだ。横に広げることで広がったチャンネルに「侵入」する意識を持たなければ全く意味がない。

前記を前提としてピッチ中央、アンカー（フェルナンジーニョ）周りの獲得が重要となる。このエリアを自分たちのものにするか否かが、シティのパフォーマンスのバロメーターとなる。ピッチ中央は、当然だがパスの供給源として獲得したいエリアである。CB起点の展開とアンカー起点の展開ではボールの移動によるタイムロス、そして難易度がまるで違う。

フェルナンジーニョが労せずボールを持つことができればベストだ。アンカーは敵の守備ブロックの1列目と2列目の間に位置するポジションであるため、そのライン間を意識してポジションをとるだけでも敵からすればマークにつきにくい。例えば敵CHが前に出てくればDFと中盤のライン間にスペースができ、敵FWが後退してマークにつけばCBがフリーで組み立てることができるうえに押し込むことができる。

敵がフェルナンジーニョにマンマークをつける等の対策を練ってきた場合、彼は囮として機能する。チームのボール循環の為に囮としてのポジションをとるのもアンカーの重要な役割の一つだ。例えば、フェ

【図1「ポイントとなるエリア」】

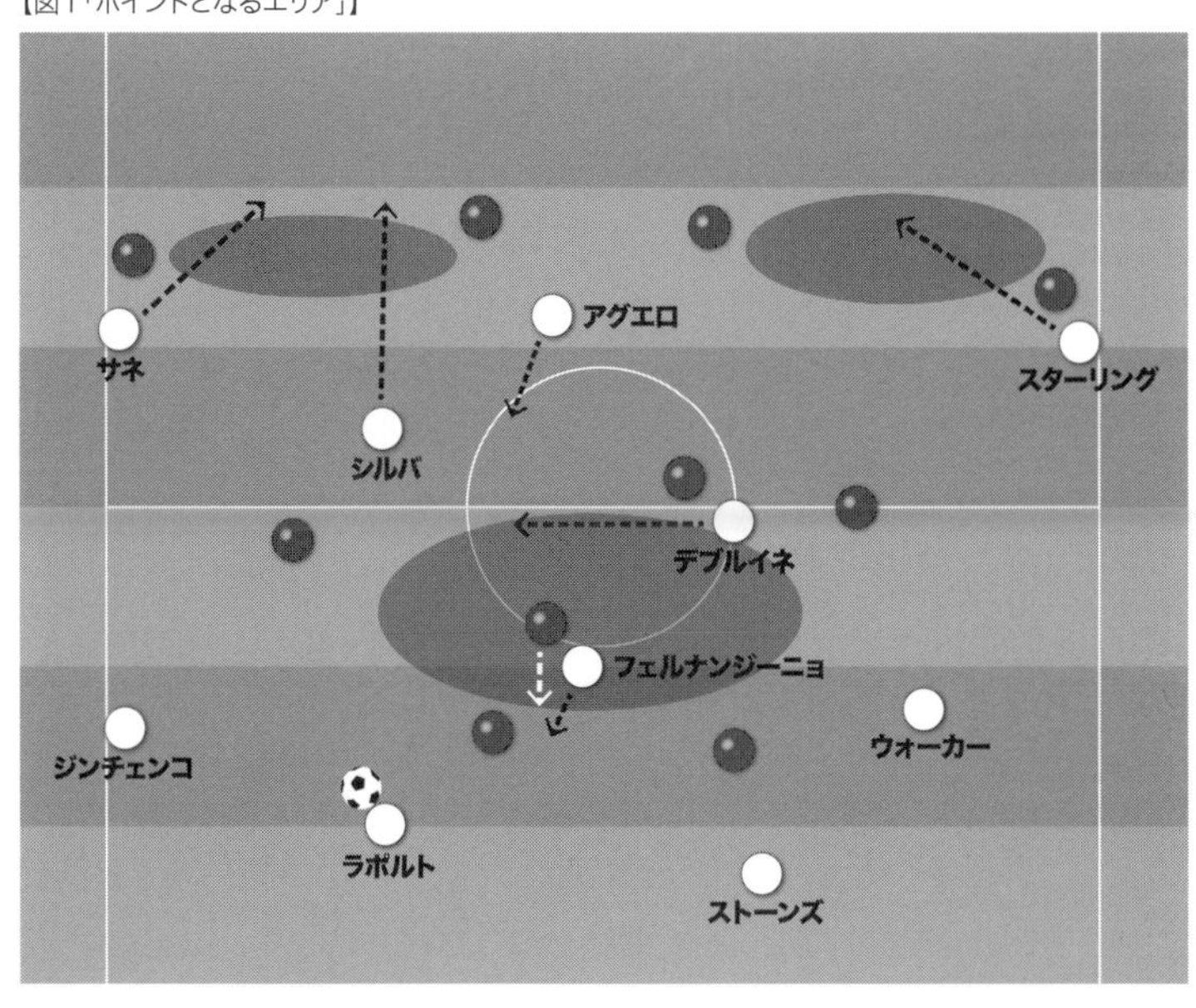

ルナンジーニョがマークを引き連れてポジションを少し下げ、空いたスペースにデブルイネが移動したり、ジンチェンコが偽SBとして絞ってきたりと次の攻撃の展開を促すことができる。

WGの張り出しによるチャンネル開放＋中央での主導権獲得。ここまでくればあとは単純だ。チャンネル、裏のスペースへIHと3トップを走らせる。非常にシンプルだが効果的な攻撃戦術だ。前線に無駄な人数をかける必要がないため、SBはここぞという時以外上がらず、カウンターに備えることもできる。

3トップのクオリティと裏への意識、IHの技術レベルが高いからこそとれる戦術である。3トップとIHに裏への意識が無ければU字のパスが続くこととなり、この戦術は機能しない。

■スペースを作り、パスを回してゴールに迫る

グアルディオラはバルセロナ時代から一貫して、丁寧にボールを繋いで敵陣に進出する攻撃をチームに落とし込んできた。加えてマンチェスター・シティでは敵に「2択を迫るプレー」が増えた。これが彼らの強さの秘訣となっている。

ピッチ上に目的地(ゴール)へとボールを運ぶための道が敷かれているとする。シティの場合、左右の分かれ道が繰り返し用意されているようなイメージだ。攻撃パターンが豊富なため五叉路、六叉路の道が用意されているようにも見えるが、実際はよりシンプルな二股の道となっている。

シティの左右の分かれ道は、片側の道を確実に塞ぐことができるが、もう一方の道を同時に塞ぐ

ことができない。

例えばCBのラポルトがボールを持った際、敵SHはWGのサネと、IHのダビド・シルバへのパスコースを同時に消すことは物理的に困難だ。これと同様のシチュエーションをピッチ上の至る所に作り出す。そして、敵が塞げなかった道(先述の例で敵SHがシルバへのパスコースを切ったら、サネへのパスコースが空く)を進んでいくことで、敵のゴールを目指すのだ。【図2「2択を迫るプレー」】

言葉にするのは簡単で一見シンプルだが、実際にプレーで表現するのは並大抵のことではない。まず、常にボールホルダーAに対して選択肢(パスコース)を提供するために、適当なポジションをとる必要がある。そのためには角度、距離、タイミングを図らなければならない。また、ボールホルダー

【図2「2択を迫るプレー」】

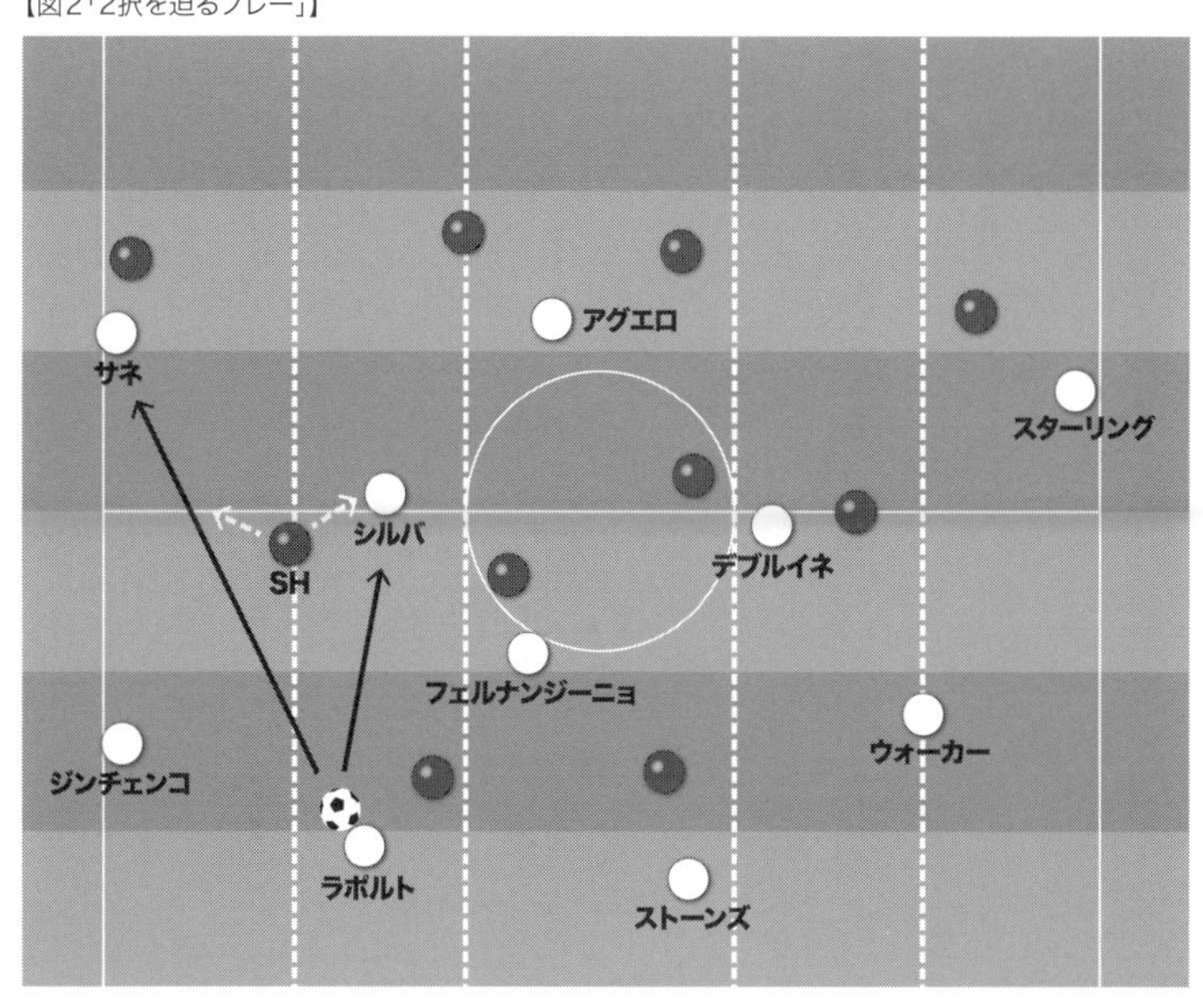

Aからパスを受けた選手Bにも同様に選択肢を提供する必要がある。その場合、選手Bにパスが渡ってから移動しても遅いケースも多々ある。つまりAがボールを持っている時点で予め、選手Bにボールが渡ることを想定したポジションをとる選手Cも必要となるのだ。

これは全てのプレーが即興で行われているチームでは困難なプレーだ。敵だけでなく味方のプレーも予測できないからだ。次のプレーが予測できない状態で各々が予測を行えば当然バラバラになってしまう。つまり、チームに設けられた一定のルール、約束事が必要となる。様々な攻撃を繰り出すマンチェスター・シティにも当然、パターン化された動きが存在する。

前記の例はハーフスペースを活用したビルドアップの図だ。ハーフスペースは敵のマークをぼやかすことのできるエリアである。FW、SH、CHの誰かが必ず定位置から外れてアプローチに出なければならない。敵を動かすことのできるエリアというのは、ゲームの主導権を握って攻撃を展開するシティにとっては必ず活用すべきエリアであり、重要視されている。

■偽SB

シティを語るうえで欠かせないのが偽SBだ。これは本来サイドに位置するSBを内側に絞らせる戦術である。この動きにも「2択を迫るプレー」のエッセンスが含まれている。

ビルドアップ時にシティが偽SBとして絞らせるのは基本的にボールと反対サイドのSBである。

ではボールサイドのSBはどこに位置するのか？　多くの場合2CBの脇で3バックの一角へと変

化する。

例えば左SBのジンチェンコがボールを持った際、逆SBのウォーカーはアンカーのロドリ(もしくはフェルナンジーニョ)の高さで絞った位置をとる。いわゆる偽SBの位置取りだ。この状態からCBを経由して右サイドに展開する場合、ジンチェンコはロドリと同じ高さへと絞るが、ウォーカーは3バックの一角に入るために下がりながらハーフスペースに位置をとる。この「下がって開く動き」、「偽SBと3バック化の併用」が敵の守備に迷いを生じさせる。(ジンチェンコの場合、3バック化せず絞ったまま敵を釘付けにするケースもある)【図3「偽SB①」】

例えば4-4-2を採用する敵のSHが、このウォーカーの動きについてくれば、ストー

【図3「偽SB①」】

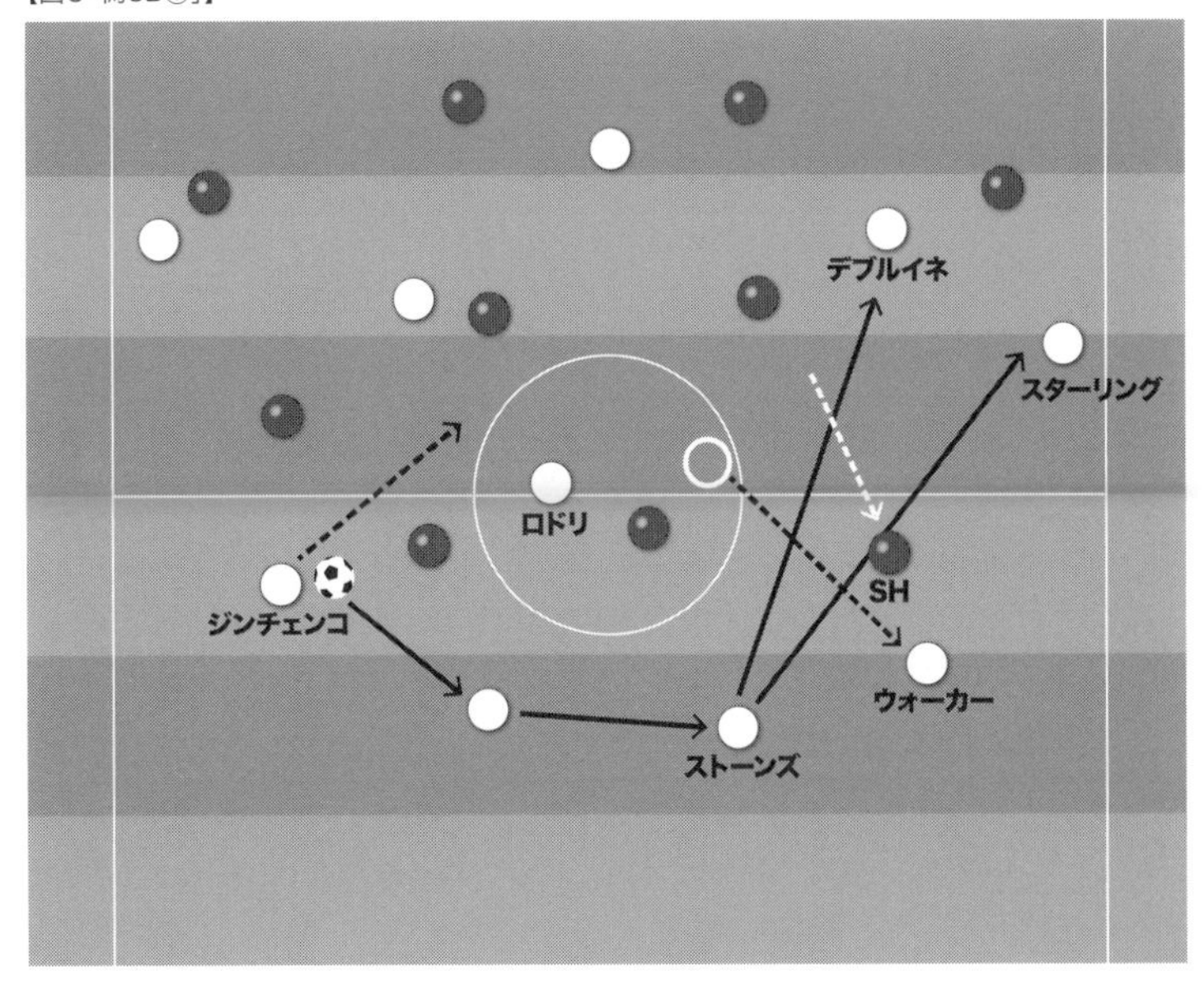

ンズからIH（デブルイネ）やWG（スターリング）へ直接鋭い楔が送られる。ついてこなければ、ウォーカーを経由してIHやWG、CFへと展開することも、自分で持ち上がることもできる。【図4「偽SB②」】

展開が難しければCBへボールを返してやり直しを行う。その際、ジンチェンコは絞ったまま開かないという選択肢も持つ。絞ったジンチェンコに対して敵のSHが内側に留まってケアを行えばサネへのパスコースができあがる。このように微妙に動きに変化をつけて敵を崩す糸口をつかむことも可能となっている。

■チャンネルの攻略

偽SBと3バック化を活用しWGへとパスが渡った後、ファイナルサードでシティ

【図4「偽SB②」】

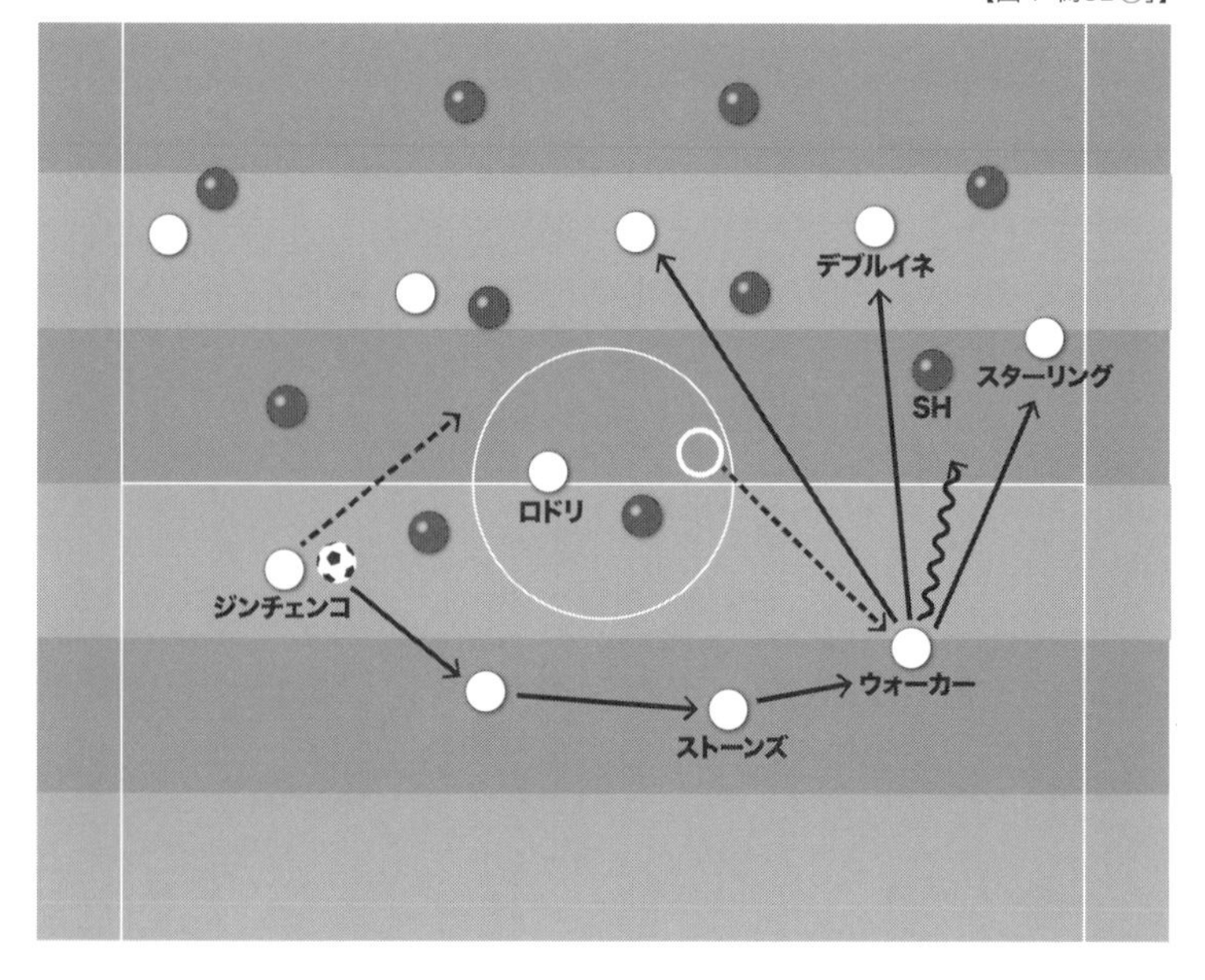

が狙うのは「チャンネル」と呼ばれるSBとCBの間のスペースだ。ここにデブルイネ等IHの選手が走り込みマイナスのクロスを入れるプレーはシティの得点パターンのひとつとなっている。【図5「チャンネル攻略」】

チャンネルを狙うメリットはクロスを上げる地点がゴールに近くなる点にある。どれほど腕の良いクロッサーでも、ゴールから遠いほどクロスの難易度は上がる。まして前線に長身選手のいないシティにおいて重要となるグラウンダーのクロスをタッチライン付近から敵の間を縫って通すというのは不可能に近い。

偽SBと3バック化の併用攻撃におけるメリットの一つが、このチャンネルを広げられるという点だ。敵のSHがウォーカー、もしくはIHへの内側のパスコースを意識

【図5「チャンネル攻略」】

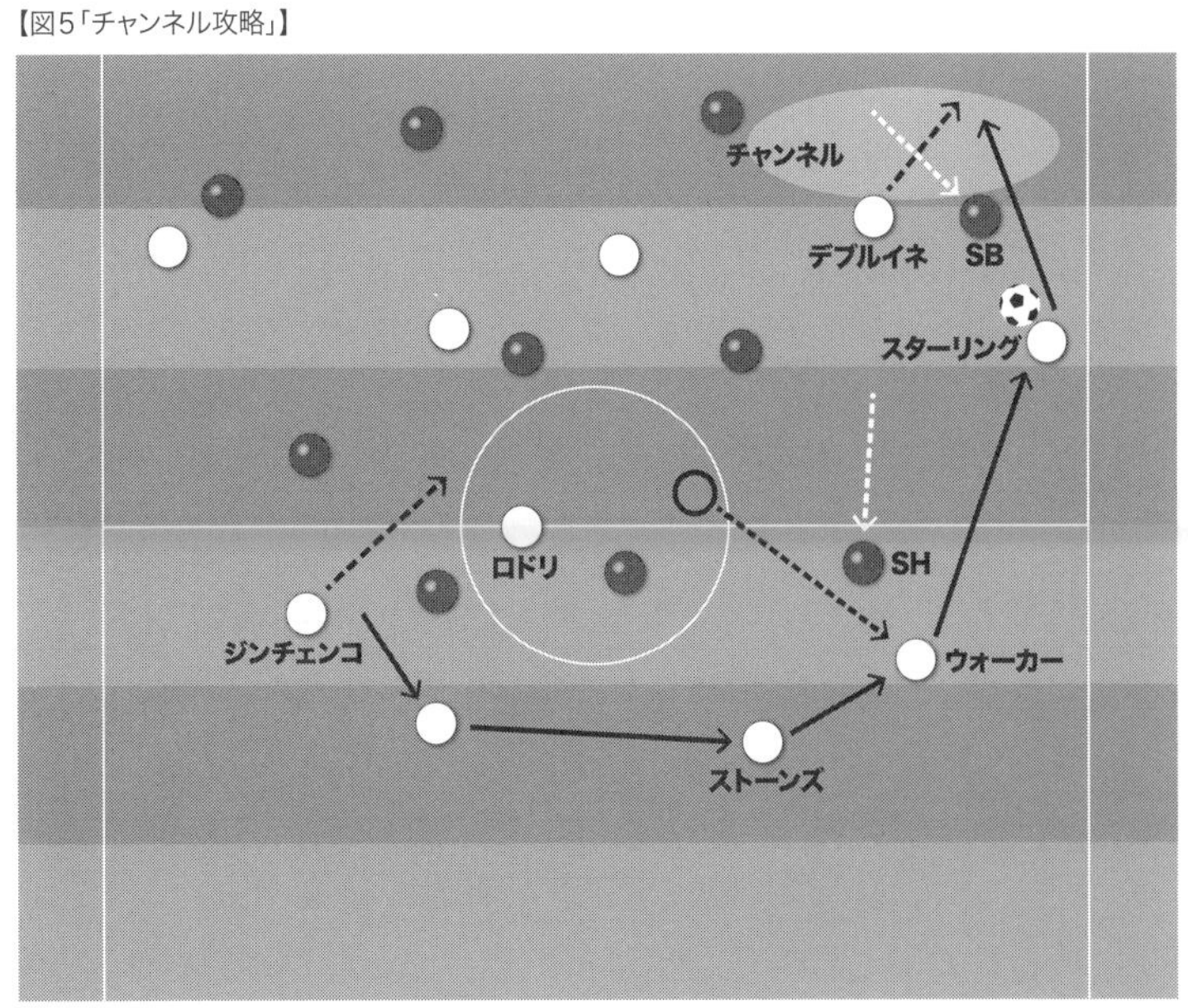

すれば、必然的にサイドのエリアにスペースができる。守備側は、SHが内側に釘付けにされた場合、SBが前進して外のエリアを抑えることとなる。この時、WGの選手が敵SBを手前に誘い出せるギリギリの位置にポジションをとることで、チャンネルを広げるのだ。

WGの選手がボールを受ける位置が低すぎればSBをおびき出すことはできない。逆にSBに近すぎるとパスカットされる可能性も高く、チャンネルを活用した攻撃が難しくなる。自身の位置と敵の距離に関する駆け引きが必要となるが、シティのWGはこの駆け引きに長けた選手が多い。チャンネルが広がればデブルイネの脅威は大きく増し、WG自らチャンネルに侵入することも可能となる。このような手法を用いてシティはチャンネルを陥れるのだ。

仮に、チャンネルに侵入してからのクロスが弾かれた場合、セカンドボールを回収するのはアンカーのロドリと、先程右に展開すると同時に絞った偽SBのジンチェンコとなる。このようにシティの偽SBは、セカンドボールの回収を含むカウンター対策においても効果を発揮する、攻守両面にメリットを持ったものとなっている。守備においても重宝されるため両SBが同時に高い位置をとるということは少なく、リスク管理のため後方にも枚数を揃えることができる設計となっている。

■**おわりに**

マンチェスター・シティの戦術のポイントをいくつか挙げてきた。敵に複数の選択肢を突き付けるというのは非常に難しい。一人一人が然るべき位置にポジションをとり、敵のリアクションを見て的確な判断を下す必要があるからだ。決して一朝一夕で落とし込めるものではない。しかしこれを的確に行うことができれば敵の陣形に左右されない、まさに敵なしといえる代物となる。このサッカーをここまで高次元で落とし込んで見せた指揮官はペップをおいて他に居ない。彼がサッカーというスポーツを更なるレベルへ発展させる可能性も否定できない。

セビージャ
Sevilla
SPAIN LIGA ESPANOLA

season 19-20

EL覇者、「王様」から始まる攻撃の形

19-20シーズン、CLはバイエルン・ミュンヘンが圧倒的な強さを見せつけて頂に立った。その一方でELはローマ、ウルブス、マンチェスター・ユナイテッド、インテルといった並みいる強豪を次々と撃破したセビージャがトロフィーを掲げる結果となった。ロペテギ率いるセビージャには攻撃を司る王様がいた。彼がいかに攻撃を司り、チームでいかにゲームを支配し、EL優勝をさらったのか。彼らの戦術を紐解いていく。

■基本布陣

CBにはそつなくロングボールを蹴ることのできるクンデとカルロス。攻撃参加とそれに伴う運動量が求められるSBには、右にスピードのあるヘスス・ナバス、左には的確なパスと軽やかな身のこなしを武器に持つレギロンが配置される。

セビージャの戦術的特徴ともいえるアンカーにはフェルナンド、右IHにはスペースへ侵入するのが上手いジョアン・ジョルダン、左IHに攻撃の核となるバネガが君臨する。右WGにはハーフ

スペースに入り込むのが上手いスソ、左に献身的な守備と推進力あるドリブルを持つオカンポス、CFに高さのあるルーク・デ・ヨングが入る形だ。

■セビージャの攻撃スタイルと一人の「王様」

セビージャはゆったりとしたビルドアップと長いサイドチェンジで敵陣へとボールを運び、アタッキングサードではサイドから少ない手数とクロスボールで攻撃を完結させる。その戦術上のキーマンとなっているのが左IHのバネガだ。パススキルの高い彼が左CBの脇に降りるのはほぼ決まった形となっている。長短織り交ぜた配球で攻撃を組み立てる姿はまさにこのチームの「王様」と呼ぶに相応しい。

【セビージャ「基本布陣」】

左サイドに降りる「王様」バネガの動きが、ほぼ全ての攻撃の前提となっている。彼が降りるところから始まるセビージャの攻撃において特徴となるのは以下の4つだ。

①アンカー・フェルナンドのデコイ
②スペースに入り込むIHジョルダン
③幅をとり攻撃に参加するレギロンとナバスの両SB
④中央でフリーロールとなる右WGスソ

■アンカー・フェルナンドのデコイ

通常ビルドアップにおける中心人物となるはずのアンカーが、それほど積極的に関与しないのがセビージャの特徴だ。なぜならアンカー・フェルナンドの脇に「王様」バネガが降りてくるからだ。例えるならレアル・マドリードにおいてトニ・クロースが

【図1「ポジション移動」】

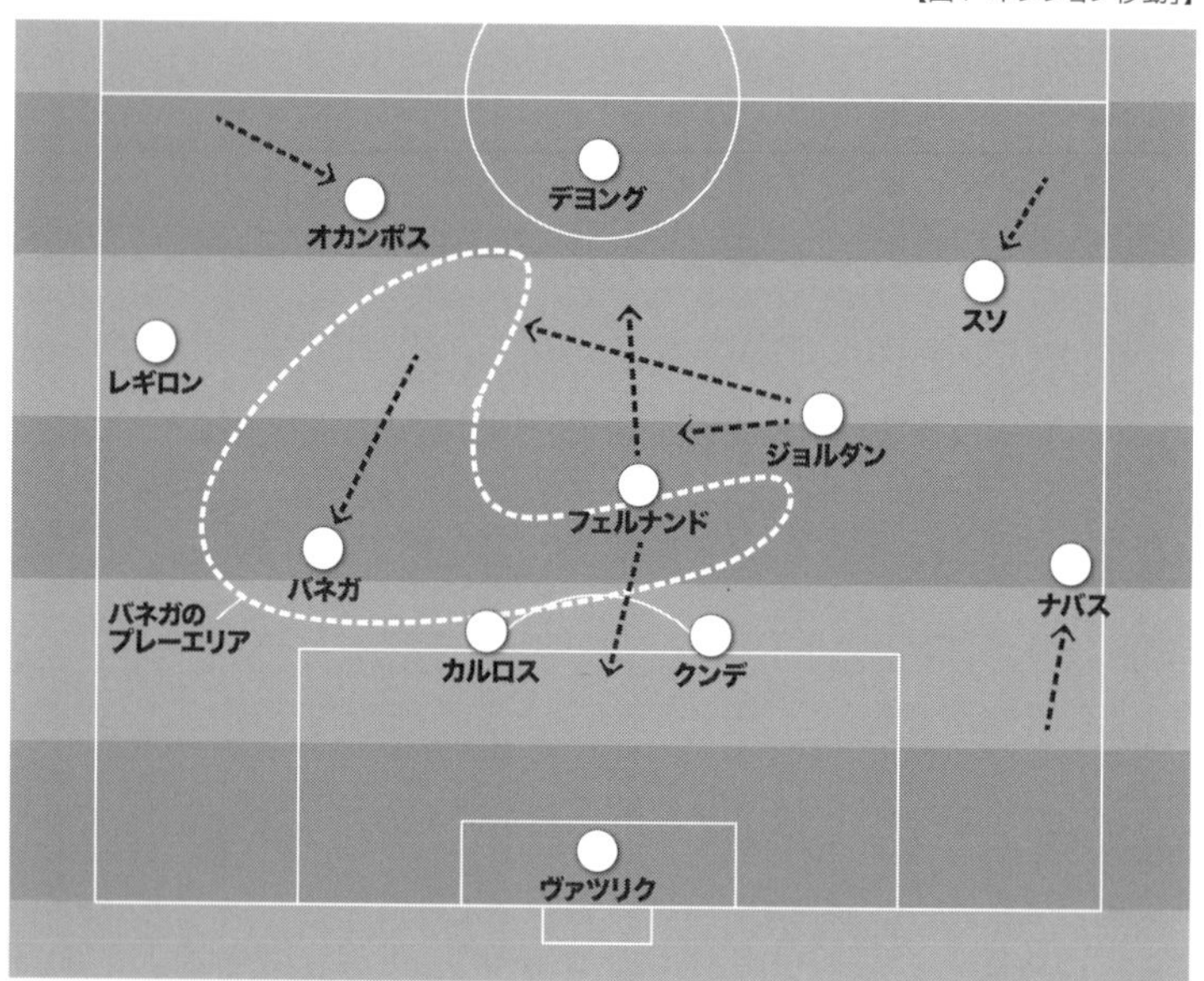

降りてきた時のカゼミロに近い。
IHが降りることの利点は2つある。一つは自チームのポジションを崩すことで敵の守備ブロックに綻びを作り出せること。そしてもう一つが、前線の一人の選手が降りることで後方の選手がポジションを上げることができることである。前後のポジションを入れ替えることで敵の守備を攪乱させるのだ。
このポジションを上げる選手にアンカーのフェルナンドも含まれているのがセビージャだ。アンカーを前進させるチームは非常に珍しい。【図1「ポジション移動」】
バネガが降りるところからスタートする攻撃の代表的なパターンが以下だ。
①バネガが降りることで空いたスペースに逆IHのジョルダンが移動する。【図2「パターン①」】

【図2「パターン①」】

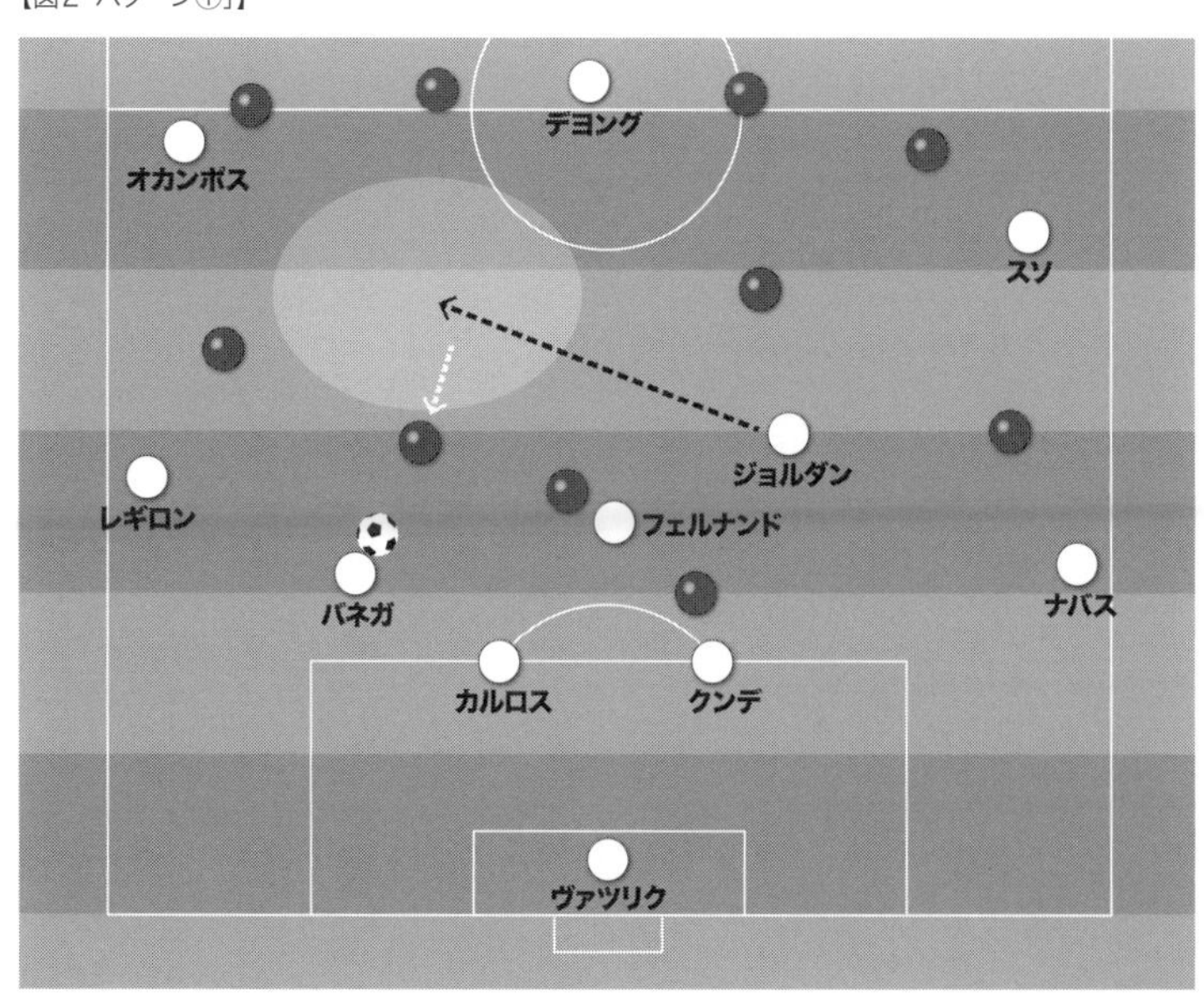

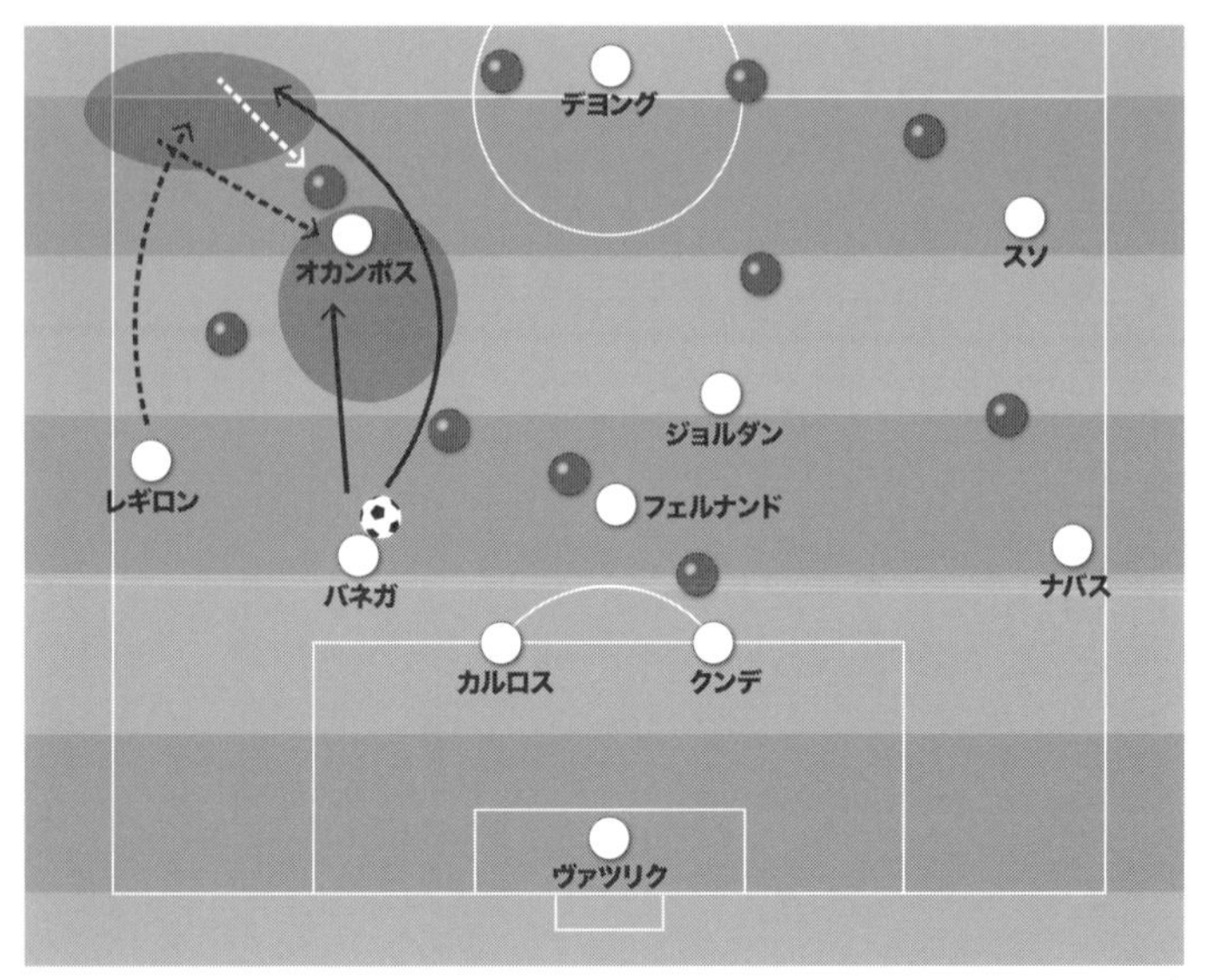

【図3「パターン②」】

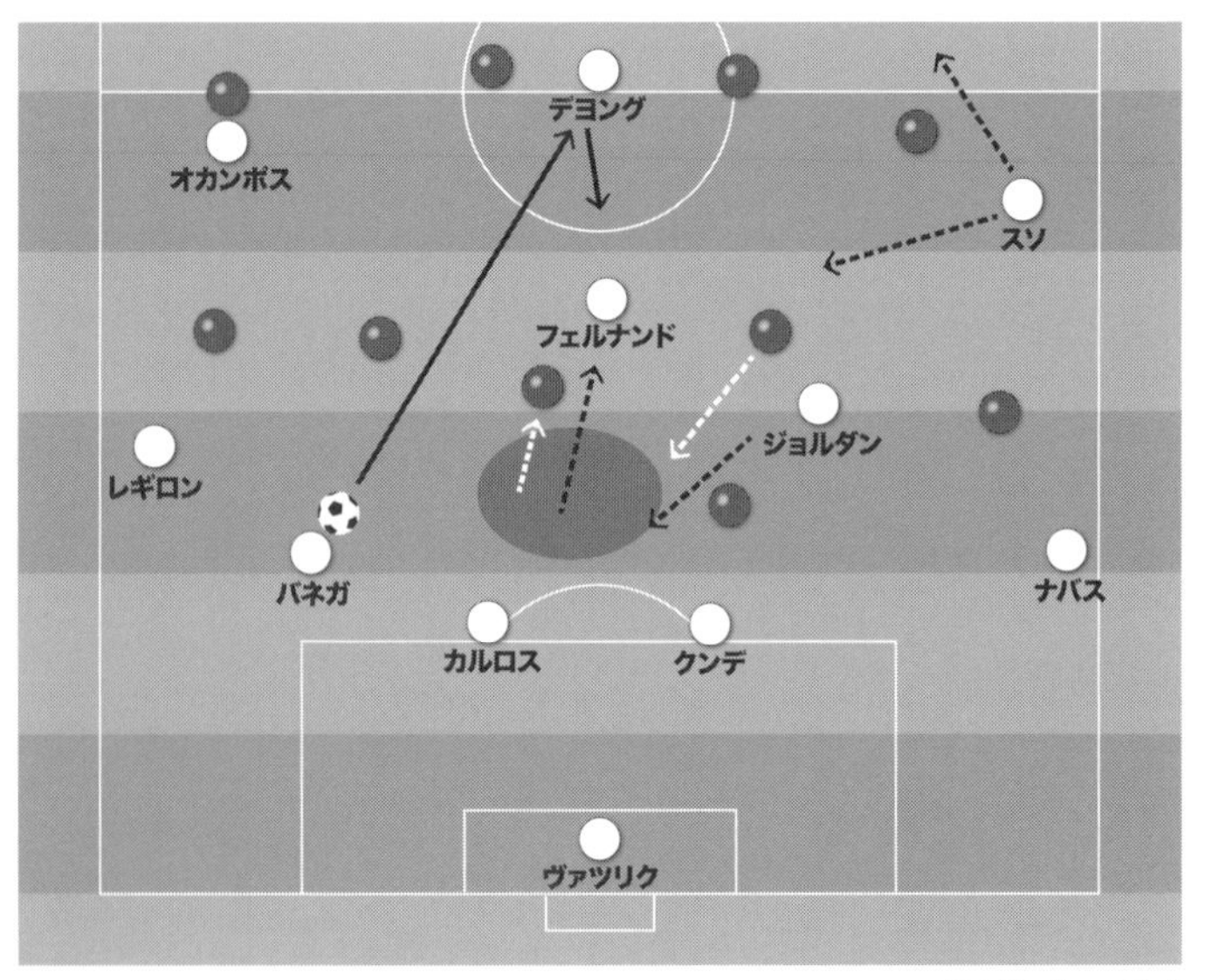

【図4「パターン③」】

ン①」】

これは非常にシンプルで、バネガの移動を利用するパターンだ。逆サイドの選手が移動してくると対応は困難となる。ジョルダンはこういったスペースへの侵入が非常に上手いタイプだ。バネガのように低い位置で組み立てるタイプと組ませるのは相性が良いといえるだろう。

②左SBレギロンがポジションを上げ、左WGオカンポスが絞る。【図3「パターン②」】

バネガが降りることでレギロンがポジションを上げやすくなる。敵SHの横または背後でボールを受け次の攻撃の展開を図る。レギロンが上がれる状態であればオカンポスがポジションを内側に移動させる。敵SBがオカンポスについていけばレギロンはスルスルと前進してタイミングを見計らい、一気にサイドを駆け上がっていく。敵SBがレギロンを視野に捉えた場合、オカンポスへのマークは緩くなる。バネガはチャンスの臭いを嗅ぎ分けてパスを捌き、攻撃を作っていく。

③アンカー・フェルナンドの前進。【図4「パターン③」】

これが本項の本題だ。バネガのプレーエリアはおおよそ三日月状となっている。アンカーを兼務するようなイメージだ。そのためフェルナンドは定位置に縛られることなく前進することができる。アンカーのポジションを外れてCFとペアリングすることでレイオフの受け手となり攻撃を展開する。このフェルナンドの動きに敵が引いて対応すれば、逆IHのジョルダンが空いたアンカー位置でボールを受け、逆サイドのスソへと展開していく。

④フェルナンドとバネガの入れ替わり。【図5「パターン④」】

アンカーのフェルナンドはDFラインに降りるプレーも見せる。彼が下がった場合も枚数の関係でSBは前進しやすくなる。フェルナンドが下がった状態からバネガも降りてくれば、後方の選手がもう一枚上がることができる。この時にバネガと入れ替わるように中央のフェルナンドが上がるのもパターンの一つだ。降りるバネガが敵の最前列を外に引っ張り出せば中央が薄くなる。そのスペースで前進したフェルナンドがパスを受ければ攻撃の展開の幅が広がっていく。

⑤降りるフェルナンドに連動してジョルダンが絞る。【図6「パターン⑤」】

降りるフェルナンドを警戒した敵の選手が彼について行った場合。それはFWラインとMFラインの間にスペースができるこ

【図5「パターン④」】

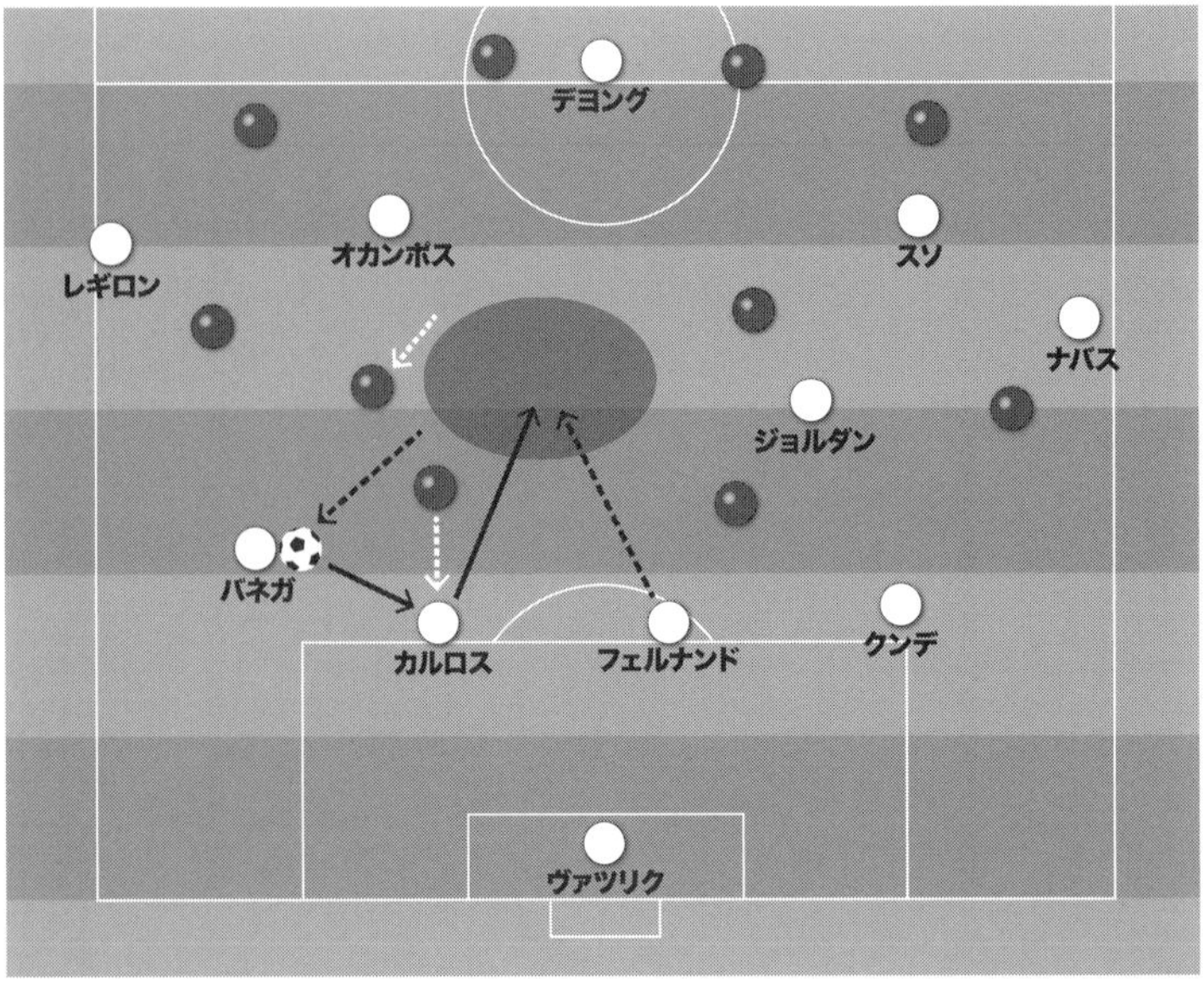

とを意味する。ここにスペース侵入の名手であるジョルダンが絞って入り込む。ジョルダンがCFのレイオフを受けることで逆サイドへ展開を図っていく。

以上のように、バネガを落とすことで、アンカーをパスの出し手とするのではなくパスの受け手もしくは囮として利用し、かつ他の選手のポジションチェンジのトリガーとするのがセビージャのビルドアップの特徴となっている。

■中央でフリーロールとなるスソ

低い位置ではバネガが主導権を握って攻撃を組み立て、フェルナンドがデコイとしてフリーな動きを見せ、ジョルダンがそれにあわせてポジションチェンジを行っている。この方法で前進を行い、アタッキング

【図6「パターン⑤」】

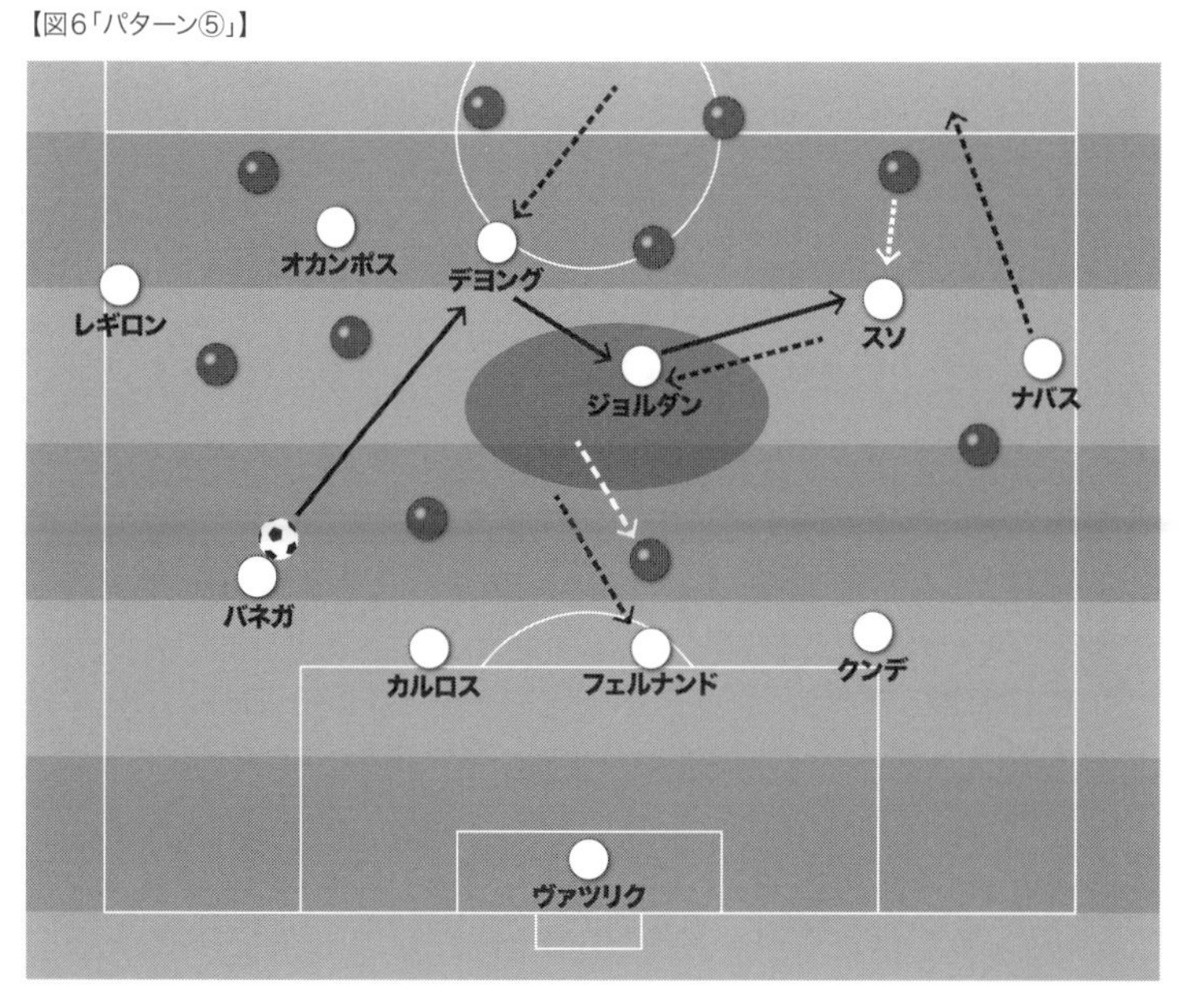

サード付近でさらにフリーロールとなる選手が現れる。右WGのスソだ。ここで言うフリーロールとは役割がフリーというよりも、サイドで幅をとる役から解き放たれるという意味だ(ニュアンスの違い)。

フリーロールとなったスソは、時にハーフスペースに絞りIHのようなプレーを見せ、時にトップ下のようにライン間に入り、敵CH間で顔を出し逆サイドのバネガからボールを引き出すプレーを見せる。スソがフリーロールとなる条件は「SBへスス・ナバスが前進できる状態であること」だ。いつでも幅を使った攻撃を展開できるよう、常に誰かがサイド高い位置へ進出できる状態である必要がある。

セビージャはサイドチェンジを多用する。ボール保持を安定させると同時に敵の守備ブロックを横に引き伸ばし、少ない手数でも攻撃を行いやすくするためだ。このサイドチェンジの受け手を確保するためにも誰かが幅をとっている必要があるのだ。

フリーロールとなったスソはハーフスペースやさらに中央へと絞っていくのだが、サイド攻撃にも引き続き絡んでいく。それが【図7「右サイド攻撃」】である。ジョルダンとスソは状況によって逆の立ち位置をとることも少なくない。

サイドで【図7】のような三角形を形成する。セビージャのサイドでのパス回しの最中において、この三角形につく三選手がポジションを互いに入れ替えることはない。彼らはこの頂点に立った状態から裏に抜ける動きと、下がってサポートする動きの「上下動」のみを行う。

この上下動を駆使することで、降りてサポートに入った瞬間に敵を釣り出し、スペースが空いた瞬間に背後をとることができる。サポートポジションをとることでゆったりとボールを回せる環境を作り、敵が隙を作った瞬間を刺す。セビージャのシンプルな右サイド攻撃はこのようにして成り立っている。

■レギロンとオカンポスの左サイド攻撃

レギロンとオカンポスの左サイドはさらにシンプルだ。２人が内と外を入れ替えるのみだ。オカンポスが内に絞り、レギロンが外側を駆け上がるのは「フェルナンドのデコイ」の項②で説明した通りだ。

もう一つがその逆、オカンポスが外側に移動し、レギロンがインナーラップする形

【図7「右サイド攻撃」】

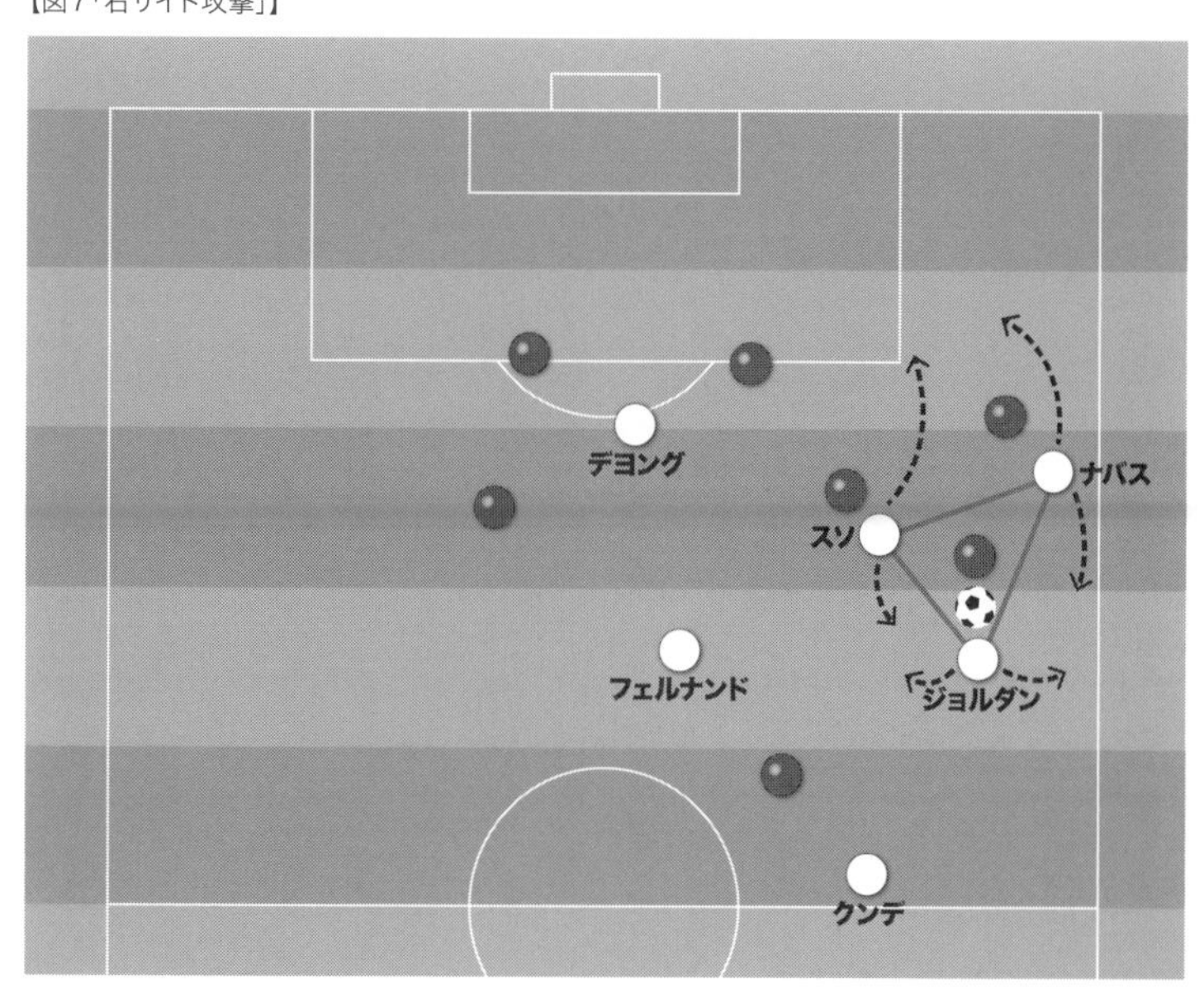

だ。【図8「左サイド」】

多用されるサイドチェンジの流れで行われることが多い。レギロンがワイドでサイドチェンジを受けると、内に絞っていたオカンポスが外に流れ、レギロンがインナーラップを仕掛ける。レギロンは敵をかわすプレーも得意としており、内から外に寄せに出てくるSHのベクトルを逆利用して内側に切り込むプレーをこなすことができる。オカンポスが外に流れて空けたスペースに侵入し一人でゴールを決めたELローマ戦は圧巻であった。

このように両サイドで得意の型が存在するため、サイドチェンジを繰り返して少ない手数でゴールに迫っていく。そのためSBには豊富な運動量が求められる。

【図8「左サイド」】

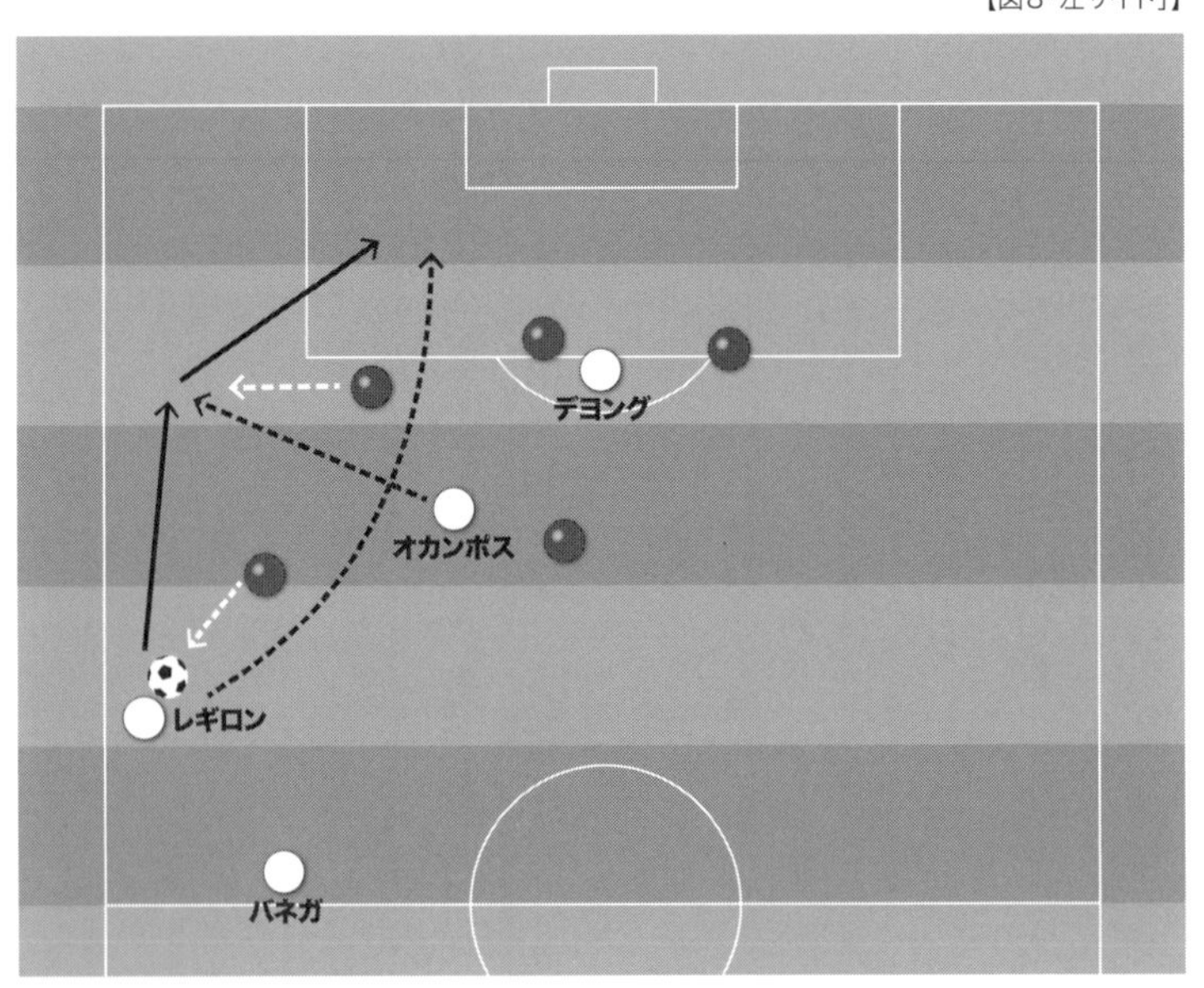

■守備戦術

これまで述べてきたようにセビージャは手数をかけずに攻撃を行う。そのため後方に人数が揃っていることも多いため、敵の攻撃を遅らせたのちにバックパスに合わせてポジションを上げて敵の最終ラインへプレスをかけることが多い。

セビージャのプレッシングのパターンは2つ。敵最終ラインのボールホルダーに対して①WGが出ていくパターンと【図9「守備戦術①」】②IHが出ていくパターン【図10「守備戦術②」】だ。

①のWGが出ていくパターンはより高い位置で用いられることが多い。WGが敵SBをカバーシャドウで切りつつボールに寄せていく。合わせてバネガとジョルダンのIHコンビが前進し敵の中盤を捕まえ、ロングボールをCBやフェルナンドが回収する。

②のIHが出ていくパターンはセンターサークルの先端からプレスを開始する際に用いられることが多い。IHがボールホルダーに寄せるのに合わせてデヨングがアンカーを切り、WGが中央を遮断するように絞ることでサイドにボールを誘導する。ここでWGがプレスバックをかけ、SBが状況に応じて前進することで囲い込むのだ。

■おわりに

セビージャは「王様」バネガのポジション移動からポジションチェンジとサイドチェンジを駆使してボールを前進させ、手数の少ないサイド攻撃でアタッキングサードの攻略を図る。敵チームか

【図9「守備戦術①」】

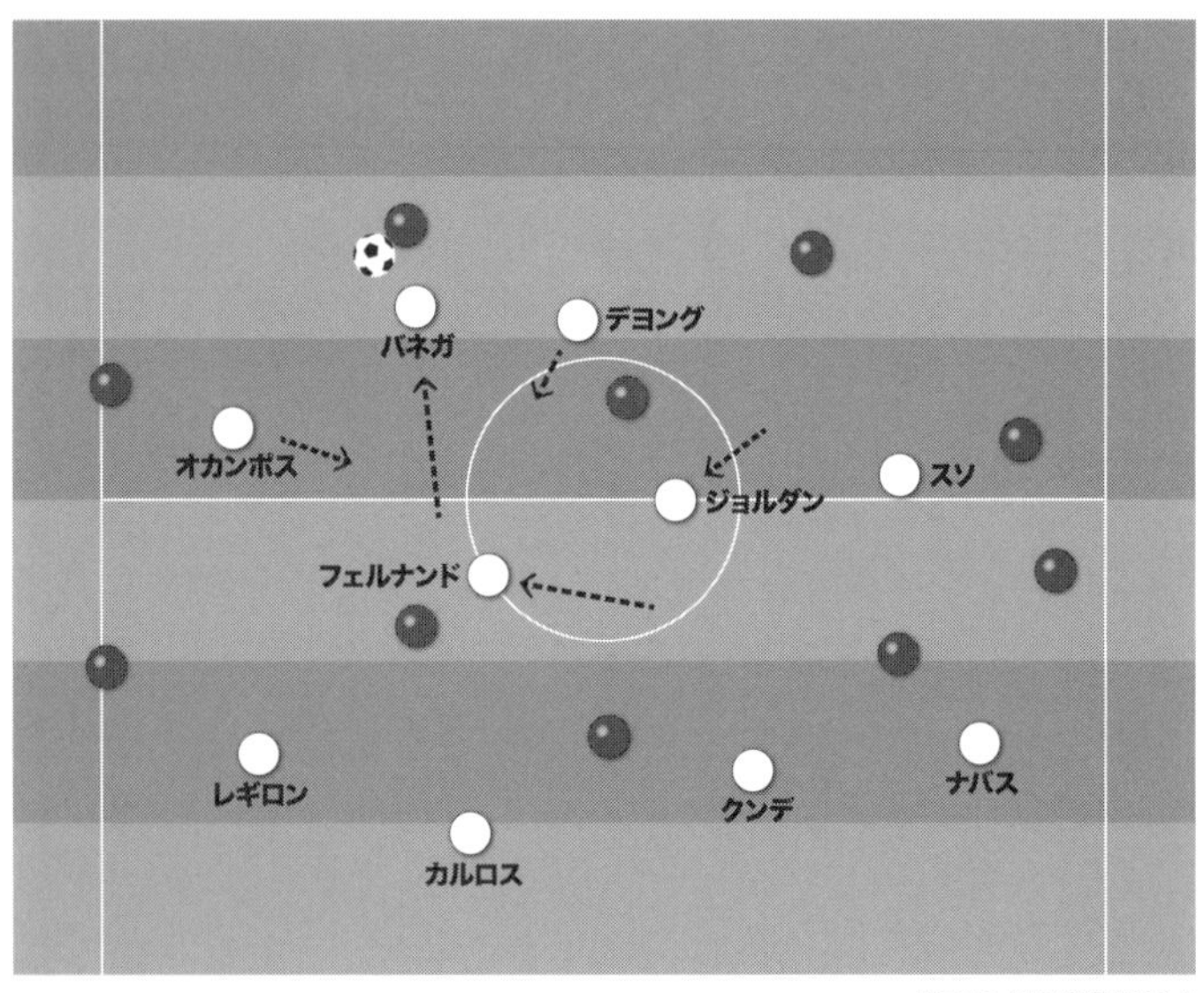

【図10「守備戦術②」】

らすればこのサイド攻撃への対策とサイドチェンジのセカンドボール回収に工夫を入れることがセビージャ攻略のカギとなる。また、カウンターの際はバネガの降りる左サイドに脆さが見られる。

アンカーをデコイ的に使う、非常に珍しいチームである。また、王様といえどもプレッシングはさぼらずに行うあたりに時代の変化と強いチームの条件を感じる。こういった王様がいるチームが、王様のいなくなった後にどのような変貌を遂げるのかにも注目だ。

ナポリ
Napoli ITALY SERIE A

season 17-18

語り継がれるべき、サッリが率いた記憶に残るチーム

17-18シーズン、セリエAで旋風を巻き起こしたマウリシオ・サッリ率いるナポリ。長いサッカーの歴史の中で見ても、最も美しいチームのひとつであったと言えるだろう。スピードに頼らずパスコースを丁寧に潰してジワジワと敵を袋小路に追い詰める緻密なプレッシングとラインコントロール、淀むことのない流麗なパスワークは、この先どのチームでもお目にかかることができないかもしれない。

■基本布陣

世界でもトップクラスの守備能力を誇るCBのクリバリが守備の要となる。攻撃局面ではメインとなる左サイドの最後方からパス回しをサポートする。左SBには機動力がありショートパスを得意とするマリオ・ルイ、右SBはリスク管理役として気の利いたポジションをとり、パスを繋いで連携しながら崩すプレーも得意とするヒサイが起用される。

アンカーにはショートパスで攻撃を組み立てるのが得意なジョルジーニョ、右IHには攻守に万能なアランが起用される。左IHにはナポリ自慢の左サイド攻撃においてパス回しの核となるハム

シクが君臨。攻撃を司る。左WGにはドリブルとフリーランで敵を掻き回し、ゴールに直結するプレーを見せるインシーニェ、右WGにはフリーランの達人でありクレバーなプレッシングもみせるカジェホンが入る。CFは偽9番として様々なエリアに顔を出し、ナポリの英雄、マラドーナの持つクラブ通算ゴール記録を塗り替えたメルテンスが起用される。

■プレッシング

ナポリのプレッシングのトリガーはCFではなくWGとなるパターンが大半だ。サイドからプレッシングをかけ、逆サイドで仕留めるローラー作戦が行われ、敵SBがプレッシングの最終地点となる。FWと2列目の守備ラインを近づけることで、連携

【ナポリ「基本布陣」】

をとって守りやすくなっている。アンカー脇が空かないよう、DFラインを高めに設定し、ボールサイドのSBが大きく前進、他3人は逆サイドを捨ててスライドする。以下がナポリのプレッシングの大まかな流れだ。【図1「プレッシング概要」】

①右WGのカジェホンがSBへのパスコースを切りながらCBへアプローチをかける。

②CFメルテンスがCB間のパスコースを切ることで逆SBにボールを誘導。CFがCB間を切る際、敵アンカーはボールと逆サイドのIHがマークするように受け渡しを行う。

③SBに対し左WGインシーニェがアプローチをかける。この際、ボールサイドのCHに背中からついていたハムシクは、CHを放しつつWGの背後へ下がる(理由は

【図1「プレッシング概要」】

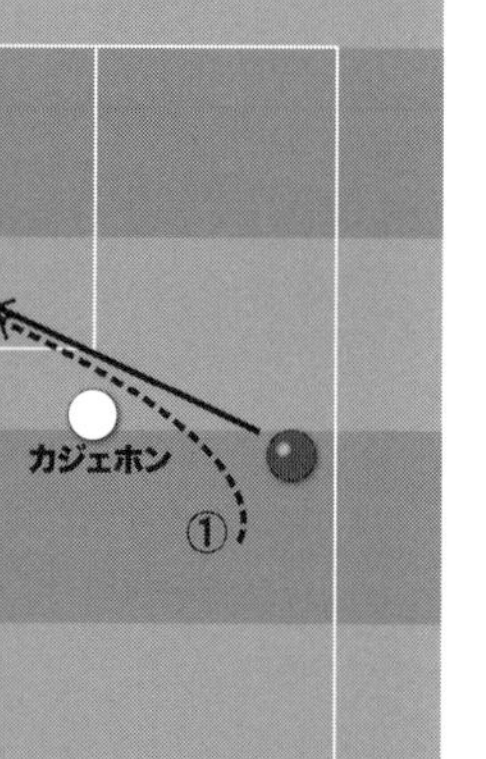

後述）。代わりにメルテンスがCHに寄せられる位置まで下がる。この3人で形成する三角形が、中央を遮断し組み立て直しを行わせないための重要なポイントとなる。

SBは大きく前進、アンカーはハーフスペースまで絞り、敵が前方にボールを蹴り出す素振りを見せたらIHがセカンドボールを回収できるよう下がる。DFラインとインシーニェが左回り、その他の選手が右回りで敵を追い込み、奪取する。ひとつひとつ漏れなくパスコースを遮断するこのナポリの守備には非常に厳格な約束事が設けられている。そのいくつかを挙げていく。

■SB裏のスペースのケア

ナポリのSBは限定の状況に応じて、アンカーの高さまで前進してパスカットを狙う。限定できていればパスコースを読みやすく、パスカットの確率が高まるからだ。その際ネックとなるのがSB裏。このスペースをCBのクリバリとアルビオルに埋めさせている。彼らはタッチライン際までカバーできるよう長距離のスライドを行う。前線の選手がホルダーにきちんとプレッシャーをかけているため、サイドチェンジの心配は二の次。

またCBがサイドまでカバーに出た際、前進していたSBはCBが元居た位置を埋めるように戻る。2手、3手先まで詰められた守備である。

■HSまで絞るジョルジーニョ

アンカーのジョルジーニョはボールサイドのHSまで絞り込み、パスコースの遮断およびセカンドボールの回収に回る遊撃役となる。そしてIHが高めのポジションをとった分を埋め合わせる。どんな展開になっても素早く対応できる機転と判断力、ポジショニング能力が必要だ。

■IHの動き方

スピードよりもパスコースの限定に重点を置いたクレバーなプレッシングは、シメオネ率いるアトレティコに近い。共通点も多いのだがその反面、相違点もある。それはなんといってもシステムの違いであり、ナポリのプレッシングの肝は、アトレティコのシステムには存在しない〝IH〟の守備にある。

敵のアクションに応じてポジションを修正する、選択するプレーを変える。そうしたプレーはサッカーにおいて当然のことであるが、ナポリのIH（アランとハムシク）のそれには規則性が見られる。そもそもナポリの守備は決まったようにカバーシャドウで敵のプレーに制限をかけるため、敵のリアクションまでもパターン化されていた。そのため、ナポリIHには想定される敵のリアクションのパターンと、それに対してとるべき応手までが明らかに刷り込まれていた。規則で厳格に縛られているのだ。

特徴的な動きは3点だ。まず前述の部分だと、①SBもしくは低く開いたCBに誘導するまで↓

敵CHの背後につく、②SBへ誘導完了、蹴り出すモーションに入る→敵CHを放し味方WGの斜め後方に移動の2点が挙げられる。①は死角からボールを奪取するため、そして敵がロングボールを蹴った際、敵CHよりも早くセカンドボールを回収するためである。②はパスコースの遮断と、①と同様セカンドボール回収のためだ。

そしてIHに限ったものではないが、反転の速さとプレスバックは非常に特徴的だ。ナポリはプレッシングだけでなく、ボールを蹴り出された後のセカンドの回収、およびプレスバックまでが仕込まれており、幾重にも策が練られた緻密な構造となっている。目的が「蹴らせること」に留まらず「回収」にまで及んでいるた

【図2「WGの景色」】
ルイを背負ったWG。初めに視界に入るのはプレスバックするナポリの3人。味方が複数残るはずの自陣側へのパスコースが全て塞がれてしまっている。

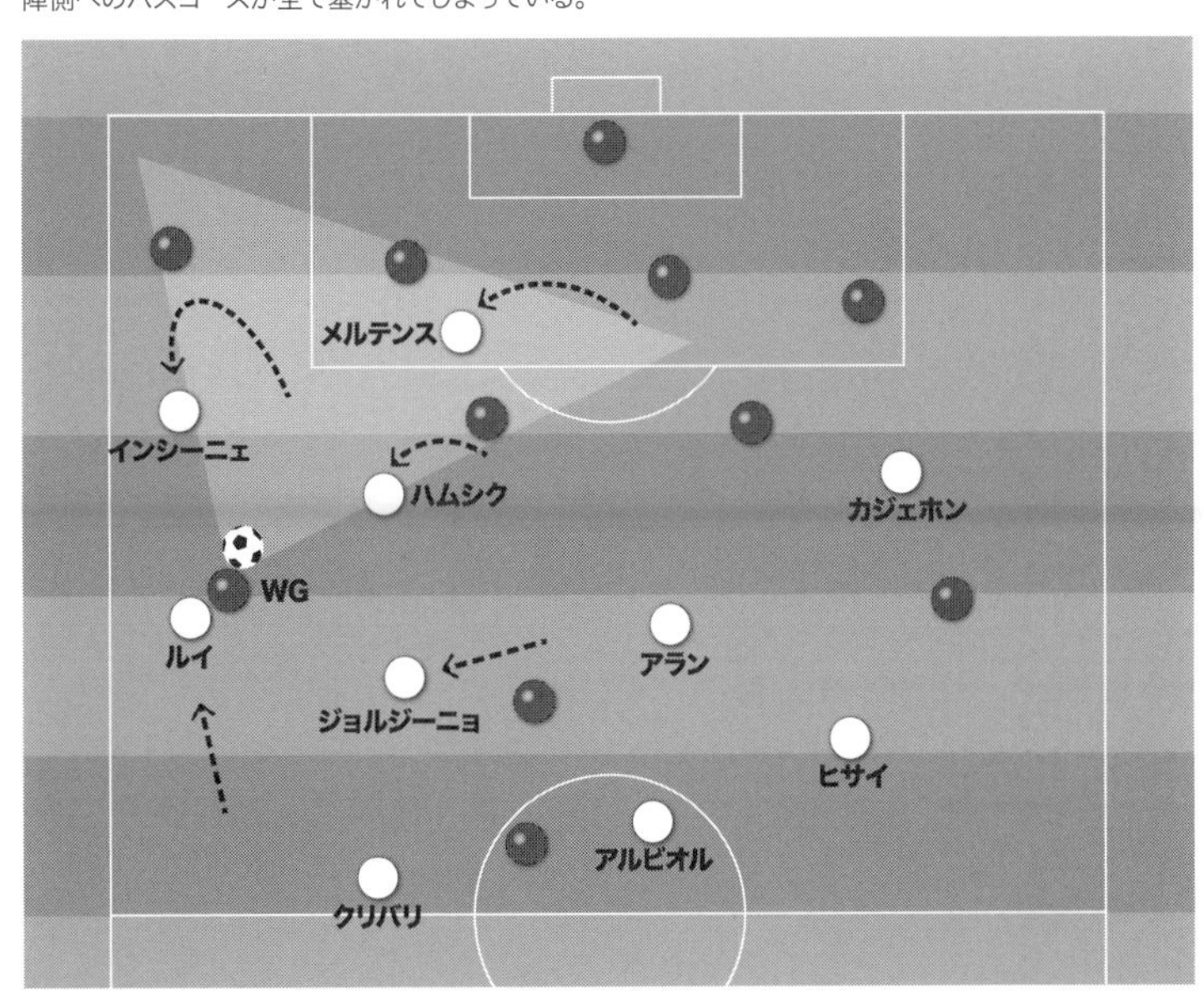

め、蹴らせる時点で半身になっており、すぐにプレスバックが利く仕様になっている。つまり、プレッシング自体がスピード任せのものでないことも反転のスピードを上げる大きな要因なのだ。

プレッシング概要の続きで、SBからの縦パスを受けた敵WGの見る景色を想像できるだろうか？

【図2「WGの景色」】

背後からプレッシャーを受けている状態で、バックパスを出そうと視線を上げるが、真っ先に見えるのは3枚の青い壁。自陣側には味方が多数残っているはずなのに、見えるのはライトブルーのユニフォームばかり。結果、あわててパスミスを犯す。プレスバックまで仕込まれた、完全なるナポリの策である。

■IH発のプレッシング

そしてIHの特徴的な動きの3つ目。これはIHが敵CBにプレッシャーをかけるパターンの時の決まり事だ。

敵CBがボールを持った際、CFメルテンスのプレッシャーがかからない状況である際は①アランが飛び出してSBに誘導する役目を果たす。アランによるCBへのプレッシングはシンプルにボールに寄せるのみとなるが、SBへの誘導が完了したら、②敵CHへのパスコースを切るように戻りながらの守備を行う。彼が寄せて空いた穴はアンカーのジョルジーニョが埋める。ジョルジーニョの動きは非常に特徴的で、プレッシング時は基本的にボールサイドのIHの影のように、1列低い位置で全く同じ動線を描く。そうすることで、IHが空けた穴を補っているのだ。

この一連の動きにより、メルテンスの補佐、外への誘導、中央の遮断を行う。仮にSBがCBへバックパスをしても、③メルテンスがCB間のカバーシャドウで敵を袋小路に追い込めるのだ。【図3「IHの動き」】

このような動きを毎回即興で行っていたら、敵だけでなく味方の動きすら予想できない。そんな状況で行う「思い切ったプレー」はただの博打だ。前述のような約束事があるからこそ、「思い切ったプレー」のチャレンジの実施、その保険にまで気を回すことができるのだ。

■ネガティブトランジション

ネガティブトランジション（攻撃から守備

【図3「IHの動き」】

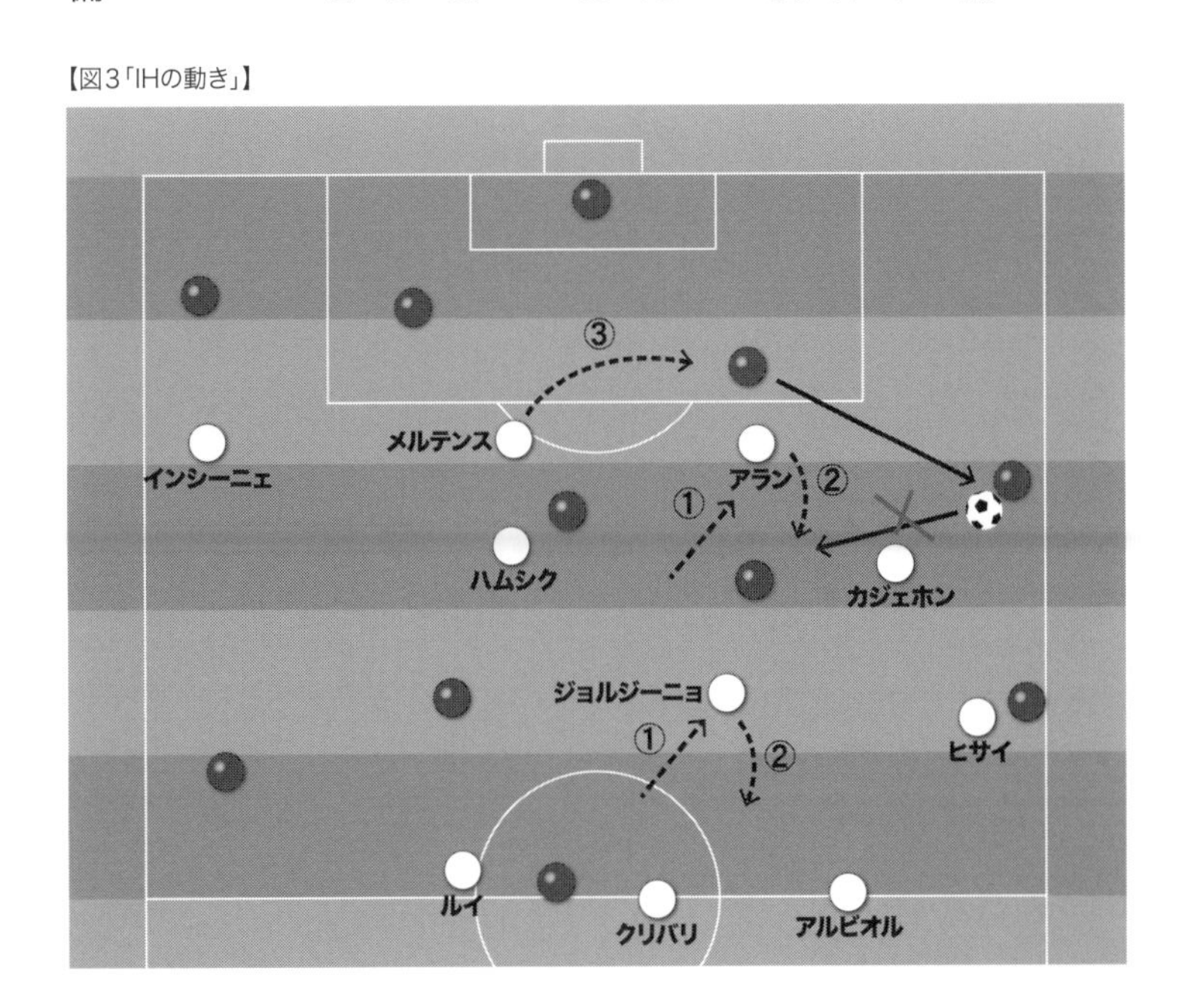

への切り替え）においては、近い選手からホルダーに寄せ、他の選手はまっすぐゴール及び自身の守るべきゾーンへと戻る。この時キーとなるのが、アンカーのジョルジーニョ。進退の判断が的確で、寄せる際は必ず敵を迂回させ、周囲が帰陣する時間を稼ぐ。また、ホルダーの体勢が悪いと見るや、複数人での囲い込みに参加、奪取する。

DFラインはきちんと足並みとラインを揃える。特にアルビオルとクリバリは反転のタイミング、押上げ、裏へのボールの警戒と、完全にシンクロしている。

バックパスの際にラインを調整するのは基本だが、メリハリのないチームは多い。ナポリの場合は全員が迷いなく押し上げる徹底ぶりであった。サッリ・ナポリほど厳密なラインコントロールを行うチームは、近年例がない。

■左サイドでのオーバーロード攻撃

ナポリの攻撃は左サイドに人数をかけるオーバーロードを採用している。主にクリバリ、ルイ、ジョルジーニョ、ハムシク、インシーニェ、メルテンスの6人が関与していく。ベースとなるサイドが左と決まっているため、味方同士適切な距離感を保って攻撃することが可能となる。人数不足に陥らないことから、レイオフと3オンラインを用いた攻撃が頻繁に用いられるのが特徴だ。

レイオフ、3オンラインともに3人組でのユニット攻撃となるが、特にレイオフに関しては選手間の距離が離れていたら使うことができない。楔のパスを受けて落とす選手と、その落としのパスを受ける選手が近い距離にいなければ機能しないからだ。

また、頻繁に縦への楔をつけてはバックパスを行う「2歩進んで1歩下がる」ような攻撃を展開する。これにより、敵の守備陣はラインコントロールが難しくなる。なぜなら、多くのチームにとって敵のバックパスはDFラインを上げる合図となるわけだが、ナポリの場合そのバックパスが短く、さらには頻繁に繰り返されるからだ。

この無駄とも思える縦パスとバックパスの繰り返しが非常に大きな効果を持つ。ナポリの攻撃において最大のポイントだ。敵のDFラインを混乱に陥れるだけではなく、味方がバックパスを受けるポジショニングを意識するようになるため、自然と選手間の距離が適切に保たれるのだ。このパス交換でスペースが空けば、ハムシクやインシーニェ、ルイやメルテンスが抜け出しを図っていく。また楔のパスを通させまいと敵が守備ブロックを圧縮すれば、逆サイドに大きなスペースが発生することとなる。

こういった戦術を駆使した左サイド攻撃から一転して逆サイドへの展開を試みる、「必殺技」とも言えるのが右WGカジェホンの抜け出しだ。長時間の左サイド攻撃で敵の視線が左サイドに移る中でも、カジェホンは逆サイドに張って虎視眈々とチャンスを待っている。

左WGのインシーニェに良い形でボールが入ると、カジェホンは敵の様子を伺いつつバックドアかフロントカットか判断してコースを取り、DFラインの背後に向かって駆け出す。

インシーニェがドリブルアットの要領で右脚に持ち替え、DFの背後に向かってロブパスを送り込むと、カジェホンがGKとフリーで1vs1を迎えることができるのだ。

　以上のように、左サイドで崩しにかかり、だめなら目線を変えて右サイドで刺す、というのがナポリの攻撃となる。

■おわりに

　サッリ・ナポリの守備の規律の厳しさ、それに伴う面白さと美しさ。このチームを見ていると、普通のチームにとっての自由＝無秩序、思い切り＝蛮勇、予測＝当てずっぽうに脳内変換してしまいそうなほどだ。彼らが駆使する敵のパスコースに入る守備＝マークすべき敵と距離をとって守れる守備である。つまり、ボールを奪った直後に敵にマークにつかれていない状況を作り出せるため、カウンターへの移行もスムーズに行えるのだ。

　脚も頭も動かして敵を飲み込む彼らの「集団行動」は、まさに1体の生き物を想起させる脅威の連動性であった。

4-4-2

System formation

chapter.02

アトレティコ・マドリード
Atletico Madrid
SPAIN LIGA ESPANOLA

season 17-18

難攻不落の4-4-2守備戦術

近年で最も強固な守備ブロックを有していたのはどのチームだろうか? それはシメオネ率いるアトレティコ・マドリードだろう。4-4-2という最もベーシックな守備システムを採用する彼のチームは、リーガ・エスパニョーラを制した13-14シーズンからのシーズン別(34試合)失点数が26、29、18、26、22、29、27と、いずれも1試合平均失点数が1に満たない驚異的な強度を維持してきた。この章では17-18シーズンEL決勝をベースに、アトレティコの守備戦術について分析する。

17-18シーズンEL決勝のカードはアトレティコ・マドリードvsオリンピック・マルセイユ(フランス)。基本的にはマルセイユがボール保持から敵陣突破を図り、アトレティコが受けてショートカウンターに持ち込むという展開でゲームが進んでいく。結果的に3-0で完封したこのゲームには、アトレティコの守備メソッドが凝縮されていた。

■4-4-2守備のポイント

アトレティコの守備のポイントに入る前に、一般的な4-4-2守備のポイントを紹介する。

4-4-2の守備において泣き所となる点は大きく3つ。①2トップ脇のハーフスペース②アンカーの見方③チャンネルだ。どれも配置上の問題であり、どのポジションの選手がケアをする？という点で迷いが生じる。①はSHかFWか？②はFWかCHか？③はCBかCHか？といった具合だ。攻撃側のチームはここの迷いを突いて崩していくのが、最も効率の良い攻め筋となる。

守備側としてはこういったエリアをいかにして守るのかという約束事を設ける必要がある。加えて重要となるのがプレス開始位置の設定とSHの位置取りだ。ここが疎かになると奪い所が定まらなくなってしまう。

■アトレティコのプレッシングの基本

4-4-2を採用するアトレティコは2トップによるカバーシャドウを駆使したパスコースの限定が抜群に上手い。GK、2CB、CHのパスコースを2人で限定していき、相手にロングボールを蹴らせる。2トップの限定に連動して後方の8人はポジショニングを調整し、回収する。

また、コースの切り方に加えプレスのタイミングもポイントだ。バックパスとサイドチェンジ等、ボールが敵の脚元に無い瞬間をトリガーに一気に距離を詰める。これにより敵に焦りを与え、パスミスの誘発、奪取につなげている。

マルセイユ戦の先制点も2トップの限定から生まれた。カバーシャドウの駆使とバックパスに合わせた寄せでGKまでボールを押し返すと、仕上げにコスタがGKにプレスをかける。【図1「先制点」】

この時点で、丁寧に繋ぐとなるとパスコースはCHのザンボ1択となっている。これを察知したのが、この試合終始ボールを刈り取って回っていたガビ。ガビは逆のCHサンソンに付いていたが、「サンソンとザンボの直線上を移動することでサンソンを消す」カバーシャドウをかけた。結果的にコントロールミスに即座につけこむことが可能となり、先制点に繋がった。4-4-2の守備ブロックを組むチームはアンカーの見方に苦労する傾向が非常に強い。CHが見るのか、FWが見るのか。前者であれば中盤に穴が空き、後者であれば押し込まれてしまう。アトレティコの場合はボールと反対サイドのCHが前進して捕まえる。そしてSHが絞って中盤に穴が空かないようにするのだ。

【図1「先制点」】

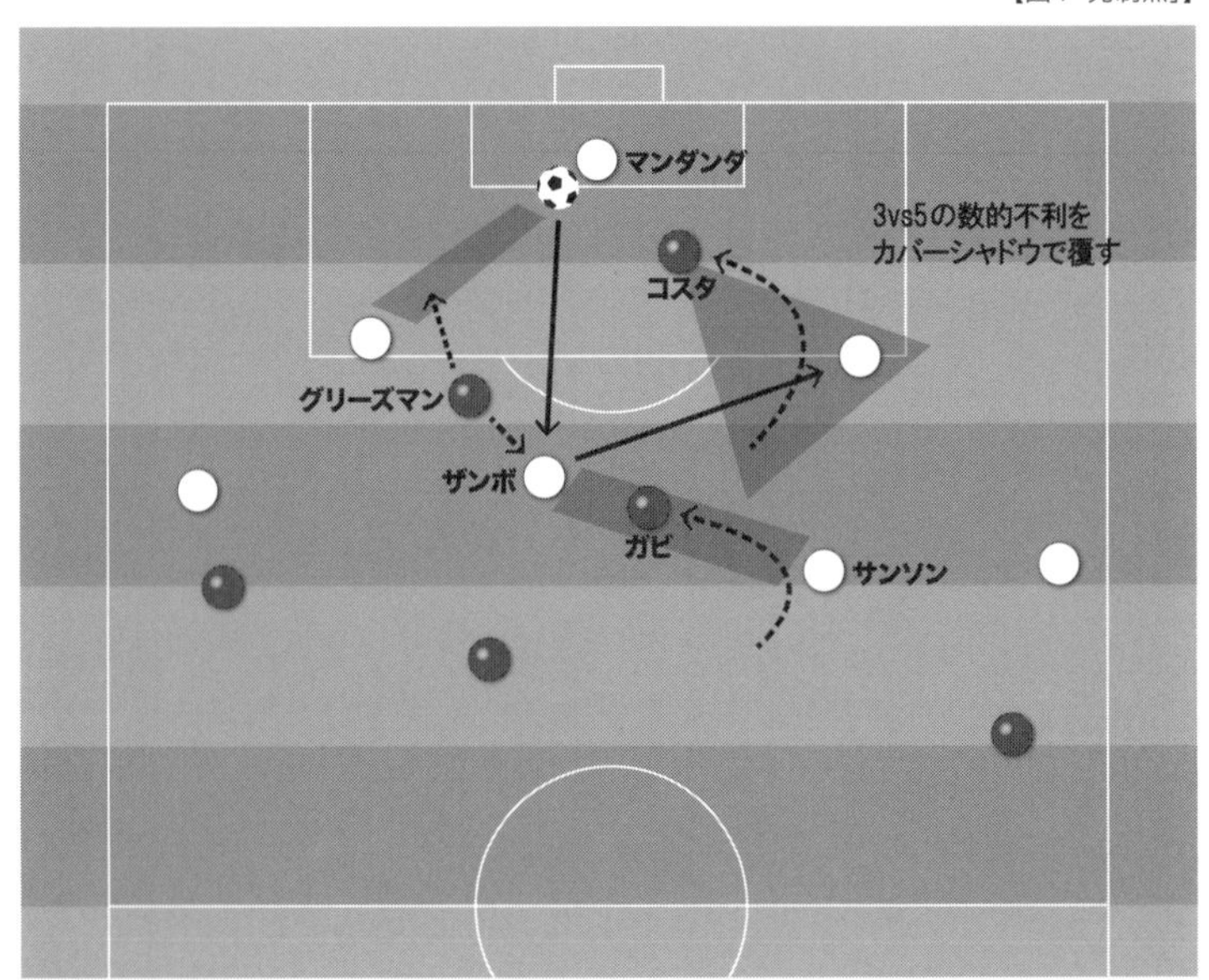

アトレティコはピッチに13人選手が立っているのでは？ と錯覚してしまうような守備を見せるが、その要因は決して運動量だけではない。カバーシャドウを駆使することで数的不利でも対等に渡り合っているからだ。先制シーンは相手5人をコスタ、ガビ、グリーズマンの3人で見ている。この5vs3で負けないことにより、他のエリアでは既に2人分のアドバンテージが生まれている状態となる。運動量とカバーシャドウがアトレティコの堅守を支えたポイントであった。

カバーシャドウの弱点は3人目を介したパス回しだ。マルセイユ視点で見るとコスタに消された左CBにザンボが叩くことができれば、プレスの空転に成功していた。マンダンダのボールの質、ザンボのコントロールミスとマイナス要素が重なってしまったが、狙いとしては悪くなかった。こういった状態で確実にプレスを空転させられるCH、アンカーがいるチームはスムーズなパス回しが可能となるだろう。

■CHの守備の特徴

CHの守備の特徴は2点。1つ目がサイドへの誘導だ。【図2「サイドへの誘導」】

2トップの脇、ハーフスペースから前進させるビルドアップは対4-4-2のセオリーだ。そんな敵に対し、アトレティコのCHはFW-SH間のラインまで飛び出していく。これにより中央FW-MFのライン間を塞ぎながらサイドに誘導することが可能となる。FW-SH間をプロテクトし、ボールの位置に応じて盾の向きを調整して構えることができるのはアトレティコの強みである。

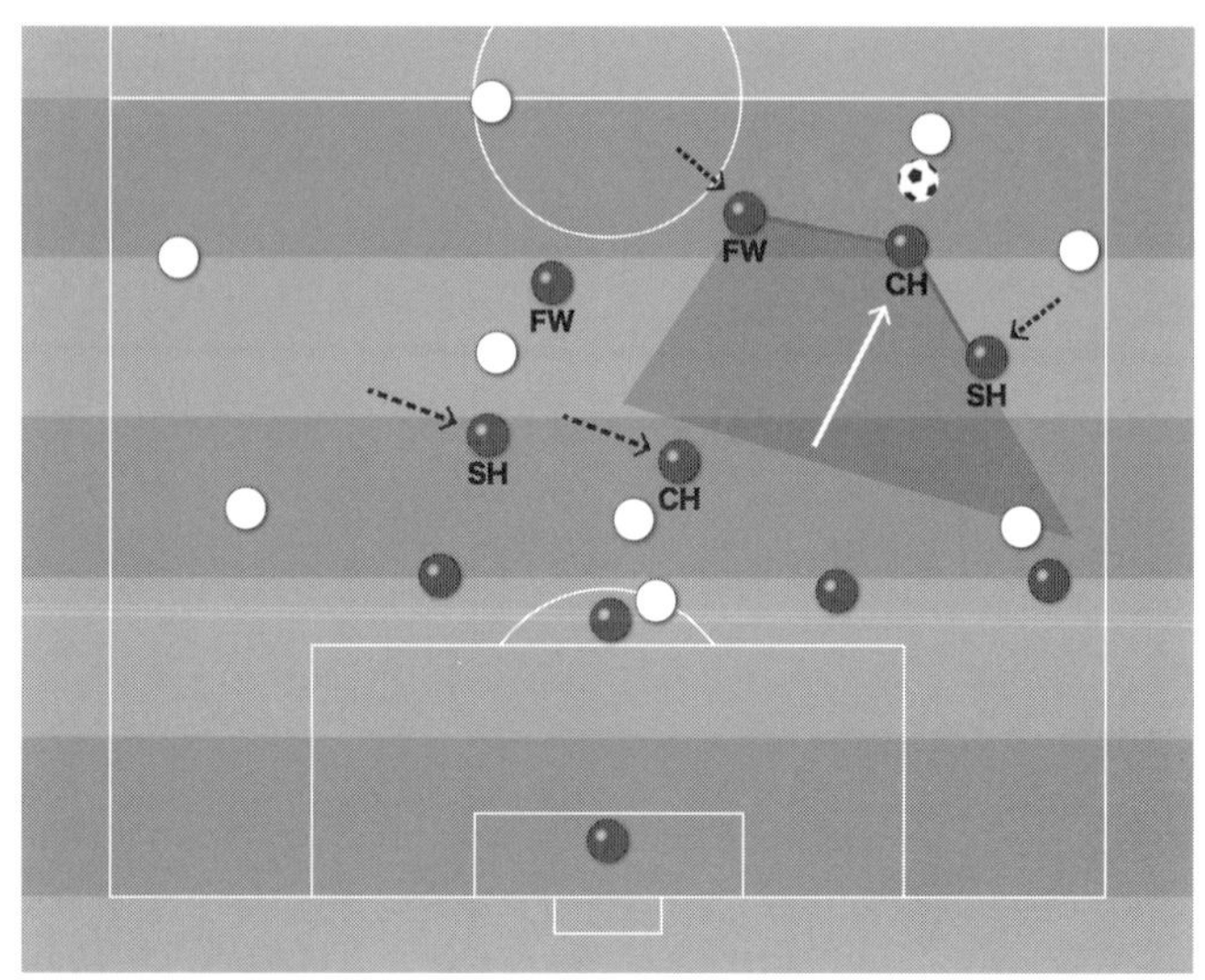

【図2「サイドへの誘導」】
敵CHをケアするFW、ハーフスペースに絞るSHと連携。FW-SH間からCHがプレスに出る。この3人のラインで中央をプロテクトし、外に誘導する。2トップ脇のケア、中央のプロテクト、外誘導を同時に行う。SHが寄せて外のケアが薄くなる心配も無し。

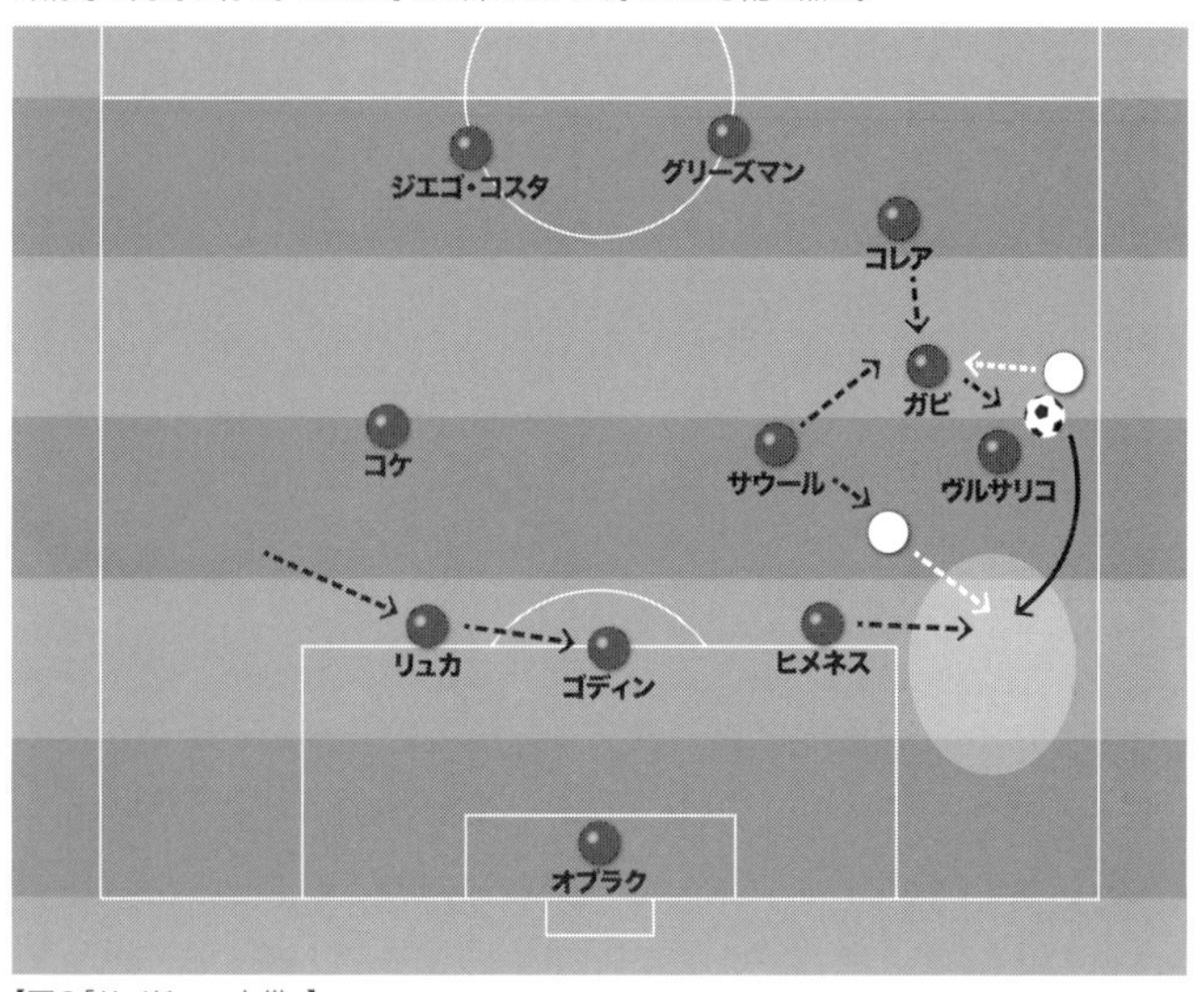

【図3「サイドでの守備」】

２つ目がサイドに誘導した後の中央・マイナスの選択肢の排除だ。サイドに誘導、もしくは入られた際、３段構えの守備をとる。【図３「サイドでの守備」】

まず、ヴルサリコ(ＳＢ)は斜め中央を切りながら前進してホルダーに寄せる。背後にスペースができてしまうが、ここはヒメネス(ＣＢ)がスライドしてカバーをする。

ガビ(ＣＨ)は斜めに追走するような形をとることで中に展開できないように寄せる。カットインをしてきても最悪後ろの足に引っ掛けられることができるのだ。敵を遅らせつつサイドに誘導し、タイミングを見計らってＳＢと挟撃する。

サウール(逆ＣＨ)は極端にボールサイドに寄る。ホルダーがＣＨの寄せをかわ

【図４「帰陣」】
帰陣はハーフスペース。中への展開を絶対に許さない。

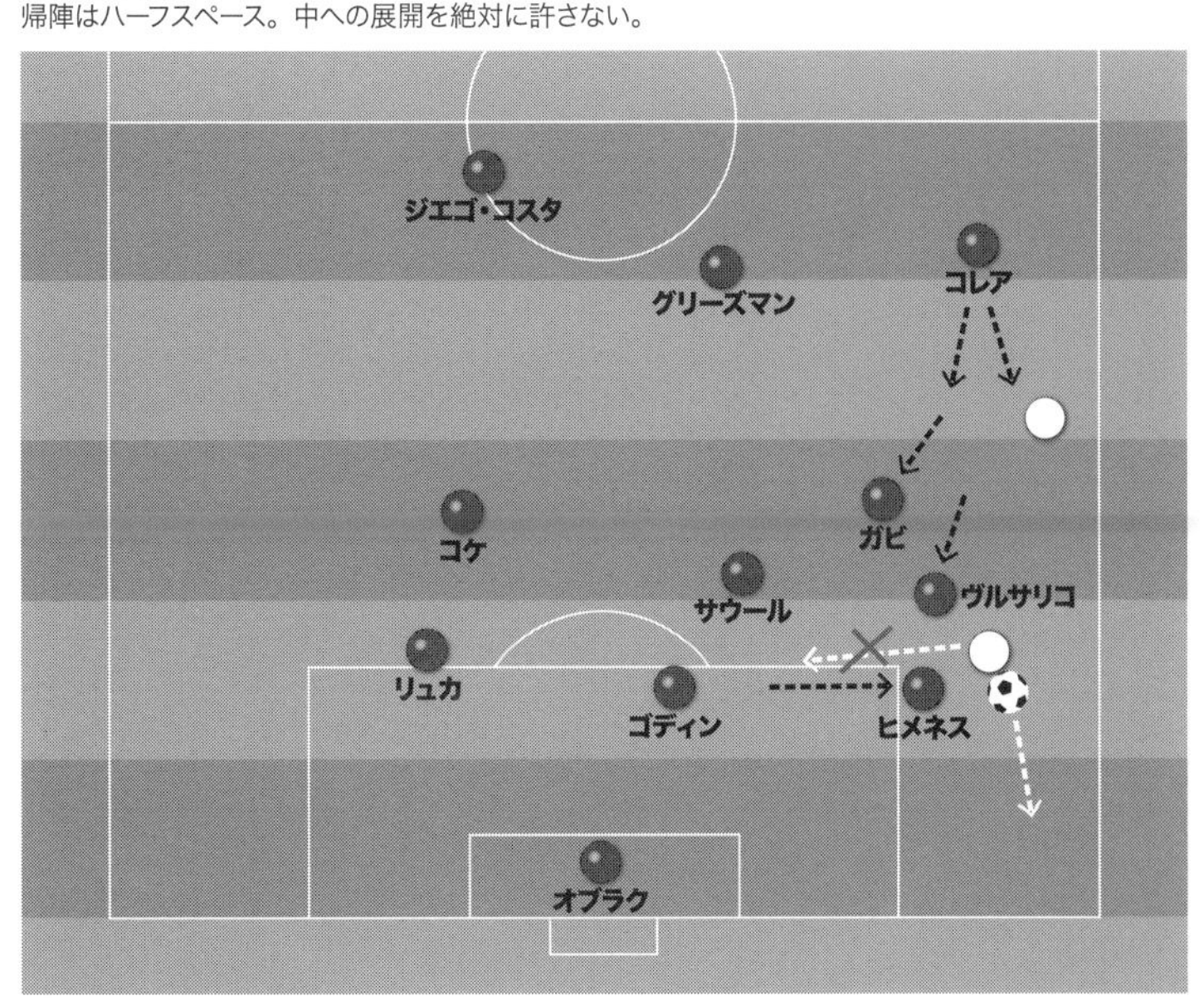

し、中央へのパスやカットインを狙った時に一気にさらうためだ。

ここまで複数人でサイドの圧縮守備を行うのだが、戻ってくる選手(コレア〈SH〉)や縦に追い込んだ際のCHはカットインをさらえるように内側(ハーフスペース)を戻る。敵の出方に応じて挟撃か受渡しかの判断をする。徹底して中央への展開を許さない構造となっているのだ。戻る選手にも、ただ戻るのではなく特定のエリアを切りながら戻るという役割が与えられていた。【図4「帰陣」】

■エメリ・アーセナルの守備ブロック

「どのエリアを使わせないように、誰が、どこを切るのか」が明確になっているのがアトレティコの強みだ。特にサイドに追い込んでからの役割分担は非常に明確であった。この部分が曖昧だと外からも中からもやられてしまう。
19-20シーズン、ウナイ・エメリ率いるアーセナルはここが非常に曖昧であり、リーグ戦で苦戦する原因となってしまった。【図5「19-20アーセナル」】
敵のサイド攻撃に対しプレスの開始位置、SHの寄せ方、SBのカバー、CBのスライドとどれも毎回曖昧であり、奪い所が定まらないためCHはとりあえずチャンネル手前に入って水際で対応できるようにする、という弱気なポジショニングがデフォルトとなっていた。誰がどこを切るのかが曖昧であるため「挟んで奪う」プレーやインターセプトができない。敵SBの攻撃参加に対しSHはただ付いて行き、CHは押し込まれた状態を自ら作り出し、陣形を乱され、かつ中へのカットインやパスからさらなる展開を許すという悪循環が頻繁に見られた。

奪い所の定まらない水際作戦の弊害は被シュート数という数字にも表れており、シーズン折り返し時点でワースト4位以内につける数値であった。

それだけ4-4-2においてチーム内での約束事を設けるというのは重要だ。水際でしのぐことができても、押し込まれて陣形を乱された状態であるためカウンターへの筋道は、か細いものとなってしまう。

■マルセイユの仕掛け、アトレティコの回答

しかし、マルセイユも決勝まで勝ち上がってきた力のあるチーム。ただでは負けるわけもなく、様々な仕掛けを繰り出していく。

【図5「19-20アーセナル」】

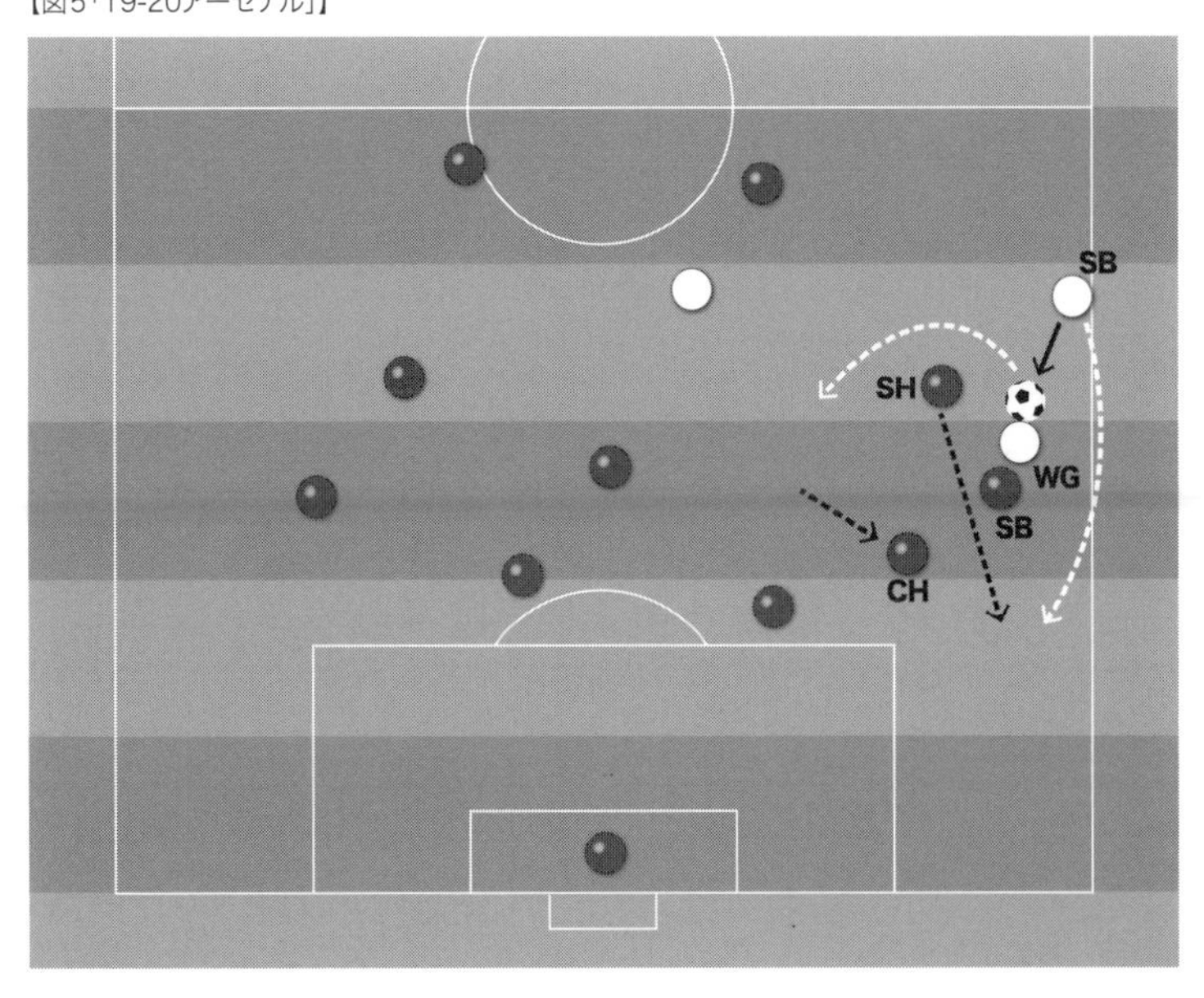

このチーム の攻撃面での特徴。それはCHザンボとサンソンの距離間だ。1失点目はアトレティコの守備に上手くはめられたが、距離間を狭めることで楔を打ち込む、もしくは展開するタイミングがとりやすい構造となっており、基本的には同じサイドに寄ってプレーする。

ここを起点に様々な仕掛けを見せるマルセイユ。これに対してアトレティコが守備で回答していく。

仕掛け① 短距離のCH間のパスでガビのプレスをいなす【図6「仕掛け①」】

回答 サウール、コレア、コケが穴を塞ぐため中央に絞り、状況に応じてCBも前進して中盤を厚くし、残りのDFラインが絞ることでサイドに誘導する。

↓SHの「絞りの意識」、「サイドに誘導して

【図6「仕掛け①」】

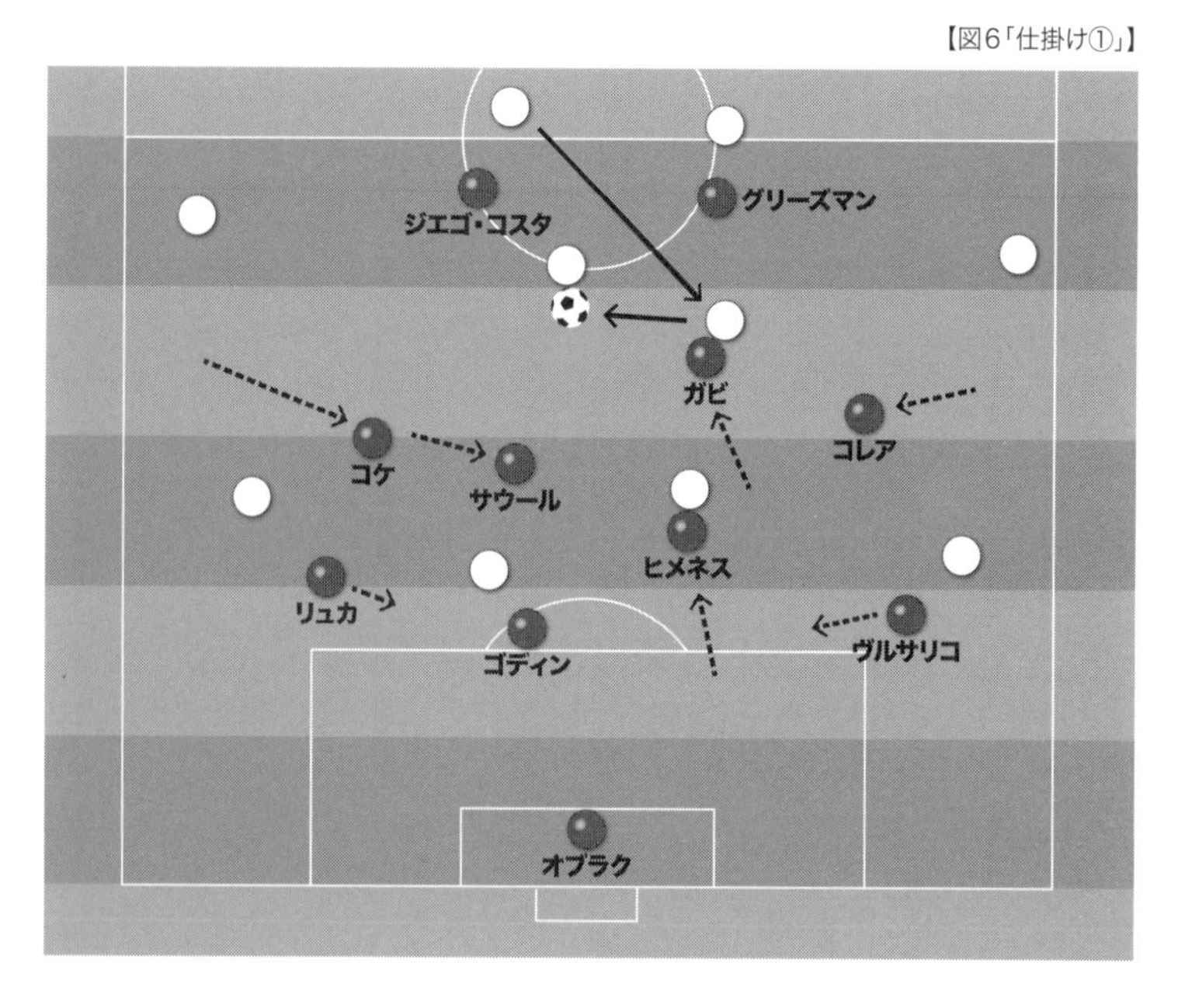

からカットインを切る斜めの追走のスキル」の両方が高いため、CHガビは前進してプレスをかけるのに躊躇いが無くなる。

仕掛け② サイドチェンジ【図7「仕掛け②」】

回答 敵のパス回し、そして味方と敵の位置、プレスのかかり具合から判断し、SHは予め絞りすぎずにプレッシャーをかけやすい位置に開いておく。敵の陣形が広がっており、こちらのプレスもかかっていない状態であれば、サイドチェンジの可能性は十分に考えられるため絞りすぎずに開いておく。サイドチェンジが行われたのち、味方(SBとCH)のスライドが間に合わない場合、SHのコレアは無理してプレッシャーをかけにいかない。

仕掛け③ SBヴルサリコを釣り出し、裏に抜けるCFへロングボール【図8「仕掛け③」】

【図7「仕掛け②」】

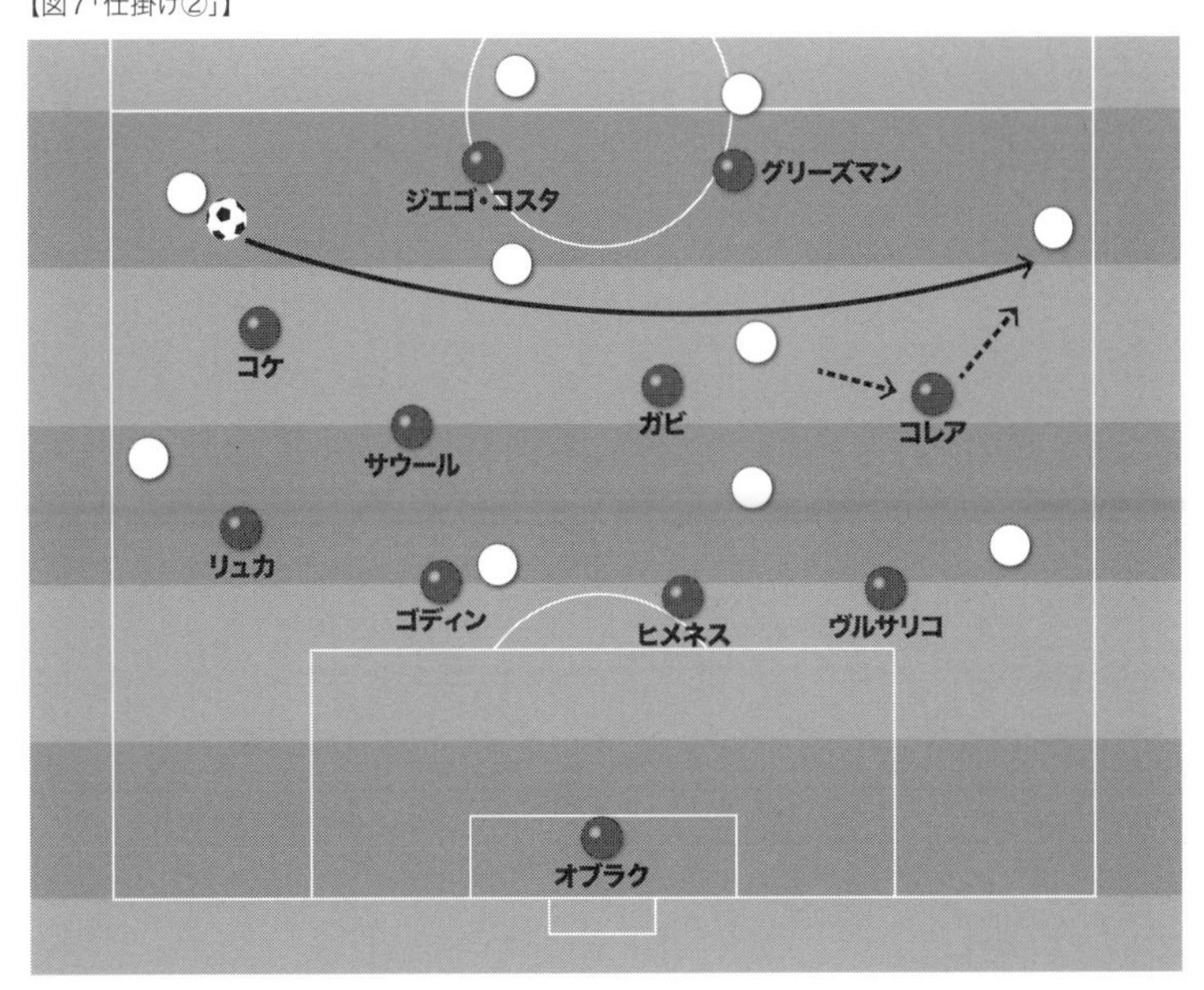

回答 CBヒメネスのスライドによるSB裏ケア。基本的に押し込まれていない状態でのSB裏のケアはCHではなくCBがスライドで行う。CHは中央遮断を担うため、CBがスライドして外のケアを行うという前提が中央を遮断する上でのひとつのポイントとなる。

仕掛け④ SBヴルサリコを釣り出し、裏にCHを走らせる【図9「仕掛け④」】

回答 CHがSB裏をカバーせざるを得ないシチュエーションの場合、CHは必ず中を切り、SBはハーフスペースを埋めるように戻る。時間をかけてSBの帰陣を待ち、SBとCHで挟み込む。

以上のように、様々な攻撃に対して柔軟に対応するアトレティコの守備はまさしく鉄壁である。

【図8「仕掛け③」】

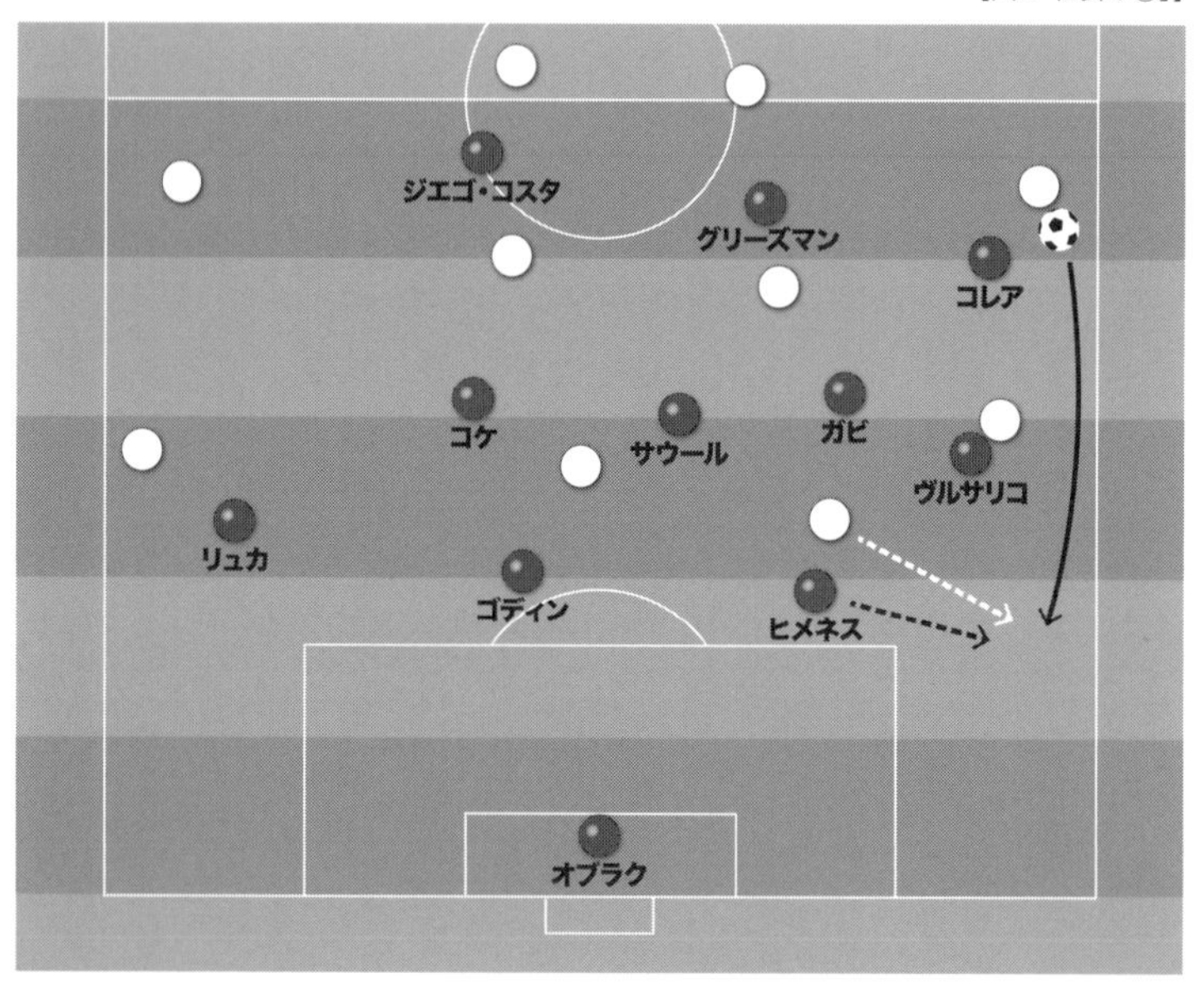

■クロスボールに対する守り方

アトレティコはクロスボールに対してゾーンディフェンスを取り入れて守ることが多い。具体例が【図10「クロス対応」】だ。

SBは真横へのクロスを消すように、両腕を身体の後ろに隠してブロックに入る。ボールサイドのCBはニアサイドへのボールを弾き返すために、ニアポスト付近を抑える。ボールサイドのCHはマイナスのクロスを弾き返せるように位置をとる。SB、ボールサイドのCB、CHで鋭角の陣形を形成し、ボールを弾き返すのだ。逆サイドのCBやSBは敵のポジションを確認しながらゴール前を固め、鋭角の陣形で弾き返せなかった際に空中戦に出ていく。

この鋭角の陣形は、要所を抑えることで非常に効果的なクロスボール対応として機

【図9「仕掛け④」】

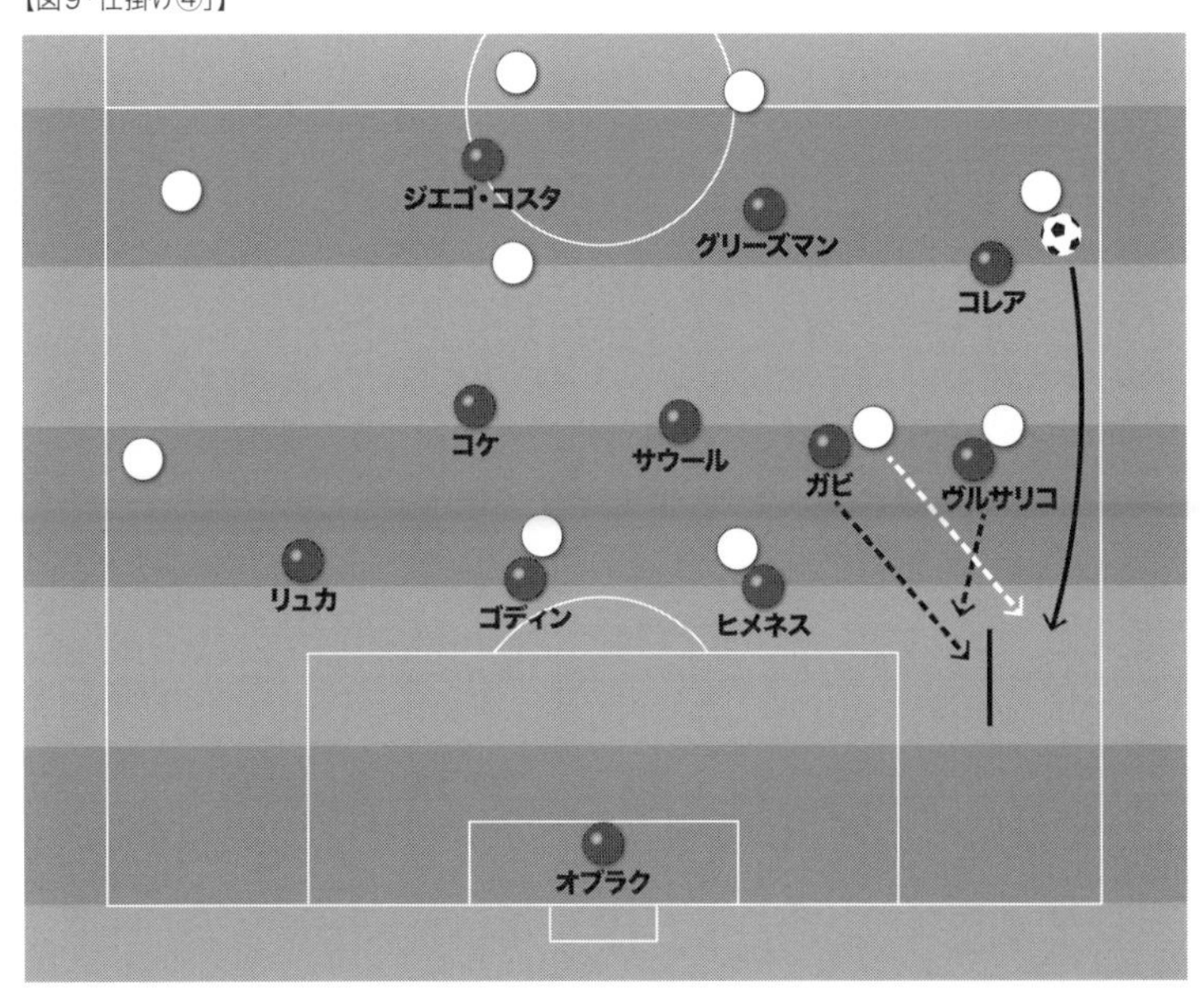

能している。アトレティコからクロスボールで得点を奪うためにはクリスティアーノ・ロナウドのように圧倒的な打点を誇るゴールゲッターを用意するか、この陣形を崩すかのどちらかになるだろう。

■チャンネルを封鎖する約束事

近年はチャンネルを攻略する攻撃がトレンドとなっている。CBを中央に釘付けにし、SBを外におびき出すことで、よりゴールに近いチャンネルに侵入して攻略するプレーを得意とする代表的な例はペップのマンチェスター・シティだ。

アトレティコはこの4-4-2の泣き所とも言えるチャンネルを封鎖する守備が抜群に上手い。

SBがボールホルダーに寄せる役、SH

【図10「クロス対応」】

はSBが空けたチャンネルの前に立ちパスコースを制限する門番役、右CBもしくはCHは門を少しでも狭めるようサイドに出てくる。このベースとなる立ち位置を前提に、注目すべきはSBの寄せ方だ。

SBの寄せ方は、寄せに出る「高さ」によって変化する。その「高さ」は大きく分けて①中盤ラインの高さ(SHの脇)、②DFラインの高さ(自分の脇)となる。

中盤ライン(SHの脇)まで前進して寄せる場合【図11「SBの寄せ方①」】、【パスコース遮断の優先順位は「チャンネル＞縦のスペース」となる。SBが高い位置に出るほど、開いたチャンネルを使う角度を敵に与えてしまうからだ。

チャンネルを使わせないように切りながら寄せ、SHとCBがチャンネルのケアに

【図11「SBの寄せ方①」】

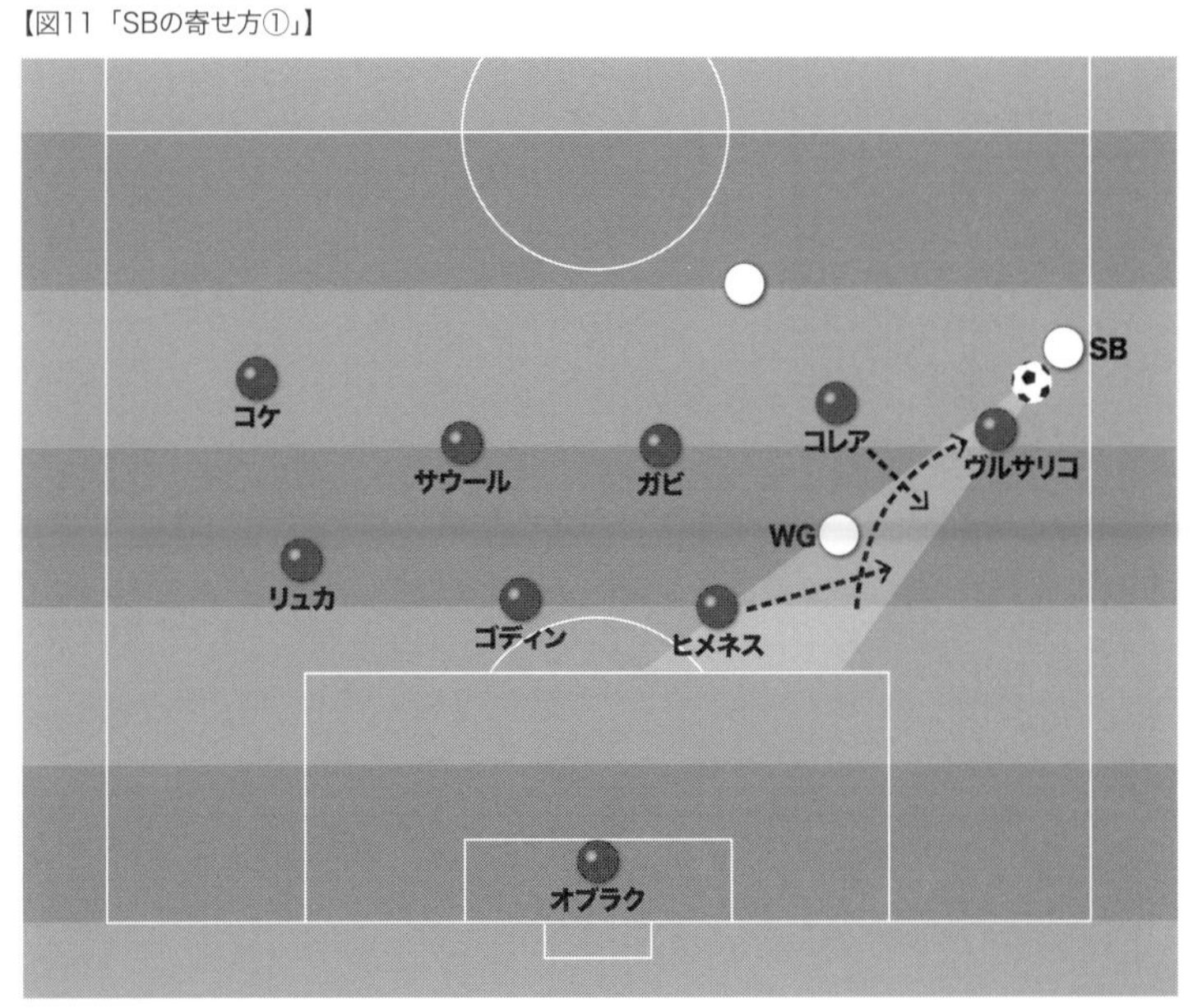

移動する時間を作る。受渡しが完了してから、縦のコースの遮断にシフトしていく。

　立ち位置としてはチャンネルを切り、意識は縦を警戒するといったイメージだ。チャンネルやSB裏に通された場合はCBがスライドして対応する。

　SH脇に位置する敵SBからすれば、角度的にチャンネルにパスを通すのは難しくないだろう。それにもかかわらずチャンネルの受け渡しのバッファを稼がずに縦を切る寄せ方をすれば、簡単に抜けられてしまう。チャンネルを抜けられるとすぐそこはペナルティエリアであり、守る側としては非常に危険な形に陥る。

　自分の脇、深い位置でのアプローチの場合、パスコース遮断の優先順位は先ほどとは逆で「縦のスペース>チャンネル」となる。


【図12「SBの寄せ方②」】

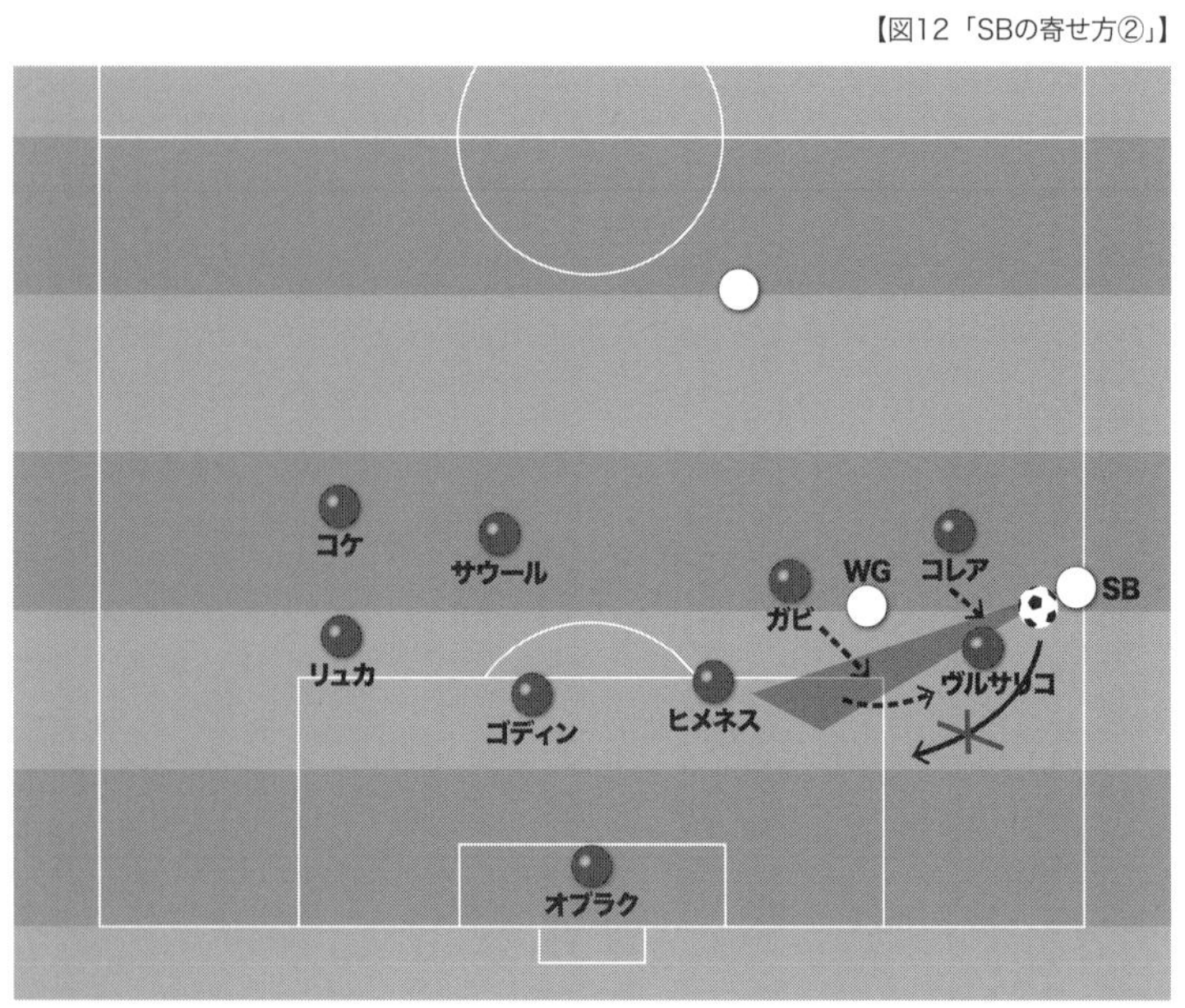

【図12「SBの寄せ方②」】

縦に抜かれないように警戒しながらアプローチをかけていく。この寄せ方は敵のWGを同時に視野に捉えることもできる。

深い位置の場合、チャンネルを使うために必要なパスを通す「角度」がほとんどないため警戒の必要性が薄れる。中央のWGを使うならチャンネルではなくSBの外を通すようにパスを出すはずである。そのパスに対応できるのがこのアプローチの利点の一つだ。チャンネルは左脚を伸ばして届く範囲でのケアとなる。怖いのはWGの足元に出てくる横パス。こちらに関してはSH、CB、CHへの受け渡しが必須となる。

逆にこの深い位置での守備の場合、CBはクロスを警戒するため、CHがチャンネルのカバーに入って守ることが多い。CBがチャンネルをケアするのはあくまで高い位置で守備を行う場合だ。

この深い位置で内側を切るように寄せた場合、WGの足元という選択肢を削ることができるが、外側を通すパスとWGの裏抜けに対応するのは困難となる。

また、SHの役割が不明瞭となる。SBが敵WGを切る場合、SHはどう動くべきか。敵WGの裏抜けに対応するにも、敵SBのマークを交換するにも遠い位置のため、結果的に敵WG&敵SB vsSBの局所的優位を許す形に陥る可能性がある。全体最適を考えた場合好ましくない。

このように寄せに出る高さに応じてチャンネルと縦のスペースの遮断優先度を変えるというのがアトレティコのチャンネル封鎖のミソである。

寄せに出る高さに応じて右曲り・左曲りと動線を使い分ける守備戦術のレベルの高さを窺うことができると共に、こういったディテールにこだわる必要があるほど「チャンネル」が重要なエリアであるとも言える。

また深い位置での守備であればCHがチャンネルまでついていき、他のメンバーと挟む。それにより中盤が薄くなれば、CBが中盤を埋めるように飛び出して他のDFが絞る。【図13「深い位置での守備」】

中盤ではCHが出てSHが絞ることで外に誘導する守備戦術をとることは先述の通りだが、DFラインでもCBが出てSBが絞るという形で同様のことが行われている。

ボールを持たれる位置が正面であれば、ダイアゴナルで抜けられることは減る。なぜならアトレティコはSBも含めて予め中

【図13「深い位置での守備」】

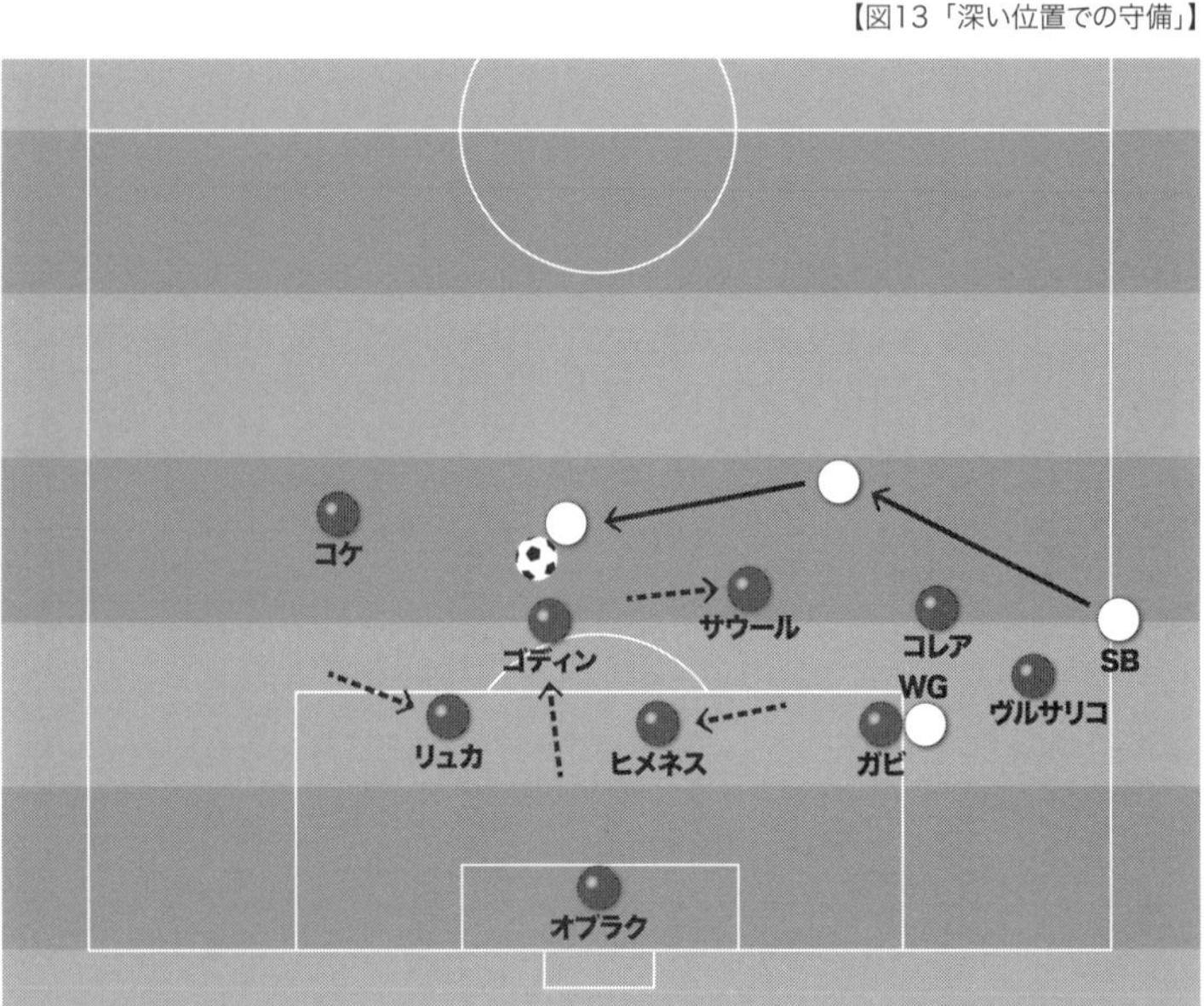

央に圧縮して壁を作り、背後へのボールに対して全員がゴール方向にまっすぐ後退するだけで対応できるからだ。【図14】における、敵CH2に対するヴルサリコの対応だ。

対して、同じく【図14】のようにサイドでボールを持たれた状態からのロブパスは対応が難しい。リュカがボールを持つCH1とマークするWGを同一視野に捉えることが角度的に難しいからだ。また敵のWGはリュカの正面・背中側の両方から抜け出せるうえに、斜めに抜け出すことでリュカとゴディンのマークを曖昧にすることもできる。リュカにとっての角度と敵が抜け出すうえでの角度の両面から、背後への抜け出しは正面で持たれた方がアトレティコにとっては対処しやすいのだ。

リーガにはシメオネと同様、4-4-2の使

【図14「裏」】

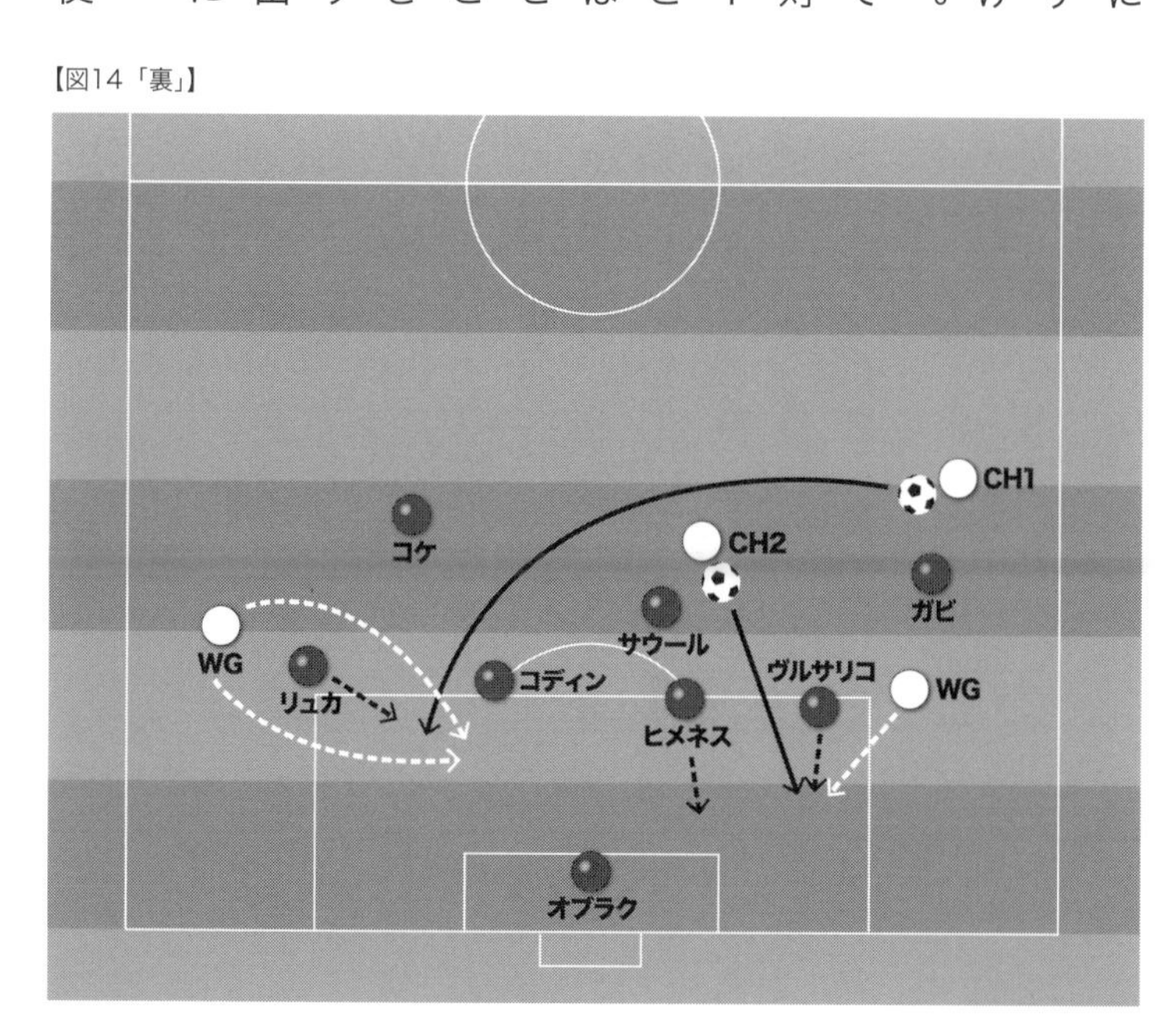

い手として名高いマルセリーノ・ガルシア・トラルが君臨している。マルセリーノが率いたバレンシアやビジャレアルも的確にチャンネルを封鎖している。そんなマルセリーノとシメオネの守り方には共通点が多い。

前述のチャンネルの守り方も共通点の一つだが、より大局的な部分として、積極的にカウンターを狙わずに守備に徹する時間が存在するという点が挙げられる。サッカーにはフィギュアスケートのような芸術点はなく、野球のように勝利のために敵から27という決まった数のアウトを奪う必要もない。あくまで90分という時間における得点数が絶対だ。90分が経過し、試合終了のホイッスルが鳴った時に敵よりも1点でも多く得点を挙げていれば勝利となる。

アトレティコはよく走るチームとして有名だが、選手の体力にも限りがある。常にプレッシングをかけてカウンター攻撃を狙う必要はない。体力を温存する時間を用いて効果的かつ計画的に90分を過ごす試合巧者ぶりが彼らの特徴だ。先述の低い位置での守備は、徹底して守る時間帯にみられるプレーである。マルセリーノのチームを含め、リーガのチームには特にこのような試合巧者が多い。

■フラットな4-4-2における攻撃方法

フラットな4-4-2を採用するチームは安定した守備を構築することができるが、その反面、得点力を課題とするチームが多い。4-4-2は非常にバランスが良いため役割が明確となり守りやすい。しかし攻撃を行うにしてはバランスが良すぎてスペースやパスコースを作ることが難しい。そのため意識的にポジションを崩して攻撃を行う必要がある。

例えば、14-15シーズンのブンデスリーガで3位となりチャンピオンリーグ出場を決めたボルシアMGは、左CHのグラニット・シャカがDFラインの左に降りるところからポジションチェンジの連鎖を起こしてボールを前進させた。左SBのヴェントが前進し、左SHのジョンソンがハーフスペースへ移動、2トップはクルーゼが背後を狙いラファエルが中盤に降り、スピードのある右SHのヘアマンが裏を狙い続けた。【図15「ボルシアMG」】

マルセリーノ率いるビジャレアルやバレンシアではFWとSHがポジションをクロスさせることで敵を崩して見せた。SHのカットインに合わせてFWがニアサイドに

【図15「ボルシアMG」】

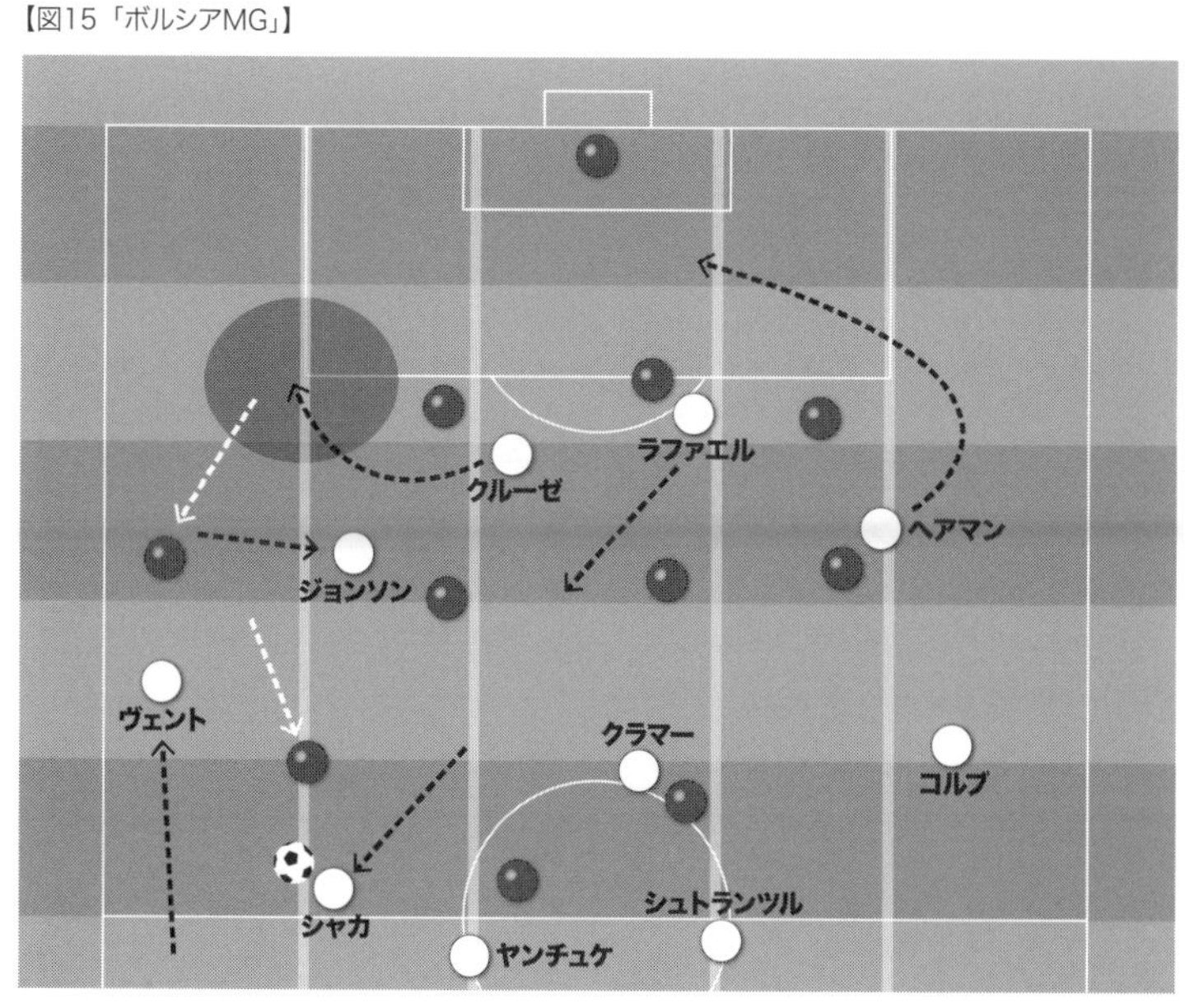

流れる(フットサルではパラレラと呼ばれる)動きを行う。敵CBはボールホルダーに視線を奪われるとともに、自身の背後を守るか前進するかという判断に迫られる。その判断に応じてドリブラーはシュートに持ち込むか、FWにパスを送るかの判断を下す。この2人の動きに連動する形でSBのオーバーラップや、もう一方のFWが降りてボールを受ける等の連動がなされる。【図16「ビジャレアル・バレンシア」】

ドイツ代表のラース・シュティンドル(ボルシアMG)、スペイン代表のロドリゴ(バレンシア)のように中盤に降りてプレーができるFWがいる場合は、彼らがIH化して3センターを形成する場合もある。シュティンドルが降りてボールを受けることで、中盤で数的優位を作りつつ、敵の陣形を動か

【図16「ビジャレアル・バレンシア」】

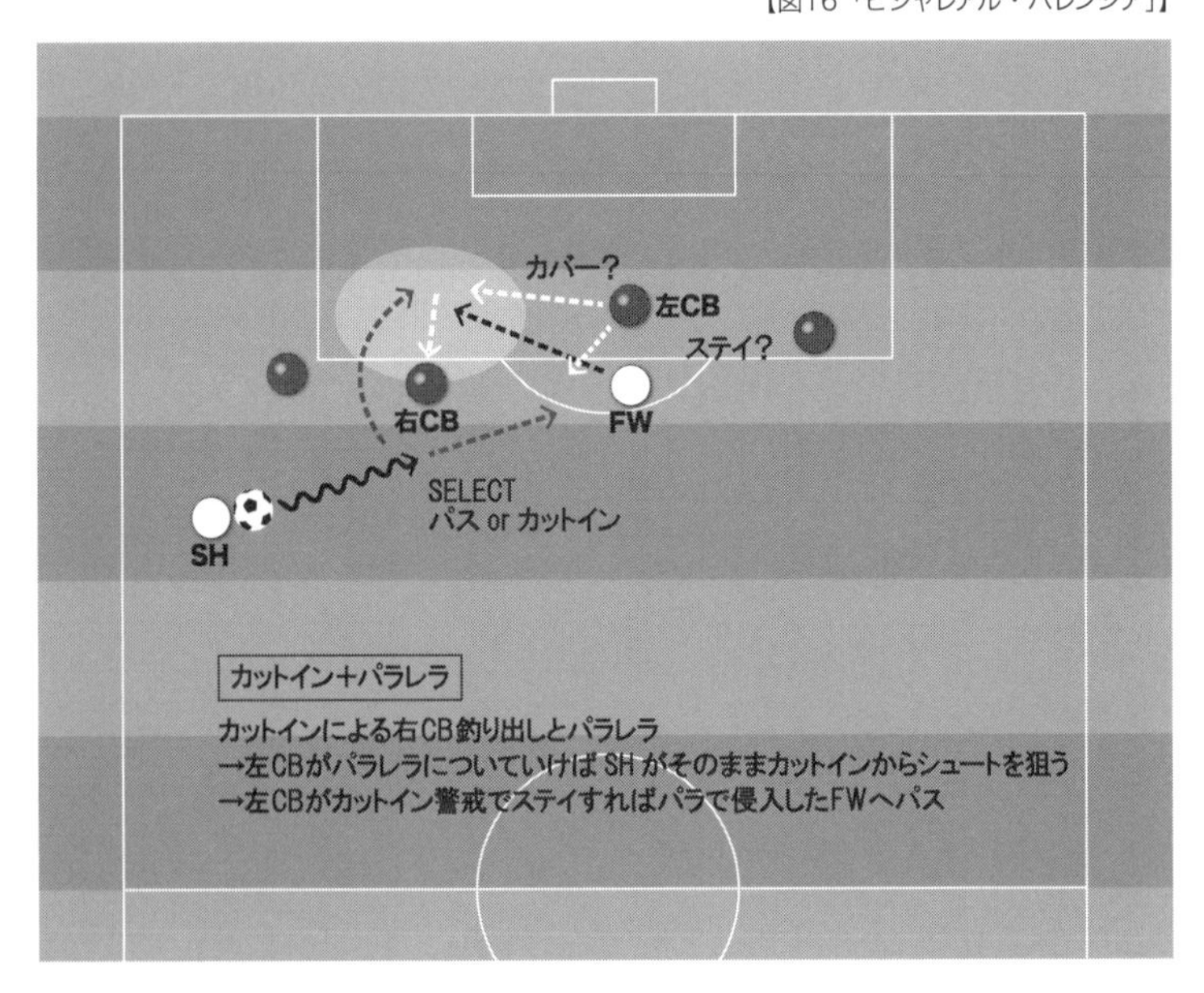

す。スペースを創出するトリガーとして彼が動くことで、周囲のメンバーが連動して攻撃を展開することができる。【図17「4-3-3への変化例」】

アトレティコはこういった攻撃の展開に苦労している。リーガを制した13-14シーズンは鉄壁の守備からのカウンターやセットプレーでゴールを積み上げたものの、そういった得意の形を出せず、ボールを持たされるような試合では苦戦を免れることはできなかった。

19-20シーズンではゴール数こそ少なかったもののジョアン・フェリックスが巧みなポジション取りで攻撃を促すシーンが見られた。ハーフスペースからサイドにポジションを移すことでサイドにオーバーロードを作りつつ、SHの入れ替わりを促す等といっ

【図17「4-3-3への変化例」】

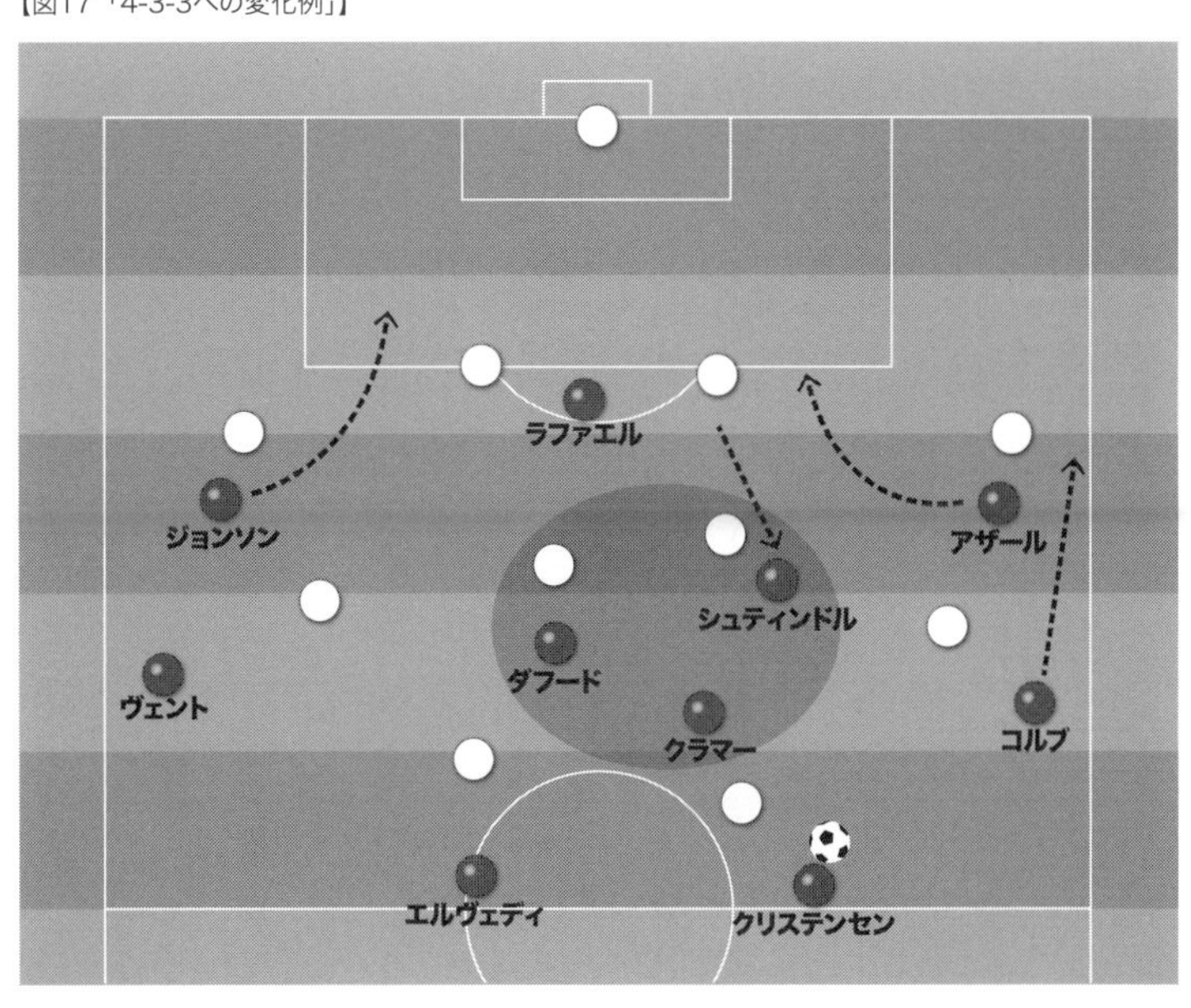

たプレーだ。フラットな4-4-2における攻撃では、前線の選手がいかに良い意味でポジションを崩すかがカギを握る。攻撃時にポジションを崩し、守備時には整然とした並びへと復元させる必要があり、その匙加減をいかにとるのかがこのシステムを採用するチームの腕の見せ所である。

■おわりに

アトレティコの守備は、守備構造の質を問う段階を過ぎ、駆け引きの質を問う段階まで成熟していった。2トップはパスコースを完璧に塞ぐというよりも、敵選手に「パスコースが切られた」と思わせるに必要な位置までプレッシャーをかける。パスコースを切ることは「目的」ではない。あくまでボール奪取が目的で、そのために限定をかけている。つまりは「手段」であるわけで、「パスコースが切られた」と思わせ、選択肢から除外させることができれば、実際は切れていようがいまいがそれは切れているのと同等なのだ。必ずしもパスコースが切れている必要はなく、「思わせる」ことができるのがアトレティコの強さだ。

アトレティコはその駆け引きの質を高めることで、運動量だけでない効率的な守備を行っていたのだ。

冒頭の4-4-2守備の泣き所をアトレティコはいかに守っていたのか? 当然敵チームのシステムやレベルに応じて使い分けを行っていたが、マルセイユ戦含め多くの場合①2トップ脇:ボールサイドのCH、②アンカー:逆CH③チャンネル:状況に応じてSB、CB、CH、SHがこまめに切り替える、という役割分担で行っていた。

RBライプツィヒ

RB Leipzig

GERMANY BUNDESLIGA

season
18-19

ラングニックが育てたプレッシング集団

ドイツの誇る名将ラルフ・ラングニック。彼の率いるRBライプツィヒは18-19シーズンのブンデスリーガにおいて、リーグ最少の失点数29という驚異的な数字を叩きだした。

このチームの特徴はセットした状態の守備、そしてそこからボールを奪取し速攻に移る局面にある。ラングニックの前任であるハーゼンヒュットルが率いていた際はプレッシングに途轍もない勢いがあった反面、状況に応じた守備を行えずに暴走することもあった。しかしラングニックに変わるとその勢いはやや落ち着き、代わりに局面に応じた守備を使いこなせるようになっていった。19-20シーズンにナーゲルスマンが就任すると、その傾向はさらに強くなった。4-4-1-1、4-3-3、時に5バックを採用する等、相手のシステムに応じて自チームのシステムを変える柔軟さを取り込んだのが、ナーゲルスマン就任によるライプツィヒの進化だ。

■基本布陣

RBライプツィヒ(以降RBL)の基本布陣は4-2-2-2。CBにはフィジカル能力に長けたフランス期待の若手ウパメカノとコナテ、安定感のあるオルバン。SBはドイツ代表クラスのハルステンベルクとクロスターマン。CHには献身的に動けるライマー、カンプル、デンメが配される。2列目にはテクニックのあるフォルスベリとサビツァー。2トップにはスピード型のヴェルナーと万能型のポウルセンが置かれ、この2人でチーム総得点の半数を稼いだ。

■ピッチ中央をくり貫く守備戦術

RBLのセット守備は特徴的な4-2-2-2だ。アトレティコ・マドリードのようにフラットな4-4-2の3ラインではなく、SHが前進して「DFライン＋六角形」の陣を形成する。【図1「六角形」】

このメリットはFWとMFのライン間を

【ライプツィヒ「基本布陣」】

使わせないという点にある。

4-4-2を採用するチームにとって、FWとMFのライン間に位置する「アンカーケアの方法」は永遠のテーマである。CHが前進して見るか、FWが下がってケアするか。特に2トップの脇から入れられる横パスは対応が難しい。これに対してRBLはSHをハーフスペースまで絞らせたうえで前進させ、FWとの距離を短くした。こうすることで配置としては六角形となるため、FWとMFのライン間という概念は薄れる。「DF・MF・FWの3本線(＝ライン)」ではなく「1本の線(DFライン)と1つの面(六角形)」になるからだ。縦だけでなく横の間隔も狭まるため、CBからの楔の縦パスも逃さずに引っ掛けられるのだ。

各頂点に立つ選手はホルダーに寄せる際、

【図1「六角形」】

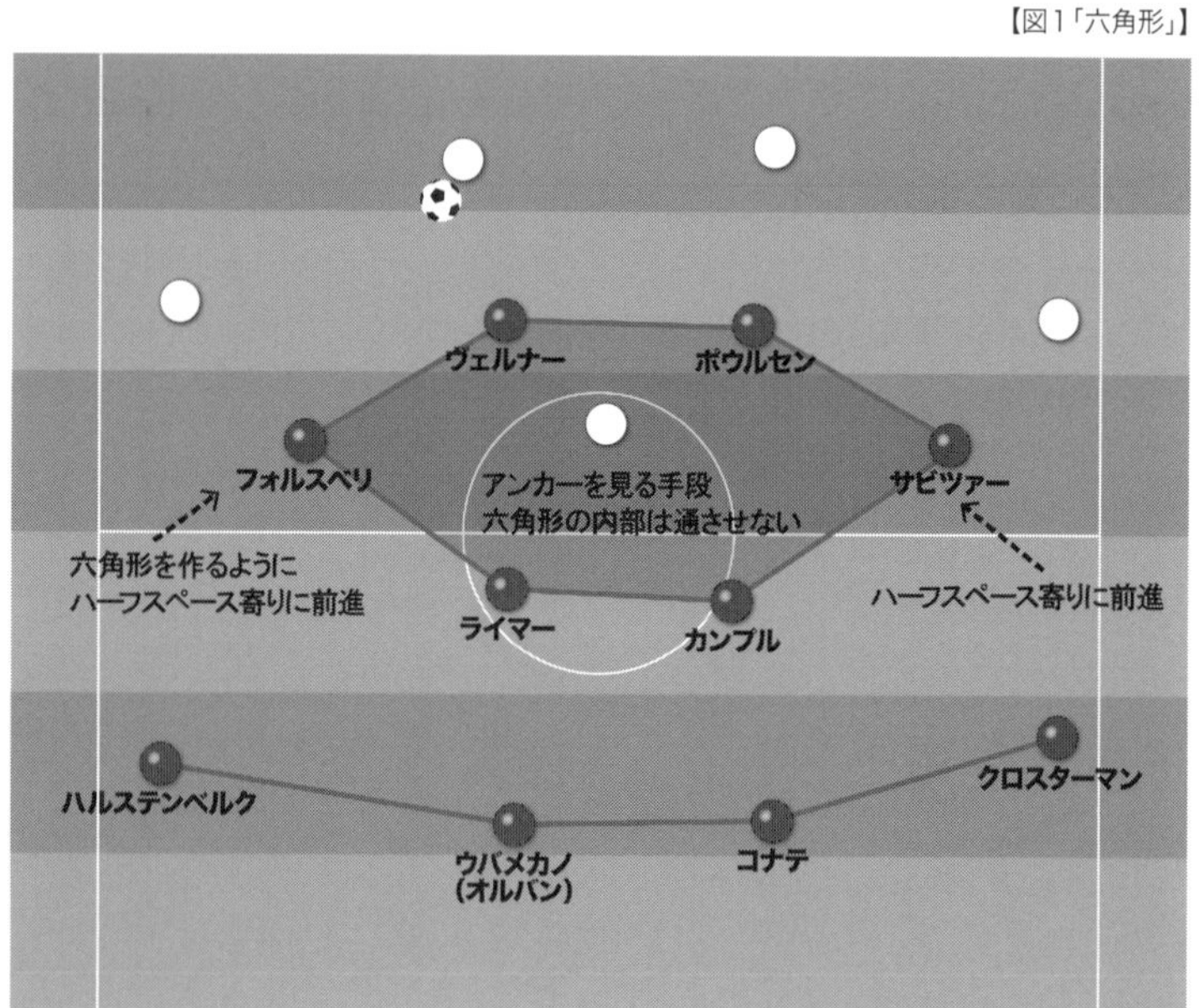

六角形内部にパスを通されないように寄せる。隣り合う頂点の選手はそれをサポートするように絞り、斜め後ろをカバーする。

こうすることでピッチ中央は経由されない、くり貫かれたエリアと化す。【図2「寄せ方」】ピッチ中央にくり貫かれたエリアを作ることで、敵の攻撃に「中央経由」の選択肢が無くなるため、右から受けるか左から受けるかの判断がつきやすくなる。攻撃を受けるサイドが決まったら中盤の選手はボール奪取モードに移行。2トップはカバーシャドウで限定をかけつつカウンターの準備を行う。

■カウンターへの移行

2トップはSHと協力し、カバーシャドウでアンカーを消すため、低い位置取りを

【図2「寄せ方」】

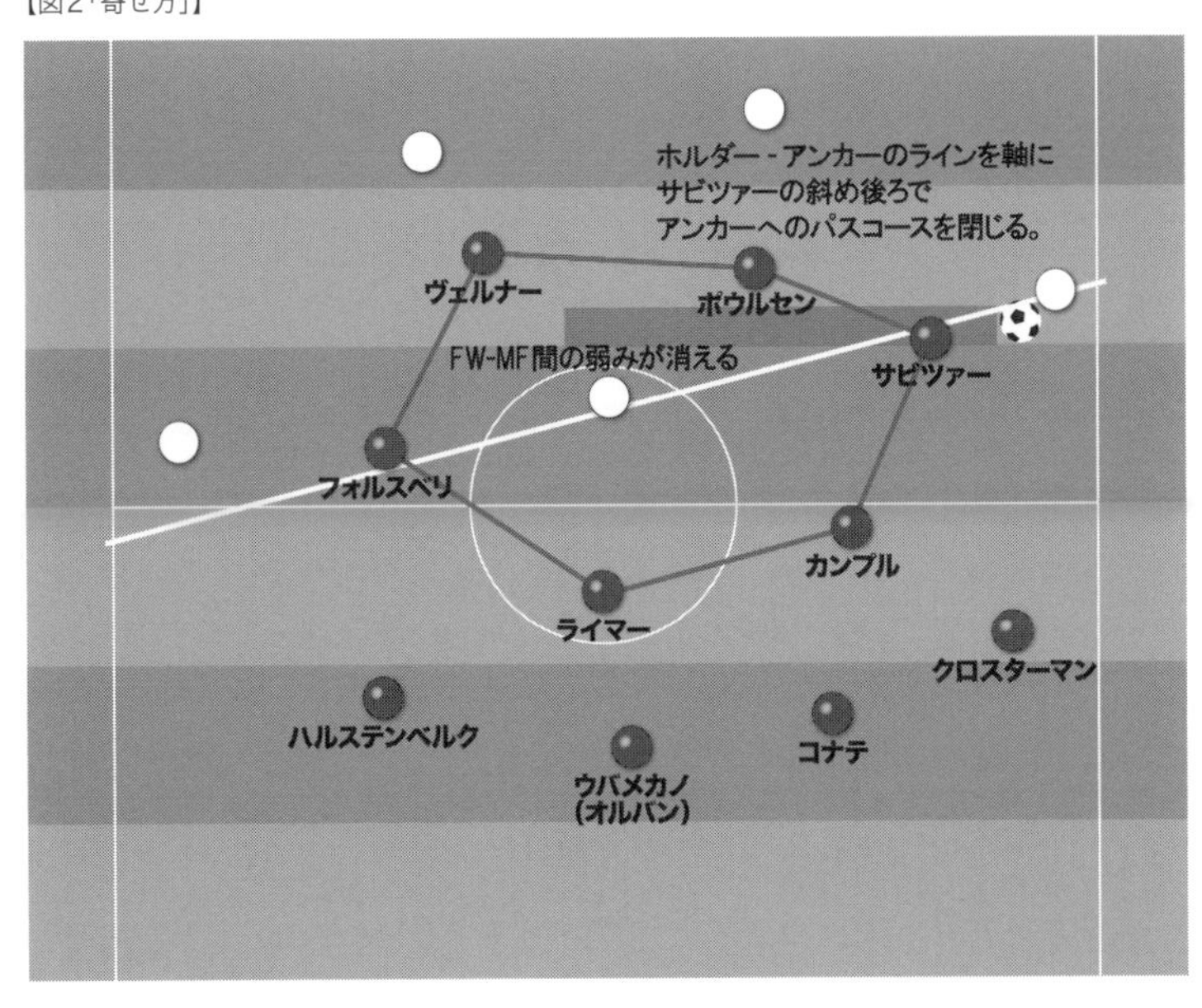

する必要もなくなり、カウンターに転じやすくなる。このような2トップにもたらされるメリットは速攻に転じる上でポイントとなっている。【図3「2トップの動き」】

サイドに誘導した際ボールサイドに近い方のFWは、アンカーへのパスコースを絞りつつ、CBにも対応できるような位置をとる。ボールを奪ったら彼はサイドに流れるかハーフスペースでボールを受ける。

一方でボールサイドから遠い方のFWは逆サイドへの展開を抑制するため、逆CB、SBにカバーシャドウをかけるような高く張った位置をとる。スライドして距離間を狭めれば良いというわけではないのだ。この間に彼は速攻に転じた場合に陥れるべきスペースを探る。敵のビルドアップの型に応じてできるスペースだ。奪ったらそのス

【図3「2トップの動き」】

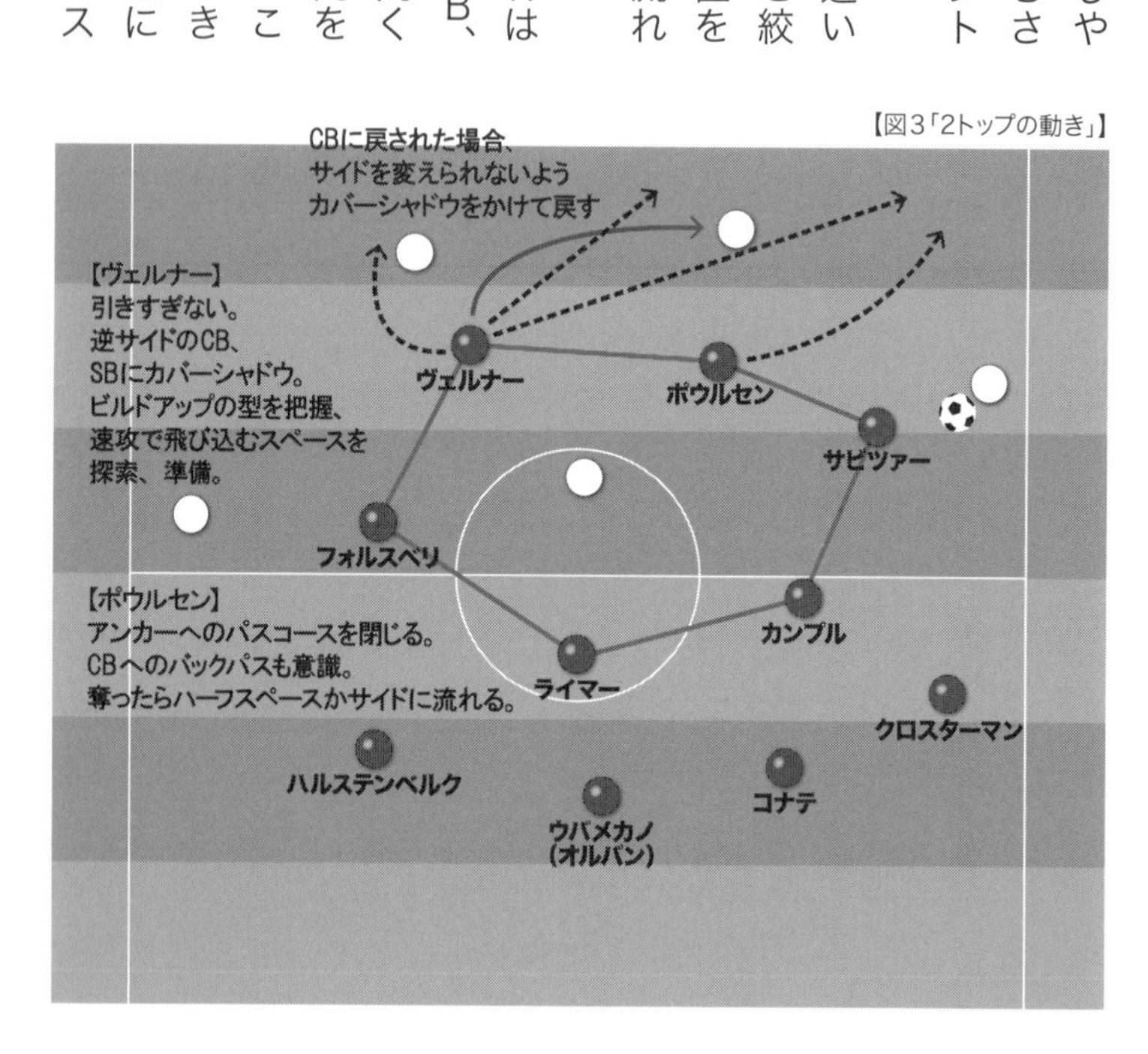

ペースにいち早く飛び込むのが彼の役目である。

また、SBがCBにバックパスをした場合、逆サイドの展開を許すと全体のスライド幅が大きくなってしまう。そのため、カバーシャドウをかけつつ押し戻すのも遠いサイドのFWの役目だ。

ポウルセンはスピードもパワーもあるため、速攻における役割をも容易にこなす。ハイボールを収める力はRBLの大きな武器となっており、遅攻・速攻の両方で活かされている。プレーエリアが広く、CBではなくCHやSBとの空中戦に持っていくことが可能であり、そうなった時の彼は無類の強さを発揮する。

ヴェルナーは空いたスペースを把握し侵入するのが抜群に上手い。スピードだけではなく守備とスペース認識能力を速攻に活かしている。またライン間で一時的に収めるプレーも可能であるため、両選手共に二役こなすことができるのだ。

六角形内部の狭いエリアを狙ったパスは、引っ掛けてカウンターに持ち込む絶好機となる。守備時の選手間の距離が狭いため、速攻に移行する際も狭い距離間を保ったまま最短ルートで前進できるのだ。

RBLの速攻が、速く、効果的なのは、

①ボールに近いサイドのFWがボールサイドで収める。

②ボールから遠いサイドの選手が守備段階から狙うべきスペースを探索している。

③六角形の狭い距離間を維持して速攻に移れる。

という3点が要因となっている。

■弱点

この守備の弱点はSH周りを攻略されることだ。そもそもこのシステムは前述したように六角形を形成することでピッチ中央をくり貫いている。六角形形成のポイントとなっているのが、通常より前進しているSHであるため、SH-CH-SBの間の空間も通常より広くなっている。このエリアでボールを持たれた場合、高い位置にいるSHのサポートがなくなるため、SBは一人で対応しなければならないのだ。ここに複数の選手を送り込み数的優位を作る、もしくは圧倒的な個人能力を持つ選手を置く等して攻略を図るチームが多かった。

このエリアにパスを供給するためにはど

【図4「内部利用」】

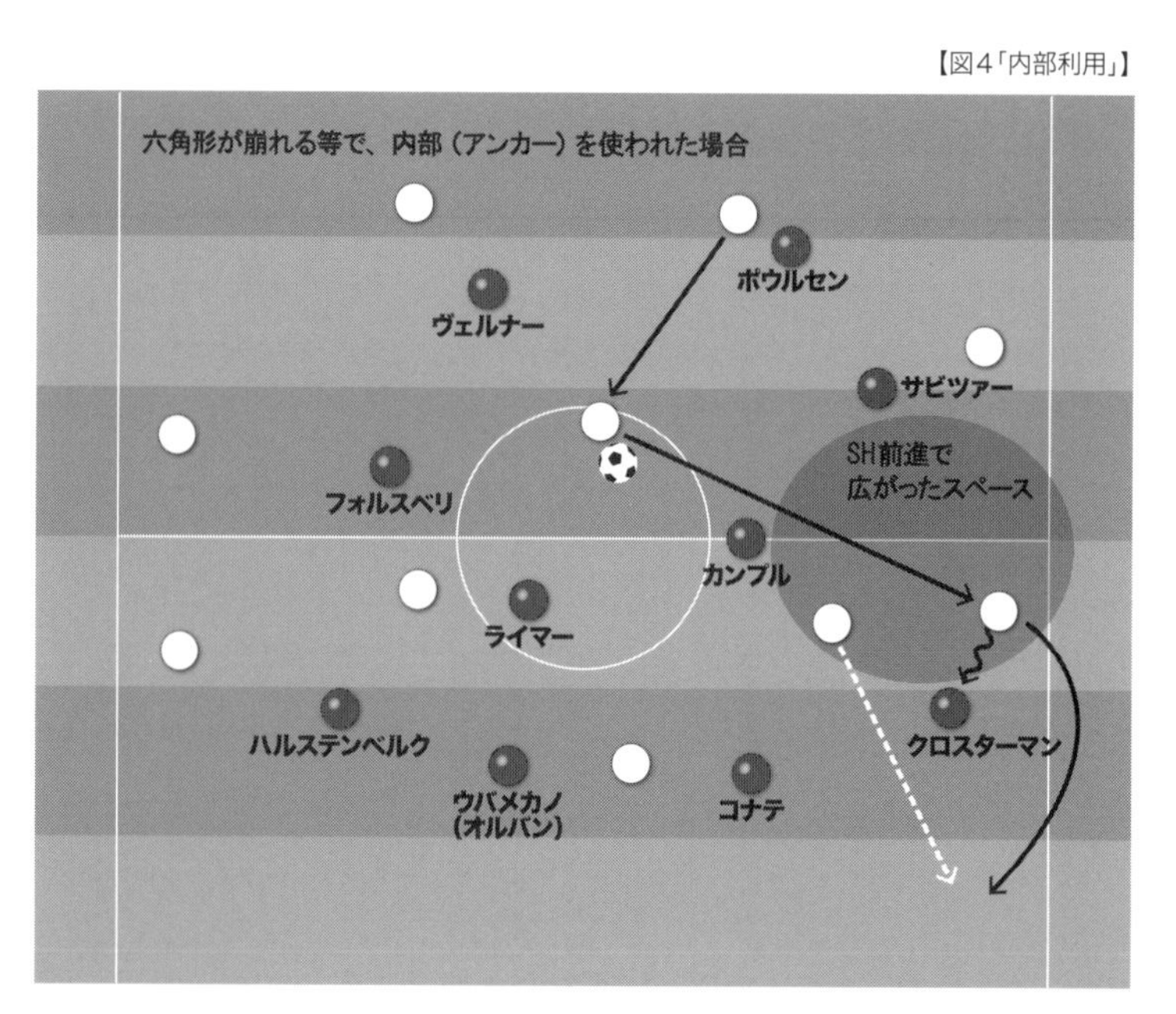

うしたら良いか？　それが「CHとSHの間を射抜く」である。【図4「内部利用」】
　ではどうしたら良いか？　まず考えられるのが前提条件の破壊だ。くり貫かれた中央を使うのだ。六角形は一人でも配置を破れば瓦解する。FWが位置につく前に、または一瞬休んだ隙に、リターン前提でも良いからあえてアンカーを使う。
　前述のとおりCBの位置から楔のパスは打ち込みにくくなっているが、アンカーの位置からだと非常に展開しやすくなっているのがこの六角形の悪い意味での特徴だ。SH-CHの間はまさに開放状態となる。アンカーを消すという前提条件の破壊は大きなポイントであるのだ。
　次に、SHを外にずらしたうえでの局所的優位作りだ。【図5「甘いスライド」】

【図5「甘いスライド」】

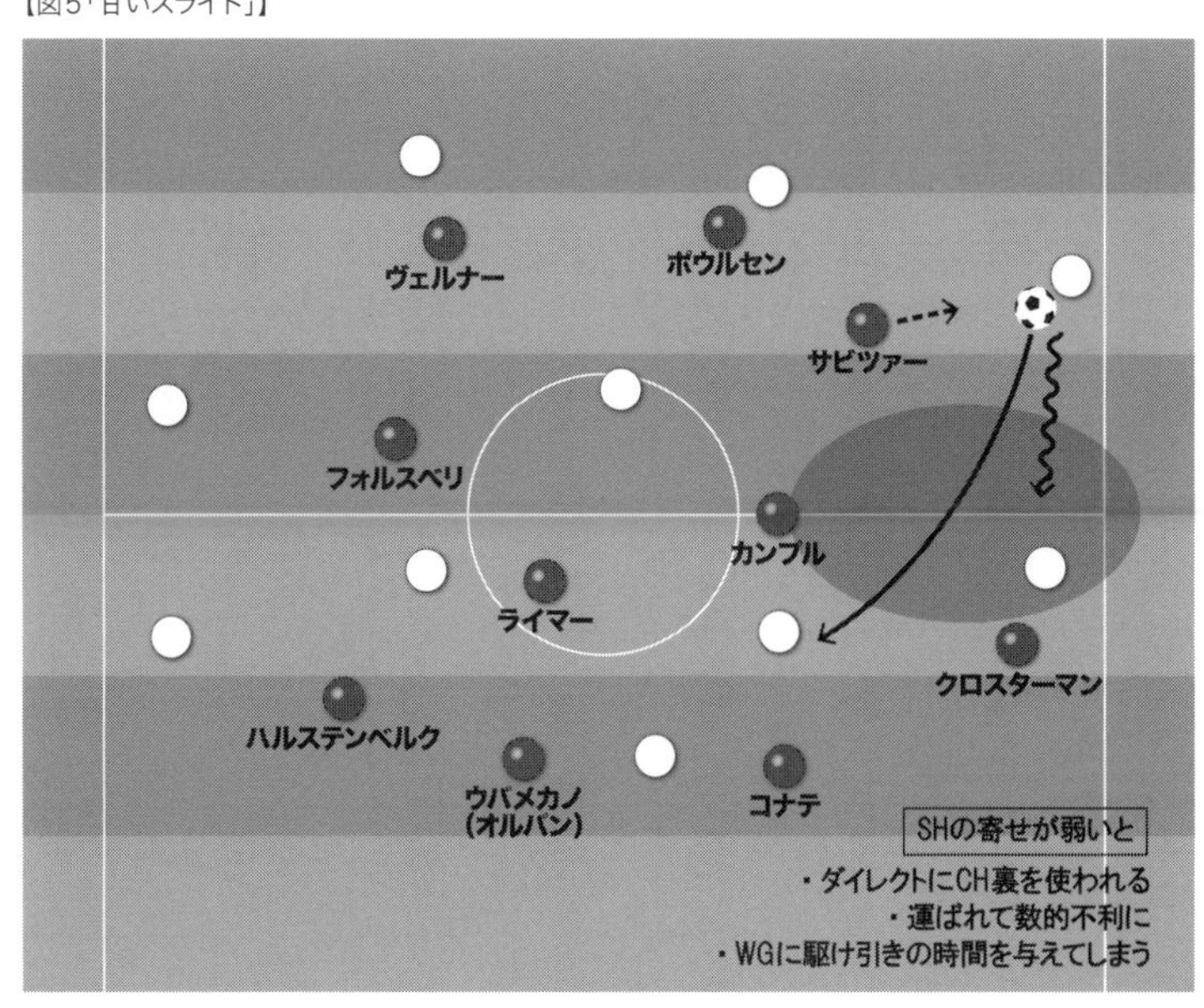

DFラインでのパス回しの最中、SBに渡る際にSHのスライドが弱ければ六角形の外周からWGやIHにボールを送り込まれてしまう。SBに時間を与えてしまえば、運ばれて数的優位を作られ、WGにも駆け引きの時間を与えてしまうことになる。

逆にSHのみが急いだ単騎のスライドとなってしまうと、ハーフスペースを降りてきたIHを捕まえるのが難しくなり、SH-CH間へのパスが通りやすくなる。【図6「単騎のスライド」】

これらはRBL攻略法として何度も見られたパターンである。SH周りをサポートするのは基本的に2トップの仕事であり、RBLの2トップにはそういった能力が求められている。

【図6「単騎のスライド」】

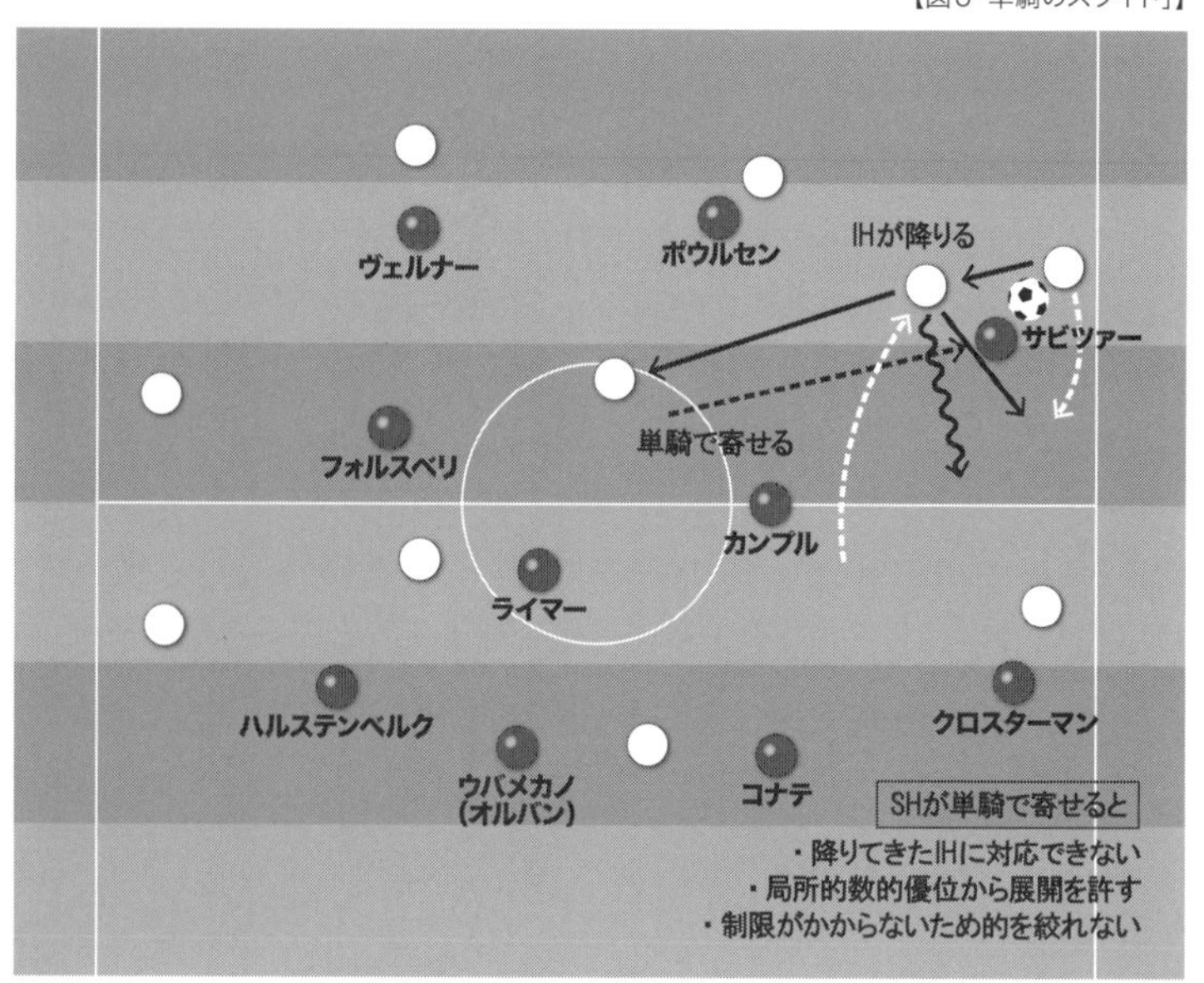

■**おわりに**

ＭＦとＦＷの関係を「ライン」ではなく六角形や五角形といった「面」にするチームは稀に見られる。２０１８ロシアＷ杯での日本代表においても、乾貴士が出場する試合は似たような形をとる場面が見られた。

ＲＢライプツィヒはこの六角形守備だけでなく、そこから速攻に展開する筋道もクリアになっている。そこまでに至るチームというのはさらに少なく、非常に完成度の高いチームであったといえる。

ノリッジ・シティ

Norwich

ENGLAND PREMIER LEAGUE

season 19-20

昇格初年度でマンCを破る大金星を実現した守備戦術

19-20シーズン、4季ぶりにプレミアリーグへの復帰を果たしたノリッジ・シティ。彼らが第5節で対戦した相手が前年王者のマンチェスター・シティだ。戦力・経験共に大きな差があり、下馬評では圧倒的にマンC有利とされていた。スカッドの市場価値ではおよそ100倍近い差である。

しかし蓋を開けてみるとノリッジの見事な対策によりマンCは終始攻めあぐね、昇格組が3-2でディフェンディングチャンピオンを下すという番狂わせを演じて見せた。圧倒的な戦力差を戦術で埋める、下位チームに大きな希望を与える勝利となったのだ。

■基本布陣

この戦力差を覆す要因となったのはノリッジの守備戦術だ。彼等の基本布陣は4-4-1-1。【図1「スタメン」】

前線から敵の攻撃方向を制限することはせず、低い位置にブロックを敷いた。しかし、ただ単にゴー

エデルソン
ストーンズ
オタメンディ
ウォーカー
ジンチェンコ
ロドリ
ギュンドアン
シルバ
シウバ
スターリング
アグエロ
プッキ
シュティパーマン
キャントウェル
ブエンディア
マクリーン
テティ
ルイス
ゴッドフリー
アマドゥ
バイラム
クルル

【図1「スタメン」】

ル前を固めるのではなく、ポイントとなるエリア・選手に対して効果的に人数をかけた。

そのポイントとなったのは2点。

①IHへのマンマーク
②WGに対するダブルチーム

シティはサイドに張ったWGが敵SBを釣り出し、空いたチャンネルにIHを走らせる攻撃を得意としている。この試合では右サイドのWGベルナルド・シウバとIHギュンドアンがその役割を担った。この攻撃に対してノリッジがまず仕掛けたのがIHギュンドアンへのマンマーク気味の対応だ。

チャンネルへ抜けるギュンドアンに対して、CHマクリーンが迷うことなくSB背後までついていく。瞬間的に5バックにな

【図2「ポイント」】

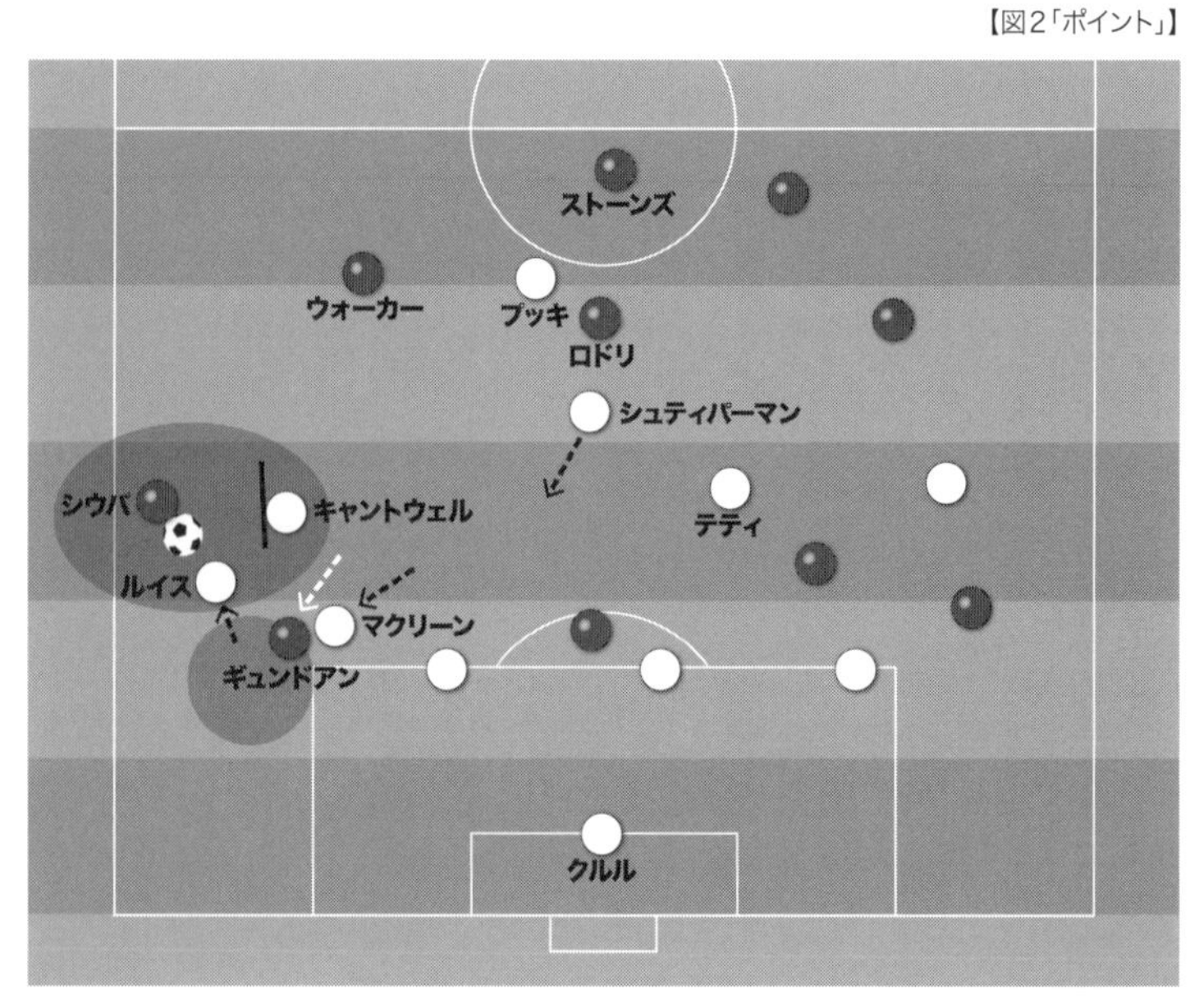

るようなイメージだ。チャンネルでIHをフリーにさせない、対応の遅れを生まないというのは、チャンネルからのマイナスクロスを得点パターンとしてもつシティへの対策として非常に効果的だ。ただし、この対応はチャンネルの封鎖には役立つが、代わりに中央のスペースが空いてしまうというデメリットが生まれる。

このデメリットを解消するのが2つ目のポイント、WGに対するダブルチームだ。基本的にWGに対応するのはSBの選手となる。また、WGがカットインを狙ってきた時にはSHの選手が内側を遮断するようなポジションをとる。【図2「ポイント」】チャンネル攻撃はCHが、カットインはSHが、縦への突破はSBが対応。仮に縦に抜かれたとしても、シウバは左利きのためクロスの精度は落ちる。加えてシティの前線は長身選手が不在であるため、タッチライン際からのハイクロスはリスクが低い。このようにしてWGから展開される攻撃を全て遮断してみせたのだ。

このダブルチームに関しても特に機能していたのはノリッジの左サイド、SBのルイスとSHのキャントウェルのコンビだ。キャントウェルは死角に入る見事な動きでウォーカーを振り切り2点目をあげる等、カウンターの局面でも力を発揮した。

状況に応じて2列目のシュティパーマンが中盤のラインに入り空いたスペースをカバー。この選手に課されたタスクがアンカーのケアではなく、中盤のカバーであったことも大きなポイントだ。シティのビルドアップを最前線のプッキと2人で限定するのは非常に困難である。中盤を5枚にしてどのエリアでも枚数不足が起きないような対策をとったのだ。

4-3-3のIHに対してマンマークをつける守備方法は豊富な運動量を必要とする。また、敵のプレーに対してリアクションをとることになるため、自ら主導権を握るというのが難しくなる。そのため周囲の選手にも明確な役割、カバーリングの意識を与えなければ、瓦解する可能性も高い。特に前線のタスクが不明瞭であると、敵のアンカーを中心にスペースを侵略されてしまうだろう。

例えば16－17シーズンEL決勝。躍進を遂げたアヤックスに対してモウリーニョ率いるマンチェスター・ユナイテッドが打ち出した策もIHへのマンツーマンだ。【図3「マンマーク」】

【図3「マンマーク」】

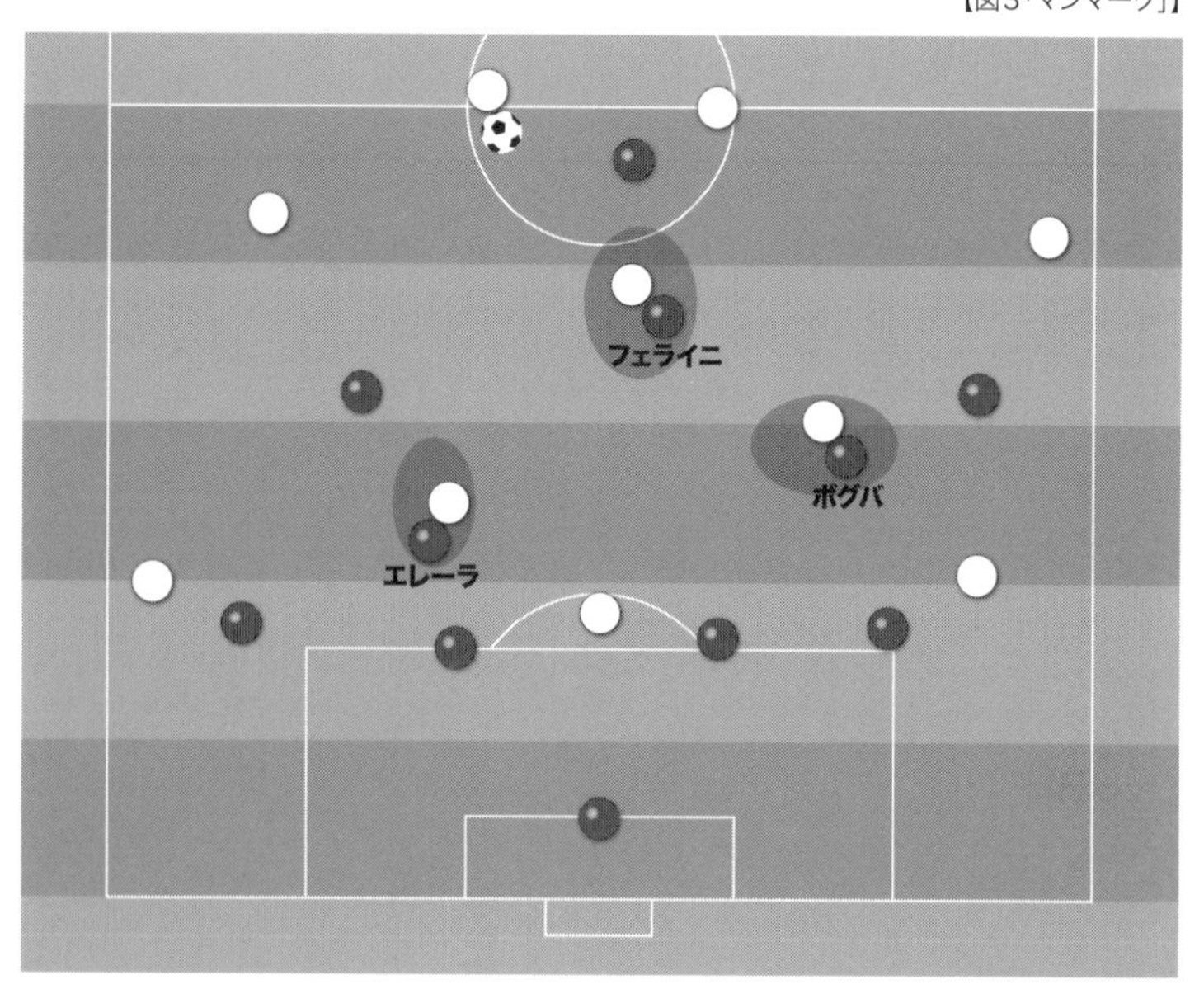

ポグバとエレーラのCHコンビにアヤックスのIHを監視させた。さらにモウリーニョは、トップ下に入ったフェライニにアンカーをマンマークさせ、当時アヤックスの武器であった中盤3枚を中心としたパス循環をシャットアウトしてみせた。アヤックスのIHはチャンネルへの侵入が少なかったためノリッジの場合とはトップ下に与えた役割こそ違うが、役割を明確にすることでギャップを生まない守備組織の構築を実現して見せた。

「IHへのマンツーマン」は4-3-3で、ショートパスベースで攻撃を仕掛けるチームに対する有効な対策として、今後採用するチームが増加する可能性を秘めている。

4-2-3-1

System formation

chapter.03

アヤックス
Ajax NETHERLANDS EREDIVISIE

season 18-19

CLベスト4を実現した4-2-3-1の完成形

日本代表も長年採用する4-2-3-1。優れた選手に溢れながらも時に停滞感を感じさせ、カウンター対策に頭を抱える日本代表にとって「教科書」となるチームが存在した。近年でこのシステムを最も高いレベルで機能させてみせた18-19シーズン最大のサプライズチーム、テンハーグ率いるアヤックスだ。CLグループステージではバイエルンと互角の勝負を演じ、決勝トーナメントではレアル・マドリード、ユベントスという押しも押されもせぬ強豪2チームを退けベスト4まで進出してみせたのだ。激しさと緻密さを兼ね備えたプレッシング、前線のスピードとテクニックを最大限組み込んだ攻撃戦術は、オランダ国内に留まらず世界中のフットボールファンを熱狂の渦に包みこんだ。

守備編

■基本布陣

基本布陣は4-2-3-1。CBには1vs1に強いデリフトと、楔を打ち込めるレフティのブリント。

ボール奪取の肝となるSBには攻守に貢献度の高いマズラウィ、フェルトマン(以上右サイド)、タグリアフィコ、シンクフラーフェン(以上左サイド)。CHには共にポジショニングと状況判断、パス技術に長けたシェーネとフレンキー・デ・ヨング。右SHには攻撃のリズムに変化をつけられるツィエフ、左にドリブラーのダビド・ネレス。トップ下には守備能力と得点力に定評のあるファン・デ・ベーク。最前線には0トップのように機能するタディッチが入る。

■セット守備

4-2-3-1を採用するチームは守備時に4-4-2へと変化するケースが多い。しかしアヤックスは4-2-3-1のままで守備を行う。ハーフスペースにひし形を形成し選択

【アヤックス「基本布陣」】

肢を狭め、可能な限り前線でのボール奪取を狙う。たとえここでロングボールを蹴られたとしても、セカンドボールに対応できる配置となっている。以下、各選手の役割である。【図1「役割」】

★CF（タディッチ）：CB間に入り、カバーシャドウでパスコースを切りながらボールホルダーへ寄せ、攻撃サイドを制限する。

★トップ下（ファン・デ・ベーク）：タディッチと縦関係を作り、アンカーが空かないようピタリと背中につく。

★SH（ネレス）：第一に中を締めてパスカットを狙いSBへのパスを促す。SBへのアプローチは、CBからパスが出された瞬間。

★CH（フレンキー）：IHの背後からマークにつき、縦パスをさらう準備をする。

【図1「役割」】

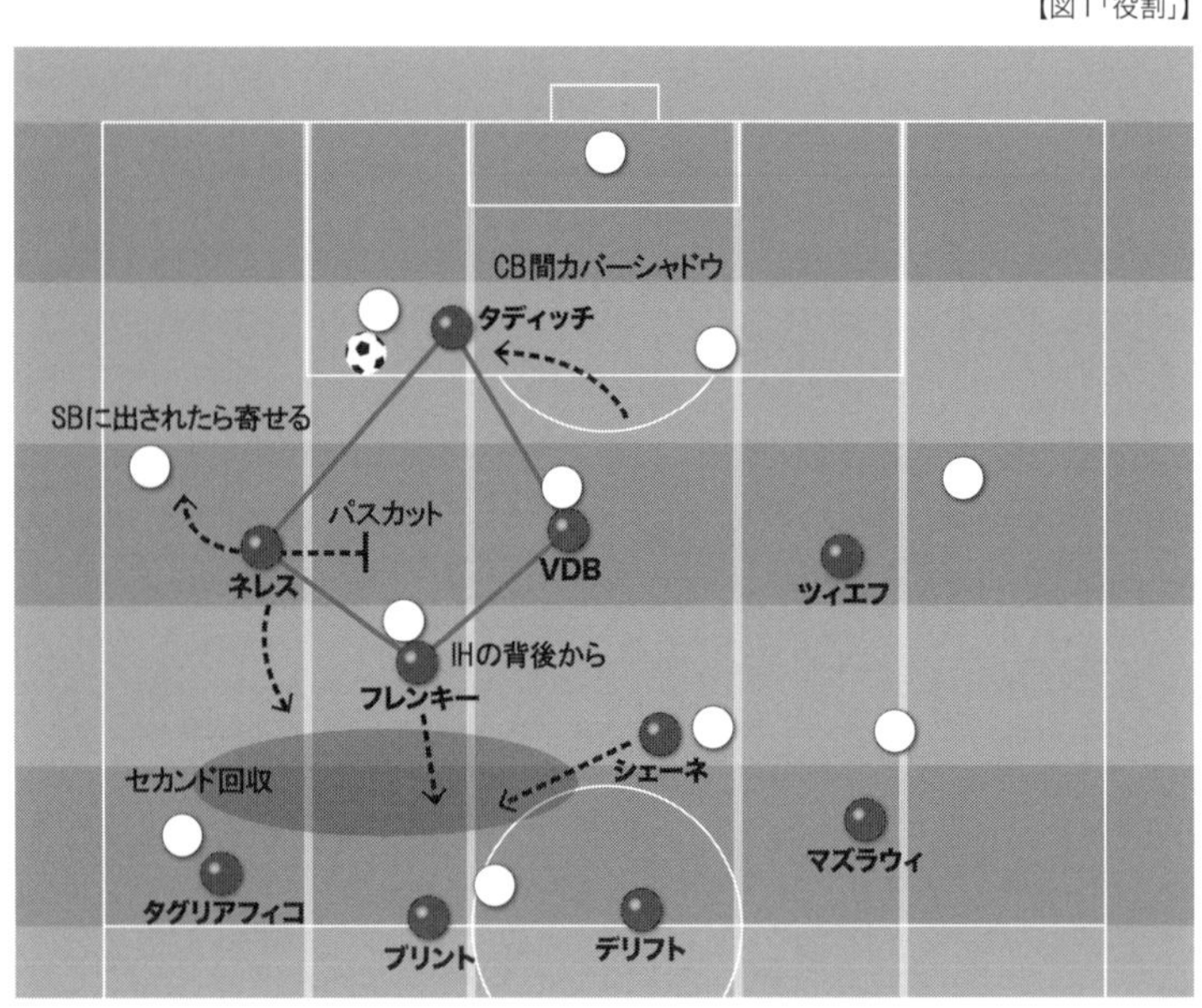

こうしてハーフスペースにひし形を形成する。ハーフスペース起点のひし形を作って攻撃を組み立てるのは非常に有効である。ハーフスペース起点のひし形攻撃が有効なら、ハーフスペース起点のひし形を守備においても用いることは同様に有効であり、彼らはそれを実行した。

SBに誘導したらSHが寄せてはめ込む。これを嫌い、ロングボールを蹴ってくる敵に対しては、前もって準備していたCBを中心に跳ね返す。CH、SHはカバーシャドウを用いずに守っているため、【図①】円形エリアのセカンドボールに対し敵より早く到達し拾うことができる、という仕組みになっている。これがアヤックスのセット守備である。

■ネガティブ・トランジション

アヤックスは非常に攻撃的なサッカーを展開し、CLを勝ち進んだが、リスク管理にも余念がない。ボールを失ってからの守備こそが、このチーム最大の魅力だ。それは「失ってからボール奪還に走る前線の選手のスピード」だけではない。チーム全体に仕組みとして浸透しているものだ。

アヤックスのネガティブ・トランジションは「外に押し出す3本線と迎え撃つ1本線」によって構成される。複数の選手が外に押し出すようにプレッシャーをかけ、制限をかけたところでボール奪取役が刈り取る。【図2「ネガティブ・トランジション」】

基本的には〈1本目〉:SH（最もホルダーに近い選手）、〈2本目〉:CH、〈3本目〉:トップ下、〈ボール奪取役〉:SBとなっている。ボールを失ったらまず、最も近い選手（前線の、特にSHが多い）が中を切りつつ寄せる(位置取りによっては外からプレスに向かうことになるが、その場合は中央のファン・デ・ベークが2本目となり再度外に押し出すように寄せる)。

1本目が外に押し出した後、2本目がさらに中央を切りつつ引き継ぐ。SHは後方へのバックパスを警戒しつつショートカウンターへの移行準備を行う。この間にSBは自身の引き受けているマークをCBに託し、CHと共に挟撃する。CHが中を切っているため、SBは縦を切る。仮にSBが抜かれても、CHがそのまま

【図2「ネガティブ・トランジション」】
[1]ファーストプレス
[2]中へのコースを切りつつ、[1]から引き継ぎ。
[1]はCBへのバックパスをケアしつつ、ショートカウンターの準備。
[迎撃]役がマークをCBに受け渡し、縦を切るように寄せる。
横〜斜め中央のアンカーを使うパスは[3]が遮断。
[1]がホルダーより外にいる場合でも、[3]、[2]がポジションを調整し、タディッチも加えて同サイドに押し戻す。

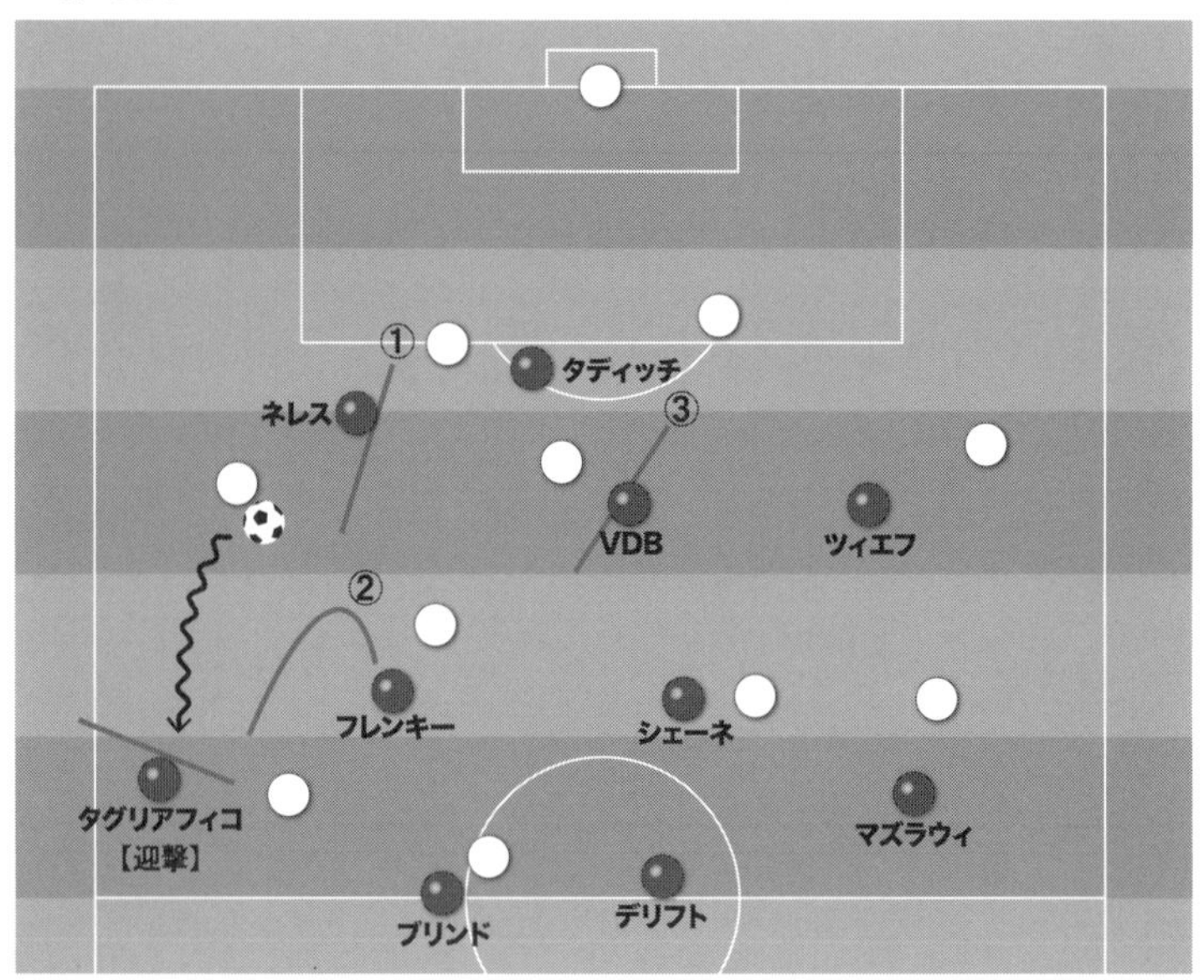

カバーに入る。ここでホルダーが中のCHやアンカーを使おうとした場合、3本目となる守備の得意なトップ下、ファン・デ・ベークがボールを奪取する。守備能力の高いトップ下を採用する利点を上手く活用している。「外に押し出す3本線と迎え撃つ1本線」はこのようにして機能しているのである。

CLでのアヤックスの1試合あたりのタックル数は、奪取役であるSBの選手がトップ3を占めている。その他上位は前線の選手であり、7位までにCBが1人も入っていない。1vs1に強いデリフトですらも、だ。チームとしての守備の形が数字にも表れている。

中央の選手が「外に押し出す3本線」となるのだが、アヤックスは攻撃時、それほど幅を取らず中央に選手が集結するような形をとる。そのため、「中央の選手が足りずに3本線が形成できず、押し出せない」という現象がほとんどない。攻撃陣形がそのまま守備にも役立っているのだ。

また奪取役のSBの位置で奪えなかった時。例えば引っ掛けたパスが運悪く敵の前に転がってしまった時など。その場合、一斉にゴールに向かって戻る。奪取に出るのはCHの2人であり、この2人がポイントとなる。【図3「ネガティブ・トランジション②」】

・逆サイドのCH（シェーネ）はサイドを変えられないようにパスコース遮断で牽制を入れ、ボールホルダーの展開の判断を遅らせる。

・SB裏のケアに入ったCH（フレンキー・デ・ヨング）はサイドエリアをカバーしつつ、SBにエリアの受け渡しを行う。

・エリアの受け渡しが終わり、守備陣形がコンパクトになり、迎撃の準備が整ったところで、CH2人で挟撃する。

この時、ボールにアタックするのは逆サイドのCHだ。サイドを変えさせず押し戻すのは約束事になっており、徹底されているのだ。この2人で抑えられなければトップ下のファン・デ・ベークが続く。仮にここでも奪うことができなくとも、他の前線3名が帰陣して守備態勢が整う(2列目の守備能力・意識が高いとプレスバックに迫力が出るのも4-2-3-1の特徴だ)。


【図3「ネガティブ・トランジション②」】

シェーネは逆サイドへ展開させぬよう切りながら、判断を遅らせつつ距離を詰める。

フレンキーはサイドのスペースをタグリアフィコに受け渡してから、シェーネと挟みに行く。この時、最初にアタックするのはシェーネ。反対サイドに展開させないように押し戻すため。

カウンターの勢いが止まったらファン・デ・ベークがプレスバック。

前線他メンバーが続いて守備陣形構築。

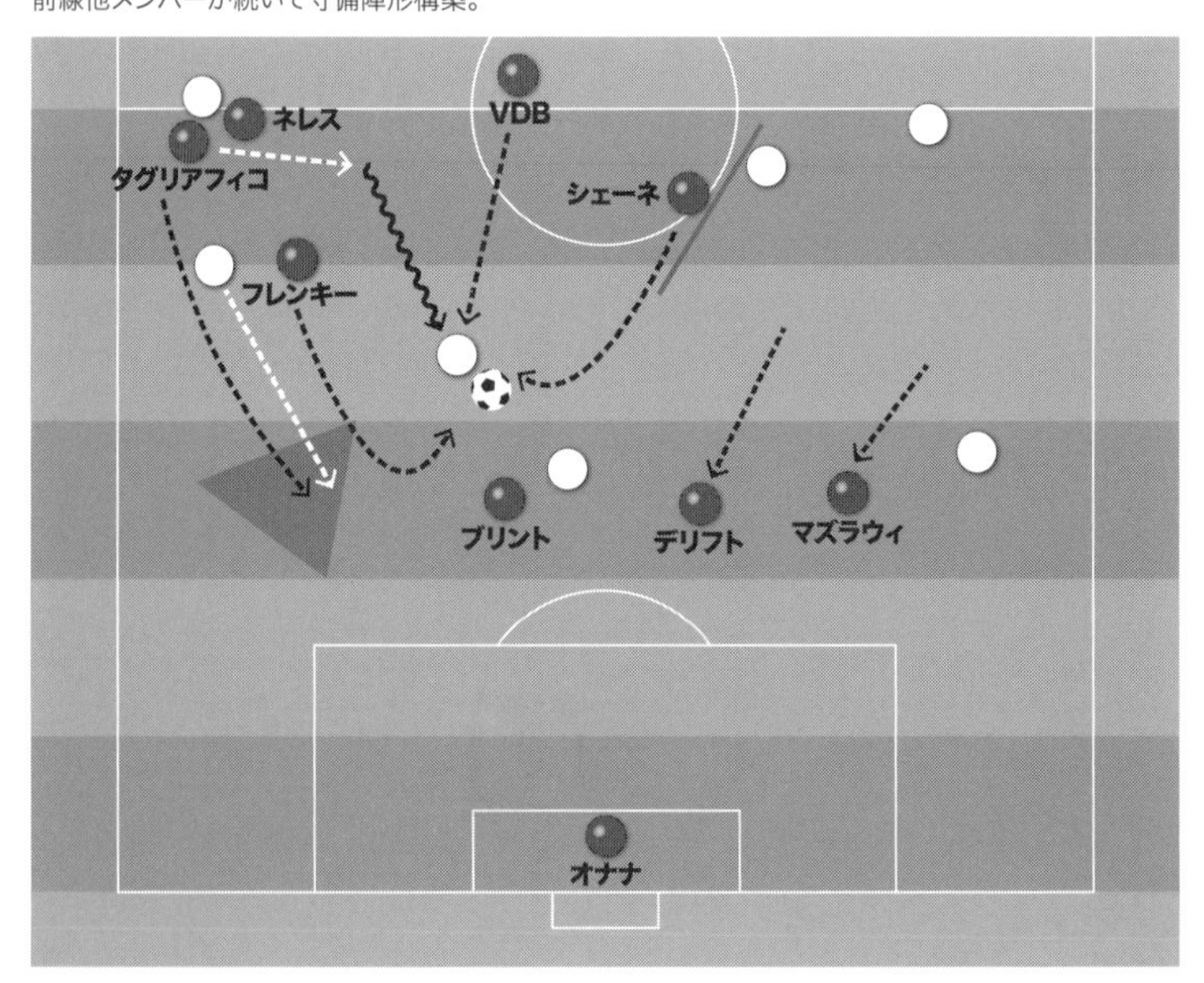

シェーネとフレンキー・デ・ヨングの2CHにより敵のカウンターの選択肢の幅を消し、スペースを埋め、味方がスペースを埋めるための時間を稼ぎ、奪取に転じるのだ。

■ウィークポイント

1人1人の明確な役割の上で成り立っているアヤックスの守備。逆に言えば1人がタスクを全うできないと全体が瓦解する危険性もはらんでいる。例えば、タディッチとファン・デ・ベークが攻撃方向を制限できなかった時(敵2CBとアンカーが一定の距離を保ち、3vs2を苦にしないタイプの選手たちであった時)。

最も怖いのはCHのポジショニングだ。フレンキーとシェーネが常に絶妙な立ち位置をとっているため目立たないが、4-2-3-1の2CHの脇は広く空く形となる。CL準決勝、トッテナムに許した逆転弾はまさにそこを突かれている。

スパーズの選手の多くが前線に集結する中、アヤックスの2列目より前の選手はボールホルダーであるCBとその近辺にプレッシャーをかけた。フレンキーとシェーネはこの時、前線に釣られるようにポジションを上げていった。背中につくという約束事と異なる、カバーシャドウで守ったのだ。こうして広がったDFとのライン間および2CHの脇にロングボールを放られると、セカンドボールの収集に失敗。ライン間にCBが釣り出されてルーカス・モウラに斜めに侵入するスペースを許し、取り返しのつかない失点を喫することになってしまった。

このように攻撃側としては、どこか1カ所を集中的に叩くと芋づる式に一気に崩れる可能性がある、という点を念頭に置いた攻撃を組み立てると効果的であると言える。

攻撃編

■幅をとらない攻撃

続いてアヤックスの攻撃におけるシステムをみていこう。

アヤックスの攻撃は両WGがワイドに開いて幅を作ることをしない。基本的に片側のサイドにオーバーロードを創り出して攻める。起点は中央よりもサイドに(CHも若干外に位置する)なることが多く、逆サイドの選手が絞ってくるため中央にも人が集結する。これを可能にするのが、シンプルに個々人のボールコントロールの上手さである。

ネレスはドリブルで敵を外すことが可能であり、ツィエフは世界でもトップクラスのキック精度を誇り、わずかに空いたパスコースを逃さない。ファン・デ・ベークはドリブルこそ無いが、1タッチでボールを捌くプレーを得意としている。1トップのタディッチもゴール前でのターゲットではなく外に流れてパス交換に関与するプレーを得意とする。CHのフレンキーとシェーネは視野の広さとパス技術が抜群であり、SBも前線につけるパス精度を持ち合わせている。

そんな彼らが片側のサイドにオーバーロードをかける際、ボールを持っていない最前線の選手(主に1トップのタディッチ)がサイドに流れるか、ライン間でボールを受けるところからスペースメイクの連鎖が開始される。外側に流れれば数的不利解消のためにDFラインは動かざるを得ない。ライン間に降りた際も同様である。【図4「幅をとらない攻撃」】

最前線のタディッチがサイドやライン間でボールを受けると、ここからもう一度同じことを繰り返す。ボールを持っていない最前線の選手がボールサイドのチャンネルに抜ける。続けて2番目に高い位置をとる選手がファーサイドに抜ける動きを行う。

1人目がサイドに流れて(もしくはライン間)敵のポジションバランスを崩し、2人目がボールサイドに敵を

【図4「幅をとらない攻撃」】

最前線のタディッチのポジション移動(サイドorライン間)がトリガー。

次に高い位置をとる選手がニアに抜ける。CBがついて行き、空いたファーのスペースに、3番目に高い位置をとる選手が抜けていく。

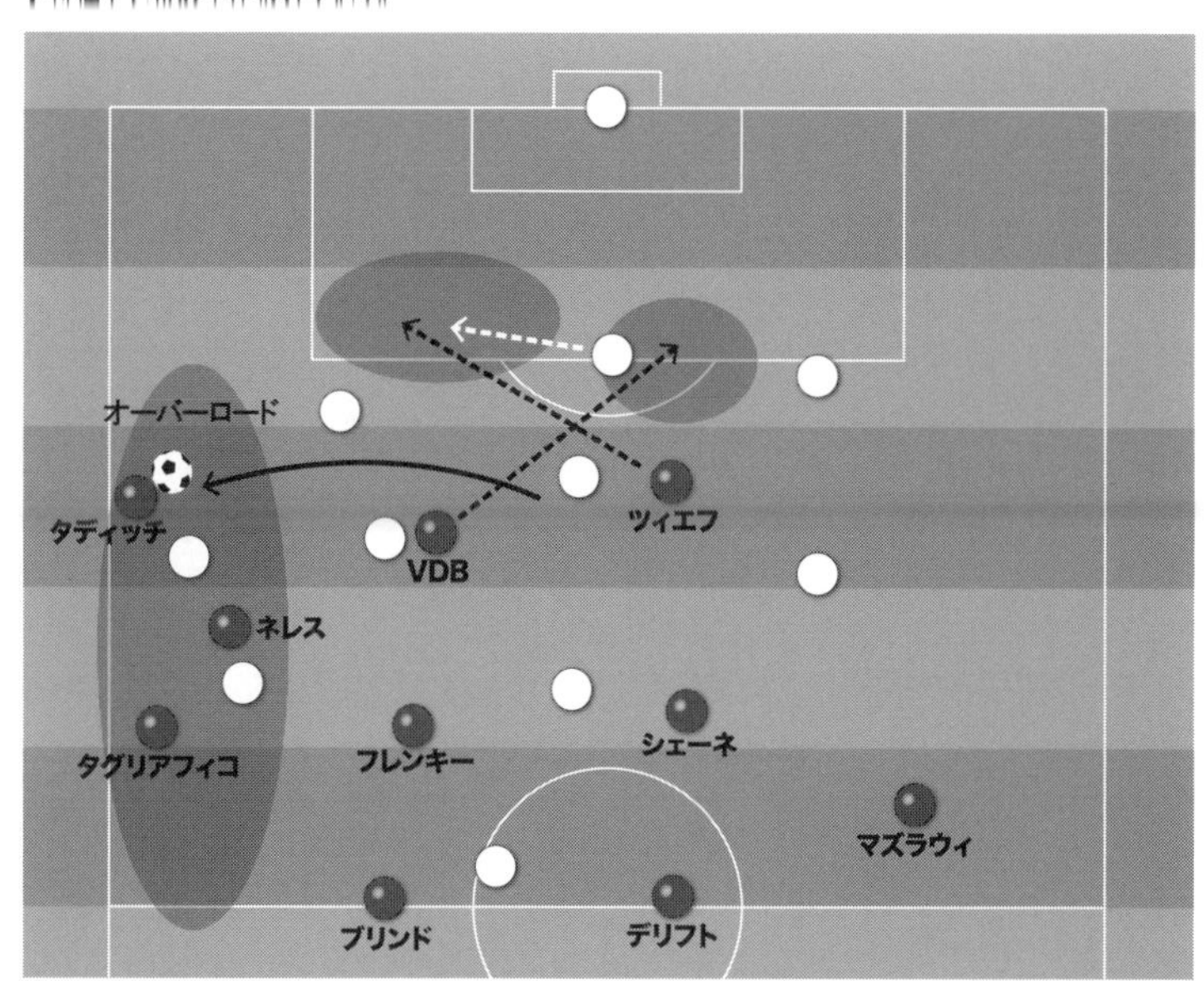

引っ張り、3人目が空いたファーに流れる。多くの場合、『タディッチ→ライン間、サイドに流れてボールを受ける』、『逆SH（ツィエフ、ネレス）→ボールサイドのチャンネルへ斜めに抜けるように動く』、『トップ下（ファン・デ・ベーク）→ファーサイドに抜ける』、という役割となる。逆サイドに選手を張らせず、前述のポジション移動を行う方法でDFラインに穴を空けていくのだ。

■サイドチェンジからの攻撃

アヤックスは逆SHもボールサイドに流れるため、高い位置に選手を張らせることをしない。サイドチェンジを受けるのは低い位置でカウンターに備えて待機しているSBだ。このサイドチェンジからの攻撃は、高い位置に選手を張らせないという配置を活かしたものになっている。【図5「サイドチェンジ」】

サイドチェンジを受けたSBに敵のSBが喰いついてきた場合、アヤックスにとって大きなチャンスとなる。中央からSHが斜めに抜け、SB裏に侵入する。これにCBがついていった場合、続けてトップ下のファン・デ・ベークがCB間へ斜めに抜ける。逆CBがついていけば、続いて逆SHやCFが斜めに抜けるか、ファン・デ・ベークの背後のスペースで受ける。つまり、3連続で斜めの動きを入れるのだ。

逆サイドの高い位置に選手を張らせないことで、サイドチェンジに合わせて斜めに動くためのスペースを予め確保。そののち、連鎖的に斜めの動きを発動するのだ。SBがボールを受ける位置も重要で、敵のSBを釣り出せるような位置で受けるのが理想だ。ここから前線の動きに合わせて空いたスペースに配球する必要があるため、パス技術と判断力も当然必要となる。

■ライン間を潰して守る敵に対して

ここまでのポジション移動攻撃に対して、ライン間を潰すことでスペースの発生を防ごうというチームも多い。そうなった場合、鍵となるのが右SHのツィエフだ。彼が、ドイツ代表でのエジルのような役割を果たす。【図6「ツィエフの役割」】

サイド深い位置へ前進する中で、ファイナルサードでのスペースメイ

【【図5「サイドチェンジ」】

低い位置でSBがサイドチェンジを受ける。敵SBを釣り出せばベスト。

逆SHネレスがSB裏へ。CBがついてきて空いたスペースにトップ下ファン・デ・ベークが抜ける。

この動きに逆CBがついてきたらタディッチがそのスペース、もしくはファン・デ・ベークの背後で受ける。

逆サイドは高い位置には人を置くのではなく、流れるための入り口として活用。

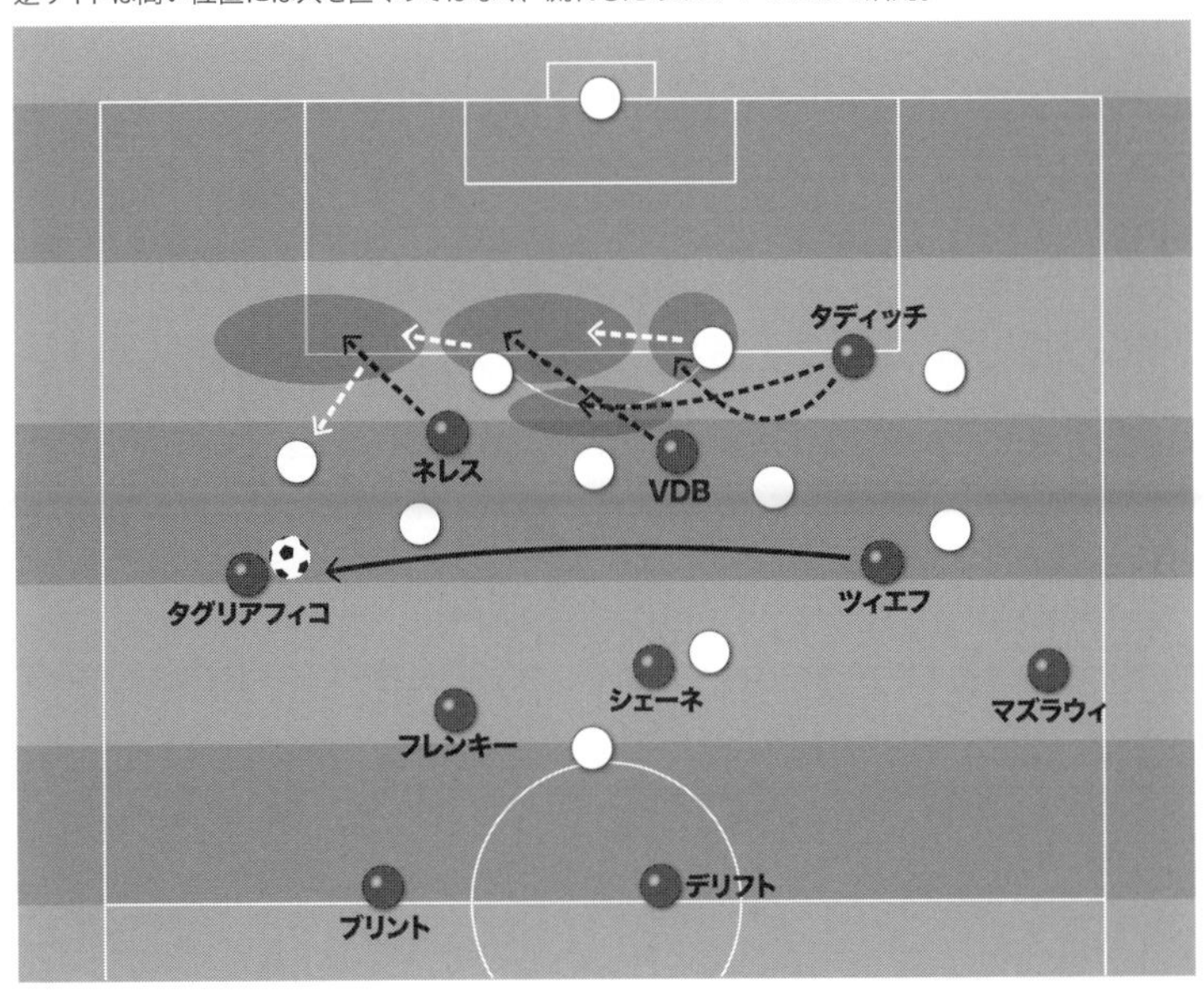

クが上手くいかなかった場合。その場合、前述のサイドチェンジからの攻撃を図る。ボールはブロック外を迂回して逆サイドに渡るのだが、CHの他、敵のブロックの中から降りてきたツィエフを経由する。

ツィエフを経由することでの利点として、①SBがポジションをあげる時間ができる②ブロック内への楔を選択肢として持つことができる、の2点が挙げられる。

ツィエフがボールを持つタイミングでファン・デ・ベークとSBが動く。SBはポジションを上げることで敵SBを釣り出せるような位置をとる。ファン・デ・ベークはCBの守備範囲からSBの内側にポジショ

【図6「ツィエフの役割」】

サイドチェンジの際、ブロックから抜けて降りてきたツィエフを経由。

ファン・デ・ベークはCBの守備範囲から敵SBの内側へ移動。ボールを受ければ即シュートへ。

敵SBが内側に絞った場合、SBに展開しサイドチェンジの流れからの攻撃に。

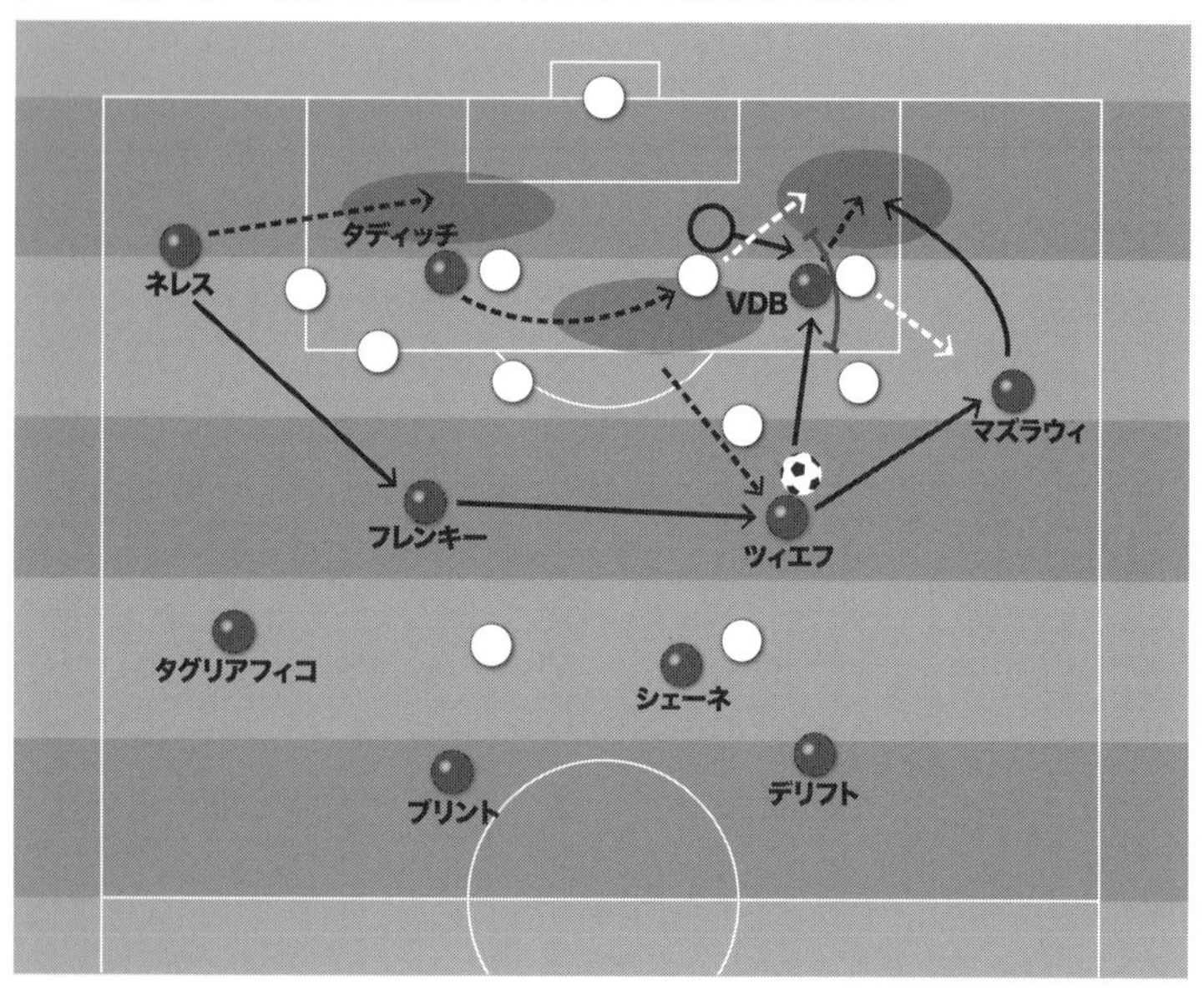

ンを移す。こうすることでツィエフに2つのパスコースが生まれる。

またCBの守備範囲からSBの守備範囲へ移動するファン・デ・ベークの動きには以下の3つの効果がある。

①CBのマークから逃れられる。

②敵SBの内側に位置することで、ボールが入った瞬間SBを背負ってシュートに持ち込める。

③②を防止するために敵SBが内側に入った場合、外のSBがフリーになる。

そしてファン・デ・ベークに楔を打ち込めるようであればツィエフの高いキック精度を遺憾なく発揮できる。敵SBが中に絞り対応してきた

【図7「クロス」】最前線（CF）：ニアに走り込む。
ファーサイドのSH：最前選手が敵CBを押し込んできたスペースに侵入し、マイナスクロスを受ける。
トップ下：SHが逆CBを引き連れてできたファーサイドに侵入。

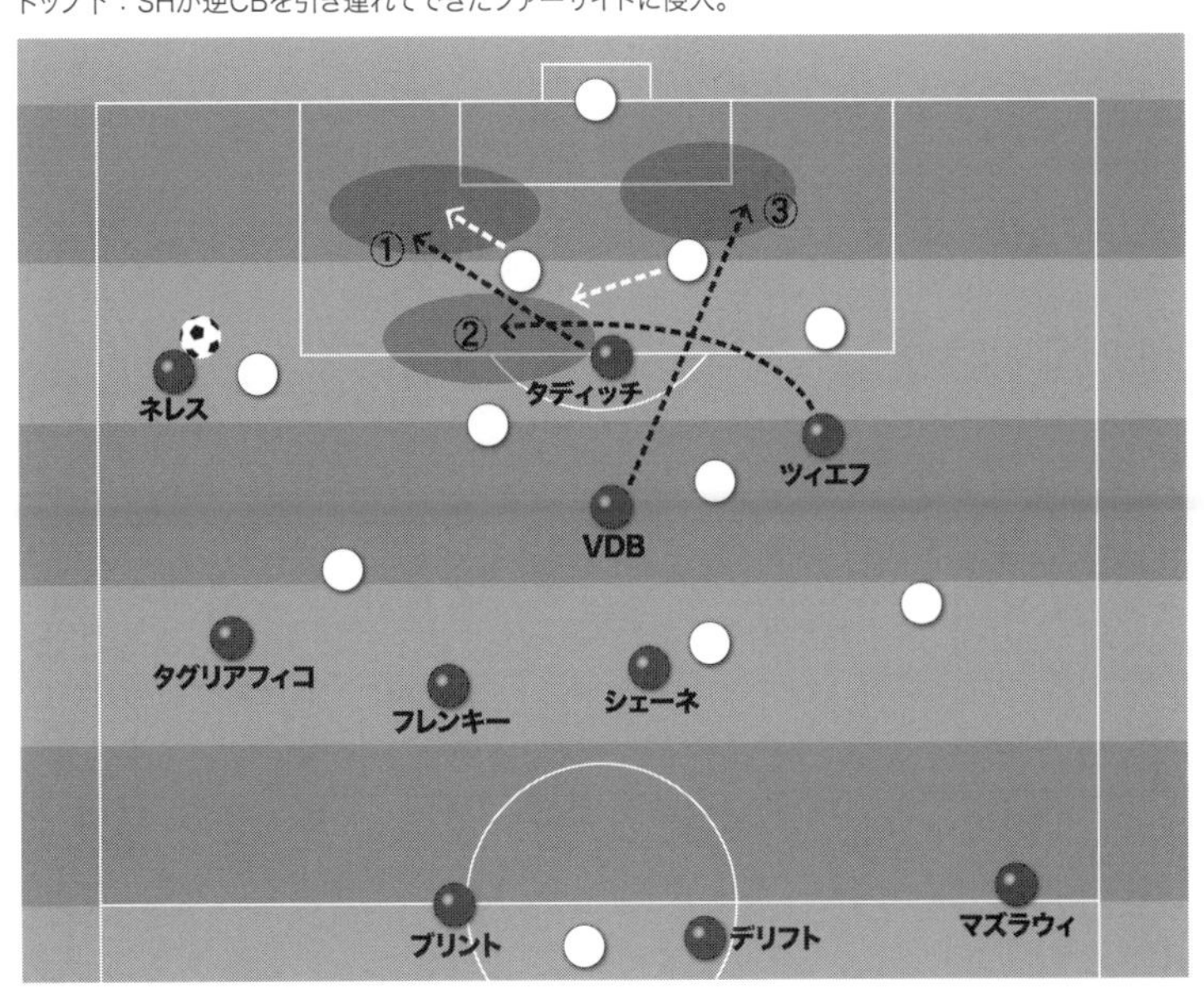

場合はポジションを上げてきたSBを使う。そして前に述べたサイドチェンジからの攻撃を実行するのだ。

■クロスの入り方

アヤックスはサイドからのクロスの入り方もパターン化されている。役割は以下の通りだ。【図7「クロス」】

まず「最前線(CF)」はニアに走り込む。そして「ファーサイドのSH」は最前選手が敵CBを押し込んでできたスペースに侵入し、マイナスクロスを受ける。「トップ下」はSHが逆CBを引き連れてできたファーサイドに侵入する。

このクロスの入り方はサッリ・ナポリでも多く見られていた。スライドパズルのように連鎖的にスペースを突くこのクロスの入り方は非常に効率の良いパターンであると言える。

■おわりに

アヤックスの攻撃は、幅をとらない攻撃→ライン間を潰してくる敵に対しての攻撃→サイドチェンジからの攻撃という流れで移行していく。幅をとらない攻撃はサイドチェンジからの攻撃とネガティブトランジションに活かされるという設計だ。シームレスなサッカーというスポーツにおいて、局面の継ぎ目(攻撃→守備への切り替え)に全く違和感がないどころか相乗効果を生んでいる、非常に完成度の高いチーム構造となっている。選手個々の能力も高く、ＣＬベスト４は決してフロックではない。

前線に高いボールスキルとアジリティを備えた選手が多く、カウンター対策に頭を悩ませる日本代表にとっては、まさに手本とするべきチームであった。

横浜F・マリノス
Yokohama F Marinos
JAPAN J LEAGUE

season 2019

2019年 J1王者の偽SB

2019シーズンJリーグ。34試合でリーグ最多となる68得点という高い攻撃力でJ1を制したのがポステコグルー率いる横浜F・マリノスだ。このチームは多彩な攻撃パターンからチャンスを演出しゴールネットを揺らす、いわゆる「観ていて面白いチーム」であった。

彼らが他の上位チームと一線を画したのは攻撃パターンの豊富さだけでなく、失点数の多さである。おおよそ決まった形での失点の多いマリノスが弱点として、そして同時に最大の武器として所持しているのが、このチームを語るに欠かせない「偽サイドバック」である。J1を制覇したマリノス最大の武器であり失点の原因にもなった偽サイドバックに触れつつ、戦術的特徴を分析する。

■基本布陣

基本布陣は4-2-3-1。ビルドアップは喜田・扇原の2CHとCB畠中を中心に、偽SBとして動くティーラトンや広瀬を活かして前進する。ビルドアップに詰まればマルコス・ジュニオールが降りてサポートを行い、エジガル・ジュニオも状況に応じて降りていく。DFラインに穴が空けば

WGの仲川と遠藤が間髪入れずに侵入を試みる。偽サイドバックを駆使して敵を前方に釣り出し、空いた中盤とDFの間のスペースに2列目より前の選手が侵入する攻撃を得意とする。

■偽サイドバック

マリノスを語る上で欠かせないのが「偽サイドバック」だ。【図1「偽サイドバック①」】

サイドバックが内側に絞ることで敵の守備の基準をずらす動きであるが、マリノスはこの動きを駆使したビルドアップが抜群に上手い。マリノスが駆使する偽SBを活用したビルドアップの最もオーソドックスな流れは以下の通りだ。【図2「偽サイドバック②」】

①サイドバックのティーラトンが内側に絞り込むことで、敵SHを内側に留まらせる。

【「横浜F・マリノス基本布陣」】

②CBの畠中が開きつつポジションを上げる。
③畠中に対して、内側に絞っていたSHが遅れてプレスを開始。
④ティーラトンがSHの背後で開いて前を向いて受ける。
以上のプロセスとなる。
CHがCB間に降りることで畠中を開かせる。そうすることで畠中はFWのマークを逃れ、SHと対峙するような位置に移動することが可能となる。この間、SHの遠藤が高い位置に張ることで敵SBを釘付けにし、サイドのスペースを確保する。ここまでが準備段階だ。ここで敵SHが畠中にアプローチに出てくれれば、ティーラトンは空いているサイドのスペースに入り、前を向いてボールを受けることができる。

【図1「偽サイドバック①」】

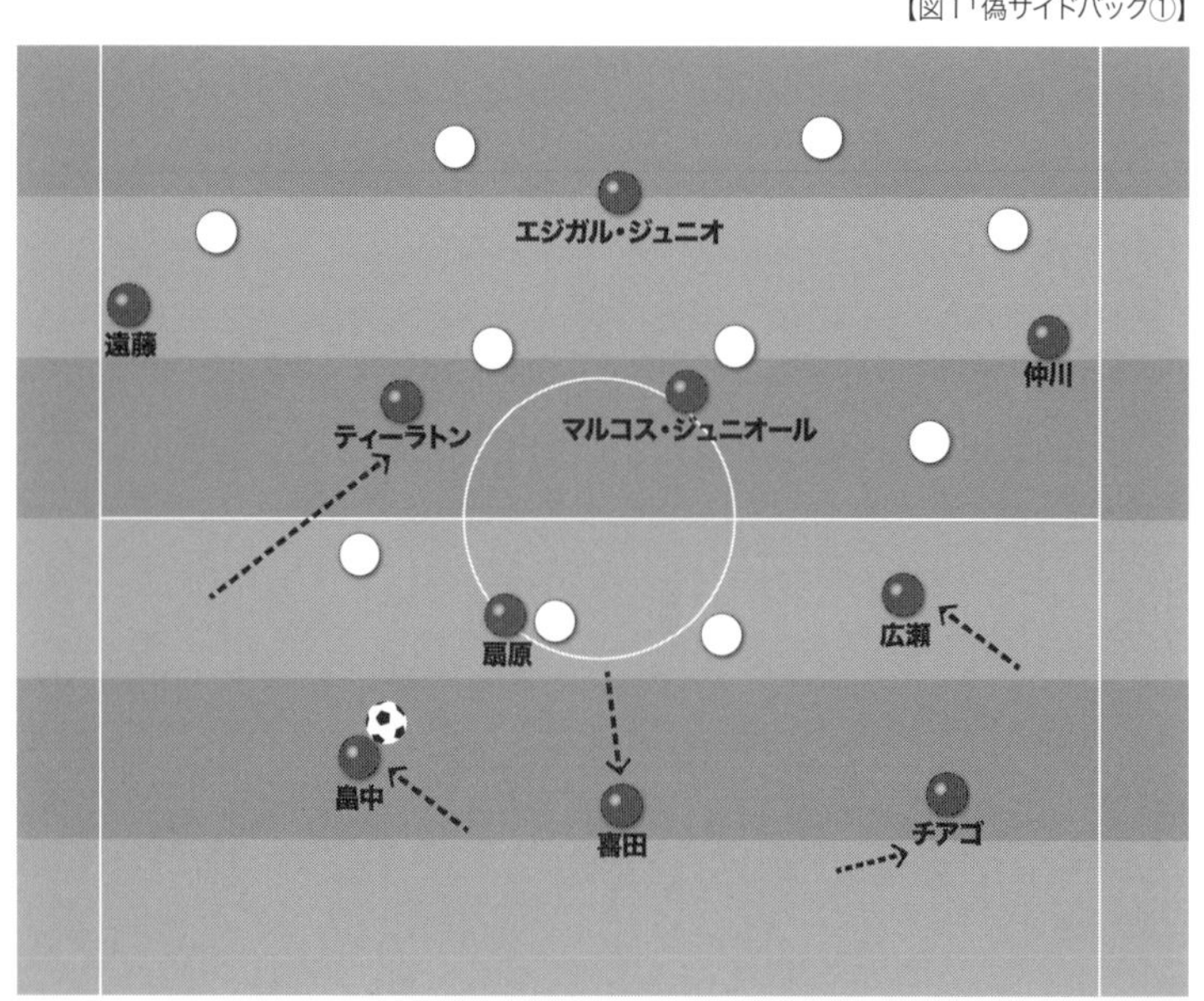

内側から外に流れるティーラトンに対して敵CHがついてくるようであれば、内側の空いたスペースをマルコス・ジュニオールが利用することとなる。

またティーラトンの動きだけでなく畠中の動きもキーポイントとなる。【図3「CB畠中の動き」】

彼がティーラトンに合わせてポジションを微調整することで、偽SBを使った組立てがより際立っている。彼ら2人で敵SHに対して時間的、数的な優位を作り出すことで前進するのだ。畠中が開くことでSHを釣り出すだけでなく偽サイドバックへのパスコースを確保することもできる。

ここまではCBとサイドバックで優位を作った例だ。この次に多いのが、偽SBが空けたスペースにCHが流れるパターンだ。

【図2「偽サイドバック②」】

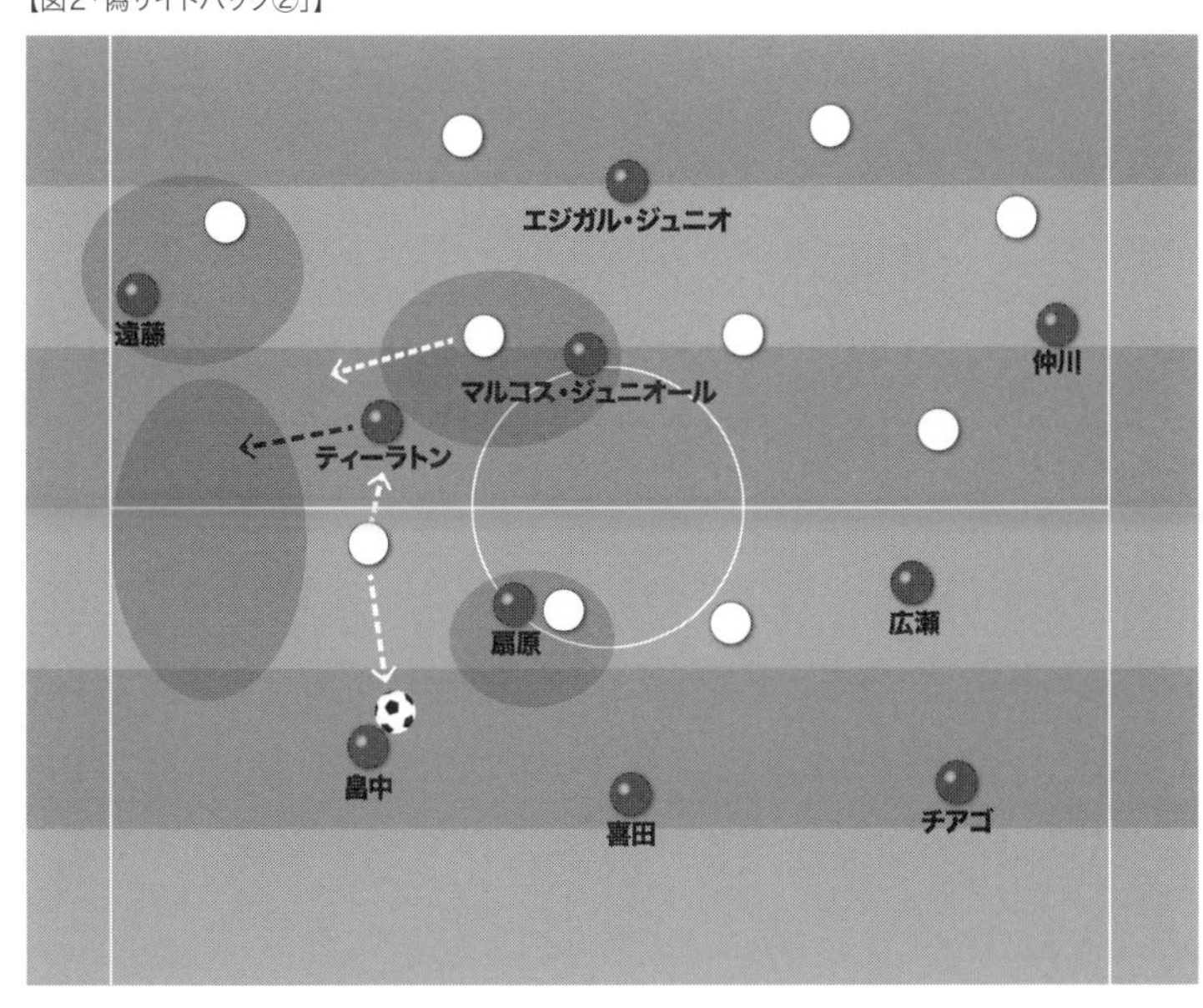

CHの流れ方には2パターンある。1つは敵のFWの前を横切る流れ方だ。【図4「CHの流れ方①」】

偽SBが空けたスペースに敵の前を通って横切る場合、守備側としては基準がCBに向いている状態から外に一つ起点が増えるため、対応が難しくなる。あえて敵の視野の中を横切ることで注意を引き、守備の基準をずらすのだ。敵SHに対してCH、SB、CBの関係性で優位を生み出す。敵SHだけでなくその周辺でもマークの受け渡しにミスが生じれば、トップ下のマルコス・ジュニオール等もスペースに顔を出しボールを前進させる。

そしてCHの流れ方2つ目は、一度ポジションをあげ、中盤の背後から流れるパターンだ。【図5「CHの流れ方②」】

【図3「CB畠中の動き」】

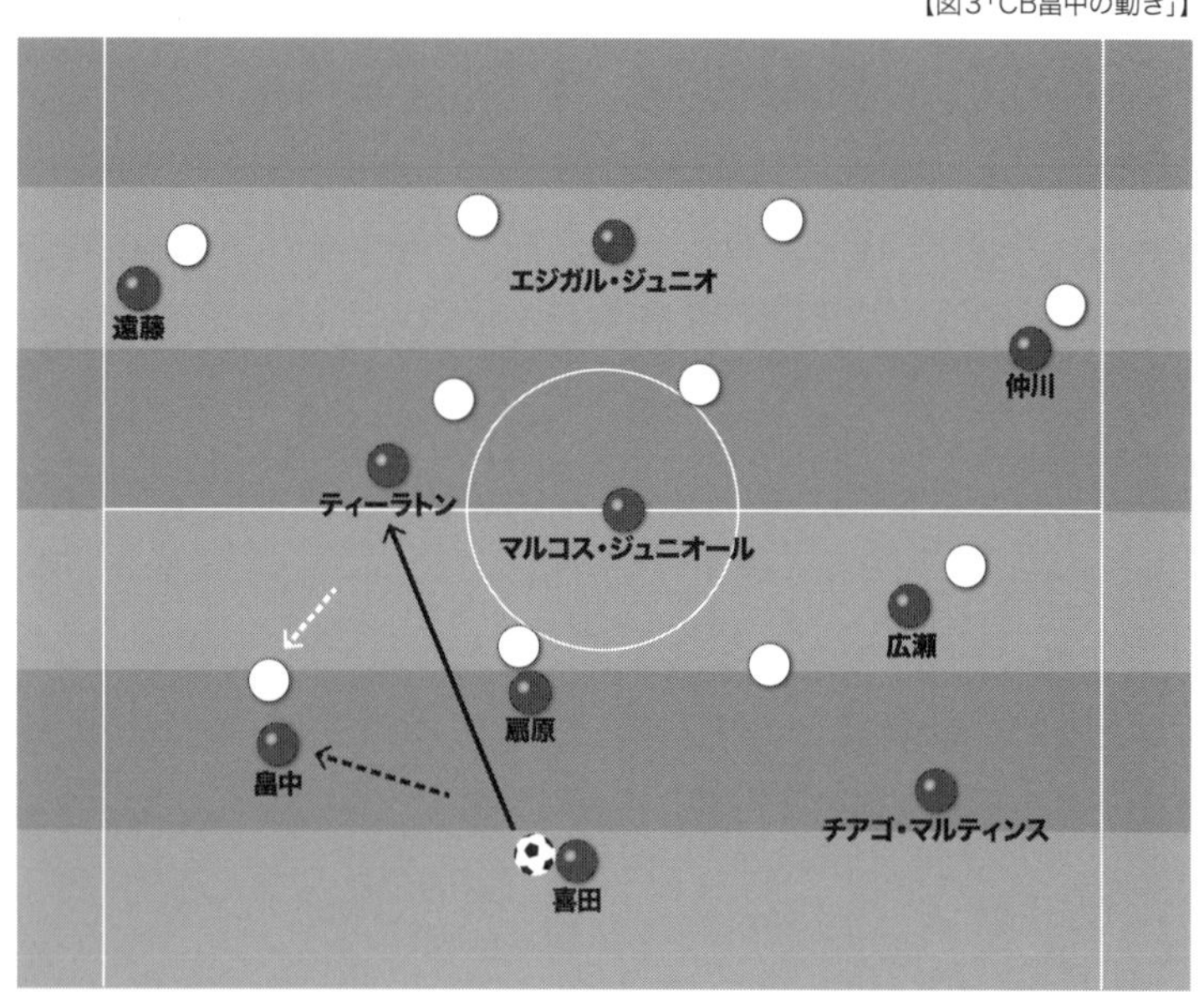

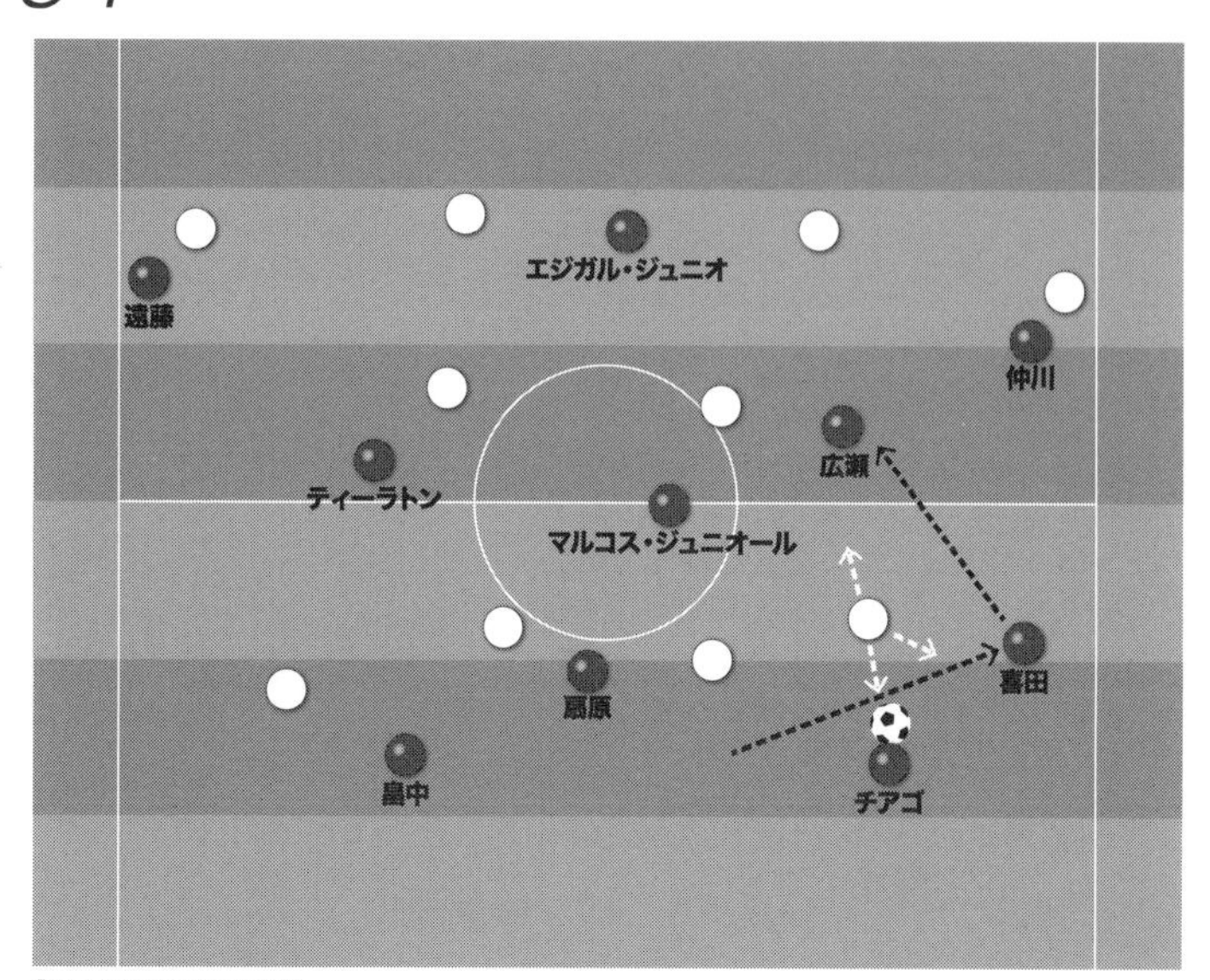

【図4「CHの流れ方①】

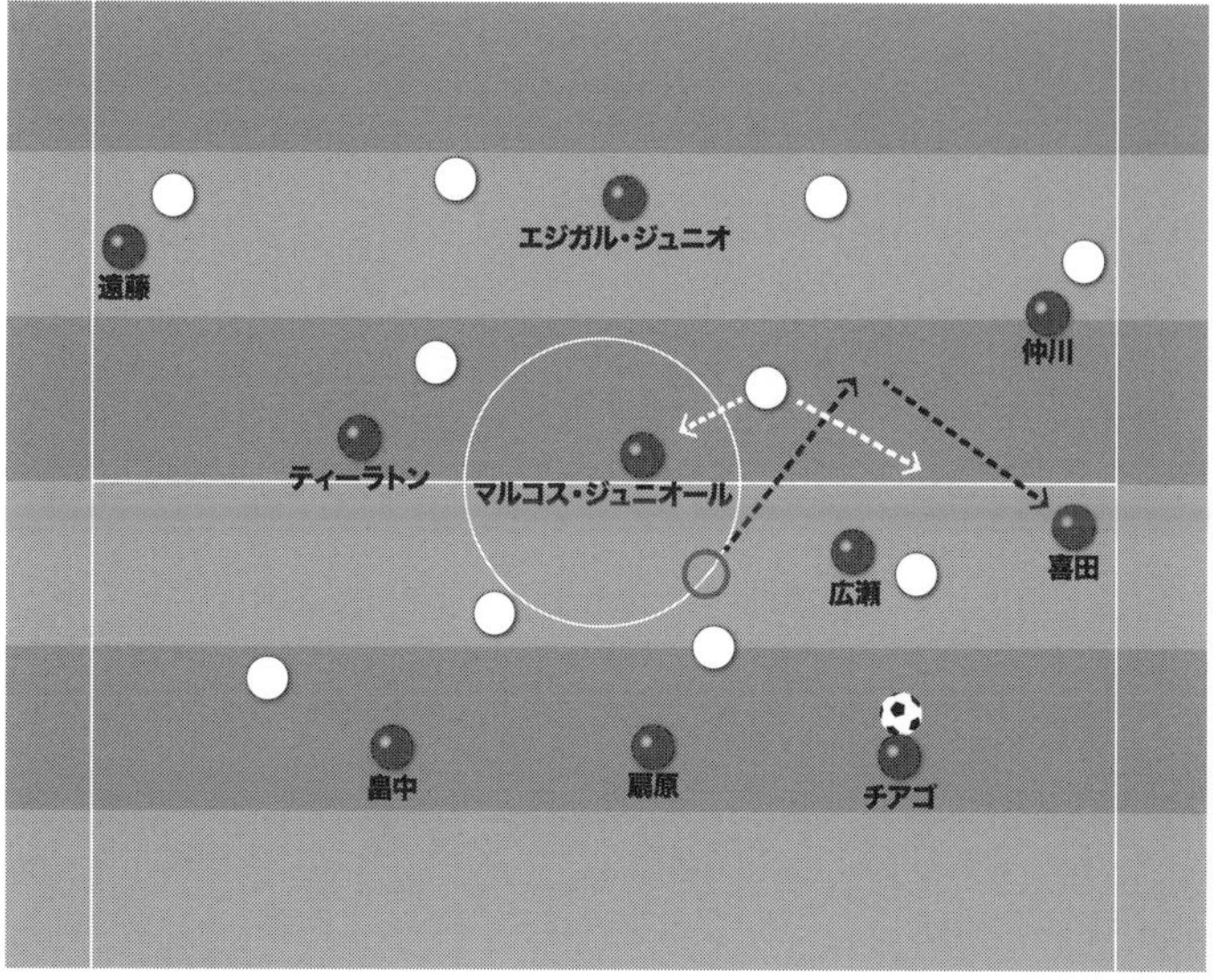

【図5「CHの流れ方②」】

敵の中盤がプレスのため前進してくれれば、相対的なCHのポジションが高くなり、敵中盤の死角に入ることができる。マルコス・ジュニオールが常に中央でパスを受ける準備をしているため、敵CHとしては中央のマルコスか外の喜田のどちらのケアを行うかの判断を迫られ、多くの場合外の喜田へのケアが遅れる状況となる。敵SBは仲川が釘付けにしているため前進できない。

こういったビルドアップの仕組みが機能しているのは、マリノスがアンカー制でなく2CHを採用しているのもポイントといえるだろう。中盤の底が1枚だと、DFラインから抜け出して外に流れる等の自由が制限されてしまう。それに加え、1人で担うとなれば物理的に片方のサイドでしか行うことができない。それが2枚となれば、たとえ流れても枚数が担保され、かつ両サイドで実現することができるのだ。

偽サイドバックの生みの親ペップ・グアルディオラがバイエルンでこの偽SBを仕込んだ意図のひとつとして、WGのドリブルでの突破力を生かすという点が挙げられる。敵SHを絞らせれば、CBからWGへのパスコースが開けるのだ。

マリノスの場合は、WGのドリブル突破を活かすというよりも、彼らの裏への抜け出しの能力、そしてスペースの連鎖を生かすという形で効果を発揮している。スペースの連鎖という面でいうと【図6「スペースの連鎖」】のようなパターンだ。

遠藤が降りてボールを引き出す際、ついてきたSBが空けた裏のスペースにティーラトンやトップ下の選手が連動して雪崩れ込んでくる。敵のCHがティーラトンについていけば中央にスペースが空くため、マルコス・ジュニオールが良い形でボールを受けることが可能となる。偽SBを起点にスペースの連鎖が起きているのだ。

敵の守備陣に脅威を与えるには裏のスペースを狙っていく必要があるが、マリノスは偽SBを抜け出し役とすることで裏へ走り込む枚数を増員している。

■偽SBからの展開の理想形

マリノスの偽サイドバックからの展開における理想形は敵DFラインvsマリノスの1・2列目、4vs4を作ることであるといえるだろう。【図7「理想形」】

多くの敵選手を自陣におびき出し陣形を間延びさせ、偽サイドバックを駆使して前線へのパス経路を創出。10vs10の20人が

【図6「スペースの連鎖」】

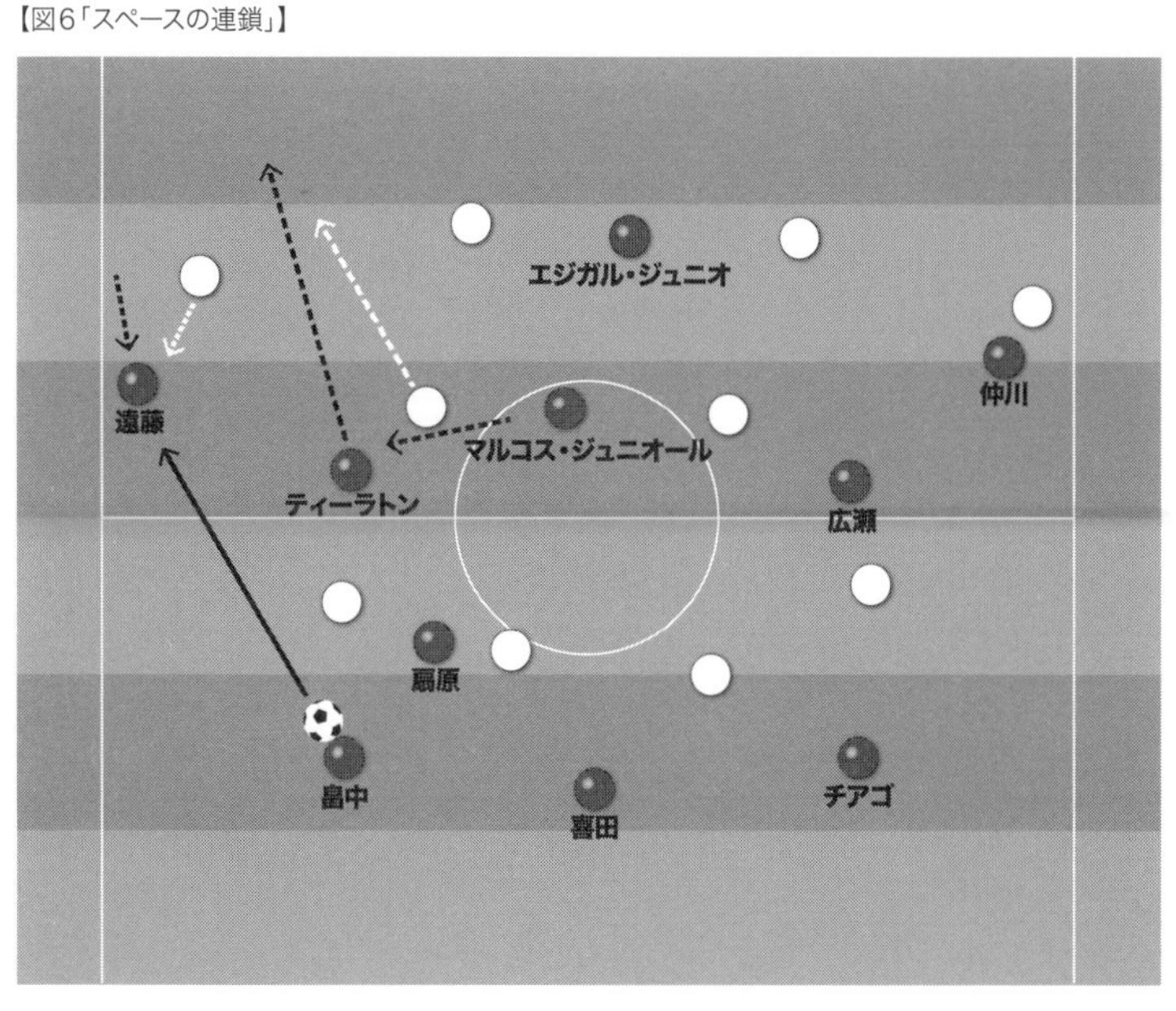

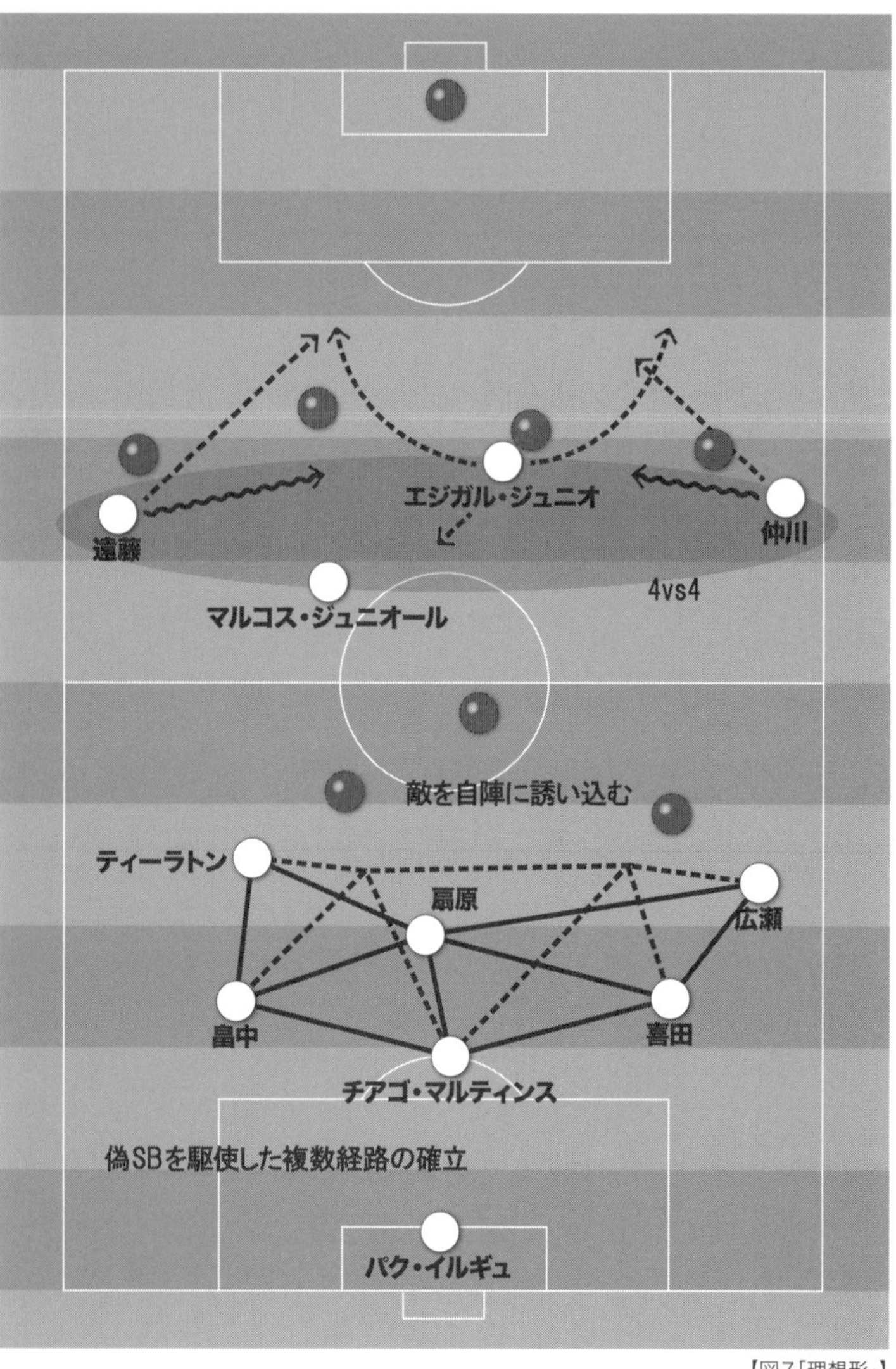
エジガル・ジュニオ
遠藤
仲川
4vs4
マルコス・ジュニオール
敵を自陣に誘い込む
ティーラトン
扇原
広瀬
畠中
喜田
チアゴ・マルティンス
偽SBを駆使した複数経路の確立
パク・イルギュ

【図7「理想形」】

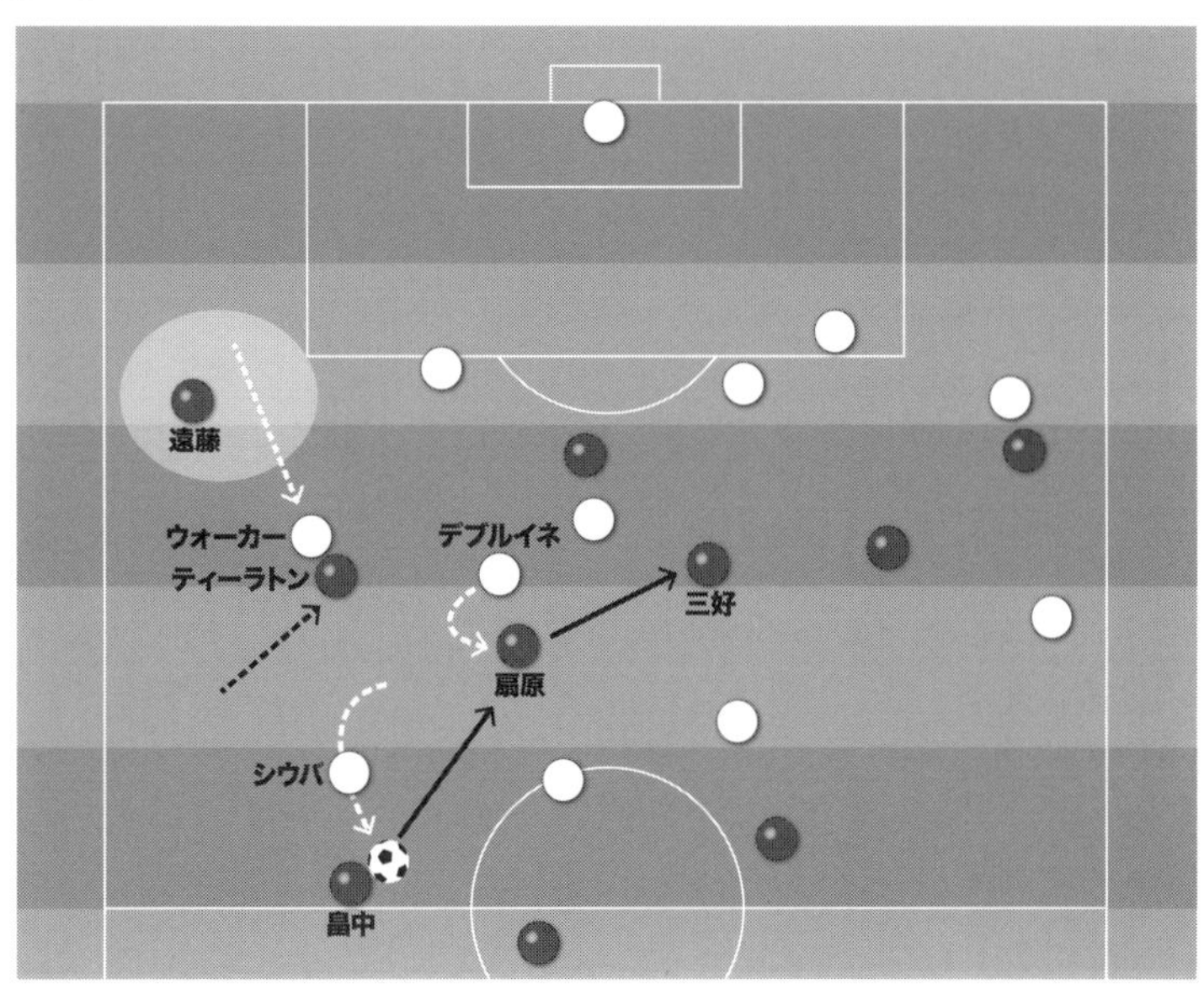

【図8「シティの先制点」】

ひしめき合う窮屈なフィールドではなく、4vs4というスペースに溢れたフィールドを作り出す。そうすることで攻撃側としては自由に使える時間と空間が増えるため、様々な展開を作り出すことができる。さらにこれが数的優位であればなお良い。間延びしてできたライン間にボールが入れば、斜めの動きと背後を突く動きに長けた仲川や遠藤が躍動する舞台が整う。

■マンチェスター・シティ戦

2019年夏に実現した偽SBの生みの親ペップ・グアルディオラ率いるマンチェスター・シティとの一戦での同点弾はまさに偽SBが真価を発揮したゴールであった。

【図8「シティの先制点」】

偽SBとして内側に絞ったティーラトン

が右WGのシウバ、右SBのウォーカー、右-Hのデブルイネを引き付けることに成功。本来であればシウバは畠中を、ウォーカーは遠藤を、そしてデブルイネは内側のケアをしながら扇原を見るべき局面であったが、3人全員がティーラトンに意識を向けた。その結果、畠中から扇原へのパスコースが開け、扇原から三好へのパスコースも開け、最後はウォーカーのマークが外れた遠藤が押し込んで奪った、理想的なゴールとなった。

この試合、マリノスの偽SBが機能したのはこの得点の場面だけに留まらなかった。結果として1-3でマリノスの敗北となったが、6万5000人を超える観衆が見守る中、オフシーズンとはいえプレミア王者のシティ相手にそのお株を奪うプレーを見せたのだ。

こういった偽SBの動きを用いたビルドアップでも詰まるようであれば、トップ下のマルコス・ジュニオールが降りてきて援護する。彼はプレーエリアが広く、CHラインでパス交換に加わりビルドアップを助け、ボールを持てば敵DFライン背後へボールを送り込むことができ、高い位置では前線の選手の補佐と、リンクマンとして大きく貢献している。さらには自ら得点する能力まで備えており、非常に能力が高いプレイヤーだ。このシーズンのJリーグ年間MVPを受賞した仲川にも劣らない活躍を見せた。

■WGの働き

マリノスのWG陣は基本的にサイドに張っていることが多い。これは敵SBを釘付けにする効果を持つ。SBを釘付けにすることで空くスペースとは、偽SBが絞ったのち再度開いてボールを受けるために必要な敵SHとSBの間のスペース(縦の釘付け)、そしてチャンネル(横の釘付け)である。

偽SBを例に出すと、遠藤が高い位置で張り出すことにより、ティーラトンが敵SHの背後で受けることができる。遠藤が敵SBを釘付けにしていないと、ティーラトンへ敵SBによるプレッシャーがかかってしまうのだ。このプレッシャーをかけさせないのが縦の釘付けである。【図9「釘付け」】

逆に遠藤が引いて受けることで敵SBをおびき出し、裏のスペースへティーラトンを走らせるというパターンも持つ。スペースをどこに発生させ、どのタイミングで利用するのか。それを複数人で共有すること

【図9「釘付け」】

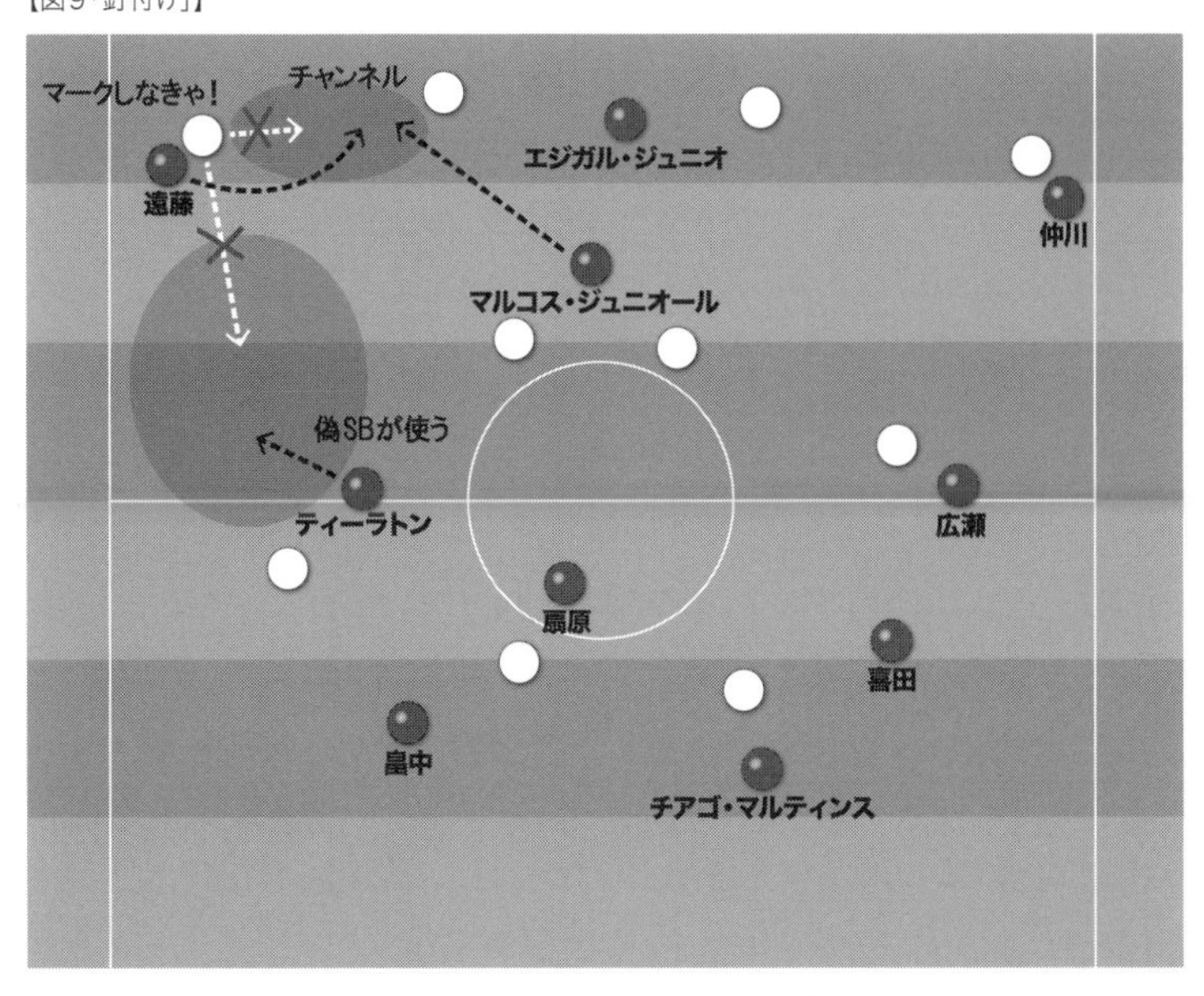

がポイントだ。

WGが常時絞った位置でプレーすると、中央のスペースの潰し合いが生じる。絞って大外を空けるのではなく張り出すことでチャンネルを空け、よりゴールに近いエリアに侵入する。チャンネルへの経路を作るのが横の釘付けである。これは後述の戦術的特徴、ファー詰めにおいて重要となる。

以上のようにWGはスペースの創出役として大きな役割を担う。この役割は右の仲川よりも左の遠藤の方がプレーに色濃く出ている。遠藤がスペースメイクによるお膳立てタイプとすると、仲川はよりゴールに直結する部分、背後への抜け出しに特長を持つプレイヤーだ。エジガルの空けたスペースや自ら広げたチャンネルへ積極的に侵入していく。ティーラトンが配される左サイドよりもシンプルなプレーが求められ、マルコスとのドリブルアット＋バックドアで得点を重ねている。

いくらスペースを広げても侵入できる選手がいなければ得点は生まれない。彼のように侵入できるウインガーは非常に貴重なのだ。そして逆もまた然り、遠藤のように広げられる選手がいなければ強引でメリハリのない攻撃に終始する。ティーラトンサイドにスペースを作れる遠藤を、逆サイドに1プレーで得点に絡める仲川を配する、合理的な人選となっている。

■ファー詰め

チャンネルに侵入したウイングが次に行うプレーの多くはクロスとなる。ではどこにクロスを上げるか。マリノスの場合、それはマイナス方向かファーサイドへの速くて低いボールが多い。深い位置からのマイナスのボールは、視野を振り回されるDFからすれば対応が難しい。マンチェスター・シティも得意とする形だ。またマイナスに加えて、ファーサイドへの速くて低いボールという選択肢を持つ。【図10「ファー詰め」】

ファーサイドへのクロスはGKの前を横切るボールとなるため、そこさえ通過すればゴールは無人となる。ここに詰める選手を配置するということは、ゴール枠が広くなるのと同程度の効果を持つ。このファーポストへ詰めるプレーは、フットサルでは「ファー詰め」と呼ばれ、非常に重要視されるプレーの一つである。

ここで大事なのはGKの前を横切る

【図10「ファー詰め」】

GKはニアに寄るのでファー側は無人。GKの手前を通過さえすればOK。

ただし、クロスの位置が遠いとファーへのボールがGKに捕られやすい。だからこそゴールに近いチャンネル攻略。マイナスの選択肢を用意することで、ニアのDFはどちらを切るか迷う。

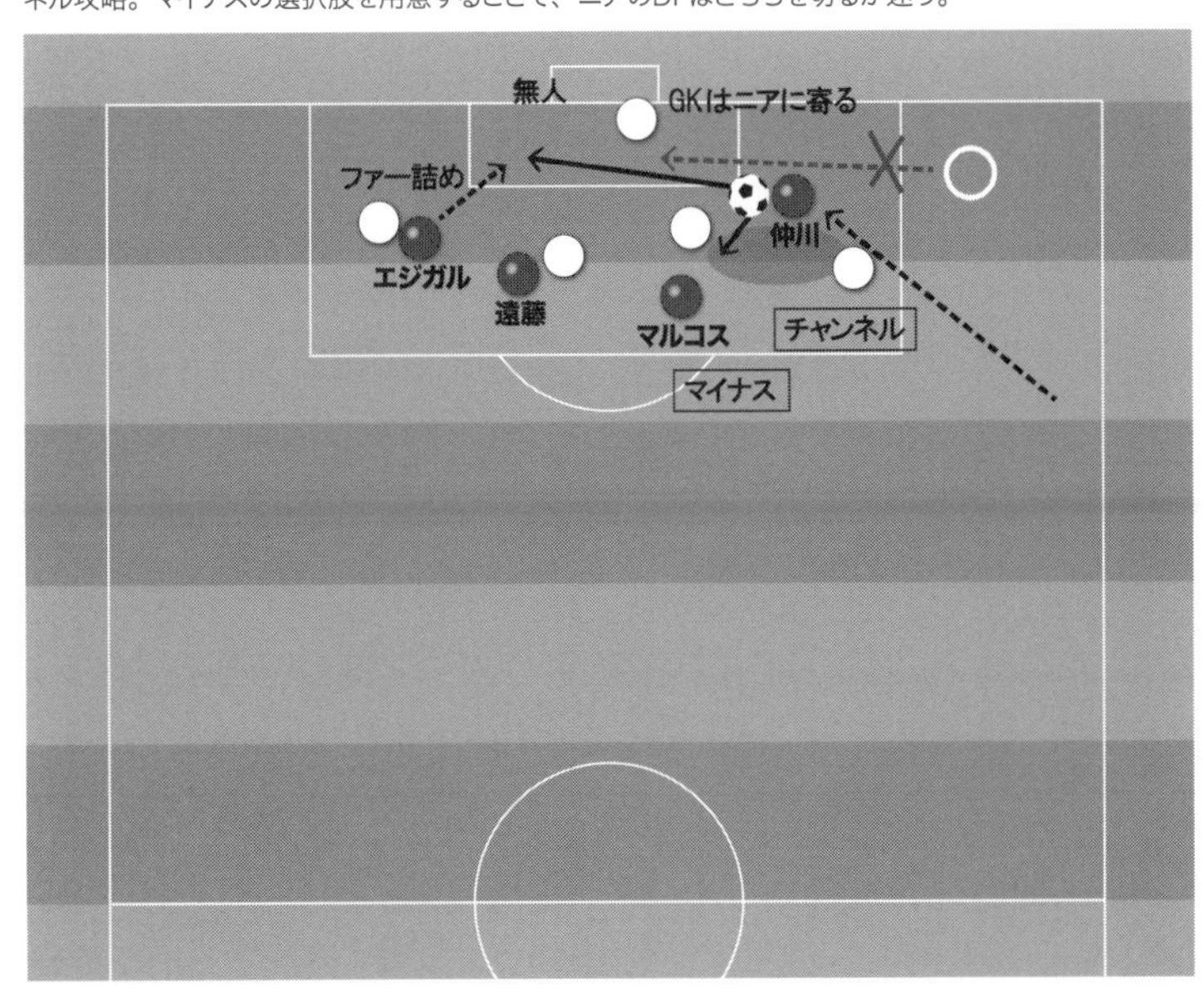

ボールとなるため、遅いボールではフィニッシャーへ届かない。また、クロッサーがゴールから離れていても当然カットされる可能性は高くなる。だからこそマリノスはチャンネルに入るのだ。

マイナスとファーサイドの2つを選択肢に持つため、DFはどちらを遮断に行くかの判断に迫られる。そして、通常どちらかを切ることしかできないため一方が空く。非常に有効な攻撃となっているのだ。

■速攻での斜めの動き

速攻においてはWGを中心に斜めの動きを多用する。速攻における斜めの動きは、DFとしては「ついていかなければ」という心理状態に陥る。DFが動けば必然的にスペースが生まれ、生まれたスペースに侵入

【図11「速攻」】

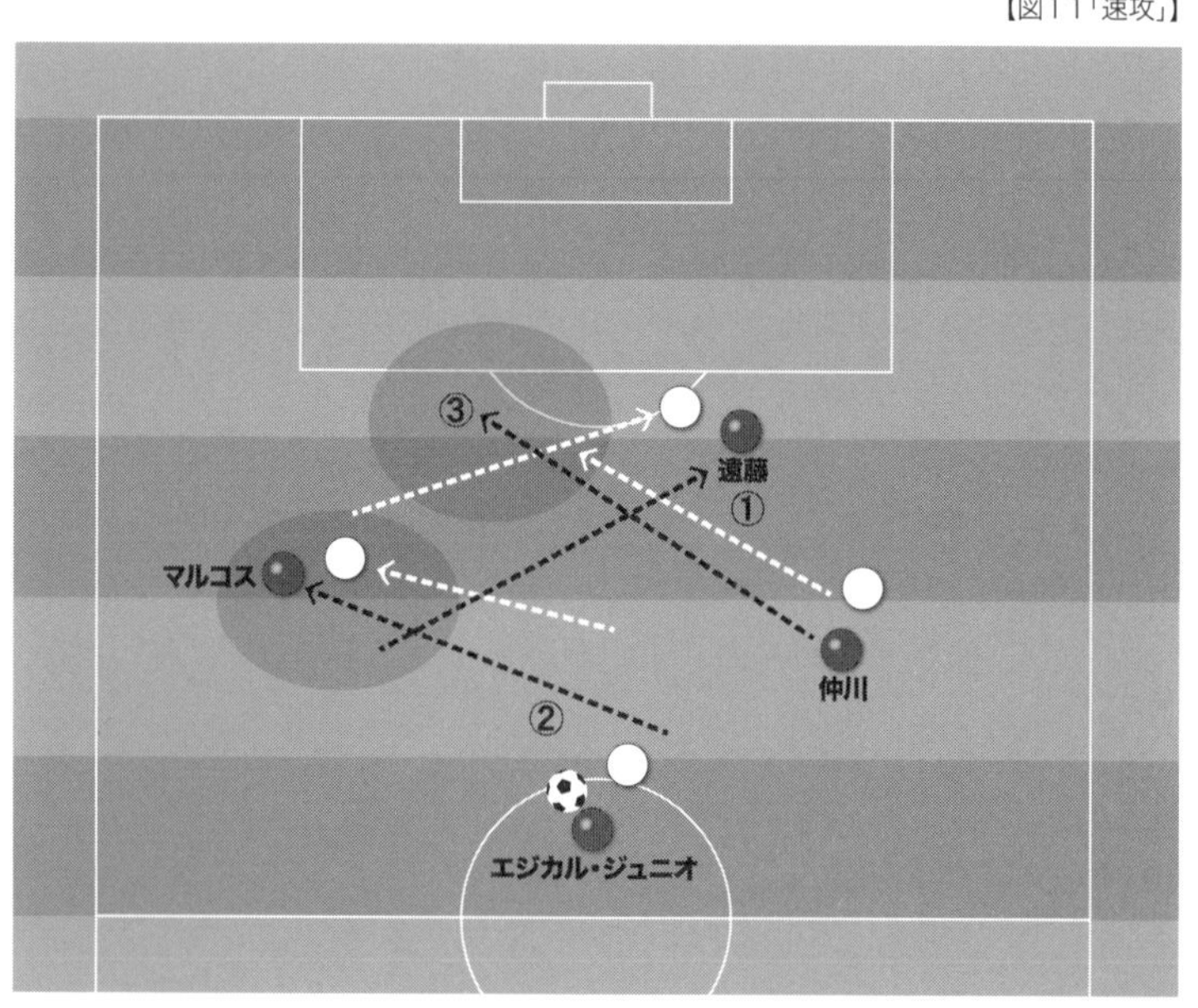

する動きを繰り返すのがマリノスの速攻におけるパターンだ。

【図11】は速攻の一例だ。エジガルがボールを持った時に前線の選手たちが真っ先に狙うのは裏のスペースだ。このシーンでは①遠藤が背後に抜ける斜めのランニングを行う。これがその後の攻撃のトリガーにもなっていく。

遠藤にボールが出てこなくとも、遠藤についていったDFがスペースを空けるはずだ。②マルコスはそのスペースを察知して斜めに侵入する。マルコスの動きに対しても敵のDFがついてくる。マルコスと遠藤が敵を動かすことで発生するスペースに③仲川が飛び込んでいく。

このように斜めの動きを取り入れることで速攻がスムーズに行われるのだ。ゾーンで守る守備陣に対してはここまで簡単にスペースを作ることは難しいが、どちらにせよ裏を狙う意識がないと速攻は成立しない。

エジガルとマルコス(特に後者)がよく動くタイプであるため、中央へと侵入できる走力と裏抜けの技術は、中央の密度低下・枚数不足を防ぐという意味においても非常に重要なのである。

■ウィークポイント

マリノスの偽SBは、攻撃においては非常に強力な武器となっているが、守備では弱点となっている。特にカウンターの場面が顕著だ。

ペップが用いる偽SBはカウンターにおいても効果を発揮する仕組みとなっている。SBをアンカーの脇に位置させることで、攻撃の芽を摘む役割を果たすのだ。

しかし、マリノスの場合、両SBが同時に内側に絞ることも珍しくない。そうなったときに最終ラインに残るのはCB2枚のみとなる。この状況で、2CB脇を突かれるシーンが多発していた。チアゴ・マルティンスを中心に、組織というよりも個人で守っているような状態だ。張っているのがトップの選手1枚のみだとしても、駆け上がってくるSHに対応するため通常3枚を残すチームが多い。右サイドはCHの喜田がフォローに入るシーンも見られるが、タスクが曖昧なのかハッキリ

【図12「CB脇」】

両SBが同時に内側に絞った際、ブロックを築いてカウンターを狙うチームは必ずSB表にSHを走らせる。そこを抑える設計がないのがマリノスの弱点。右サイドはCHの喜田がフォローに入るシーンも見られるが、役割が曖昧でカバーが弱い。

サイドへのボールに対応できず、ほとんど敵に収められてしまうため自陣まで大きく後退。無駄な走りが増える。

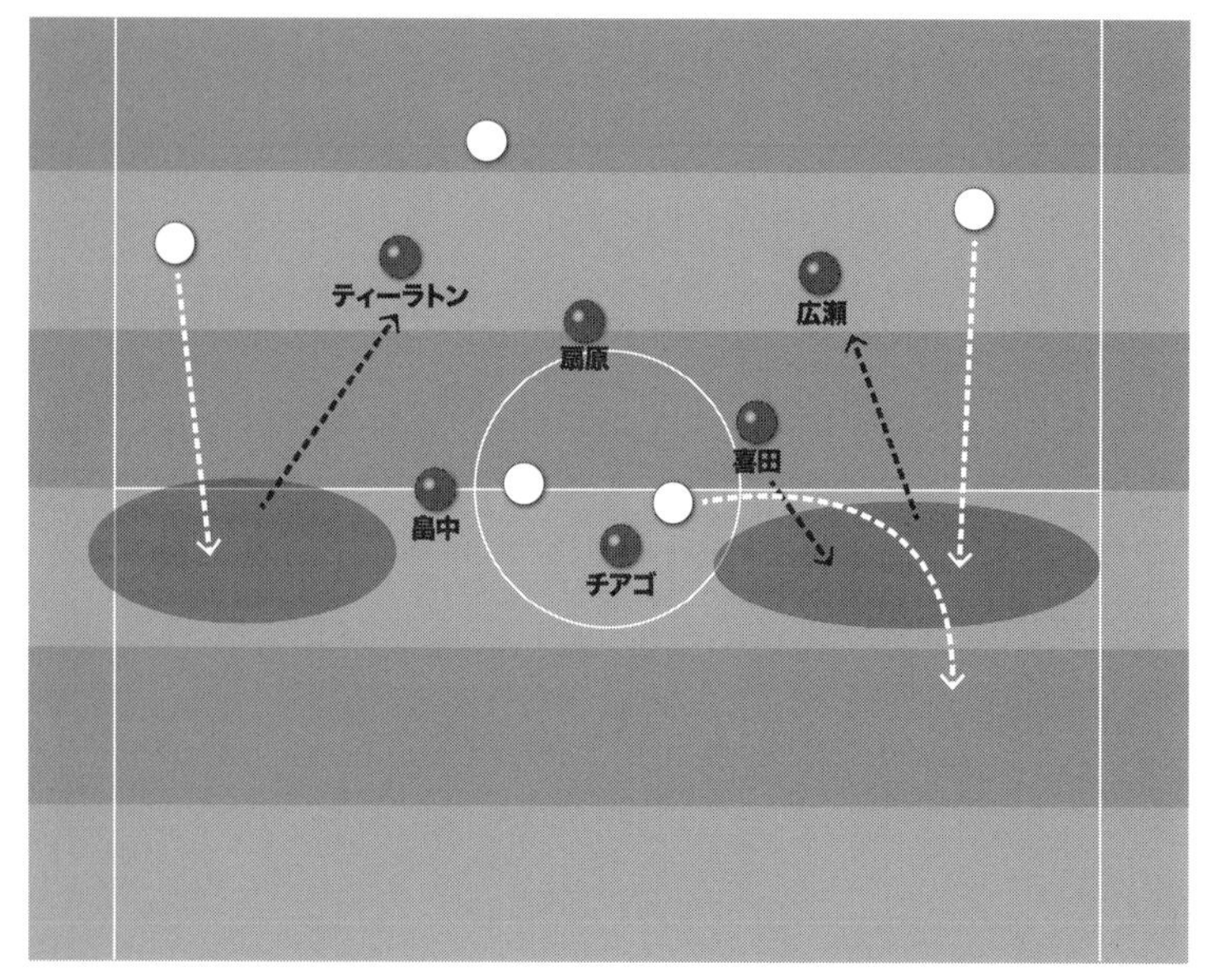

とDFラインに降りず、中途半端な位置取りに留まっていた。このリスク管理の部分は非常に大きな弱点だ。【図12「CB脇」】

敵陣に攻め入っても、CB脇へのロングボールのほとんどが相手ボールとなってしまう状況であるため、自陣までボールを運ばれて無駄に走り、試合に落ち着きがなくなってしまうケースも多い。それゆえに敵からすれば、自陣に引きつけてからサイドへのロングボールという形が効果的となる。2トップのシステムであれば一方が中央でCBを釘付けする役を担い、もう一方が流れて起点となる役がベストだろう。

【図13「SBの位置取り」】
(2トップ対応時は特に)プレッシャーの有無にかかわらず、逆SBが過度に絞る。サイドへの対応に大きな遅れが生じ、攻撃の的を絞るのが難しくなる。

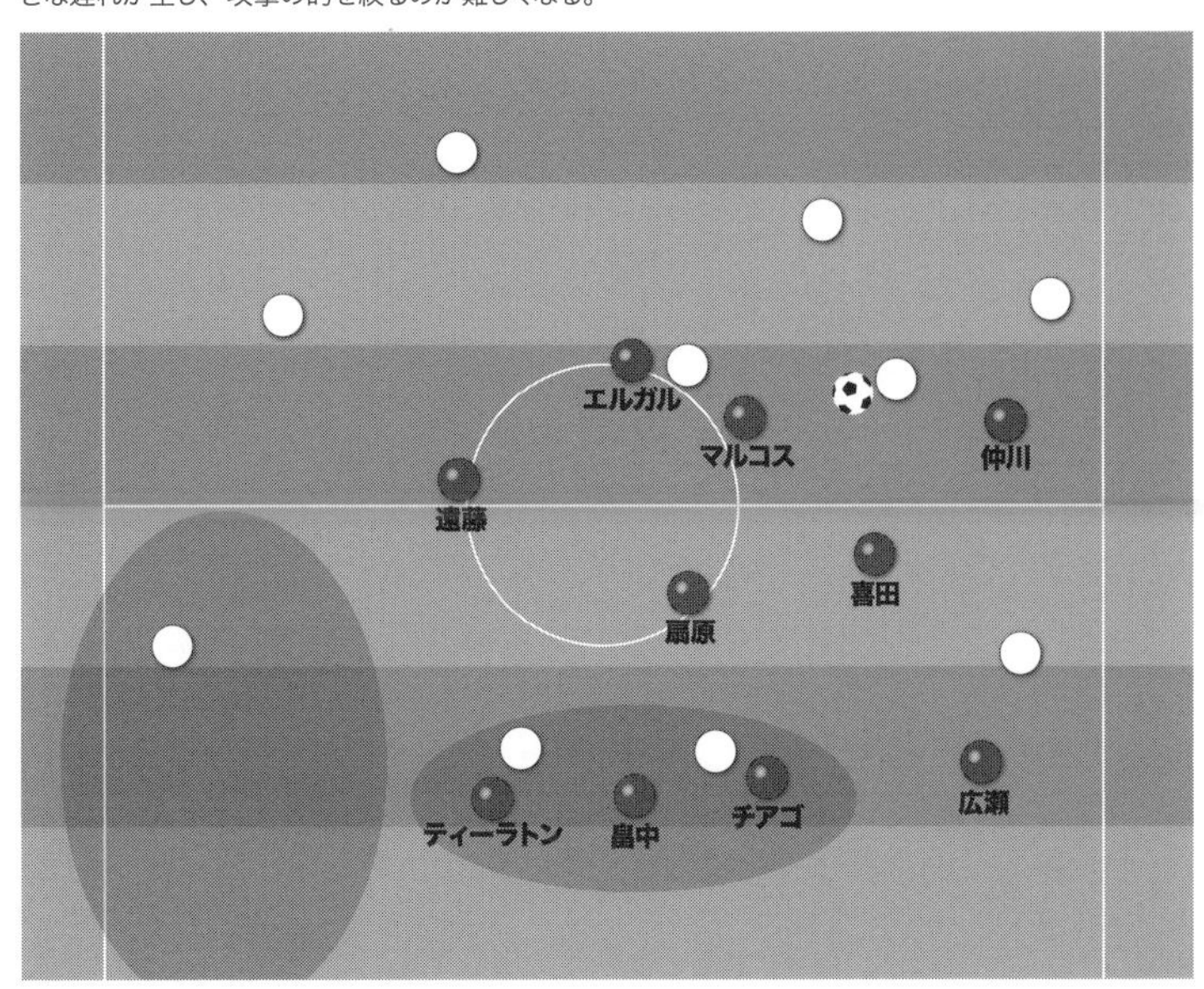

加えてマリノスのもう一つの弱点が、ブロック守備でのSBのポジショニングだ。【図13「SBの位置取り」】

マリノスのブロック守備において、ボールと逆サイドのSBは極端に絞って守る。チャンネルを封鎖することはできるが、大外が目一杯空くためサイドへの対応が大幅に遅れる結果となる。特に敵が2トップの場合、もしくはIHが高い位置をとる場合はそういったシフトで守備をする。

サイドの選手が大きな余裕を持ってボールを受けることができるということは、ドリブルでの仕掛け、センターの選手やチャンネルへのスルーパス、クロスにおける中央選手の陣形作りの時間付与等、攻撃の選択肢を絞るのが難しくなる。偽SBを使わずにSBが残っている状態でも、サイドの守備がネックとなっているのだ。ボールホルダーとプレッシングのかかり具合に応じて距離間を調整することも必要となる。

攻撃面の弱みに目を向けると、ボールを持つDFへのプレスを弱めに設定し、選手間の距離を一定に保たれた際に苦戦することが多かった。狭すぎない距離間だ。マリノスはプレッシングを掻い潜った先に生まれる広いエリアにボールを運ぶ攻撃を得意としているが、食いつきを弱めて距離間を広めに守られると各所に空くスペースも一定になってしまう。そのため明確なトリガーが無く、攻撃のスイッチが入らないままダラダラと単調な攻撃に変わってしまうのだ。

マリノスと戦うチームがとる守備としては低い位置にブロックを築き、SBを前方におびき出してから2CBの脇を狙ったカウンターを仕掛けるのが最も現実的で、かつ効果的な戦い方となる。

思い切った策をとるとすれば、4-4-2を採用しCBの畠中にマンマークをつける方法だ。【図14「マンマーク」】

これは2018ロシアW杯のドイツvsメキシコにおいて、メキシコが採用した守備である。畠中を消すことはつまり左サイド攻撃の起点を消すことに繋がる。つまり柔軟に動くティーラトンを無力化することにもつながるのだ。

広範に動くティーラトンにマンマークをつけるのはほぼ不可能だが、キーマンである畠中を消すことで連鎖的にティーラトンを消すという考え方だ。攻撃方向を右サイドに限定すれば、柔軟にポジションチェンジを仕掛けられたところでピッチの半分だけを守ればよく、守備の難易度が落ちる。

【図14「マンマーク」】

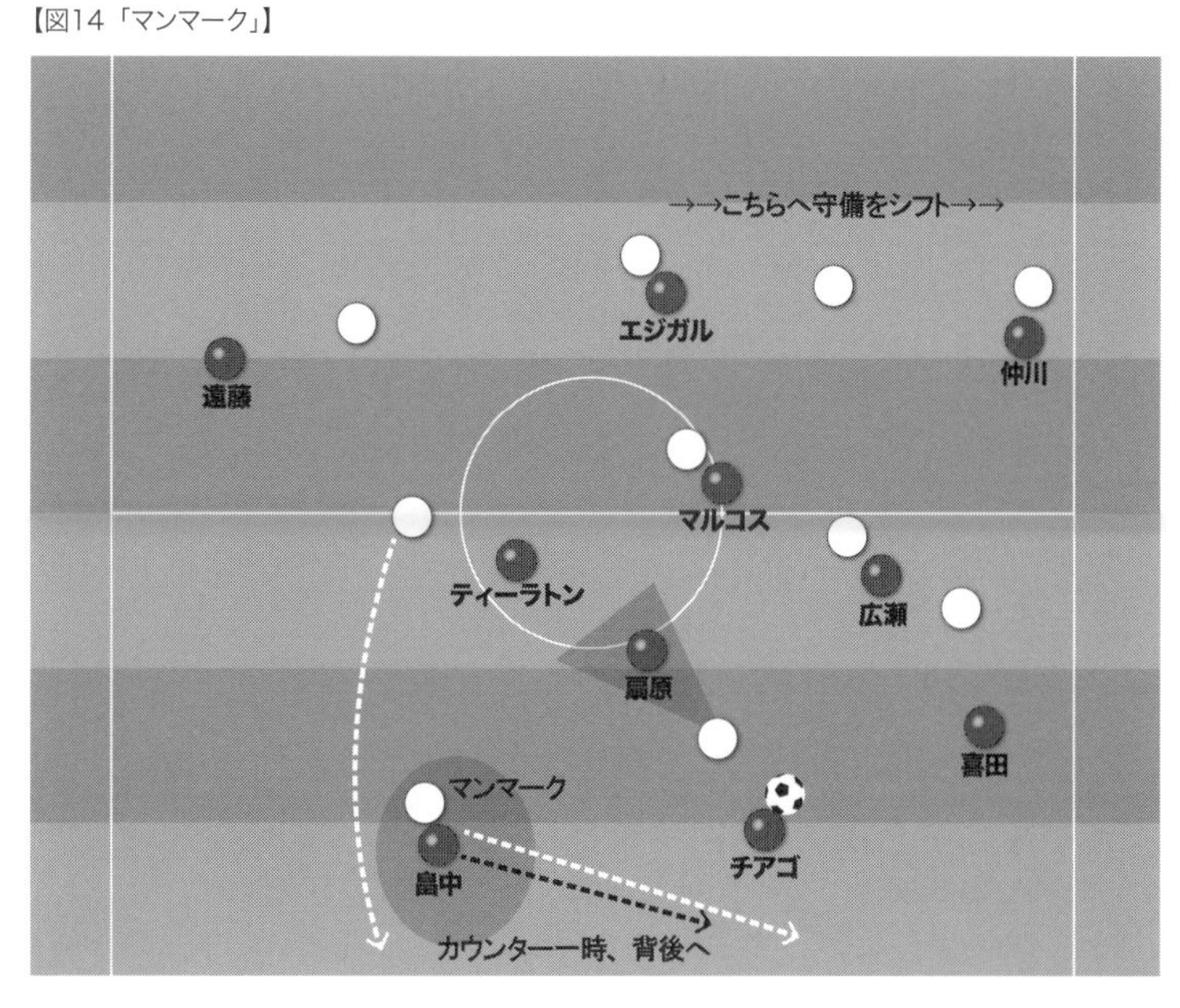

ただ言うはやすしで、実際畠中を消しきるというのは難易度が高い。マリノスはシティのプレッシングにもめげずにパスを繋いで攻めきったチームだ。喜田や扇原のフォローも予期される。右サイドに限定しても彼らの働き次第では潰しきれない可能性もあり、細部を練る必要がある。

■おわりに

横浜F・マリノスは強力な武器を持っている反面、明確な弱点を持ち、それが共に偽SBに関係する部分であった。「武器は偽SB、弱点も偽SB」というわけだ。

ペップの偽SBは被カウンターという弱点を補うために使われた側面もある。つまりマリノスの偽SBは彼等特有の攻撃特化型のものであった。課題があるということは伸び代があるということだ。誰が見ても面白いスペクタクルなサッカーで2019年のJ1王者に輝いたマリノスの今後の進化に要注目である。

バイエルン・ミュンヘン

Bayern Munchen

GERMANY BUNDESLIGA

season 19-20

効率的なポジションチェンジがもたらす圧倒的な強さ

19-20シーズン序盤のバイエルン・ミュンヘンは第10節を終えて4位と、7連覇中の彼らにしては苦しんでいた。11月にニコ・コバチが監督の座を退き、暫定として監督に就任したのはアシスタントコーチを務めていたハンス＝ディーター・フリックであった。フリックが就任してからのバイエルン・ミュンヘンは面白いように勝ち点を積み重ね、終わってみれば当然のように8連覇という偉業を成し遂げ、また新型コロナの影響で大会フォーマットが大幅に変更されたUEFAチャンピオンズリーグでも安定した強さを発揮し、6度目の優勝を飾った。

フリックの採用したシステムは4-2-3-1。前線から敵の攻撃に制限をかけ自由を奪うプレッシングと効果的なポジションチェンジを組み合わせた攻撃が彼らのトレードマークとなった。

実はこのチーム、特別なことをしているわけではない。一人一人のハードワークと非常に的確なポジションチェンジを用いることでベーシックな4-2-3-1を高次元で機能させることに成功していたのだ。そういった意味ではまさに「正統派」ともいえる4-2-3-1の採用事例と言えるだろう。コロナウイルスによるリーグ戦中断の影響で後半戦は過密日程となり控え選手の起用も増えたが、その機能性が落ちることはなかった。

最大の武器である「状況に応じたポジションチェンジ」は一言で表してしまえば非常に簡単だ。しかし、サッカーにおける「状況」は無数にあり、その時々に応じて適切なプレーを選択するというのは非常に難しい。それができるバイエルンの攻撃は異常なまでの破壊力と美しさを誇っていた。ここでは実際に行っていたポジションチェンジについて多数の事例を出しながら、フリックがバイエルンで駆使した4-2-3-1の機能性に迫っていく。

■基本的なポジションチェンジ

フリック・バイエルンに限らず、4-2-3-1におけるポジションチェンジにはいくつかのパターンがある。中でもフリック・バイエルンにて採用されたのは、

【バイエルン「基本布陣】

①CHがDFラインに降りて3バックを形成する
②SBが高い位置に移動する
③SHがハーフスペースに絞る
④トップ下、もしくはSTがIH化し中盤3センターの形をとる
⑤SHがIH化する

といったところだ。この5つのうち、「必ずこのポジションチェンジが第一歩となる」といった規則性はない。状況に応じてタイミング良く仕掛けることで爆発的な攻撃が生み出されていた。

■中央を手薄にせず、いかに幅をとるか

4-2-3-1での攻撃において「いかに中央を手薄にせず、かつ幅をとるか」が重要なポイントとなる。例えば、両SHが常にワイドに張っている状態であれば中央が手薄となり、細かいパス回しが難しくなる。逆に両SHが常に絞っている状態であれば、中央に人数が集中しすぎてしまい、敵は中央だけを守れば良く、対応が簡単になってしまう。

このジレンマに陥らない仕組みの前に、バイエルンの攻撃の性質と幅の使い方について考える必要がある。バイエルンの攻撃の「幅」の考え方は、かつてのバイエルン指揮官であり世界最高の監督の一人であるペップ・グアルディオラの考え方とは異なっている。ペップの率いるシティは敵のDFとDFの間から抜け出しを図るために敵の守備陣形を横に広げることを考える。そのためウイ

ングを外に開かせることで敵のDF陣を横に引っ張り、細かなパス回しから敵の隙を突いてCBとSBの間のスペースからの抜け出しを図っていく。突破のための仕込みを行う、前段階作業といったところだ。

対してバイエルンにとっての「幅」はあくまで突破するものであり、必ずしも敵を横に引っ張って釘付けするものではない。では幅をそれほど使わないバイエルンの攻撃の性質とはどんなものであるのか?

バイエルンの攻撃は「敵を縦にずらす」ことを考えたものとなっている。例えばCFのレヴァンドフスキがライン間に降りることでCBが釣り出される。この時に空いたスペースを狙うのがバイエルンの攻撃の手法だ。同じ「裏を狙うプレー」でも、シティは横に広げたうえでの隙間を狙うのに対し、バイエルンは敵を釣り出してできた裏のスペースにロブパスを送り込むのだ(これは後述の別の攻撃手法、そして守備の面にもシームレスに関係してくるキーワードとなってくる)。つまりスペースを作り出すレヴァンドフスキの近くにいなければ背後に抜け出すことはできない。

とはいえ2列目の選手全員がレヴァンドフスキのそばに位置してしまうと、敵としては守らなければならないエリアが明確となるので対処が簡単になる。そのため、中央に渋滞が起きない仕組みと、SBを絡めながらシンプルなサイド攻撃を展開する仕組みもできているのだ。

■中盤逆三角形の3センター化

中央のレヴァンドフスキ周辺に選手が集まってしまい、敵の守備を助けてしまうような状態を生まないためにバイエルンは何をしているのか。最大のポイントとしてあげられるのはトップ下もしくはSTのIH化である。レヴァンドフスキとミュラーは共にプレーエリアが広く、状況に応じて関係性を縦や横に変化させる。ここでのIH化とは、トップ下(もしくはST)がポジションを下げて、2CHの一方がポジションを上げることで逆三角形の中盤3センターを作り出すことを指す。トップ下がボールサイドか反対サイドのどちらに降りるかは特に決まっていない。1人がCHのサポートに入ることで、ライン間で人の渋滞が起きなくなる。ここからはいくつかの事例を挙げていく。

例えば【図1「中盤逆三角形」】のようにパヴァールが内側でボールを持った状態である時、ミュラーとゴレツカ、キミッヒは上述のように逆三角形を形成する。ミュラーの身体の向きにもよるがグナブリーやレヴァンドフスキへのフリック、キミッヒへのレイオフ等、細かいパスを利用するという選択肢を確保できる。中央の枚数が足りている状態だ。

逆SHのコマンはハーフスペースまで絞って位置をとる。そうすることで中央でのパス回しに参加することができる。例えばパヴァール→ミュラー→キミッヒ→コマンといった具合である。そして、最も使いたいスペースがDFラインの裏だ。ミュラーやレヴァンドフスキに対してDFがついていけば、空いたスペースにグナブリーやコマンといったスピード自慢のWGが入り込める配置となっているのが分かるだろう。

また、コマンの位置取りは大外へのサイドチェンジにも対応することができるものとなっている。内か外かどちらでプレーするかを状況に応じて変えられるのがハーフスペースに位置する利点でもある。ただし、大外はSBのデイビスが超人的なスピードで駆け上がって使うこともできる形となっており、デイビスがすぐに上がれる状況であればコマンは絞ってプレーを行うことが多い。

バイエルンの武器は的確なポジションチェンジを行うことができる点であることは冒頭で述べたとおりだ。では【図1】の状況で敵のDFラインが釣られずに深い位置を保った状態だとバイエルンのプレーはどう変わるだろうか？

【図1「中盤逆三角形」】

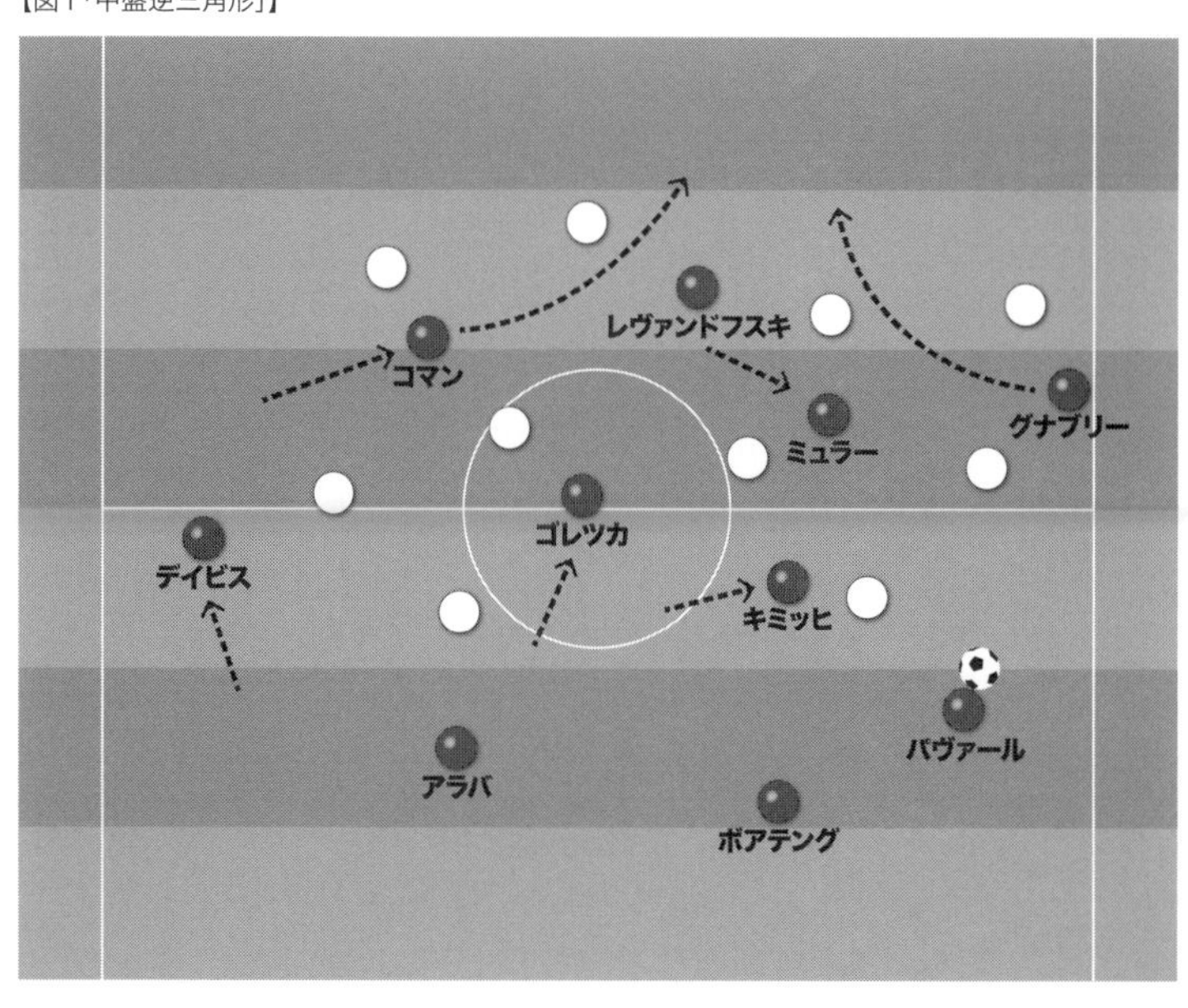

■レイオフの活用

DFラインが釣られて出てこない場合、前を向くプレーにトライする。当然敵DFのプレッシャーが弱く、敵の中盤の距離感が広ければ、ミュラーが個人で前を向くのだが、敵の中盤が距離感を詰め、強いパスでないとミュラーに届けられないシーンも多い。そういった場合にバイエルンが多用するのが、2人組を作ってのレイオフだ。2人組とは鋭い縦パスをワンタッチでバックパスする選手と、前を向いた状態でそのバックパスを受ける選手のことを指す。鋭いボールを2人で処理するイメージであり、ここではミュラーとグナブリーだ。【図2「レイオフの活用」】

ミュラーは敵のゴールに背を向けてボールを呼び込み、グナブリーは背を向けてい

【図2「レイオフの活用」】

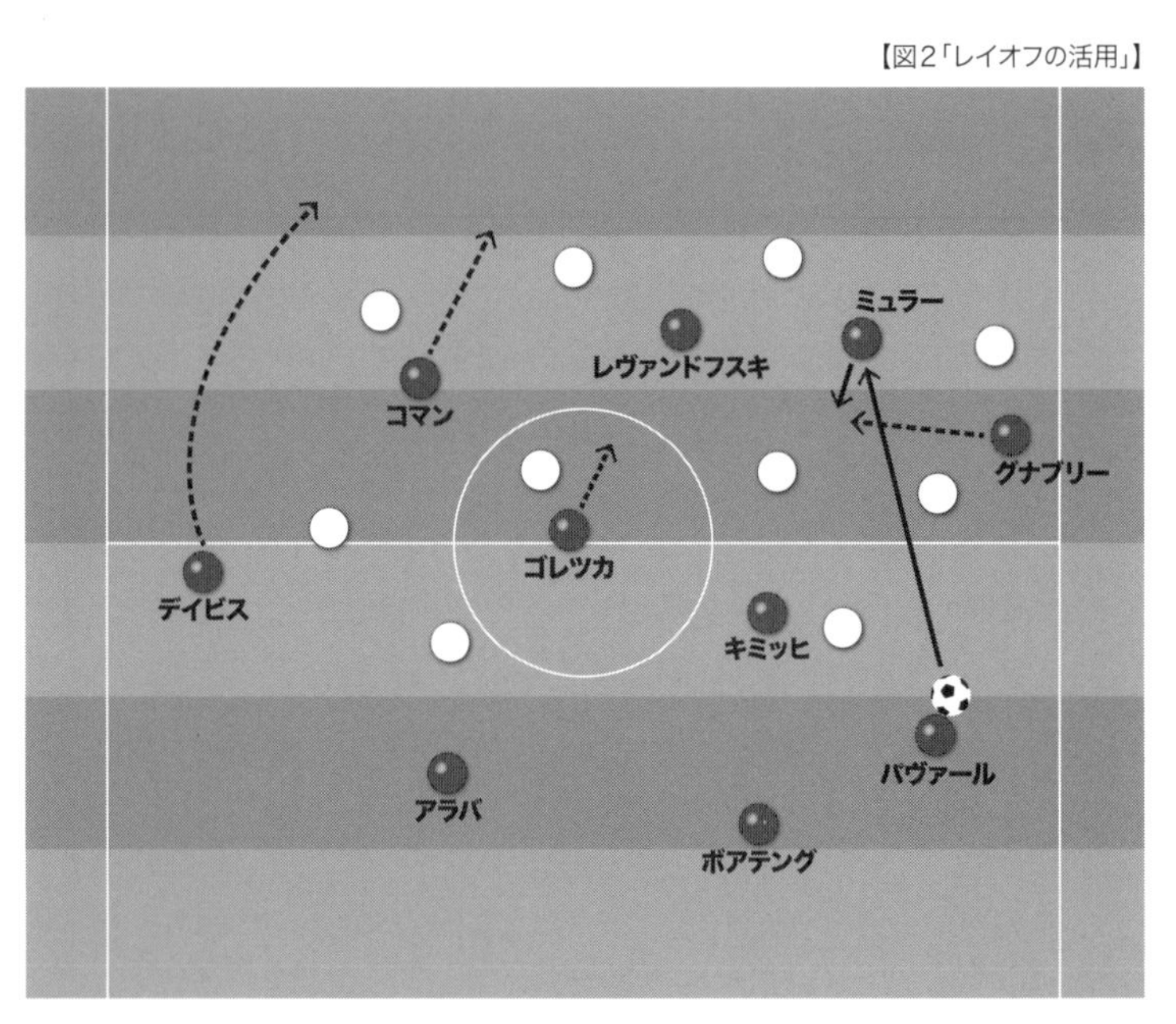

るミュラーの視野に入るようにサポートのポジションをとる。ライン間で2列目の選手2人が縦関係を作って攻撃を展開するのだ。

内側でミュラーからのレイオフを受けたグナブリーは中央のゴレツカや背後を狙うコマン、外を駆け上がるデイビスへとボールを送り込んでいく。

このレイオフを駆使した攻撃もバイエルンの大きな特徴の一つだ。これも、SHが幅をとっている状態だと前線の選手が縦関係を作ることができないため形にならない。ライン間で2人の選手がそれぞれボールを呼び込むというよりも、呼び込んだ選手に対してもう一方が間髪入れずにサポートのポジションに入るというイメージである。そして、レイオフを出す選手とそれを受ける選手というような「縦関係を作り出す」点も、中央で渋滞が起きない理由のひとつだ。彼らが横並びで役割が被ってしまうと無駄が発生してしまう。中央に入ってもあくまで役割が被ることはなく、次の攻撃に展開できる仕組みなのだ。

2列目の選手が内側に入った場合、敵のSBが内側に引き付けられるので、大外でもチャンスが生まれやすい状況となっている。ここを使うのは主にSBの仕事であり、SBとSHの関係性は外攻めと中攻め両面における重要なポイントとなっている。

■SBとSHの関係性

フリック・バイエルンにおいて幅をとる役割を担うのはSHもしくはSBとなる。ただしどちらの場合も、高く、ワイドの位置に張り出すということはしない。それは先述の通り、敵を広げて隙間を作るという突破の前段階に使うエリアではなくあくまで突破に用いるという考え方、そして味方選手との距離を狭めて縦関係を作っての攻撃を展開するスタイルであるという点が理由となる。

ＳＨが幅をとる場合、基本的にハーフスペースのやや外側に位置し、タッチラインを踏むほどワイドの位置をとることはそれほど多くない（当然、低い位置のボールホルダーにパスコースを提供するために開く必要があれば別である）。内側にも外側にも移動できるような位置取りだ。この状態から状況に応じて内側か外側どちらに進出するかの駆け引きを行う。この「状況」とは、味方の位置、敵の位置、ボールの位置が大きく関係する。

例えば味方ＳＢが上がってこられる状態であれば、ＳＨは内側に絞って敵の中盤とＤＦのライン間でボールを受ける役やＳＴの裏に抜ける役に回ることができる。ＳＨがサイドから解き放たれ、こういった役割に回ることができるのはバイエルンの「縦にずらす」攻撃スタイルを鑑みると大きな意味を持つ。逆にＳＢが低い位置での組み立てに参加しており前に出られず、代わりにＣＨが前進できる状態であればＳＨは外に留まることもある。ちょうど【図1】のような形だ。

ＤＦラインの間でボールが左から右へと展開され、パヴァールが大外でボールを受けたとする。この時のグナブリーはハーフスペースに位置をとることが多い。パヴァールとグナブリーは基本的に逆の立ち位置をとるため、【図1】のようにパヴァールが内ならグナブリーは外。【図3】のようにパヴァールが外ならグナブリーは内となる。

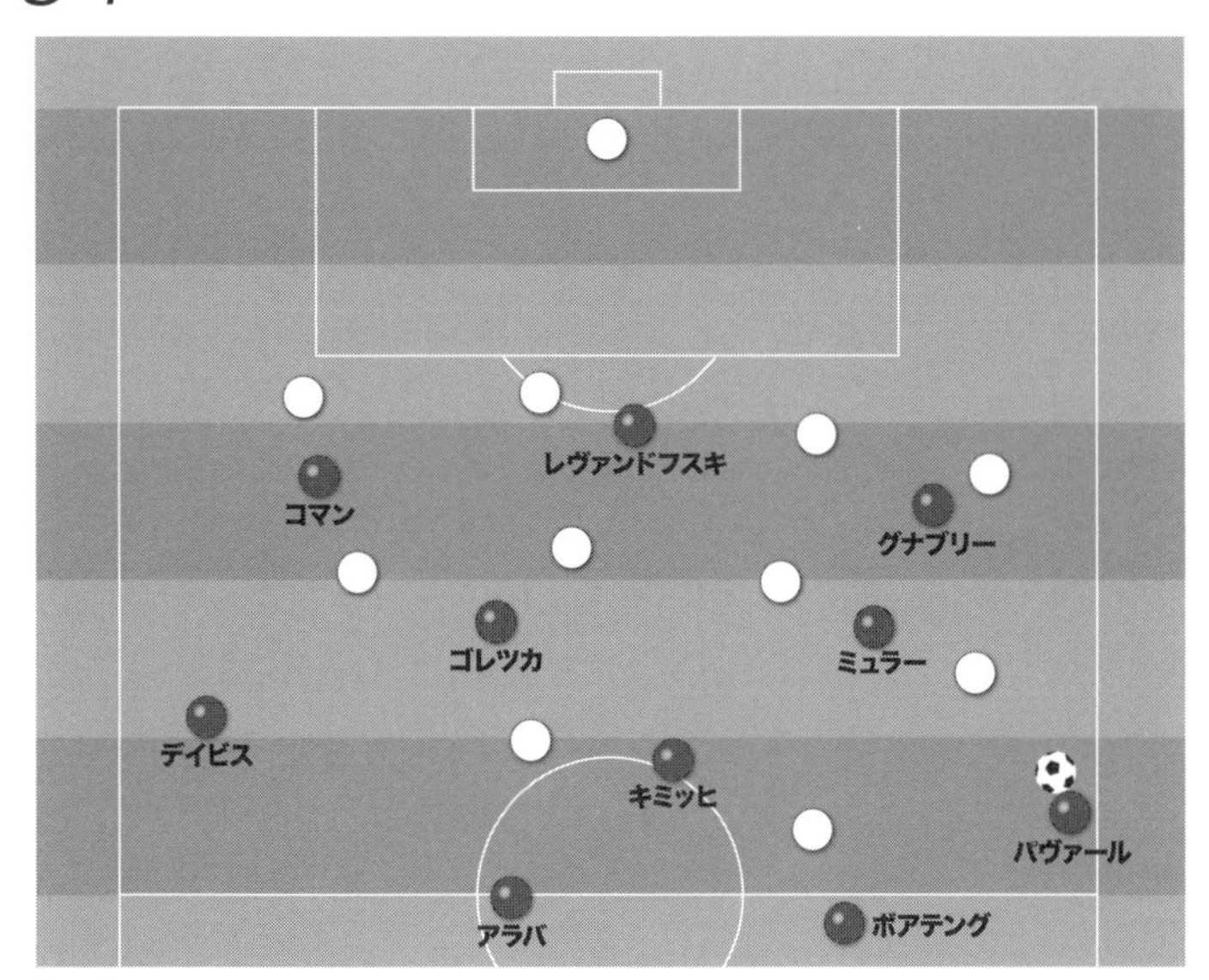
レヴァンドフスキ
コマン
グナブリー
ゴレツカ
ミュラー
デイビス
キミッヒ
パヴァール
アラバ
ボアテング

【図3】

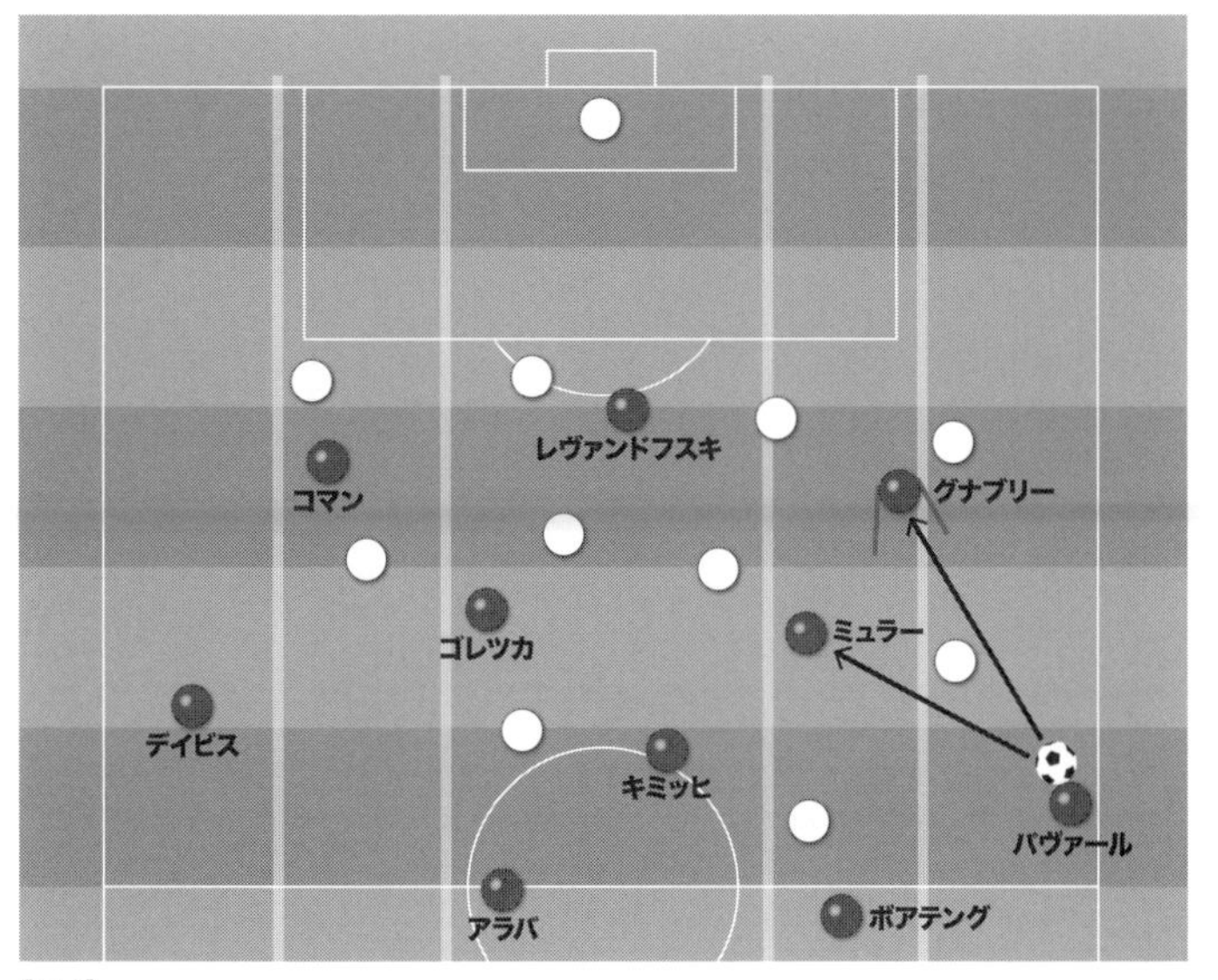
レヴァンドフスキ
コマン
グナブリー
ゴレツカ
ミュラー
デイビス
キミッヒ
パヴァール
アラバ
ボアテング

【図4】

この状況でグナブリーがとる選択肢は3つだ。敵SBの背後をとるか、外に流れて起点をつくるか、そのままハーフスペースでボールを受けるかだ。敵の出方と味方のサポートによって挙動を変えていく。

まず真っ先に狙うのはDFラインの背後だ。縦パス1本で裏にボールを送り込むことができるのであればそれにこしたことはない。裏が狙えない状況の場合、まずはハーフスペースでのボールの呼び込みを試みる。この時、トップ下から降りたミュラーもハーフスペースに入ることで、縦の関係性を作り出す。ミュラーとグナブリーがハーフスペースの両端に立つようなイメージだ。敵SHは前に出るか退くかの判断を行う必要があり、それに応じて前後でマークの受渡しを行う必要が出てくるため、対

【図5】

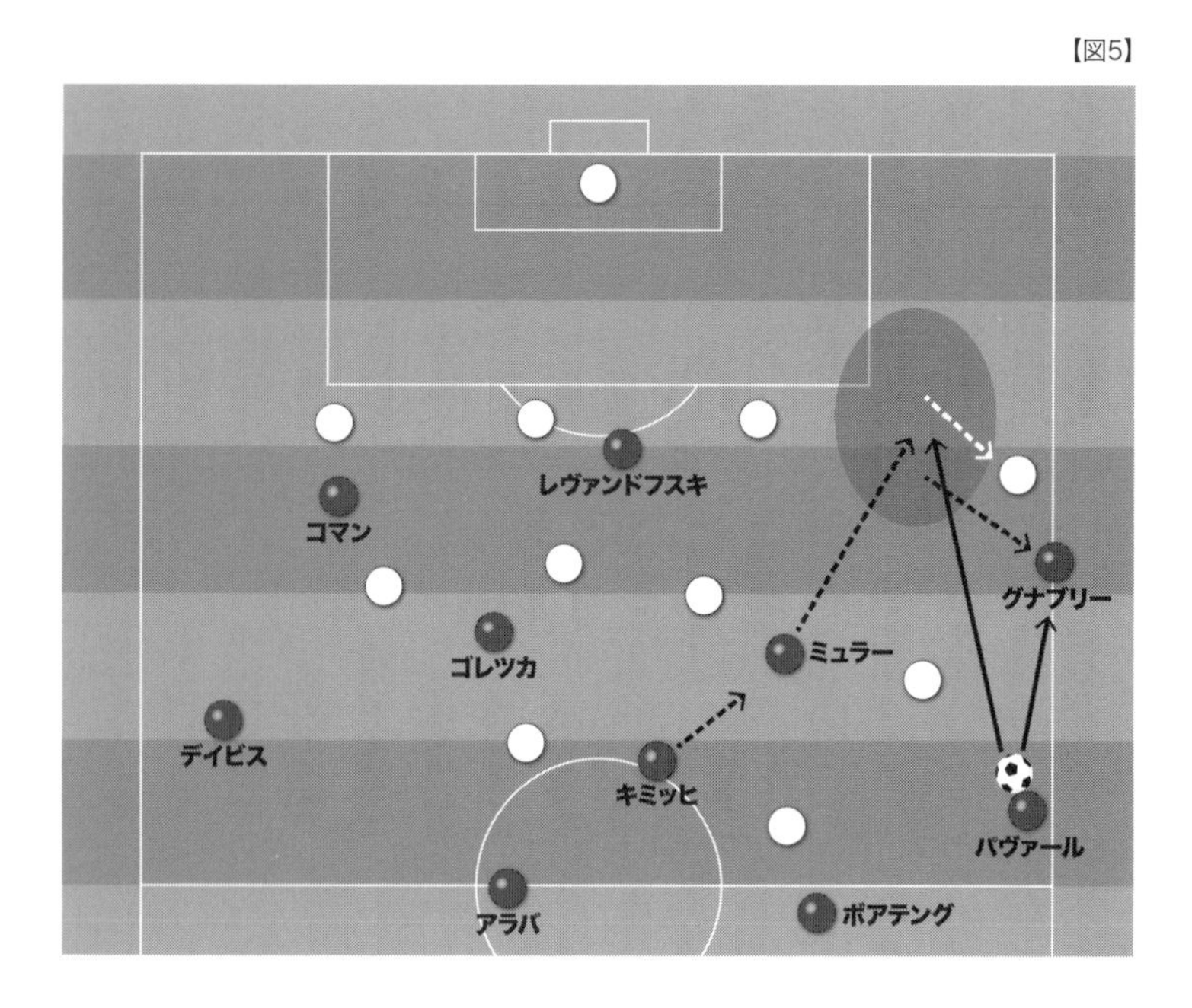

応が難しくなる。

ここでパヴァールからグナブリーに送り込むパスにはメッセージ性が込められている。敵の位置に応じてグナブリーのどちらの脚にパスを送るかを変えるのだ。例えば【図4】のように敵がグナブリーの外側からマークについている場合、パヴァールはグナブリーの右脚にパスを送る(グナブリーはこの時ゴールに背を向けているため、ゴールに近い方の脚)。そうすることでグナブリーは敵SBから遠い方の脚でボールを扱うことができ、かつ内側の味方やミュラーへのパス、カットインといった選択肢をとることができる。

逆に敵SBがグナブリーの内側からマークについている場合、パヴァールはグナブリーの左脚側にパスを出すかと言われるとそういうわけでもない。内側からマークにつかれている場合、グナブリーがサイドに流れ、タッチラインに背を向け内側を向いたタイミングでパスを出すことが多くなっている。

【図5】のようにグナブリーがサイドに流れてパスを受ける際、敵のSBが外についてくればチャンネルが空くため、ミュラーが侵入することができる。ミュラーが元居た位置にはキミッヒが前進するためバックパスを受ける選手が欠けることもない。敵のSBが距離を詰めてこなければグナブリーが得意とするドリブルで仕掛けるための間合いが確保される。

似たような形で、グナブリーとコウチーニョが得意とするパターンがある。【図6】のグナブリーが下がりながらパヴァールからの縦パスを呼び込む際のプレーだ。パヴァールからパスが出されるとタッチラインに背を向けつつ敵から遠い左脚で、ダイレクトで隣のミュラーへフリックパスを送る。この時、ゴールに背を向けているミュラーへのパスは必ず右脚(内側の脚)に送る。パスを送ったあとのグナブリーのとる選択は2つだ。

1つはそのままピッチ中央に侵入しミュラーからのレイオフを受け、攻撃を展開する形だ。ミュラーが内側の様子を伺えるよう、視野を確保させるためにミュラーの右脚にパスを送りこむ。グナブリーよりも良い状態でパスを受けられる選手がいれば、ミュラーはそちらへパスを出すことができる。また、ミュラーのマークについている敵CBがグナブリーに気をとられて内側を切りにくれば、ミュラーは反時計回り(中央でなくサイド側)にターンをして前を向くこ

【図6】

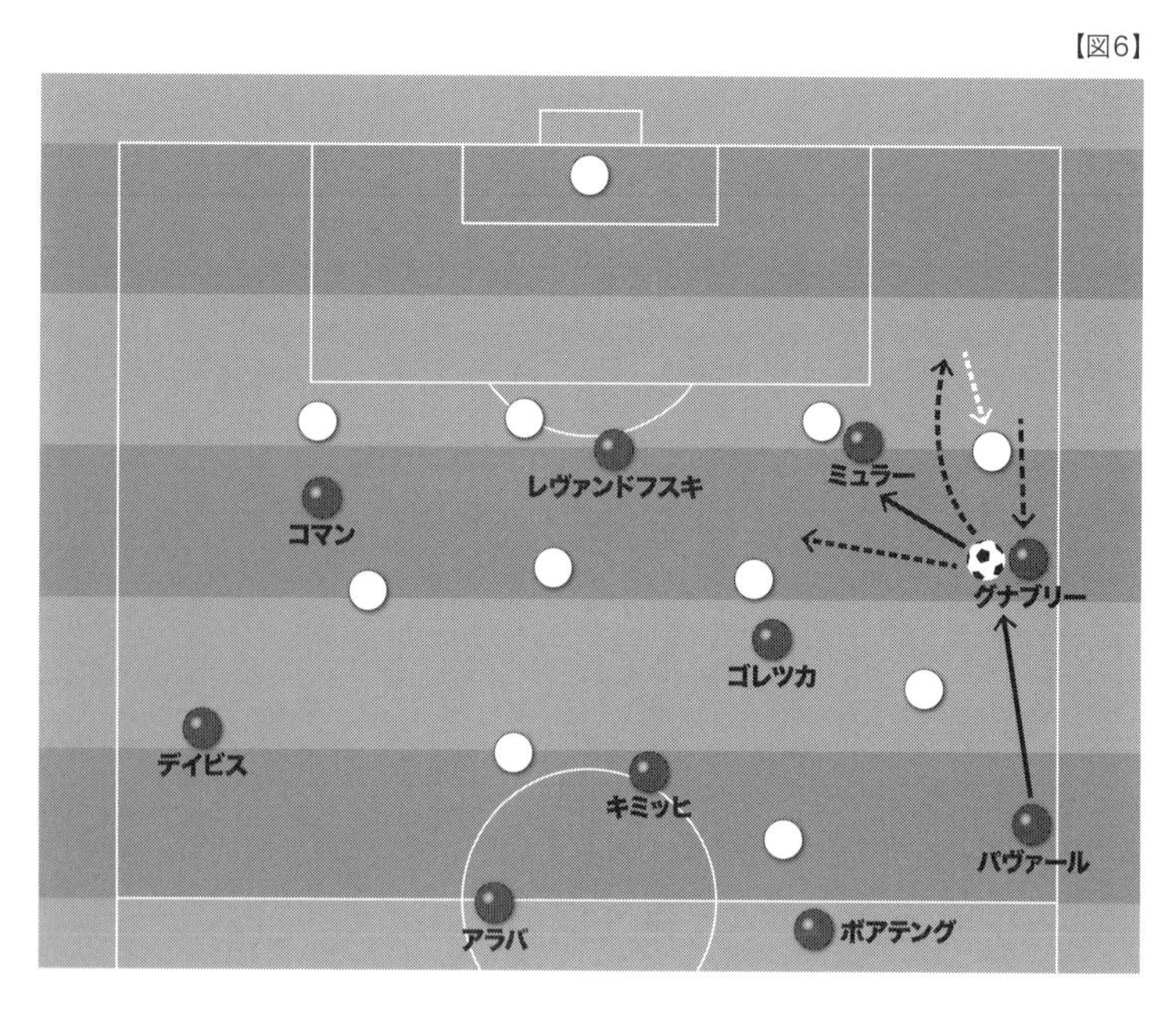

とができる。

もう1つは敵SBの内側をすり抜けて縦に抜ける形だ。敵SBはパヴァールからグナブリーにパスが出た瞬間にプレスをかける。グナブリーはその勢いを逆に利用して敵SBの内側をすり抜けてボールを受けることができるのだ。

■トーマス・ミュラー

ここまでのパターンはどれも、サイドの選手が孤立しないようミュラーが顔を出すことによって展開が成立している。ミュラーはこのシーズン、ブンデスリーガのシーズン最多アシスト記録を塗り替える20アシストを記録した。決して足元のスキルが高いわけではないが、難しい体勢からのパス出しとチャンスとなるスペースに侵入する感覚に非常に長けており、様々な局面で顔を出すフリック・バイエルンでのトップ下の役割に完璧にフィットして見せた。

ミュラーの本職ポジションは？　と聞かれると、トップ下、ST、SHと回答にきっとバラつきが出るだろう。どのポジションにおいても得点に直結する仕事ができる彼は自身のポジションを「ラウムドイター（スペースを見つけ侵入する者）」だと語っている。まさに彼にピッタリの言葉だ。彼の居場所はチャンスとなるスペースであり、それを広範囲にかぎ分けられる彼にとってポジションなどあってないようなものなのだ。

■4-2-3-1のポジションチェンジ移動

バイエルンはポジションチェンジの過程で3バックを作って攻撃を組み立てることが多くなっている。バイエルンの3バックの作り方は大きく分けて2つある。一つは片側のSBだけを上げてSB+2CBで3バックを形成するパターン。そしてもう一つが、CHのキミッヒが2CBの間に降りることで2CB+キミッヒで3バックを形成するパターンだ。

キミッヒがDFラインに降りるのに連動して、【図7】のようなポジション移動が行われる。そのパターンは以下の通りだ。①キミッヒが降りるのに合わせて両CBは外側に開く→②CBに押し出されるようにSBはポジションを上げる→③SBがポジションを上げられる段階に入ったらSHは内側

【図7】

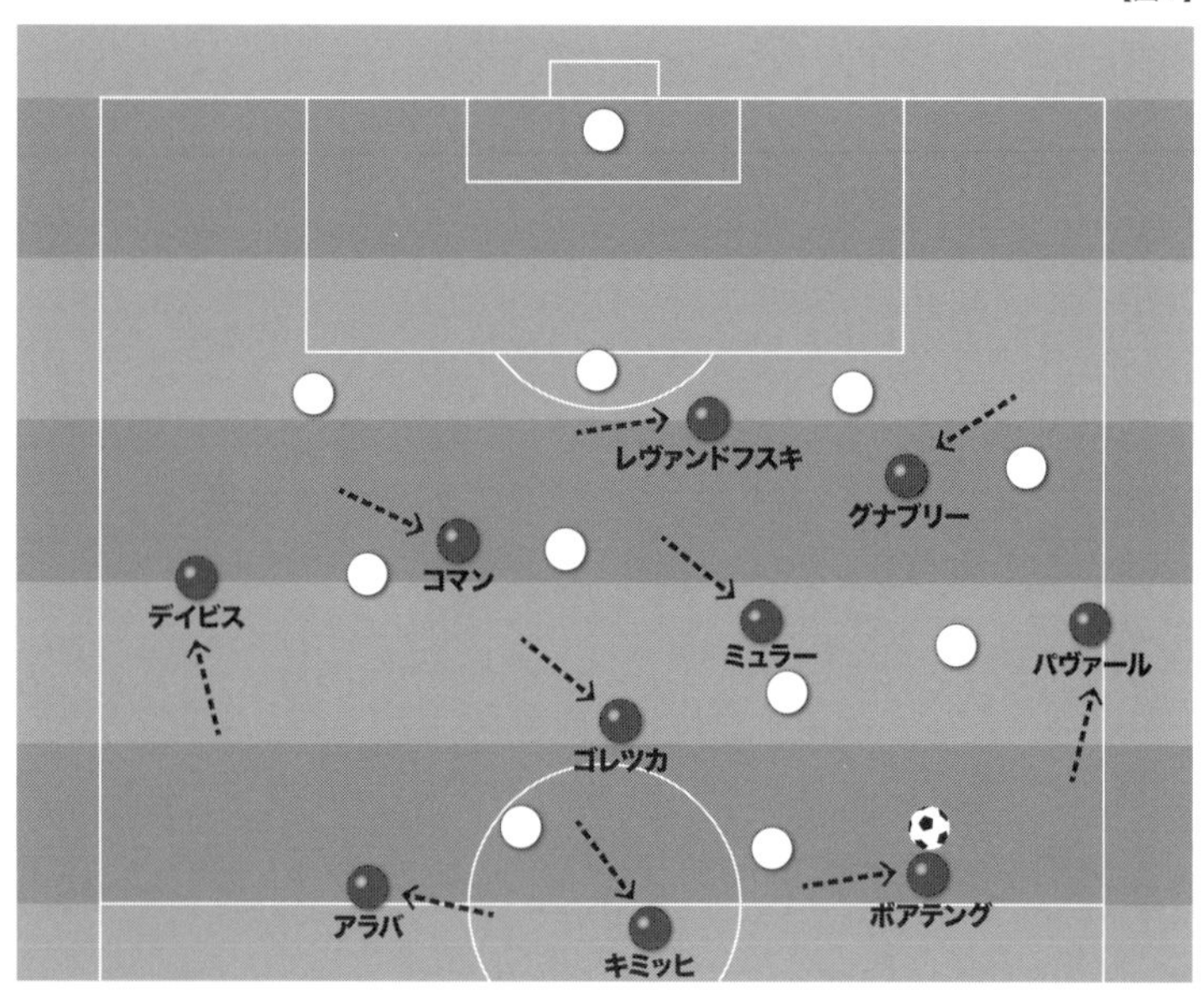

に絞る→④ＳＨ、トップ下、ゴレツカにより中盤の3センターを形成する。

以上は4-2-3-1を採用するチームであれば一般的なポジションチェンジともいえる。しかし、形だけポジションを移動させるのみで実際にその効果を十分に発揮させているチームは少ないように感じる。

例えば、ＣＨが必ず2ＣＢ間に降りて、ビルドアップを行うと予め決めているチームもある。それはチームの約束事であり、役割が明確化し迷いが無くなるため全く悪いことではない。事前に敵チームのアナライズができているのであればなおさらだ。しかしバイエルンの場合、自チームのパス回しと敵の状態を見極め、その都度組み立て方を変えながらプレーしている。

サッカーとは敵と味方がいてこそ成り立つスポーツだ。ゆえに、事前にやり方を決めてしまっているチームはプレーに迷いこそなくなるものの、自分たちのことしか考えておらず、敵の状態に関係なく機械的にプレーを行うことになる。機械的にプレー出来れば判断スピードは落ちないが、状況に応じたプレーは難しくなる。サッカーはこの匙加減が非常に難しい。ある程度の枠組みを与えた中で、それを機械的にこなすのではなく、どのタイミングでどのカードを切るのかを考えられるチームこそが強く美しいチームと言えるだろう。

バイエルンはまさしくそれができるチームであると感じさせるプレーが随所にみられる。ここからは一連のポジションチェンジによる効果について見ていく。

■CB間に降りるキミッヒ

キミッヒがCB間に降りる場合、ビルドアップの起点はボアテングやアラバになる。なぜなら、彼らを前進させるためにキミッヒがCB間に降りているからだ。例えば4-4-2で守る敵に対し、CBからCHへのパスコースが封じられてしまい、思うように前進ができない場合にキミッヒが降りる。キミッヒが降りることで最後方の人数は3枚となり、ボアテングとアラバはより前線に近い位置から角度をつけて前方にパスを供給できるようになる。敵の2トップの脇から前進してパスを送り込むイメージだ。【図8「CB+キミッヒ」】

このシーンではキミッヒが降りてボアテングが開いているが、この工程をパスの交換をしながら行うことも多い。敵は当然ボールを

【図8「CB+キミッヒ」】

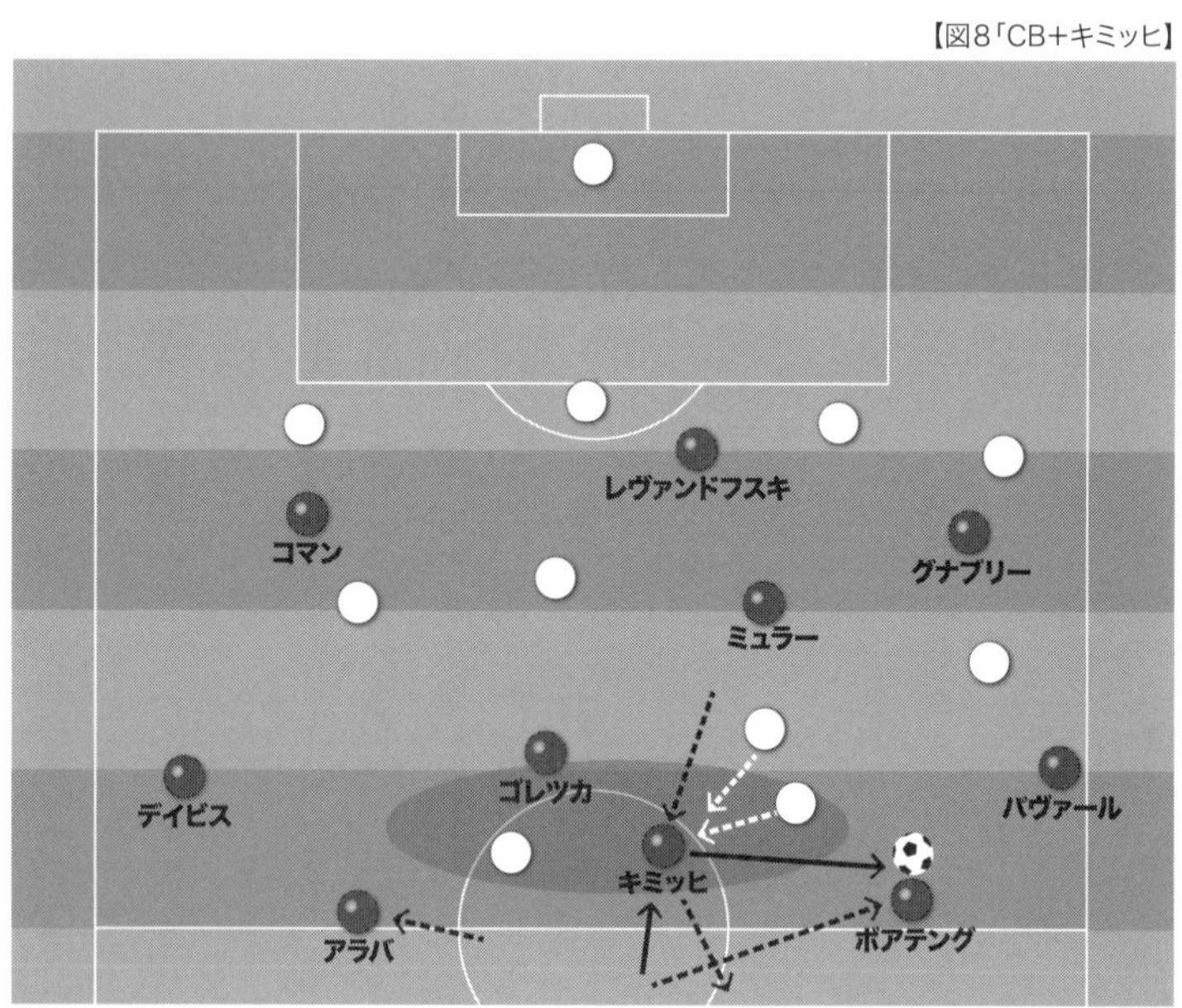

第一に見て動くため、ボアテングから降りてくるキミッヒにパスを送れば当然キミッヒに注意が行く。その間にボアテングが開いたポジションに移動し、キミッヒからのリターンパスを受ける。ボールを動かしながら自分たちの立ち位置を移すことで、敵を攪乱しつつスムーズな移動が可能となるのだ。降りながらパス交換を行うキミッヒのプレーは、FWだけでなく敵の中盤を釣り出すことができる場合もあり次の攻撃に繋がりやすい。

こうしてCBが外に（ハーフスペースの外端ほど）開いてくるため、SBは押し出されるように前進することが可能となる。

■SBとSHの連動

CBが開くことで押し出される形となるSBは、高い位置をとることが可能となる。これはすでに記載の通りだが、SBが高い位置に上がれる状態であればSHは内側に絞る。SHが外でパスコースを提供する役割から解き放たれ、内側に侵入できるようになると攻撃の選択肢が格段に増える。初めから内側にいると、（レイオフの手段をとれるとはいえ）SHはマークされやすくなってしまうが、SBが上がれる状態となっていれば常に内側に入るタイミングを見計らった状態でスタンバイすることができるのである。

内側に移動したSHは比較的自由にポジションをとる。多いパターンは①ライン間を横移動する②高い位置をとるSBのフォローに入る、の2つだ。

①ライン間を横移動する、とは逆サイドへ展開するパターンの際に多く見られる。内側に絞っての横移動といってもボールサイドのSHと逆サイドのSHで効果が違う。【図9】のように、右サイドから左サイドへとボールが展開されたとする。この時、キミッヒが降りてSBが高い位置をとることができているため、両SH共に中に入り込める状態だ。右SHのグナブリーは反対サイドまで顔を出すほどプレーエリアが広い。彼が反対サイドのハーフスペースに入れば敵は混乱に陥る。今までいなかった選手が急に現れるため、マークの受渡しが難しくなるのだ。これが、逆SHがライン間を横移動するメリットだ。当然渋滞とならないようミュラーがバランスをとって反対サイドのハーフスペース付近で待機する必要がある。

【図9】

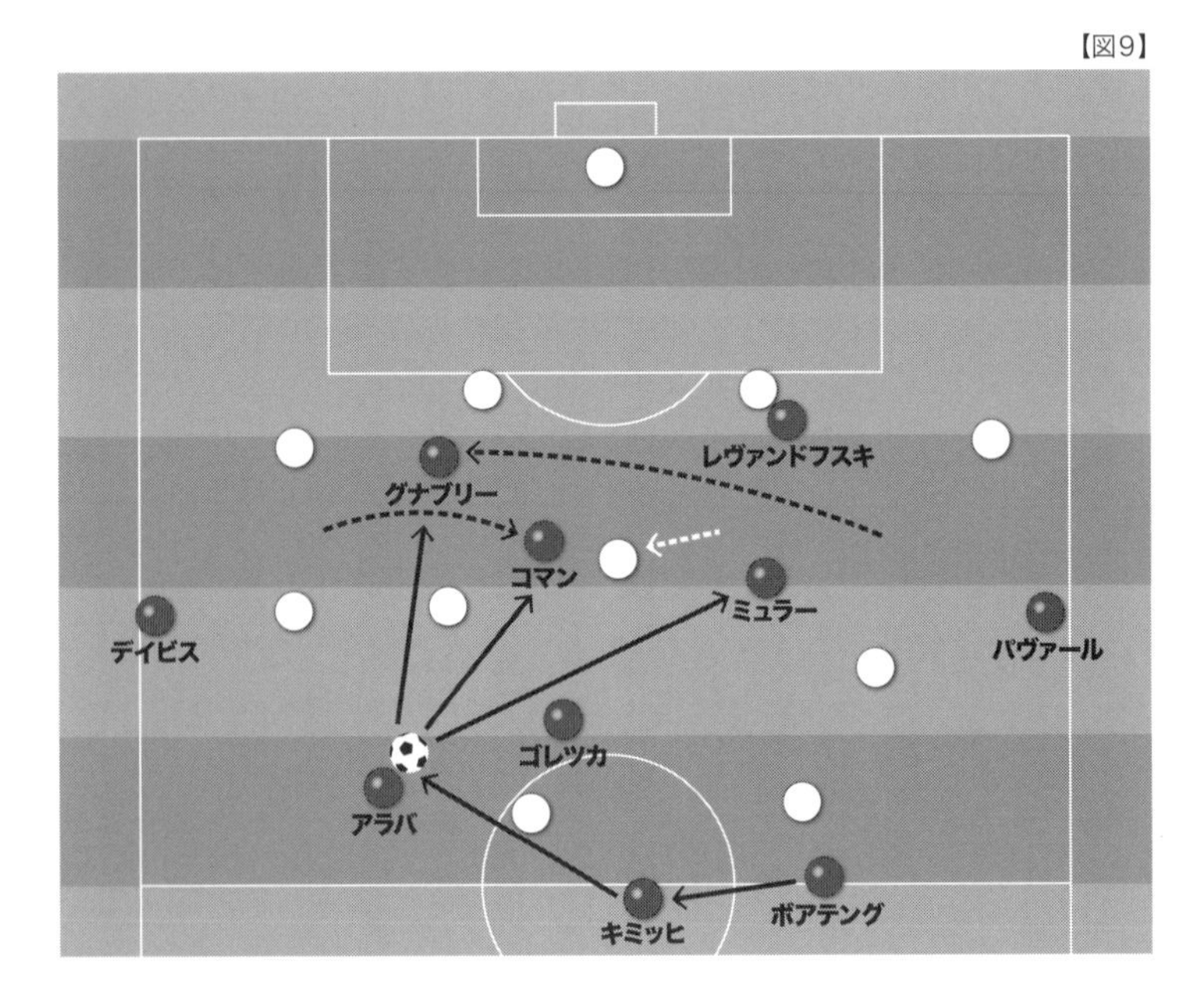

一方で左SHのコマンが横移動するメリットは、敵のスライドと反対方向に移動できるという点だ。敵全体がバイエルンの左サイドへスライドするのに対し、コマンは逆の右方向に動くこととなるため、マークを外しやすい。ミュラーが反対サイドでIH化することでアラバからのパスコースを複数確保することができる。この時、グナブリーとコマンは縦関係を作ってレイオフを行いやすいようにポジションをとり、攻撃に広がりを持たせる。

相手チームが低い位置でブロックを築き、バイエルンのポゼッションが安定するような試合であれば、パス回しの過程でライン間の横移動とIH化する選手のローテーションは活発化する。縦関係を作りやすいようにSHを絞らせて距離を縮め、ライン間とDFの背後のスペースを積極的に狙っていくためだ。

②高い位置をとるSBのフォローに入るのは特にコウチーニョが得意とするプレーだ。SBのデイビスが高い位置でボールを受ける際、コウチーニョは斜めに下がりながらデイビスの斜め前方にポジションをとる。【図10「コウチーニョの動き①」】

この時のコウチーニョは必ず前を向いて右脚でボールを収める。この時に敵SBがコウチーニョに詰めてくるようであればすかさずデイビスにボールを返しワンツーパスを決める。19-20シーズンブンデス最速のスピードを記録したデイビスであればサイドを容易く切り裂くことができる。コウチーニョに対して敵SBが詰めてこなければ、前を向いた状態から彼の得意なミドルシュートを放つことも、中央へ展開することもできる。

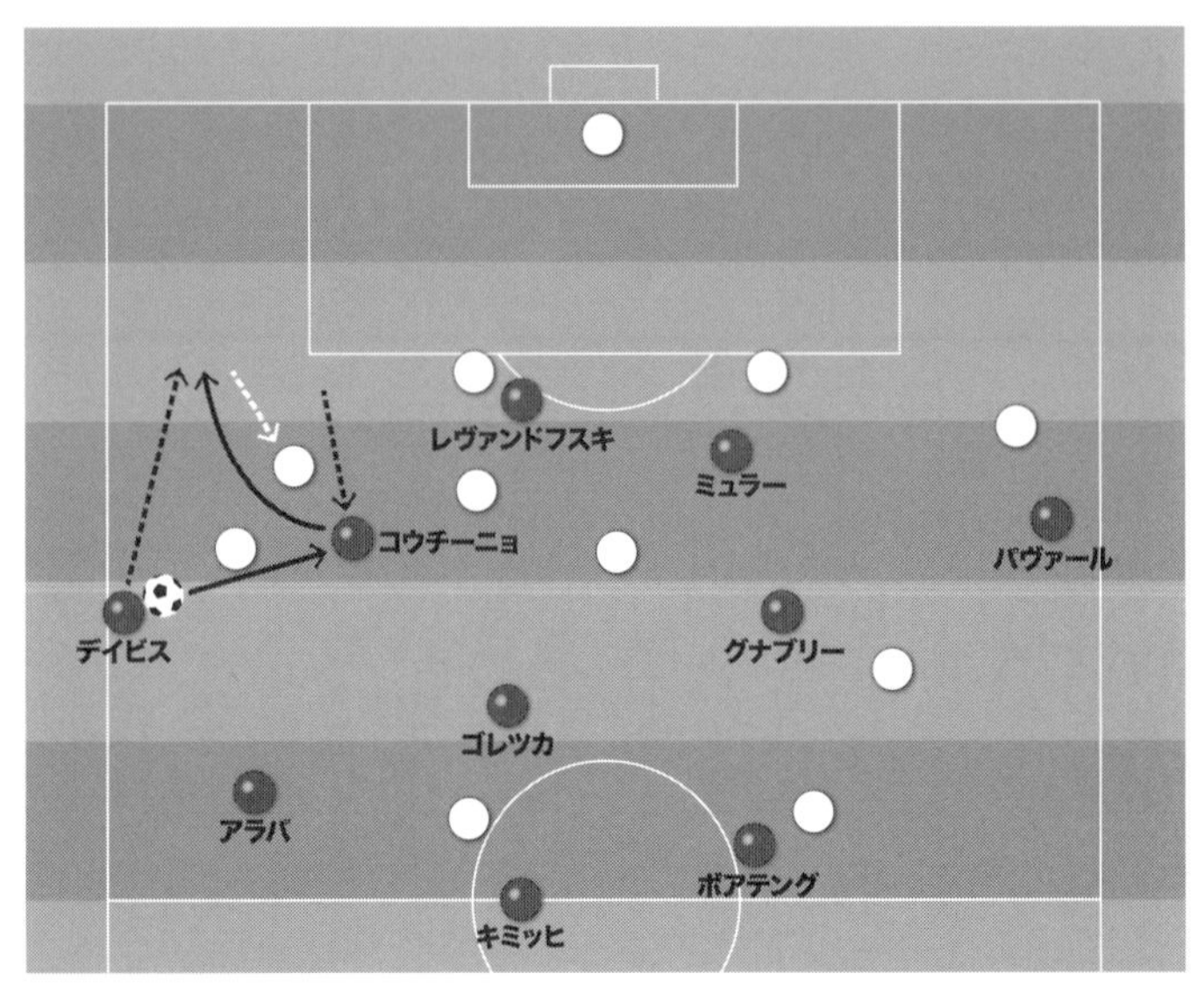

【図10「コウチーニョの動き①」】

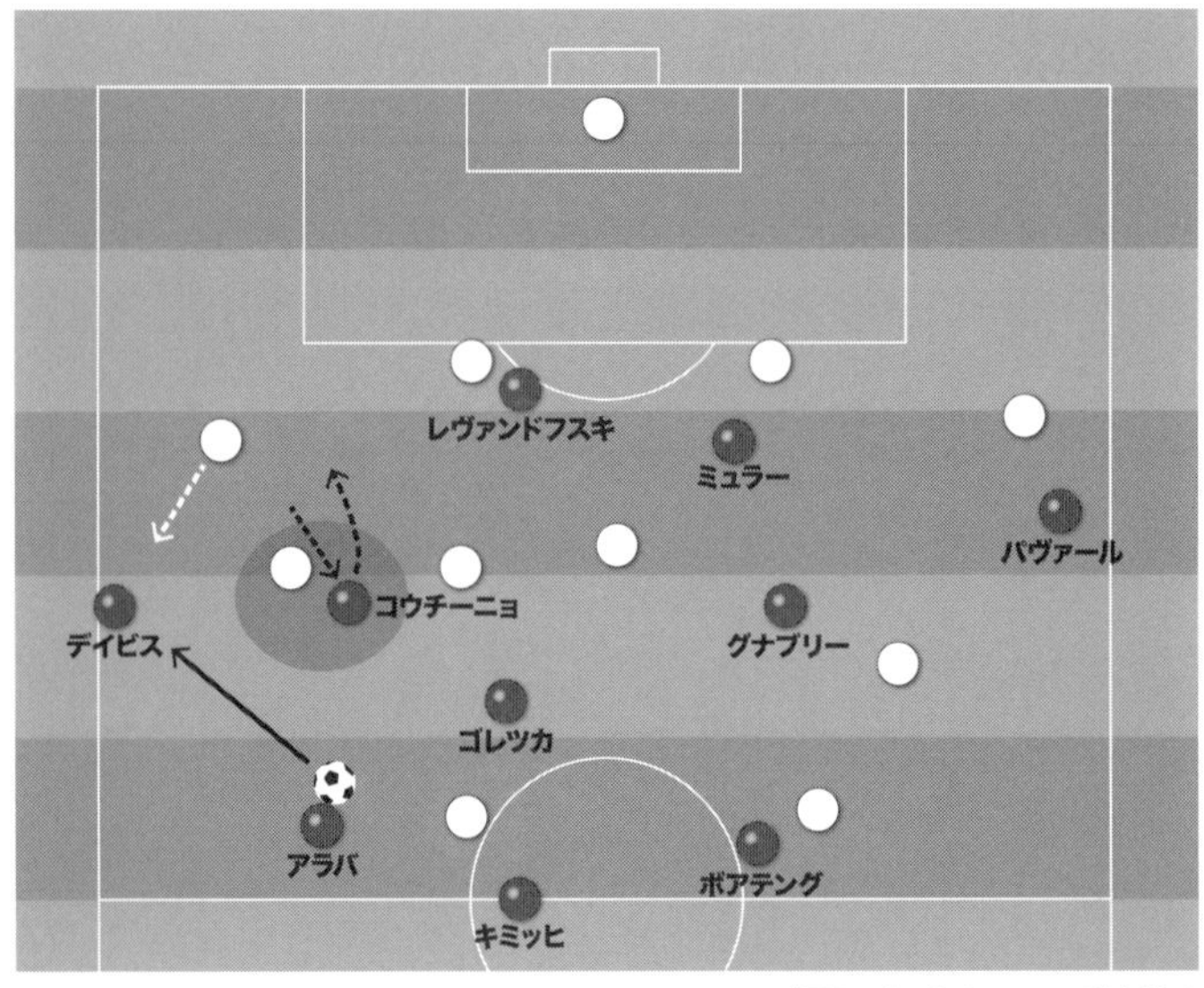

【図11「コウチーニョの動き②」】

コウチーニョが得意とするSB補佐の技術にはもう一つある。CBがボールを持った際、ライン間ではなく敵SHの視野に入る位置にポジションをとる。【図11「コウチーニョの動き②」】

こうすると敵SHは外側よりも内側をケアするべきだという心理が働くため、デイビスではなくコウチーニョの位置でスライドを留める。アラバからデイビスへとパスが渡り、敵SBがアプローチに出てくればコウチーニョは身を翻しライン間に突入、デイビスとのパス交換から攻撃を展開していく。

またSBとSHの関係性で忘れてはならないのが、SBのインナーラップだ。SBが高い位置をとれる状態であれば、SHは基本的に絞る。しかし、タイミング等状況次第では外で受ける機会も十分にある。その場合はCBから直接ワイドのSHに送られることも、SBからSHへタッチラインに沿う縦パスを送ることもある。

そういった場合、SBはSHの外ではなく必ず内側を抜けていく。スピードのあるデイビスはそのままボールを受けてグングン加速して突破を図る。【図12「デイビス」】

縦にいるSHに対して左脚でパスを送ることでマーカーの注意を外側に向け、内側をとる。逆に内側にいるSHにパスを送り外側を抜ける場合は必ず右脚でパスを出す。パスを出す方向に身体を向け、敵から遠い脚でパスを送ることで引っ掛けずにパスを送り届け、かつマーカーの背中側に入り込む。これがデイビスの得意とするテクニックであり、ただでさえスピードのある彼にとってまさに鬼に金棒である。

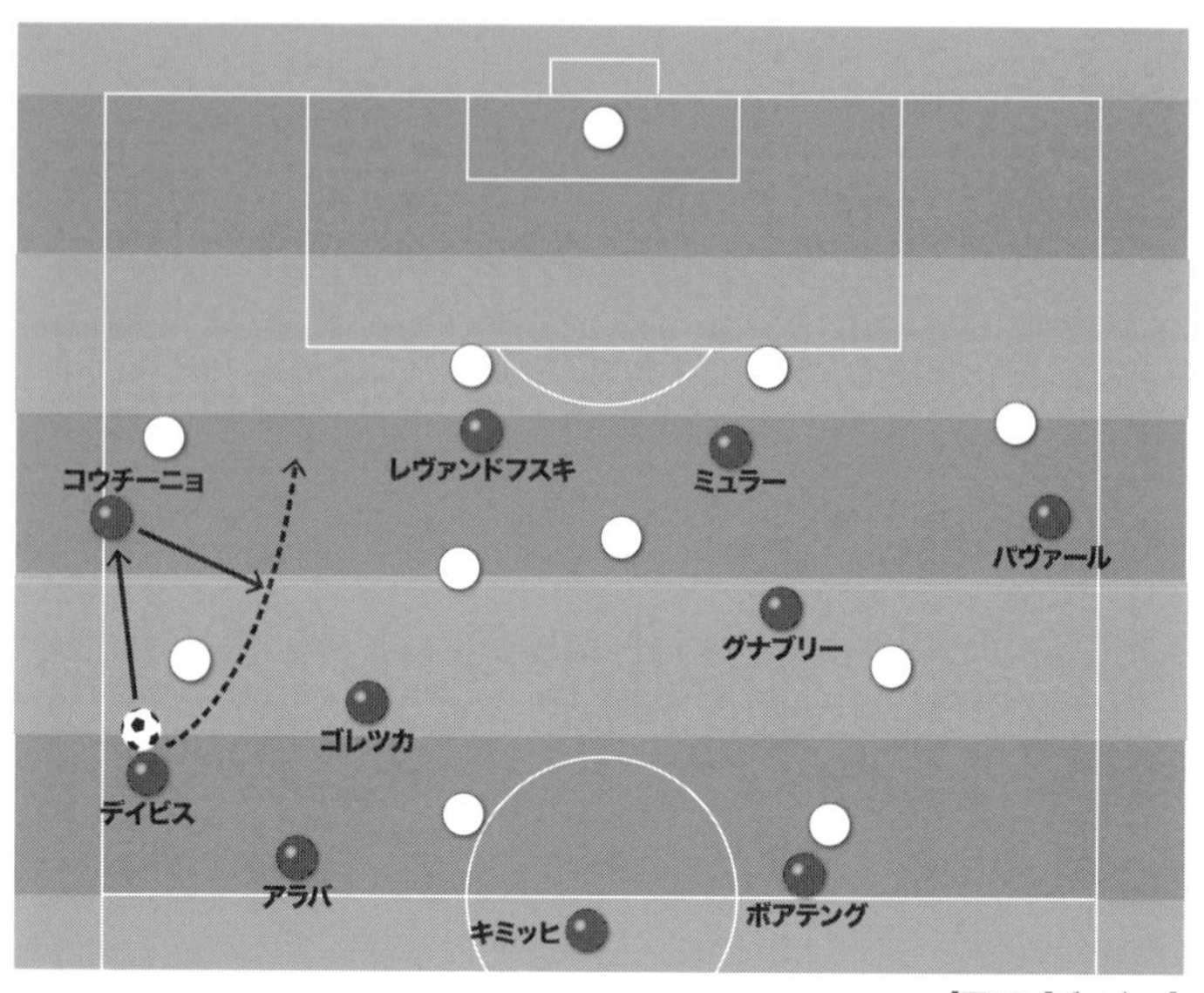

【図12「ディビス」】

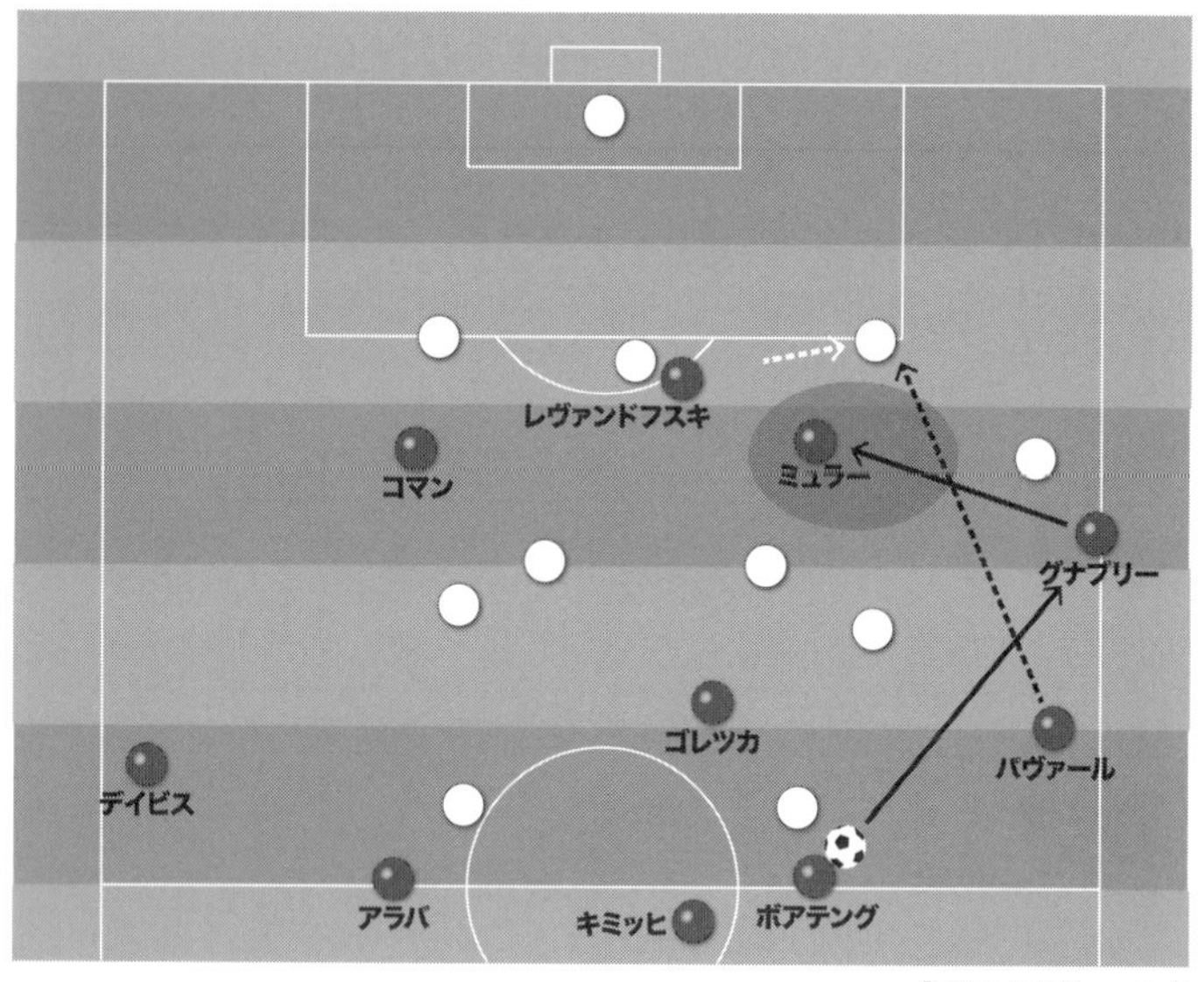

【図13「パヴァール」】

一方、それほどスピードの無いパヴァールはデコイとして内側を抜けて敵を押し込み、2列目の選手に自由を与えるという役割を果たす。【図13「パヴァール」】

■ライン間でのプレーを円滑に行うための3センター形成

キミッヒがCB間に降り、両CBが開き、SBが高い位置をとれる状態となりSHが絞る際、キミッヒの相方であるゴレッカ、トップ下のミュラー、そしてSHの一方が中盤で逆三角形の3センターを形成する。あえて3センターと記載しているのは、2列目が全員ライン間に位置しているわけではなく、縦関係を作っているからだ。

状態の良くない時の日本代表もそうであったが、2列目の選手全員がライン間に入ると敵としては守りやすく、停滞の原因となってしまう。ライン間は非常にチャンスの生まれやすいエリアであるが、そこに人が留まってしまうと敵はそこだけを集中して守れば良い。日本屈指のパサーである柴崎岳が閉ざされたライン間へのパスを通すため弾丸のようなボールを送り込み、ライン間の選手が一人で反転を試みてミスが起きる、というシーンも少なくなかった。

バイエルンの場合、ライン間へパスを送り込みチャンスを作り出すための工夫を凝らしているが、それがこれまで説明してきたポジションチェンジとレイオフ、そして3センターの形成だ。これらは日本代表に足りない、ライン間を「広げる」作業となる。全盛期の香川真司であれば狭いライン間であっても前を向けるかもしれないが、バイエルンの選手といえども閉ざされた空間へパスを通してさらに一人で前を向くのは至難の業だ。そのためまずはライン間を広げる工程を経る。
このスペースを「広げる」作業(もしくは作る作業)がビルドアップにおいて最も意識すべき点である。広げられていないのであれば、ビルドアップは機能しているとは言えない。広げられれば前進は自然と容易いものとなる。バイエルンのビルドアップは全て「広げる」ことを意図して行っているため効率的なものとなっている。【図14「スペースを『広げる』」】
ポジションチェンジを加えることで守備陣に迷いを生み出し、敵陣形を乱しながらSHが中に絞れるタイミングを作り出す。2列目の選手がライン間から降りることで敵を釣り出し、ライン間のスペースを広げる。この広がったスペースの中で2選手が近距離の縦関係を作ることで、速いパスに対しても2人で処理をして前を向くことができる。スペースを広げるためのポジションチェンジであり、ボールを受けるための2人組の作成である。いずれも機械的に行うのではなく、敵の状況を見て意図を持って行っている。

■さらに深い階層へ

効果的なポジションチェンジによって、敵の中盤手前で敵を釣り出し、中盤とDFラインの間のスペースを広げて使う。ただ、バイエルンが真っ先に狙うのはライン間ではない。その先、DFラインの裏のスペースだ。【図15「裏のスペース」】
敵中盤前の階層、レイオフの2人組で2階層、さらにその先に4階層目ができるイメージだ。「階

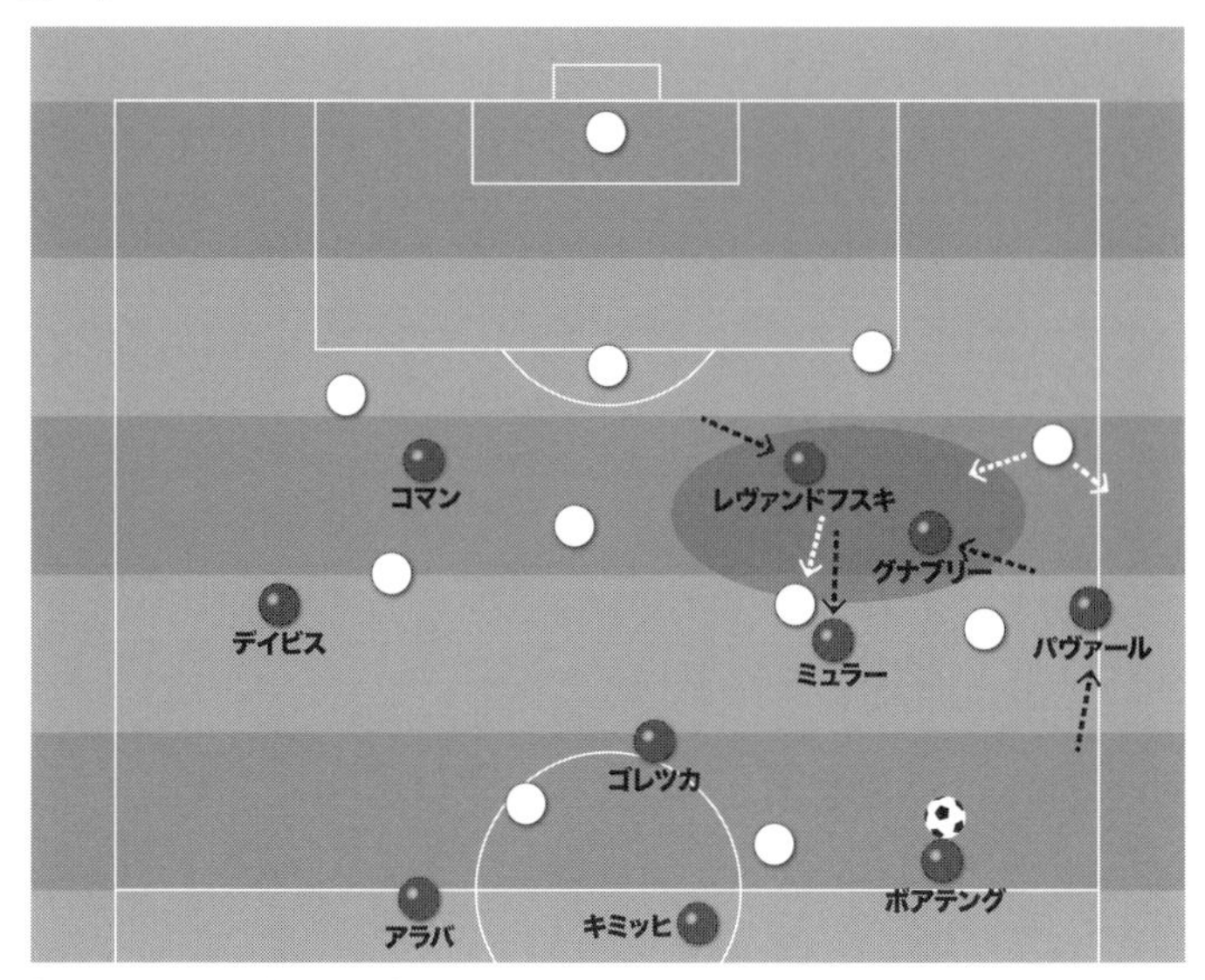

【図14「スペースを『広げる』」】

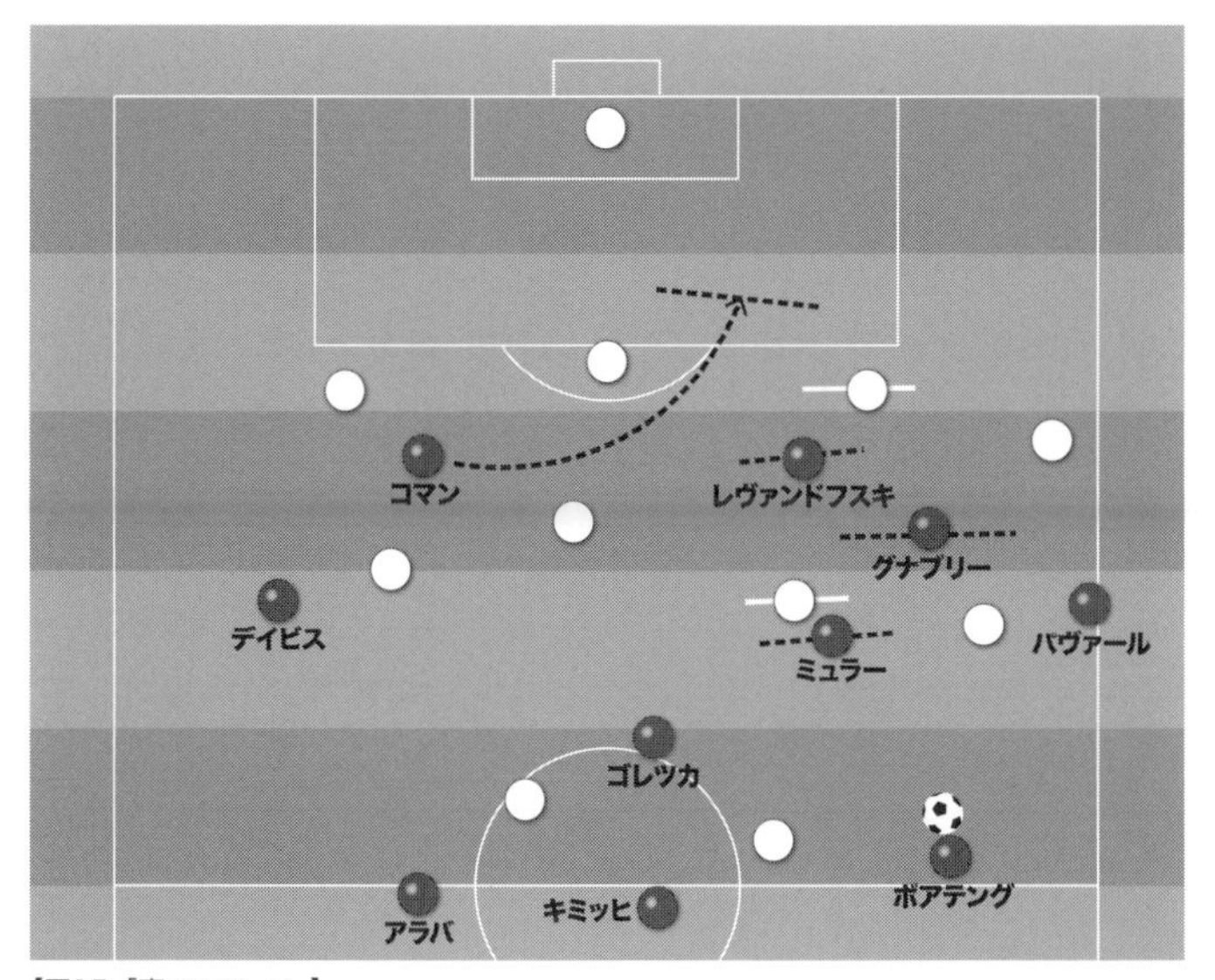

【図15「裏のスペース」】

層を増やして縦方向の数的優位を作ることで縦にズラしていく」。これこそがバイエルンの攻撃における もっとも大きな特徴である。

この裏に抜ける動きがなければ攻撃の脅威性は半減する。なぜなら、ライン間で受ける選手しかいなければDFが前進するだけで解決できるからだ。裏を狙うことで敵に対して常に前進と後退の判断を突き付けることができる。これはどの階層でもいえることだ。ミュラーにつくのか、グナブリーにつくのか。パヴァールかグナブリーかという横の判断を突き付けるだけにとどまらないのである。

また、結局DFラインの裏に抜け出すプレーが最も シンプルで得点につながりやすい。この複数の階層を作った攻撃は、彼らの守備面での利点にもなっている。

■その他ポジションチェンジのテクニック(事例集)

その他のポジションチェンジについて2つ紹介する。バイエルンはキミッヒが降りて3バックを形成する機会が多いが、CBが開いてもキミッヒが降りてこないポジションチェンジを行うこともある。CBが開いてキミッヒが降りてこない場合どうなるのか。当然、キミッヒが降りない分中盤の人数が担保されるため、WGが絞る必要がなくなる。【図16「ポジションチェンジ①」】

例えば大きく開いたボアテングに対して、FWがプレスに出ると中央のキミッヒとゴレツカがフリーとなってしまう。そのため敵SHがプレッシャーに出てきたとする。この場合、パヴァールが浮く形となる。ここに敵SBがアプローチに出てくれれば、絞る必要のなくなったグナブリーがフリーとなるため、ノイアーからロングボールが送り込まれる。

グナブリーに対してCBがアプローチに出てくれれば、ボールを収める力のあるレヴァンドフスキへのマークが緩むため、ロングボールの送り先をこちらへ変更することで素早い攻撃を展開する。キミッヒが降りないことでサイドでの数的優位を作り出しロングボールを送り込むという攻撃オプションとなるのだ。

次はキミッヒがDFラインに降りる場合のポジションチェンジだ。キミッヒが降りるということは、他のDFを攻撃参加させることができるということである。通常は両SBが前進する形となるが、敵の状況に

【図16「ポジションチェンジ①」】

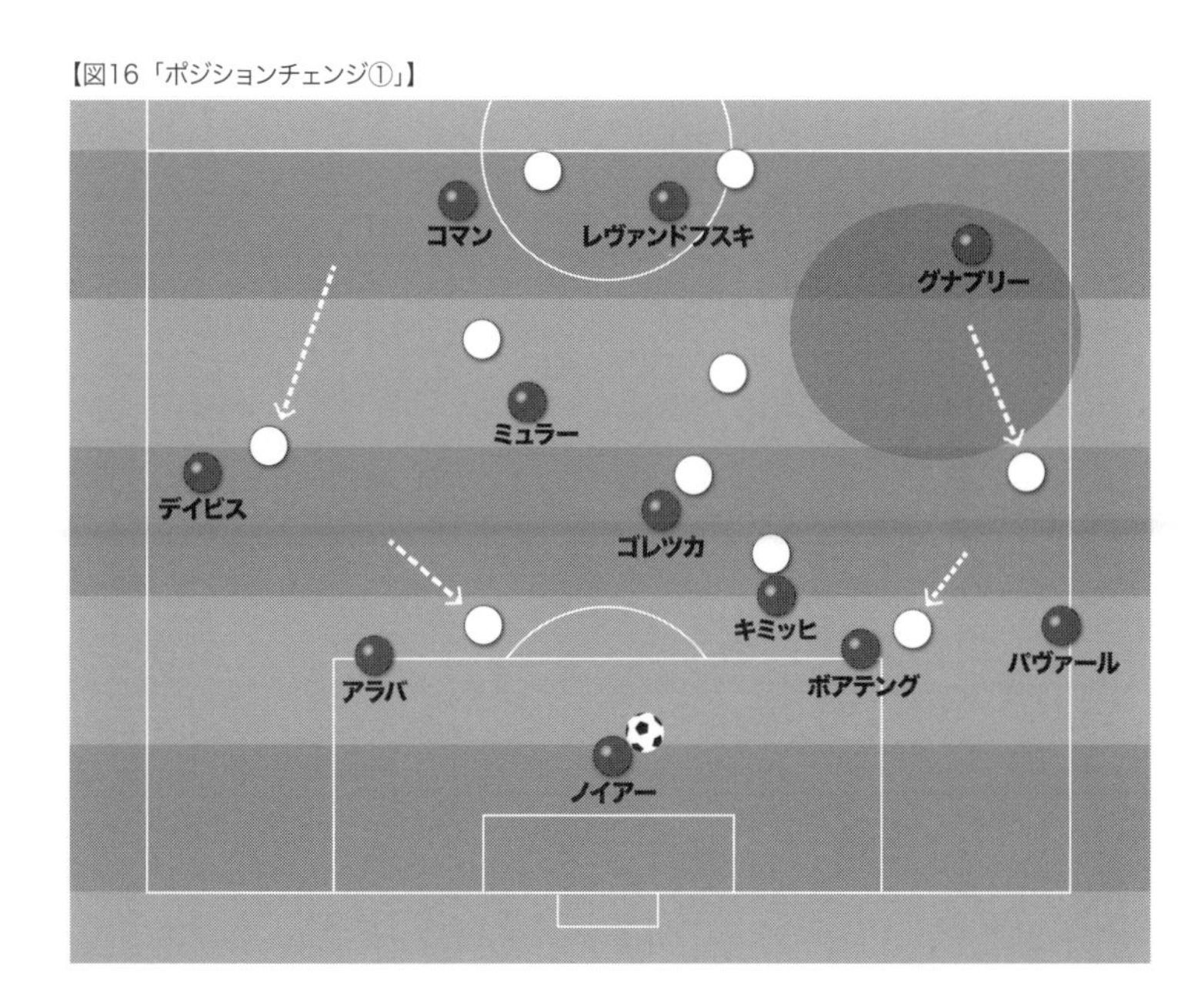

応じて同サイドのCBとSBを押し上げることもある。

　例えば【図17】のようにキミッヒが降りることで一時的に4バックを形成し、左サイドが手薄と見るやCBのアラバがボールを受けて前進していくことも可能なのだ。中に絞ることが可能となり駆け引きを仕掛けるコマンへ向けてサイドから斜めに精度の高いボールを送り込み攻撃に変化をつける。この場合カウンター対策のために逆SBのパヴァールが後方に残る形となる。キミッヒの動きに対して状況に応じて様々な形で応用を利かせることができる、バイエルンの強みの出ているシーンである。

■攻撃陣形がプレッシングに恩恵をもたらす

　バイエルンは守備において3つのフェーズ

【図17「ポジションチェンジ②」】

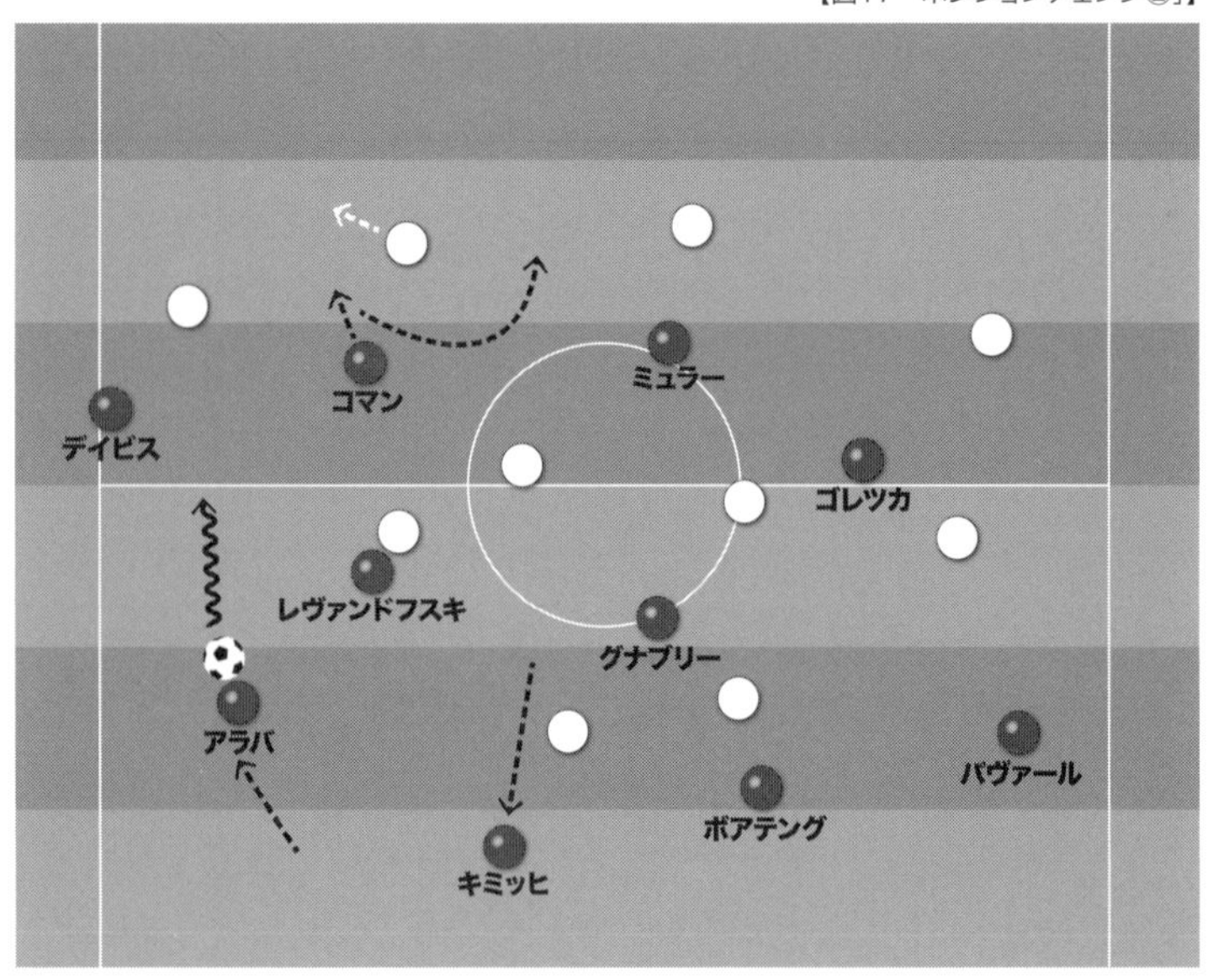

で大きな特徴をもつ。①ボールを奪われた直後のプレッシング②敵のスローインでのプレッシング③陣形をセットした状態でのプレッシングである。基本的にバイエルンは素早いプレッシングを用いてボールの奪還を試み、奪ったらショートカウンターを仕掛けていく。

ボールを奪われた直後のプレッシングは、バイエルンの攻撃の手法とシームレスに関係することでその効力を増している。バイエルンの攻撃は複数の階層を作り出し、縦にズラして展開していく。そして、最優先で狙っていくのはDFラインの裏のスペースであるというのは先述の通りだ。

敵の裏に送り込んだボールがカットされた場合を考える。それがロブパスである場合は、セカンドボールの落ち所を予測し、多数の選

【図18「守備①」】

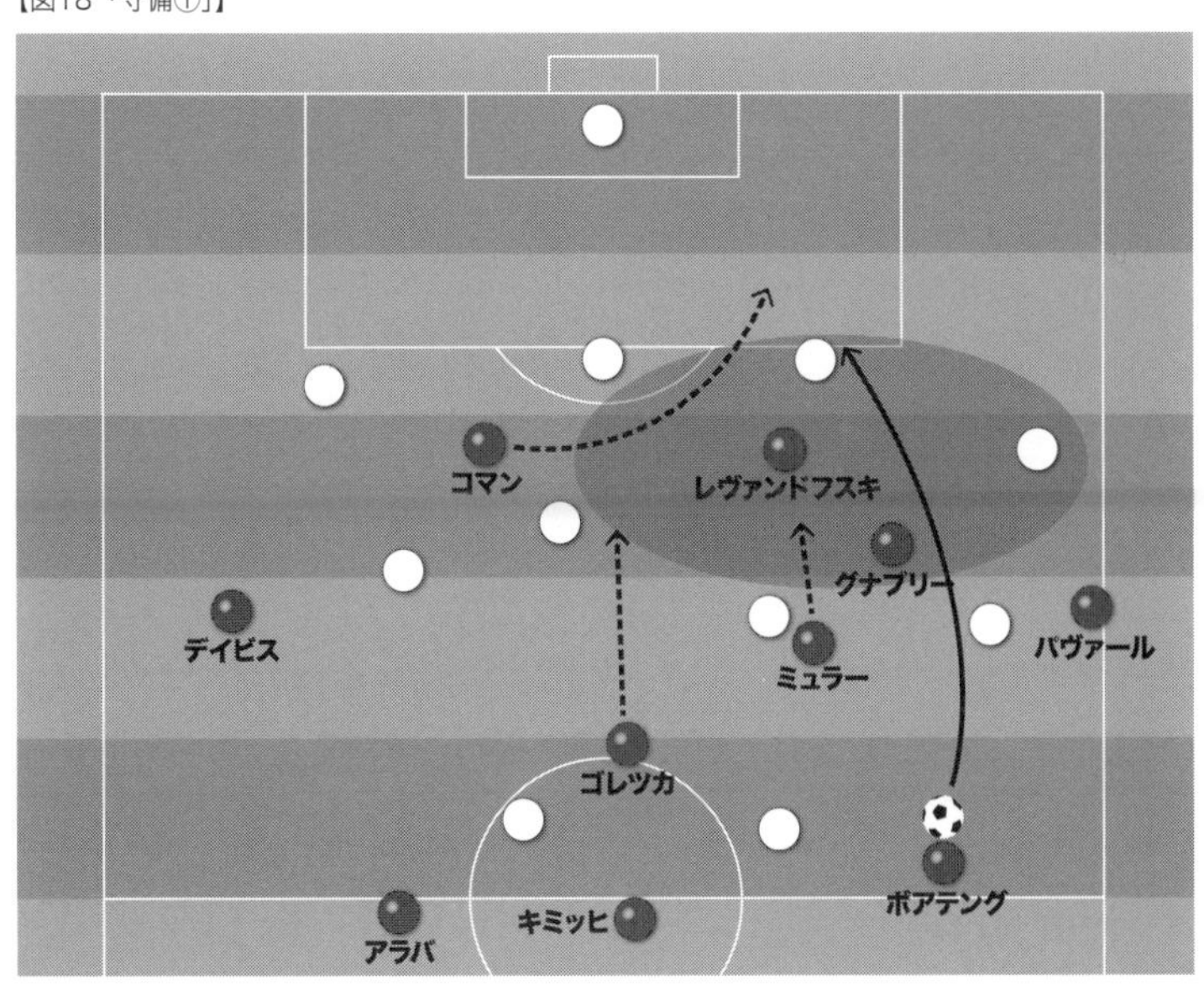

手が回収に出ていく。攻撃時に横の距離を狭め複数の階層を作り出しているため、落ち所となり得る複数のポイントへ五月雨式に選手を送り込むことができるのだ。【図18「守備①」】

また裏に送り込んだボールがグラウンダーである時も同様である。複数の階層が出来上がっているため、ボールを奪われた瞬間にすかさずプレッシングをかけることのできる構造となっている。【図19「守備②」】

1番奥の階層となるコマンへのパスがカットされれば2番目のレヴァンドフスキが瞬時にプレスをかけられる位置となっている。2番目のレヴァンドフスキへのパスがカットされれば3番目のグナブリーがプレッシング、というように複数階層の攻撃陣形がそのままプレッシングのかけやすさ、

【図19「守備②」】

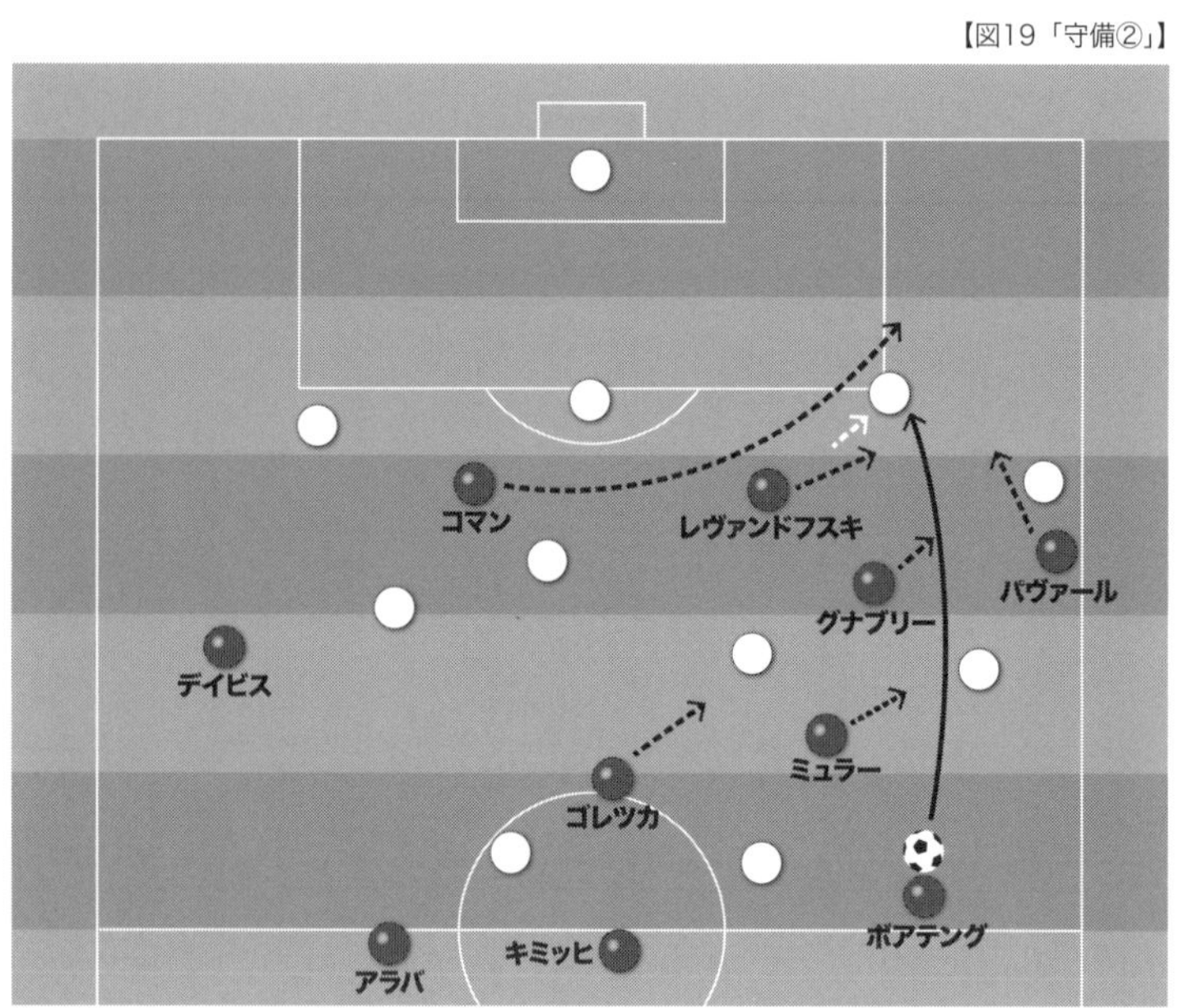

役割整理に繋がっていく。

パスを受けられなかったコマンやレヴァンドフスキもすぐに切り替えてプレスバックやバックパスの遮断のためのポジションをとりつつ、ボールを奪い返した際のゴールゲッターとしての役割を負う。

この攻撃陣形と守備陣形の密接なつながりがバイエルンの「奪われた直後のプレッシング」のポイントとなっており、大きな武器として得点源の一つとなっていた。

例えば選手間の距離が広くなってしまっている場合や全員が横並びとなっている場合は攻撃の展開が鈍るだけでなくプレッシングもかけにくくなってしまう。そういった意味でサッカーにおけるシームレスな設計というのは全体のパフォーマンスに非常に大きな影響を与えるものであり、欠かせない部分であるといえる。

■セットした状態からのプレッシング

相手が低い位置からゆったりとビルドアップを行う場合、バイエルンはセットした状態で守備を行うこととなる。低い位置からのビルドアップに対してスピードに任せたプレッシングを行うとチーム全体の歩調が合わずに間延びして、崩されてしまいがちだ。そのため、バイエルンはスピードよりも着実に敵の選択肢を狭めることを優先してプレッシングを行う。敵の位置が低くともプレッシング自体は行うが、スピードよりも丁寧な選択肢の排除がポイントとなっている。

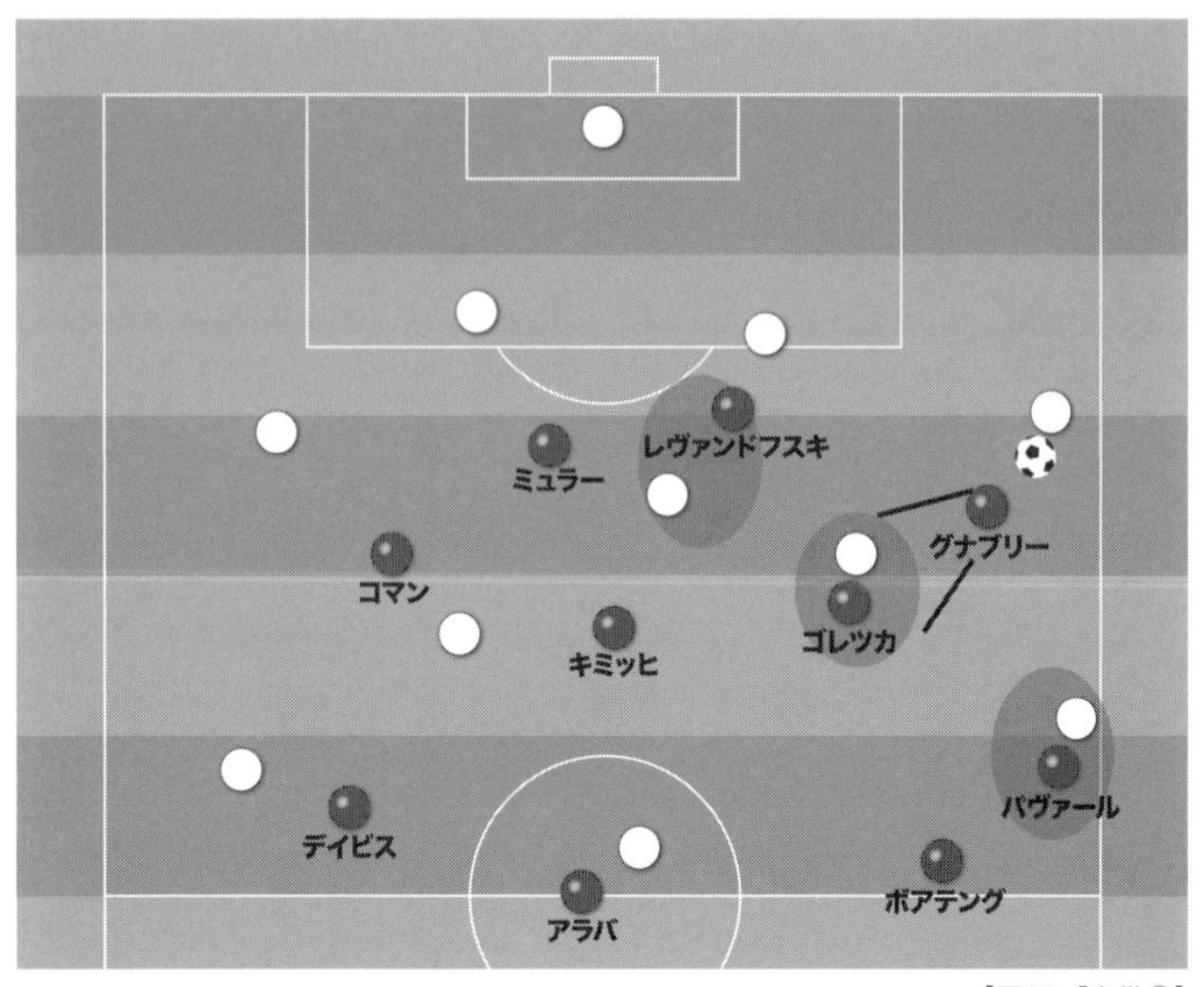

【図20「守備③】

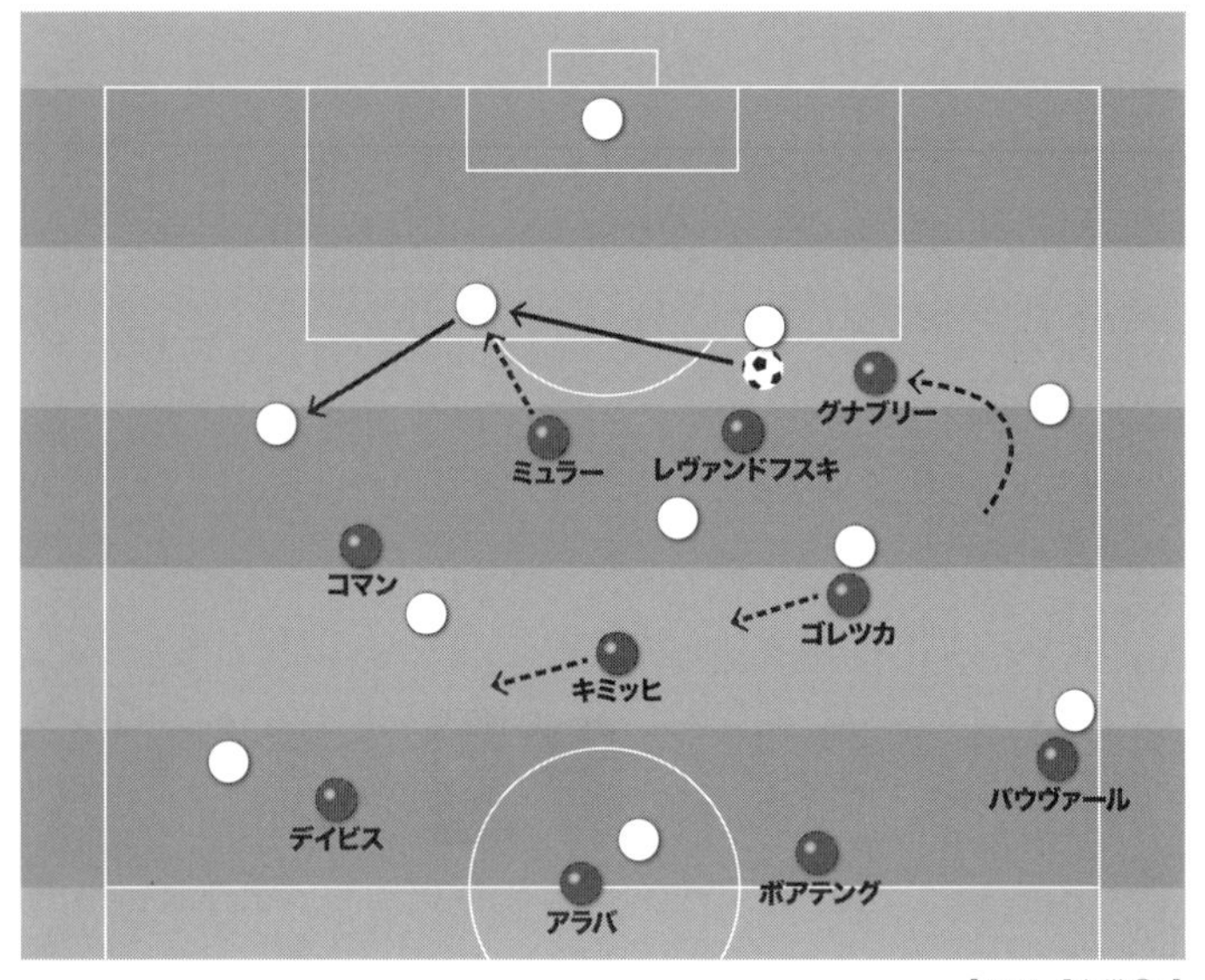

【図21「守備④」】

セットした状態は4-4-2となる。敵がDFラインでボールを回し始め、サイドの選手にボールが入る際にプレッシングを発動させることが多い。ここは自らがトリガーとなるのではなく、敵のボール回しがトリガーとなる。【図20「守備③」】

敵の左SBがボールを受けた時、グナブリーがハーフスペースを遮断しつつアプローチに出る。この時、ボールサイドのFW（レヴァンドフスキ）はアンカーをケアし、ゴレツカは敵のIHに前を向かせないようピタリと後ろにつける。パヴァールはWGに前を向かせないようアプローチできる位置にポジションをとる。こうして敵の選択肢をCBへのバックパスに絞る。

そしてCBへボールが渡ると、【図21「守備④」】のようにSHのグナブリーがSBへのパスコースを消しながらプレッシングをかけることが多い。距離や状況に応じてレヴァンドフスキがプレッシングをかける時もある。逆CBにボールが渡る際にはグナブリー（もしくはレヴァンドフスキ）がそばにいるためリターンパスを行うことができず、ミュラーのプレッシングを受けるためSBへとボールが展開されていく。

SBに渡ると、最初のフェーズのグナブリー同様、コマンがハーフスペースを切りながら寄せる。最初のフェーズと違うのは、ミュラーがCBへのバックパスの選択肢を消している点だ。【図22「守備⑤」】

右サイドからプレッシングをかけたことで、左サイドでこのようにはめ込むことが可能となるのだ。中盤の選手に対してはキミッヒがケアを行い、ゴレツカもボールサイドに絞る。敵の選択肢が縦しかなくなるためデイビスが距離を詰め、パスが出たら縦を切りながら寄せる。仮に敵がサイドに人数をかけてきた場合、コマンはバックパスのコースを消すように必ずプレスバックをかけ、デイビスはアラバにマークを受渡し先ほどと同様縦を切るように寄せる。

バイエルンのプレッシングにおいて奪い所となるSBのデイビスとパヴァールは、縦を切るように寄せる。無理やり内側にターンをしてくるようであればボールをつつくだけでショートカウンターのチャンスに持ち込むことができ、背負ってキープをするようであればコマンやグナブリー、CHと共に囲み、バックパスをするようであれば全体が一つの生き物のように統率された動きでラインを押し上げてさらにはめ込みに行く。SBのデイビスは1試合の平均タックル成功数がチーム1位であり、パヴァールはインターセプトの回数でチーム2位を

【図22「守備⑤」】

誇っており、これらの数字からもチームとしての狙いがはまっていることが読み取れる。

■スローイン時のプレッシング

前述「奪われた直後のプレッシング」や「セットした状態からのプレッシング」を用いてショートカウンターを狙っていくバイエルンだが、ボールをピッチに残せず敵のスローインとなってしまうケースもある。バイエルンはこの「スローイン時のプレッシング」も迫力満点である。【図23「スローイン時の守備」】

スローイン時はボールサイドに6人～8人もの人数をかける(当然クイックリスタートの場合はここまでの人数をかけられないが、最低限同数となるようにスライドする)。

【図23「スローイン時の守備」】

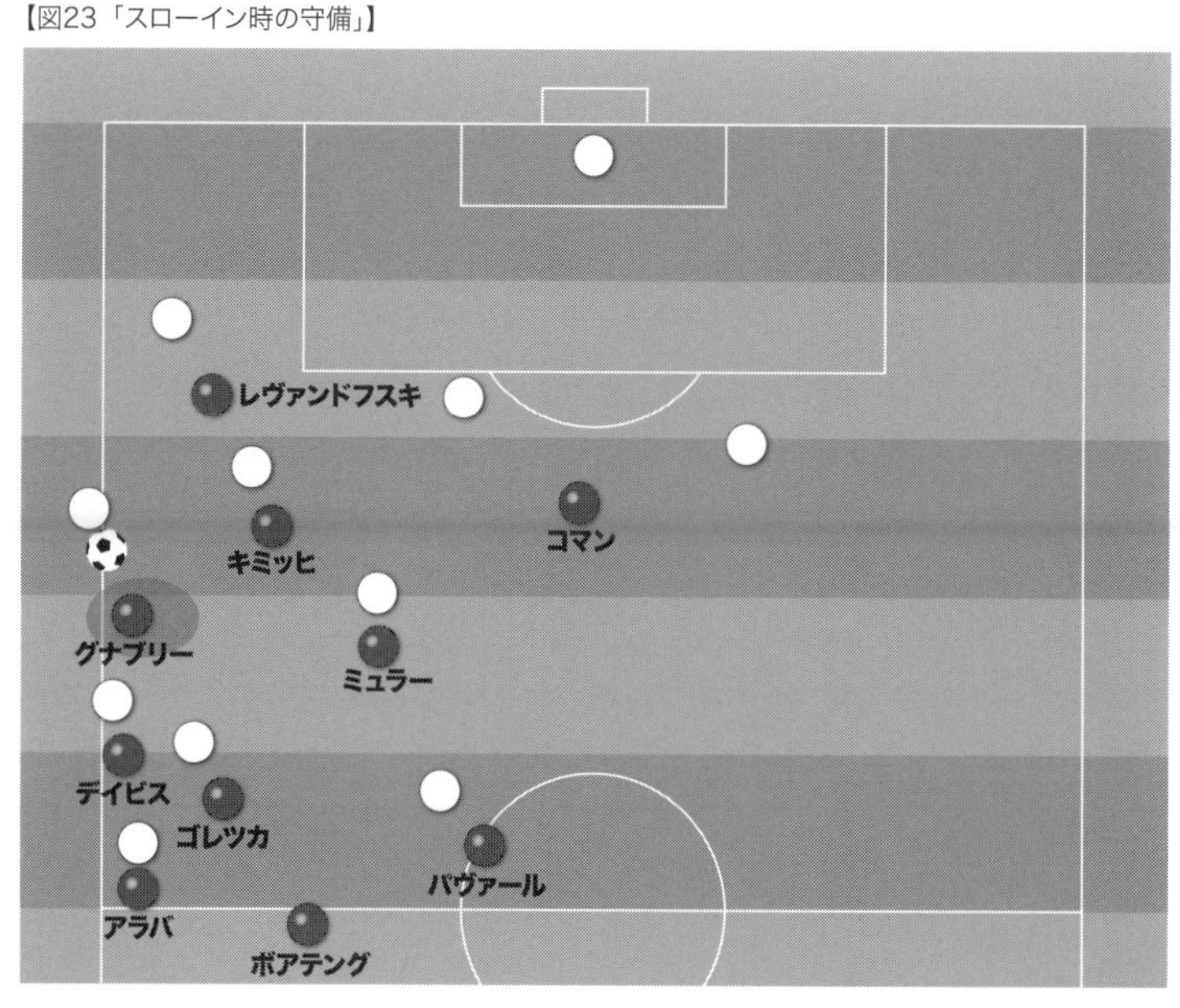

どの選手もマークする選手の後方1mほどに位置をとり、トラップ際を狙っていく。この時のポジション取りでポイントとなるのが、【図23】でいうグナブリーのポジションだ。このポジショニングには3つの効果がある。一つは、スローインを行う選手へのバックパスを防ぐという守備的な意味合い。そして2つ目はグナブリーが当該ポジションに入ることで、敵がどの位置の選手にスローしたとしても、挟み撃ちができる構造となる点だ。例えばデイビスのマークする選手にスローされた場合、グナブリーが当該位置に入っていなければ挟み撃ちすることはできない。

最後の一つは敵が持つボールをつついた時に、そのこぼれ球を拾ってカウンターに繋げることができるという攻撃的な意味合いだ。圧縮と遊軍により、敵のスローイン時のプレッシングとショートカウンターは非常に強力な武器となっている。奪われた直後、セットした状態でのプレッシングでショートカウンターに繋げられずスローインになろうとも、そこから再度ショートカウンターに持ち込む術を有しているのだ。

■おわりに

フリック・バイエルンが駆使した4-2-3-1での攻撃は然るべきタイミングで然るべきポジションチェンジを行えていることが最大の強みであり、それがどのようなものなのかについて解説してきた。敵、味方の状況を把握していないとできないプレーであるが、このチームにはアラバ、キミッヒ、グナブリー、ミュラー等といったクレバーでスペースの把握に長けた選手が各ポジションに配置されているという点も影響が大きいといえるだろう。キック精度の高いボアテングやアラバ、パヴァールや爆発的なスピードを誇るデイビス等攻撃においても力を発揮できる後方の選手が彩を加えた。

複数の階層を作り上げて生み出される多彩な攻撃が、守備の面でも配置として活かされ、シームレスなサッカーが実現された。現代サッカーにおけるいわゆる「強いチーム」には、この「シームレスな設計」が不可欠だ。「攻撃」・「守備」・「攻撃→守備」・「守備→攻撃」と4局面に分類できるものの、実際には野球のようにプレーが切れるわけではないため、相互にかかわりを持たせられるのがサッカーの面白い部分の一つである。守備が攻撃に、攻撃が守備に良い影響を与えることができるチームは強い。

ペップのバイエルン、クロップのリヴァプール、18-19シーズンのCLでベスト4に進出したテンハーグのアヤックス等はその典型であり、今後さらに増えてくるはずだ。こういったチームからは目が離せない。

攻撃に彩色を施す、ＩＨの起用トレンド

現代サッカーではどのポジションにもオールマイティーな能力が求められるようになってきている。プレッシングを行うチームならＣＦにも守備能力が求められ、細かいパスをつなぐチームならＳＢにもパス能力が求められる。

そんな中配置される選手の特徴によってチームの色が決まるといっても過言ではないポジションがＩＨだ。トニ・クロースのように低い位置から組み立てるタイプ、デブルイネのようにスピードを活かした抜け出しや精度の高いキックを誇るタイプ、シャビやイニエスタのような細かなコンビネーションで崩すタイプ、カンテやヘンダーソンのように守備もできて走れるタイプ。15-16シーズンのＣＬではユベントスを相手としたグアルディオラ率いるバイエルンがＷＧのドウグラス・コスタをＩＨの位置に移してハーフスペースからのクロスで攻勢を強めた。

配置される選手によって攻撃の色が変わってくるＩＨだが、近年ではサイド攻撃に絡めるのがトレンドとなっている。というのも近年は中央を固めて守備を行うチーム、もしくは圧力の強いプレッシングを行うチームが増えている。そんな中でサイドを起点にパスで崩す攻撃をパターンとして持っていればプレス回避と密度の高い守備ブロックの攻略に繋がるため、そうしたチームに屈せずに戦うことができるだろう。そのため、ＩＨのサイド攻撃への関わり方が重要になってくるのだ。ＩＨが関わらなければ、サイド攻撃は単調なものになってしまう。

ここで挙げる例は18-19シーズンのレヴァークーゼンと、19-20シーズンのレスター・シティ。ピックアップするＩＨはドイツ代表ユリアン・ブラント、イングランド代表ジェームズ・マディソン、ベルギー代表ユーリ・ティーレマンスだ。彼らがサイド攻撃において見せた破壊力のあるユニット攻撃について、いくつかのパターンを紹介する。

ユリアン・ブラント

レヴァークーゼン ―― Season 18-19

ユリアン・ブラントはドルトムント移籍後も成長がうかがえる、ドイツ代表期待の星だ。3バックを採用するチームにおいて彼は、時にWBと位置を入れ替え、時にCHの位置まで降りる等、非常に自由度の高い動きを見せ得点に関与している。しかしここでは、よりIHとしての枠組みに収まっていたピーター・ボス率いるレヴァークーゼン時代の動きにフォーカスをあてる。

左右非対称のポジション構成によって相手の守備陣を撹乱し発生したスペースを突くのは主にIHの役割だ。ブラントが巧みに利用したのは左サイドのバイリーとヴェンデルの間にできた「余白」だ。爆発的なスピードを持つバイリーと、足元のテクニックに優れたヴェンデルとのコンビネーションはレヴァークーゼンの大きな武器となった。彼らの攻撃の型は大きく分けて4パターン存在した。

■左サイドの「余白」

この時期のレヴァークーゼンは基本システムである4-3-3の状態から右SBのヴァイザーが高めの位置をとり、右WGのハフェルツが内側に絞り、残った最終ラインの選手たちが右にスライドすることで形成される左右非対称システムで攻撃を組み立てた。サイドで幅をとるバイリーとヴァイザーは、前者がWG、後者がWBの高さをとったため、左右で攻撃のパターンに変化がついた。

ブラントがハーフスペースを下がる。CHが大きく前進してくればライン間が広がる。余白はヴェンデルが利用。

これは最も多く見られた形だ。バイリーが張ってSBを釘付け、ヴェンデルがSHを引き付け、中間地点にブラントが流れてオーバーロードを形成する。そこから浮いてフリーとなったブラントがアクションを起こす。この動きは守備側にとってはマークの受渡しが難しく、数的優位を確保し新たなスペースを生むのに非常に効果的であった。敵のCHがサイドのケアに出てくれば、その背後を逆IHやフォラントが狙っていく。これは敵のプレッシャーを受けてもボールをキープできるヴェンデルの起用も重要な要素となっていた。彼がボールを保持できなければ、IHのブラントが効果的に降りるタイミングを逸してしまうのだ。

pattern 1
ブラントがWGとSBの間に降りる。

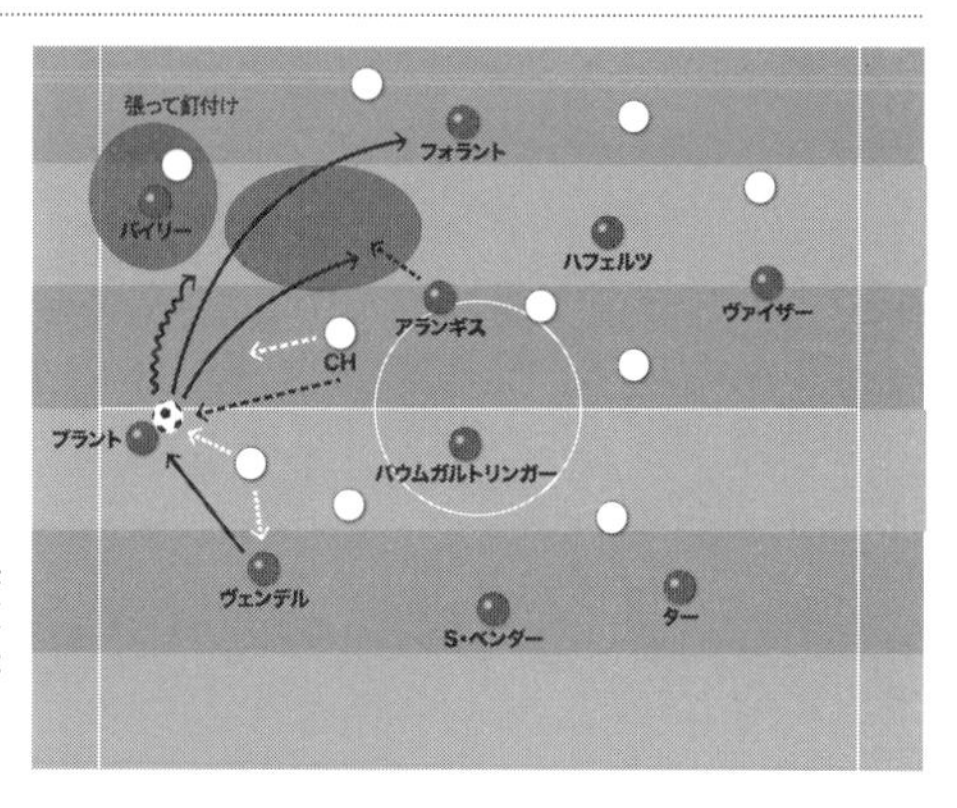

ブラントがWGとSBの間に降りる。ドリブルで運び、CHが寄ってきたら、その背後に逆IHが侵入。もしくはダイレクトでCFへ。

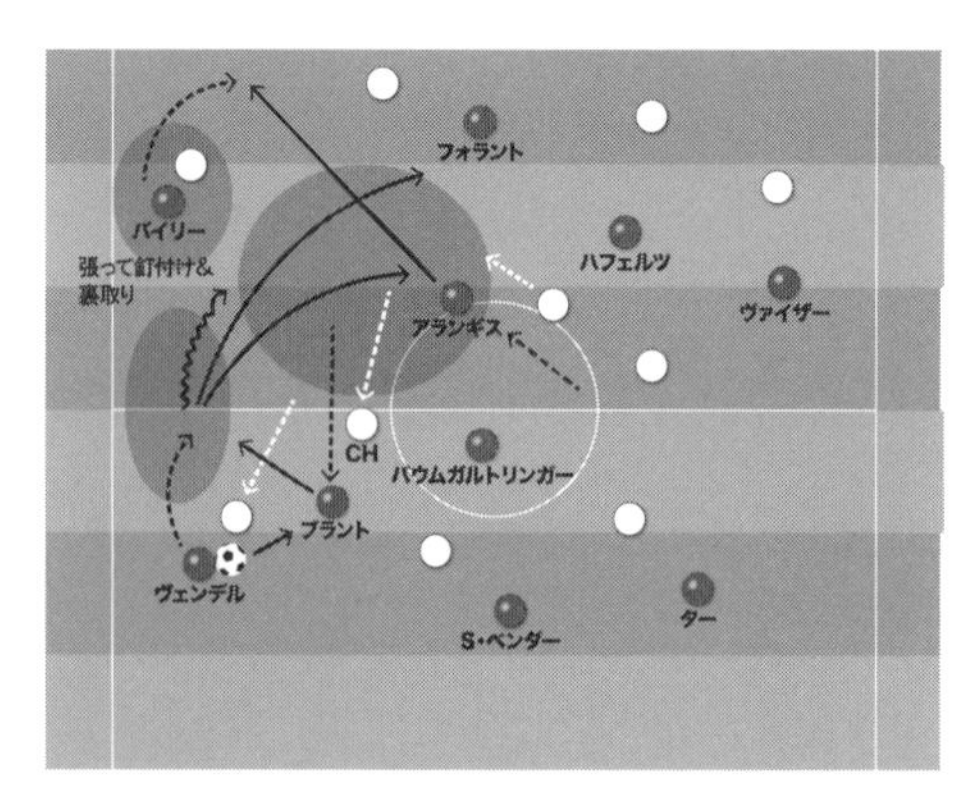

ブラントがハーフスペースを下がる。CHが大きく前進してくればライン間が広がる。余白はヴェンデルが利用。

ブラントがハーフスペースを下り2vs1を作る。敵のCHが出てくればライン間が空くため、余白に前進するヴェンデルからパスを送り込み、出てこなければ前を向く。パターン1同様、逆IHのアランギスが同サイドに流れてくる。

pattern 2
ブラントがハーフスペースを下る。

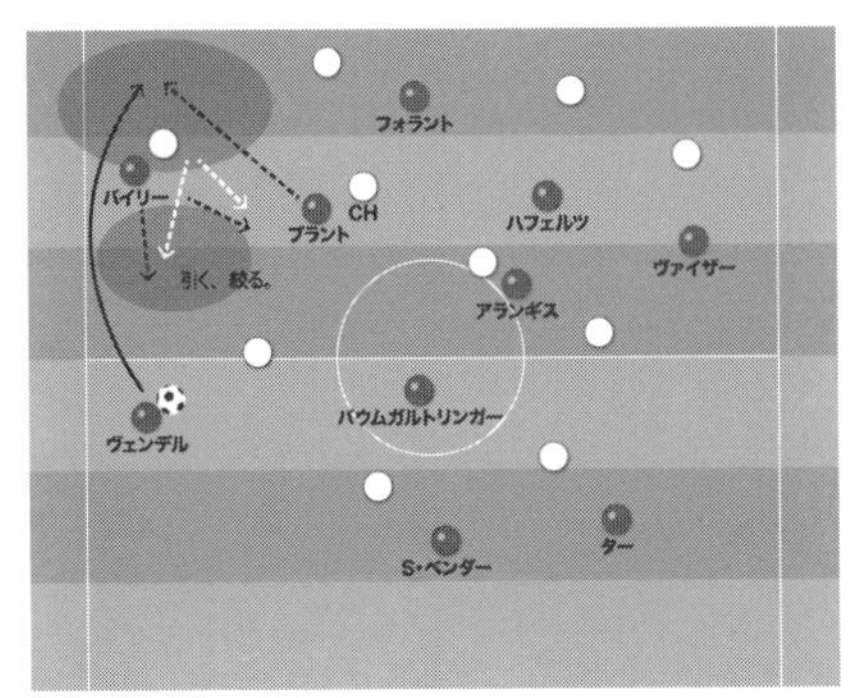

バイリーが引く、絞る動きでSBを誘い出し、ブラント等がSB裏に抜け出す。

pattern 3 バイリーが引き、ブラントがSB裏へ。

引いてくるバイリーが余白を使う形だ。ＳＢを引き出せれば、ブラントがＳＢ裏に流れる。出てこなければバイリーがスピードを活かしたドリブルを仕掛けていく。

3人が反時計回りに回転し、敵にズレを起こす。SHはSB（ヴェンデル）をカバーシャドウで見がちなため、バイリー経由で裏へ。

pattern 4 反時計回りのローテーション

バイリー、ヴェンデル、ブラントが反時計回りに移動し敵の守備にズレを起こす。ブラントが下がってボールを受けCHを釣り出し、ブラントの元居た位置にバイリーが絞ってSBを絞らせ、バイリーの元居た位置にヴェンデルが前進する。守備に回るSHは上がってくるSBをカバーシャドウで見ることが多いため、バイリー経由でパスを送れば、ヴェンデルは比較的裏を取りやすい。このローテーションに敵がついてこない、もしくはマークの受渡しに失敗すればどこかにスペースや数的優位が生まれるため、そこから攻撃を仕掛けていく。

以上は代表的なパターンであり、複合、別選手の関わり等、アレンジは多彩であった。余白を入れ代わり立ち代わり出入りすることで別の個所にスペースを発生させ、スペースの連鎖がなされている。このようにＩＨブラントのポジション移動から様々なパターンを駆使した攻撃を仕掛けていくのが18-19シーズンのレヴァークーゼンの特徴であった。ＩＨの動き次第で、サイド攻撃は様々な色に染まるのだ。

ジェームズ・マディソン＆ユーリ・ティーレマンス

レスター・シティ　Season 19-20

■IHとWGのポジション移動

4-3-3を採用したブレンダン・ロジャーズ率いる19-20シーズンのレスターは攻守に非常に統制のとれたチームであった。守備においては丁寧にパスコースを潰すプレッシングとゴール前に壁を作るカウンター対応、攻撃面ではプレミア屈指のパスワークでEL出場権を手にした。

そんなレスターの攻撃において肝となっていたのがIHとWGのポジション移動だ。基本的にIHがポジションを移動し、それに合わせる形でWGもポジションを移動する。こういった動きは当然、起用される選手の特徴によって微妙に変わってくる。レスターの場合、SBの選手のキャラクターが大きく異なる。右のリカルド・ペレイラはスピードとテクニックに特徴があり、ダイナミックなランニングから自分で持ち上がることができる。逆に左のチルウェルはペレイラほどのスピードは無いが、正確な左足のキックを持ち合わせていた。そういったSBの特徴も加味したうえで、左右異なるユニット攻撃が展開された。いくつか例を挙げていく。

まずは、右SBペレイラが得意とするインナーラップを活かす形だ。【図1】のようにティーレマンスは高めの位置を取る。この時のWGとSBのポジショニ

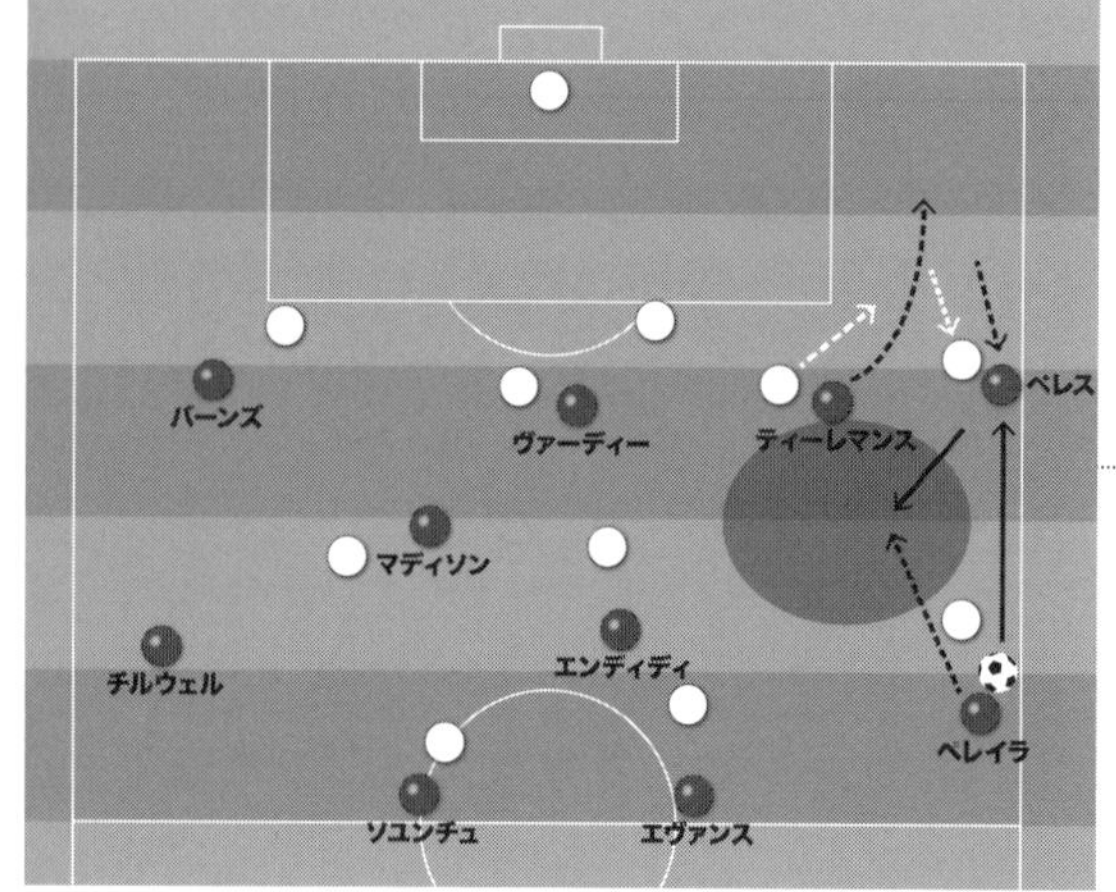

【図1】

ングもレスターの特徴で、２人共ワイドに並ぶ位置に立つ。そうすることで内側にインナーラップのためのスペースを創り出すのだ。そのため、タッチラインに沿う縦パスはマストとなる。敵のＣＨがティーレマンスについて来なければ、彼はそのまま抜け出しを図る。ＷＧは引きながら受けることで敵ＳＢを釣り出し、ティーレマンスが裏に抜けるためのスペースを創る役目を果たす。またＩＨとＳＢが前進するため、ＷＧが低い位置でリスク管理を行う必要があり、その面でも「引きながら」が活きている。

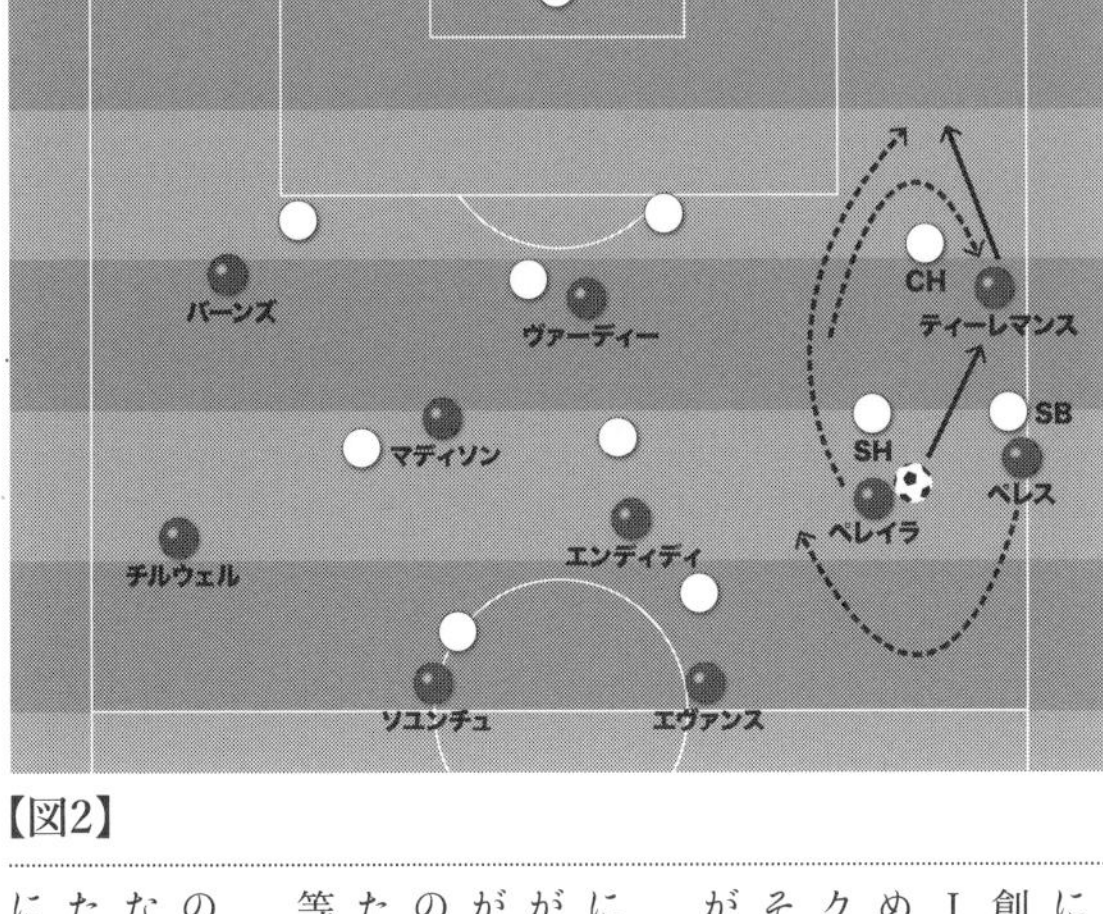

【図2】

ペレイラが内側への侵入に成功すれば、ヴァーディが引いて逆ＷＧのバーンズが裏を狙う。その他、敵の逆ＣＨがカバーに出てきた背後をマディソンが突く等の選択肢が出てくる。

【図２】のようにワンツーの経路が塞がれてシンプルなバックパスになってしまった場合はティーレマンスが外に流れて壁役となり、再度ワンツーを行える体制を作る。ローテーションを行うことでパスコースやスペースを作りだすだけでなく、敵のＳＨを一気に最終ラインまで押し込むことも可能となるのだ。ここでペレイラへボールを渡すことができなくても、ペレスが内側へ移動してパスコースを作れば、敵の陣形を崩しつつ良い体勢でボールを受けられるため、次の展開を行いやすくなる。

または【図３】のようにＷＧとペレイラが外に並んだ状態で、先ほどの例とは逆にティーレマンスが降りることでペレイラがインナーラップを仕掛けるためのスペースメイクを行うシーンも見られた。

そして【図４】が最もオーソドックスな動きだ。マディ

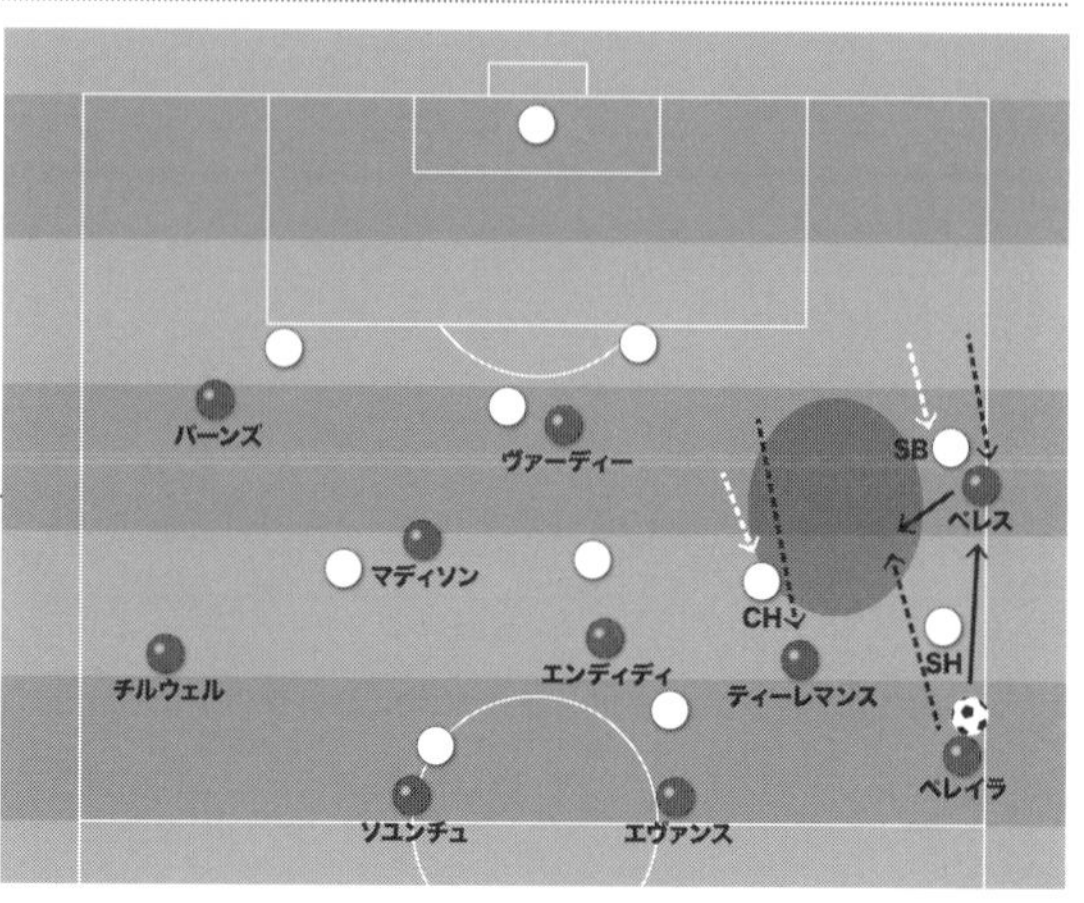

【図3】

ソンがWGのバーンズの手前に流れていく。敵SBに対してWGとIHで2vs1を作るのが理想だ。WGとIHが入れ替わる「横」の動きを加えることで敵のマークに混乱を与える。流れていくマディソンに対して、ゾーンディフェンスの意識から敵のCHがついていくことはほとんどない。つまり、WGかマディソンのどちらかが高い確率でフリーになるのだ。

マディソンが流れるタイミングとバーンズが絞るタイミングを変えることで変化がつくのも特徴だ。例えばマディソンが先に流れれば、サイドの起点がひとつ増え、確実にフリーの状況を作り出せる。中央にスペースができた状態となるため、バーンズが絞りながら受ければスムーズにカットインを行うことができる。

バーンズが先に絞った場合、敵のパスコースの消し方が甘ければマディソンは中に残ったままレイオフを駆使して前進するという判断もできる。そこからマディソンが開けば、SBはより危険な中央に位置するバーンズのマークを放さないため、マディソンは高い位置でフリーになれる。

外に開いたマディソン経由で、SB裏に抜けるWGへ送る形もパターンに持つ。絞ったWGが受けた場合、ヴァーディは同サイドに流れる動きを見せることが多い。WGがドリブルで侵入していくのを助けると共に、逆サイドのWGがチャンネルに侵入するサポートを行うのだ。この局面に限らずレスターは逆WGが積極的に中に絞り込んでフィニッシュに絡みにいく。

この一連の動きは左サイドで多く、状況次第でSBのチルウェルがオーバーラップや高精度クロスで攻撃に関わる。ペレイラのような推進力はないため、右サイドとは別のパターンとなっているのだ。

　こういった細かな動きを組み合わせて攻撃を仕掛けるのがレスターの特徴だ。ＩＨの動きとしては引く、流れるがメインとなる。このＩＨの動きをトリガーに、敵の対応を観察しつつWGやSBといった周囲の選手が連動する。抽象的に表現すればこのようなところであるが、攻撃のトリガーと型があれば敵の対応もある程度パターン化されるため、レスターの攻撃も当然パターンが定まり、後出しジャンケン的に進行する。その「パターン」が先の例となるわけだ。

　状況が変われば少しずつ打ち手も変わるため、それぞれの要素を少しずつ含んだ攻撃パターンも生まれていく。守備側からすれば、ＩＨのマディソンやティーレマンスをいかに見るか、どのエリアで放置するか等を定めておく必要が出てくる。

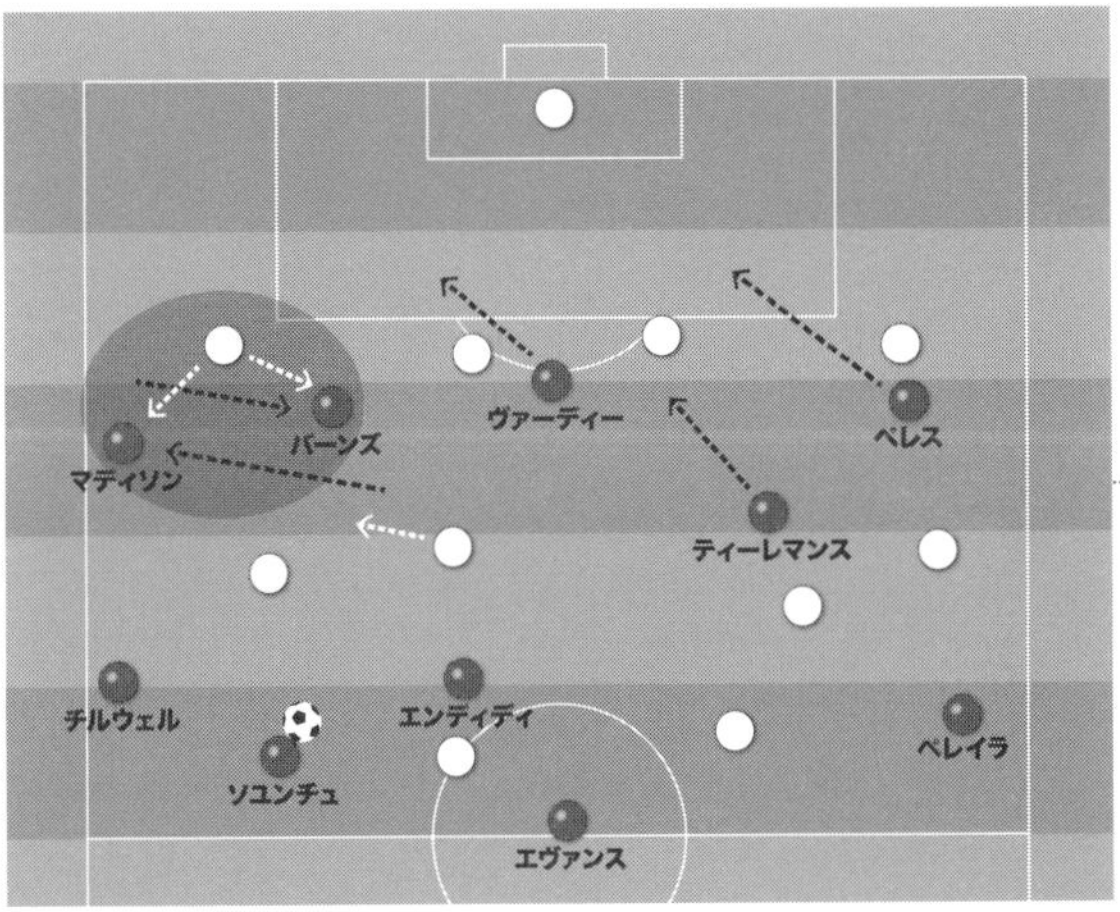

【図4】

　ＩＨのポジション移動を基調とした攻撃を仕掛けるチームはここ数シーズン少しずつ増えてきている。特に丁寧にパスを回して攻撃を仕掛けるチームにはより顕著な傾向だ。比較的スペースのあるサイドのエリアでオーバーロードを形成することで、敵のプレッシングを回避するのにも役立つ。

　スペースを作る、もしくはスペースに侵入することのできる選手がＩＨで起用されていると、攻撃の幅は格段に広がる。今後ブラントやティーレマンス、マディソンのように自らの動きで攻撃に変化をつけられる選手は市場価値を高めていき、それがスタンダードとなればその力の無い選手は淘汰されていく、という可能性も十分に考えられる。

4-3-1-2

System formation

chapter.04

ユベントス

Juventus

ITALY SERIE A

season 18-19

「二刀流プレッシング」アッレグリ・ユベントスの守備&攻撃戦術の分析

世界で最も偉大なクラブのひとつ、レアル・マドリード。この名門の顔として数多のゴールを積み重ねてきたクリスティアーノ・ロナウドのユベントス移籍はこの時期で最もホットなトピックであった。スーパースターの加入はチームに勇気を与える反面、全体バランスの整備という困難が付き纏う。ロナウドしかり、リオネル・メッシしかり、特別な仕事をこなせる選手には特別なタスクが与えられる(もしくは免除される)ものだ。

しかし、名将・アッレグリはわずか半年という短い期間でこの困難なミッションの最適解を見出し、セリエAの優勝争いを独走した。スーパースターは世界でも一握りの稀有な存在だ。そんな彼らをチームに組み込むミッションを課される監督も、当然一握りである。アッレグリがいかにしてユベントスにクリスティアーノ・ロナウドを組み込んだのか、その仕組みに迫る。

守備編

■ロナウドを守備に組み込め！

ユベントスは18-19シーズン、38試合で30失点。数字が示す通り、堅固な守備が強みだ。この守備組織を構築したアッレグリは、ロナウド（以下CR7）をも守備に組み込んでみせた。もちろん、特別な仕事をこなせる彼を他の選手ほど守備に走らせることはしない。ただし、イタリアでのCR7は最低限のカバーシャドウはかける姿勢を見せている。足りない部分は背後に構えるIHのマテュイディがカバーする。【図1「守備のベース」】

マテュイディは派手さこそないが、運動量と守備能力において世界トップクラスの実力の持ち主だ。CR7を背後から支え、攻撃においてもポイントとなる彼は、このシーズンにおけるユベントスの

【図1「守備のベース」】

ユベントスの守備のベースは4-4-2。C・ロナウドとディバラの位置によっては4-3-3、4-2-3-1に変化する。中盤3枚がSH化することでバランスをとっている。

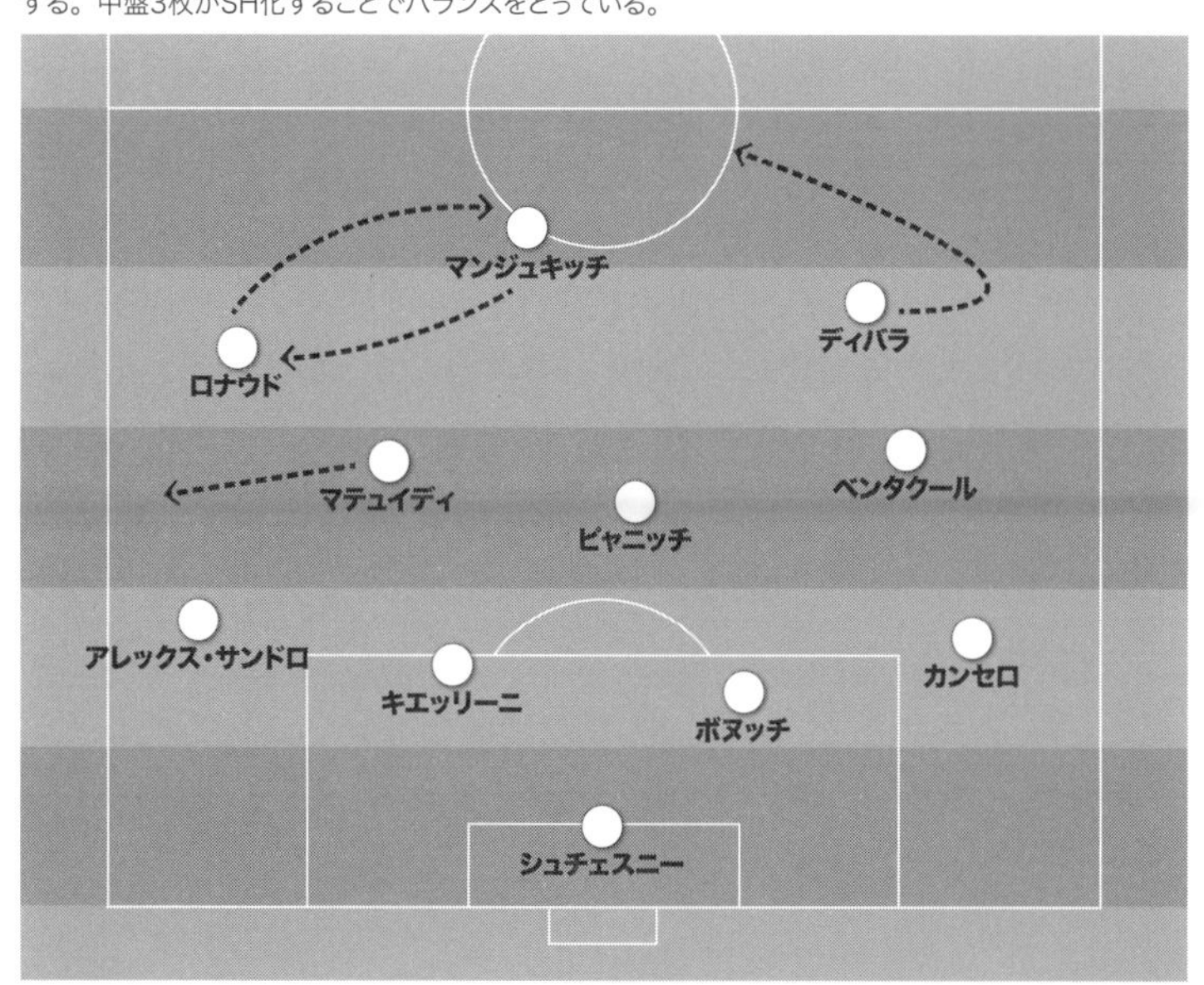

キーマンであった。

さらに前線でコンビを組むマンジュキッチも、CR7と入れ替わって左WGの位置に入り、守備面のカバーをこなすことができる。

ベースは4-4-2であったが、ロナウドとディバラの位置によっては4-3-3、4-2-3-1へと変化する形だ。CR7を組み込み、マンジュキッチとマテュイディを中心に足りない部分を補い機能するユベントスの守備の特徴は大きく2つ。1つは「二刀流のプレッシング戦術」、もう1つは「敵を囲い込むネガティブ・トランジション」にあった。

■サッリ・ナポリ風プレッシング

サッリ・ナポリのプレッシングはWGのカバーシャドウから入ることで片側のサイドを確実に潰し、進行方向を確定させ、逆サイドで仕留めるというプレッシングであった。【図2「ナポリプレッシング」】
このプレッシングはユベントスでも採用された。その多くはディバラ、ベンタンクール、カンセロ等の右サイドで始まりCR7、マテュイディの左サイドで仕留める形となっている。CR7からプレッシングを開始することは少なく、彼の役割としては最低限のカバーシャドウをかけ、カウンターの脅威をちらつかせることによる正常なビルドアップの阻害である。抜群の奪取力と運動量を誇るマテュイディが終着点(奪い所)であることを考えても、非常に理にかなったプレッシング戦術である。

■リバプール風プレッシング

リバプールの守備はWGがSBを、CFがアンカーをカバーシャドウで切り、間のIHに通してきたところを中盤の3枚で狙い撃つ形であった。ユベントスはこれに近いプレッシングも採用している。【図3「リバプール風プレッシング」】

ホルダーへの寄せは片側のサイドを消しながら。空いている方のサイドは2人目が見て、その間を通すパスを3人目が狙い撃つ形だ。大きく違う部分はアンカーの見方だ。リバプールの場合CFのフィルミノがアンカーをカバーシャドウで消しながらホルダーに寄せるため、CB間のパス交換には対応できない。（P26参照）

対してユベントスはアンカーにアン

【図2「ナポリプレッシング」】

3トップでパスコースの限定と寄せ。サイドが限定できたらSBは前進し、アンカーは絞り、IHは戻り、CBはSB裏のスペースをカバー。サイドの密度を高めて、ボールを回収する。

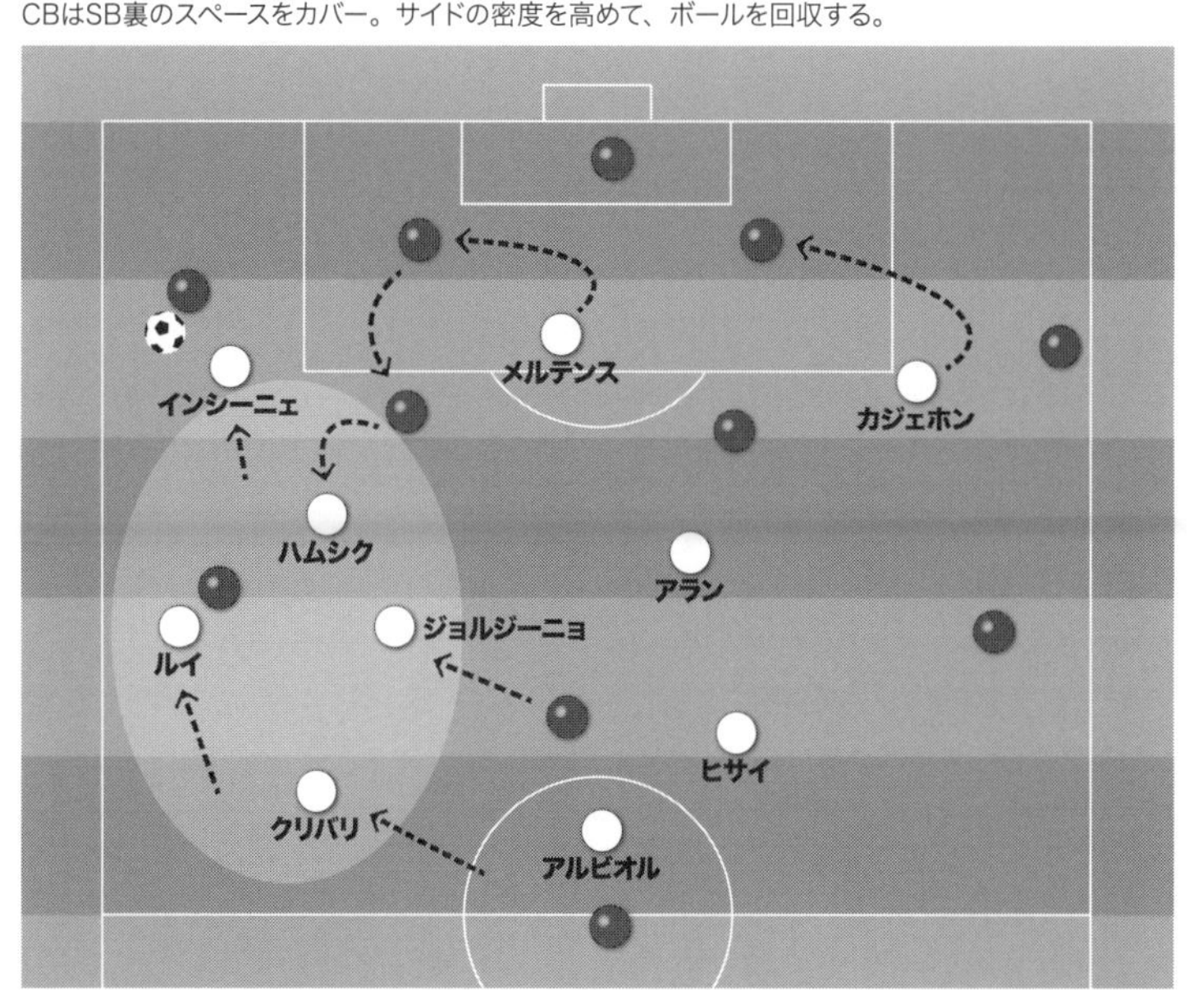

カー（もしくはIH）をぶつける。ピャニッチ（もしくはマテュイディ）だ。アンカーをこのようにケアすることにより変化するのがCFの寄せ方だ。ユベントスのCFはCB間を切るように寄せるため、早いプレッシングではないのにDFに時間的猶予を与えない。そこが敵DFと睨み合いの時間が続くリバプールとは対照的な部分である。これは前述のナポリ風プレッシングをセットで行うことにより可能となる部分でもある。

興味深いのは4-4-2から4-2-3-1への変化だ。単に2トップが縦関係になるのではなく、一角を担うディバラが右に旋回、中盤3センターの内一人がアンカーを見ることの出来る位置まで上がって4-2-3-1を作る。【図4「4-2-3-1変化」】

これは、ナポリ風プレッシングの起点と

【図3「リバプール風プレッシング」】

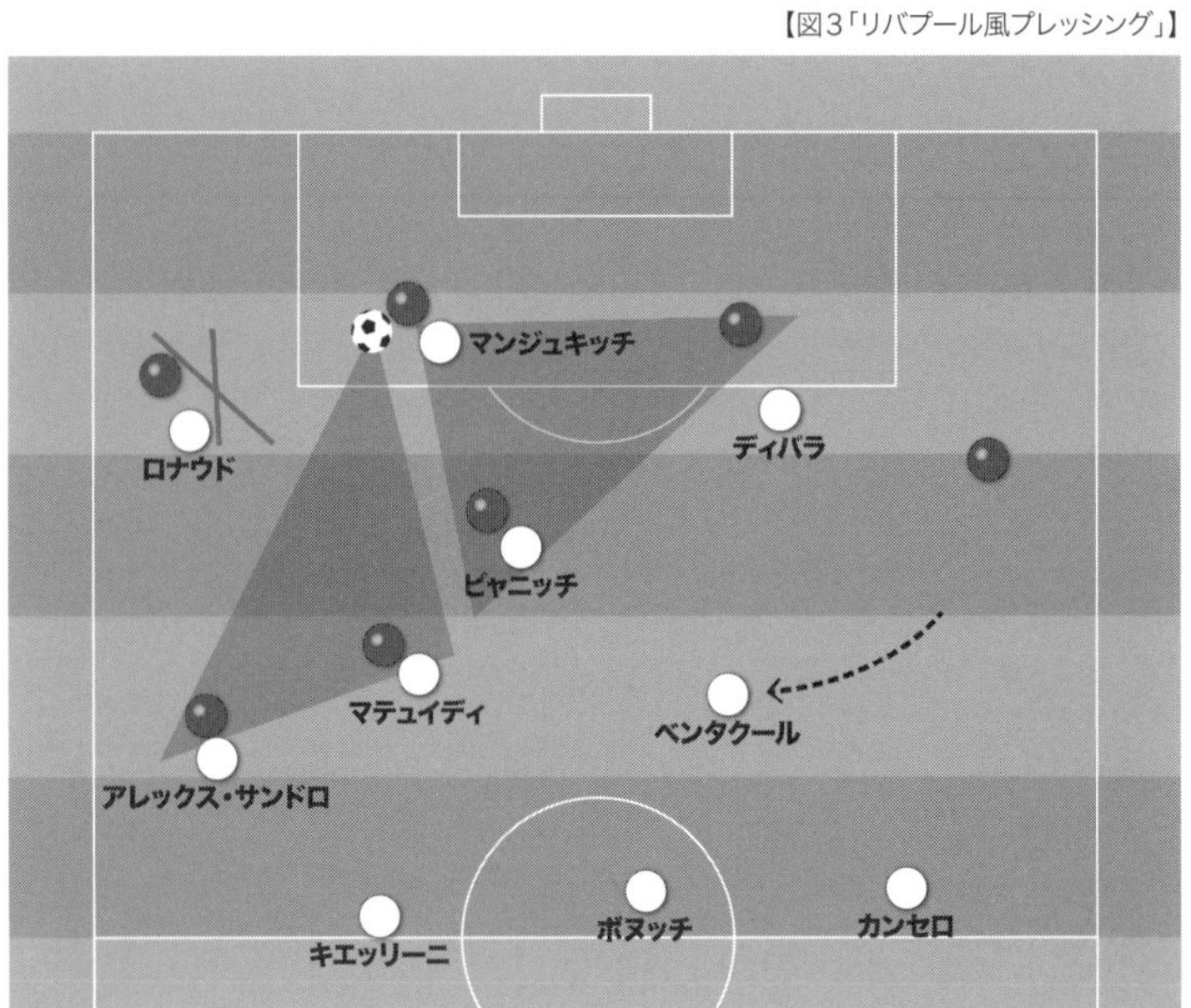

なるディバラが右に残る形だ。彼が右に残れば同サイドにカバーシャドウがかかると共に、GKを使われたとしても数的不利にならない。当然、アンカーを3センターの誰かが見ることが前提の守備だ。でないとアンカー経由で回避されてしまう。誰が出るかは状況次第だが、その後絞って2CHを形成するところまでチームに浸透している。余計な受渡しを控えると共に、効率の良いプレッシングが可能となっている。3センターの柔軟性が土台となっている守備構造である。

例えばこれでディバラがアンカーにつくと、左CBがフリーになる。ディバラがGKへの寄せまで行えば図と同様のカバーシャドウがかかるが、彼1人への負担だけが大きくなりバランスが損なわれる。

【図4「4-2-3-1変化」】

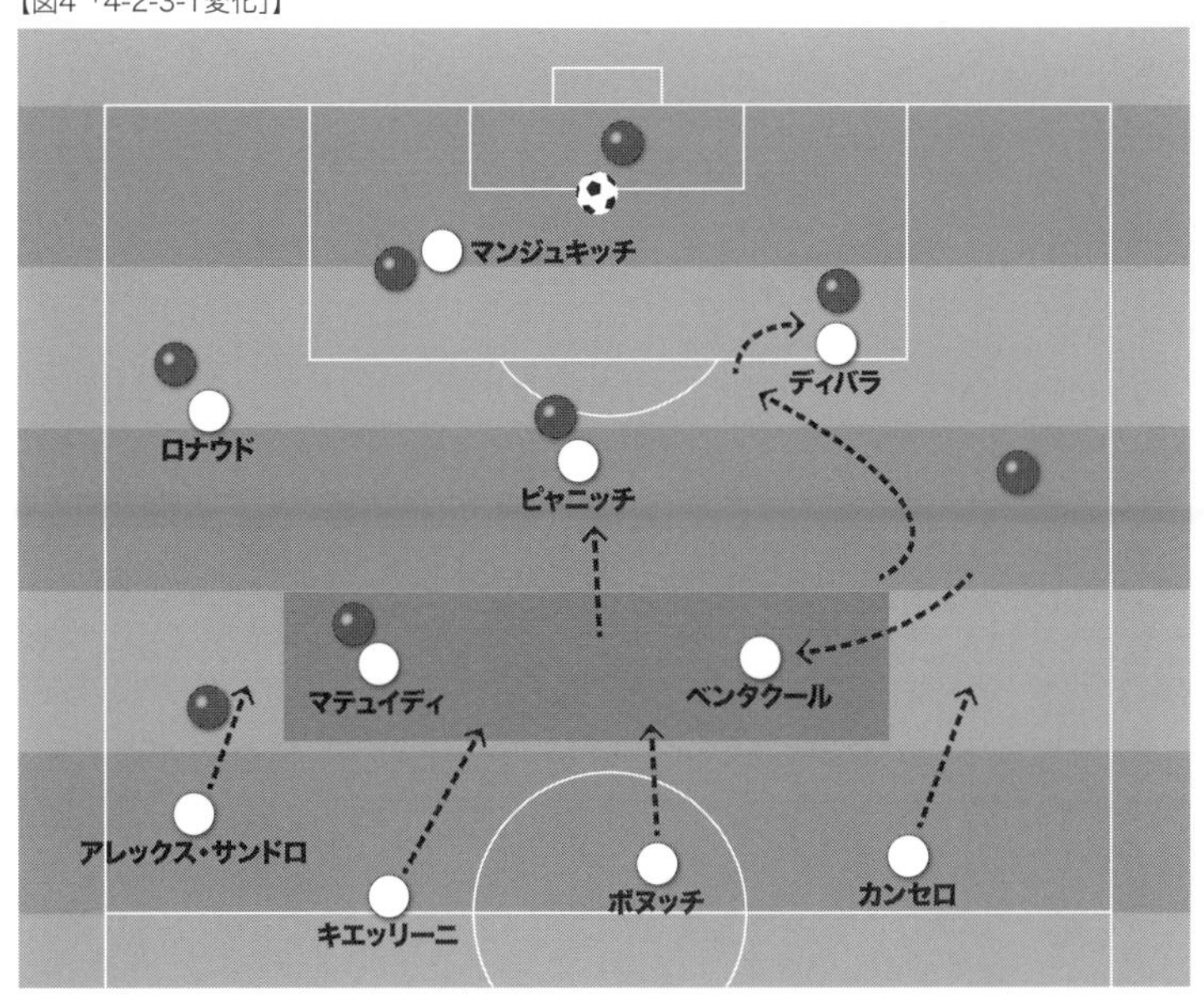

■ネガティブ・トランジション

ボールを失った直後の守備はリバプール風プレッシングでのボール奪還が試みられる。また、通常のチームのネガトラとは優先順位が異なる。

通常はファーストプレスでボールを「奪いに行く」素早いプレッシング、後続には連動が求められるが、ユベントスのプレッシングは「選択肢を潰すための囲い込み」が優先される。いきなり奪いに行くのではなく、選択肢を絞ってから奪いに行く。そのため寄せの単純なスピードに関してはそれほど速くない。

方法としては先述の通り、リバプール風プレッシングそのままだ。ボールを奪われたらファーストプレスマンが片側のサイドを切りながら寄せる準備。逆側のサイドを切る選手には「判断」のスピードと「位置に付く」スピードが求められる。

ここまでが揃ってからホルダーへのプレッシングを強める。その間を通すパスはカウンター対策で残っているＩＨやアンカーが待ち構えていることが前提となっているから、この選手の連動が遅れることは無い。

選択肢を絞るため、判断スピードと予測に長けたＣＢボヌッチとキエッリーニは積極的にパスカットのための前進を行うことができる。

■セカンドボール対応

CR7、マンジュキッチを擁するユベントスはクロスボールの利用頻度が高い。となるとやはりポイントとなるのはセカンドボールの回収だ。どんなにクロスボールが武器だと言ってもその成功数は失敗数を大きく下回るはずだ。つまり、失敗した際のセカンドボール回収までをパッケージ化して落とし込んだチームの方が圧倒的にクロスボール戦術の完成度が高いと言える。

ユベントスの場合、クロスボールが落ちてくるペナルティ・アーク付近にアンカーのピャニッチが前進する。なぜならユベントスは、世界でもトップクラスの空中戦の強さを誇るマンジュキッチとCR7がクロスのターゲットになる。そのためニアを狙うクロスよりも単純な高さ勝負になる中央へのクロス、もしくはSBと競り合いを行うファーサイドへのクロスが多い。

高さ勝負を促す緩いボールは、DFにとってクリアで弾き返すのにパワーが必要だ。それが中央やファーに上がってくるのであれば、クリアボールの落下地点がニアよりもアーク付近が多くなるのは必然だ。ましてや競り勝つことで精一杯となればなおさらであるため、そこを虎視眈々と狙い撃つのである。

基本的にはピャニッチが前進、その脇を片方のIH、そしてSBで埋めるという布陣になる。圧倒的な個の力を持つ2選手がターゲットのため、ゴール前に余計な枚数を割く必要はなく、代わりにセカンド回収に割くことができるのだ。

■おわりに

状況に応じた柔軟性と判断力を備えたピャニッチとベンタンクール、多少の粗を塗りつぶす運動量と奪取力を備えたマテュイディ。この中盤3センターを中心としたユベントスの守備組織は、非常に特徴的でかつ強力だ。

ロナウドというスターを組み込んだ状態でここまでの守備組織を構築するなど、並の監督では到底まねできない芸当だ。アッレグリの手腕が恐ろしいまでに光ったシーズンであった。

攻撃編

■攻撃布陣

ユベントスの攻撃時の布陣は良い意味で曖昧だ。4-3-3から適宜左WGのロナウドがトップのマンジュキッチの脇へ、右WGのディバラがトップ下の位置に移動し4-3-1-2のような形に変化する。【図5「攻撃布陣」】

これはWGもトップもこなせるマンジュキッチとロナウド、そして純粋なWGというよりもトップ下や2トップの一角としてのプレーの似合うディバラがそれぞれの特性を活かす上で大いに効果を発揮している。逆に、自らが移動してできたスペースを別の味方に使わせる、といった意図と効果は見られない。あくまで彼等前線3枚の個の力を活かすという目的である。

WGもCFもこなせる選手というのはそれほど多くない。ましてや偽9番タイプではなくゴール前でターゲットとなれる長身選手となればなおさらだ。ユベントスにはそんな稀有なアタッカーが2人も在籍した。この特徴的な選手構成が、当時のユベントスを形作っていたと言える。

■前進の方法

ユベントスの前進方法のひとつとしてロングボールが挙げられる。しかし、ただ敵のゴール方向に蹴り出すのではない。高さのある中央のCBとの空中戦を回避し、サイドの比較的身長の低いSBへ向けたロングボールを送り、マンジュキッチやロナウ

【図5「攻撃布陣」】

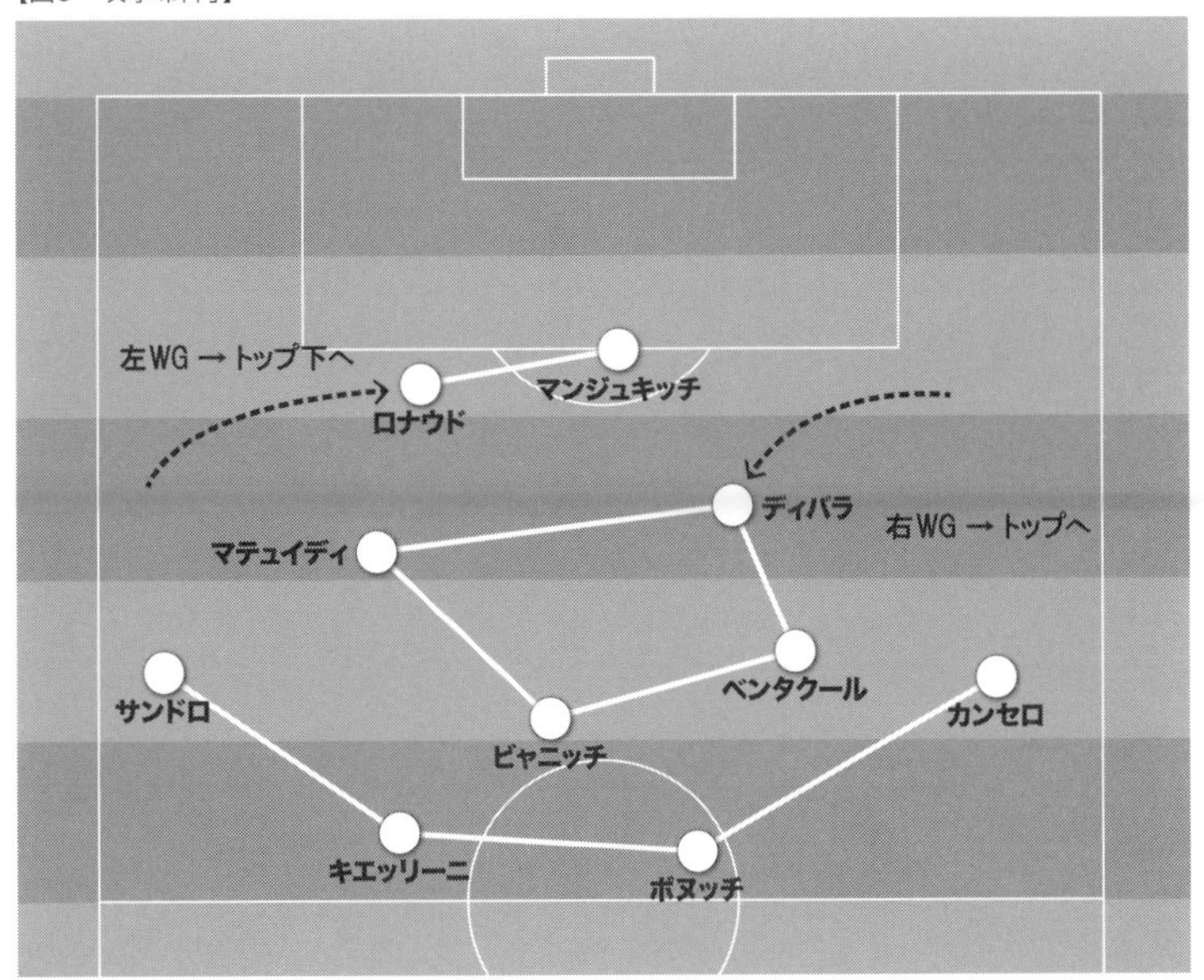

ドのような長身選手がボールを収める手法は有名である。

特徴的なのは速攻時。ロナウドとマンジュキッチが同サイドに位置することでこぼれたボールの回収役も兼任する。つまり、ロナウド&マンジュキッチvs敵SBの構図だ。敵からすれば通常の空中戦でさえマンジュキッチ、ロナウドに勝つのはSBにとって至難の業であるが、ボールが流れてももう一方に拾われる数的不利の状況だ。非常に対応が難しい攻撃である。

またこれは空中戦だけでなく地上戦でも効果を発揮する。2人でチャンネルと大外に立てば、SBはどちらか一方に対応するしかないため、もう一方がフリーでボールを受けられる。

ロナウドがチャンネルに立てば、爆発的なスピードでDFを外しシュートやクロスに持ち込むことが可能だ。圧倒的な個人能力を活かすのにベストな状況が作り出される。

■アタッキングサードにて

アタッキングサードに入った際、ロナウドとマンジュキッチがゴール前に揃う状況を創り出すことができれば、敵DF陣に大きな脅威を与えることができる。

マンジュキッチは前進手法と同様、ファーサイドに位置してSBとのマッチアップを狙うことが多くなっている。

そして、こういったゴール前での脅威をさらに倍増させるのがマテュイディの存在だ。マテュイディは圧倒的な運動量でチャンネルを陥れる役目を果たす。彼のこの動きが、ユベントスのクロス

ボール戦術を引き立てる効果を持つ。【図6「マテュイディの動き」】

ではゴール前にロナウドとマンジュキッチが揃う場合、チャンネルに抜けるマテュイディを誰が見るか？　通常は、高さのあるCBをゴール前に残してターゲットにぶつけたいという思いから、アンカーがチャンネルケアに向かう（ーHはピャニッチやベンタンクールとマッチアップ）。そうなった時に狙い目となるのがマイナスのクロスであり、トップ下化するディバラが選択肢に組み込まれてくる。彼はトップ下でリンクの役目を果たすとともに、フィニッシャーとしての役割も担っているのだ。

ではロナウドが左に張っている場合はどうなるか？　アンカーがマテュイディ

【図6「テュイディの動き」】
マテュイディがチャンネルを陥れたとき、アンカーがそのカバーを行うとマイナスクロスへの対応が難しくなる。マイナスのクロスに対しては、右WG→トップ下に変化するディバラが狙い撃つ。

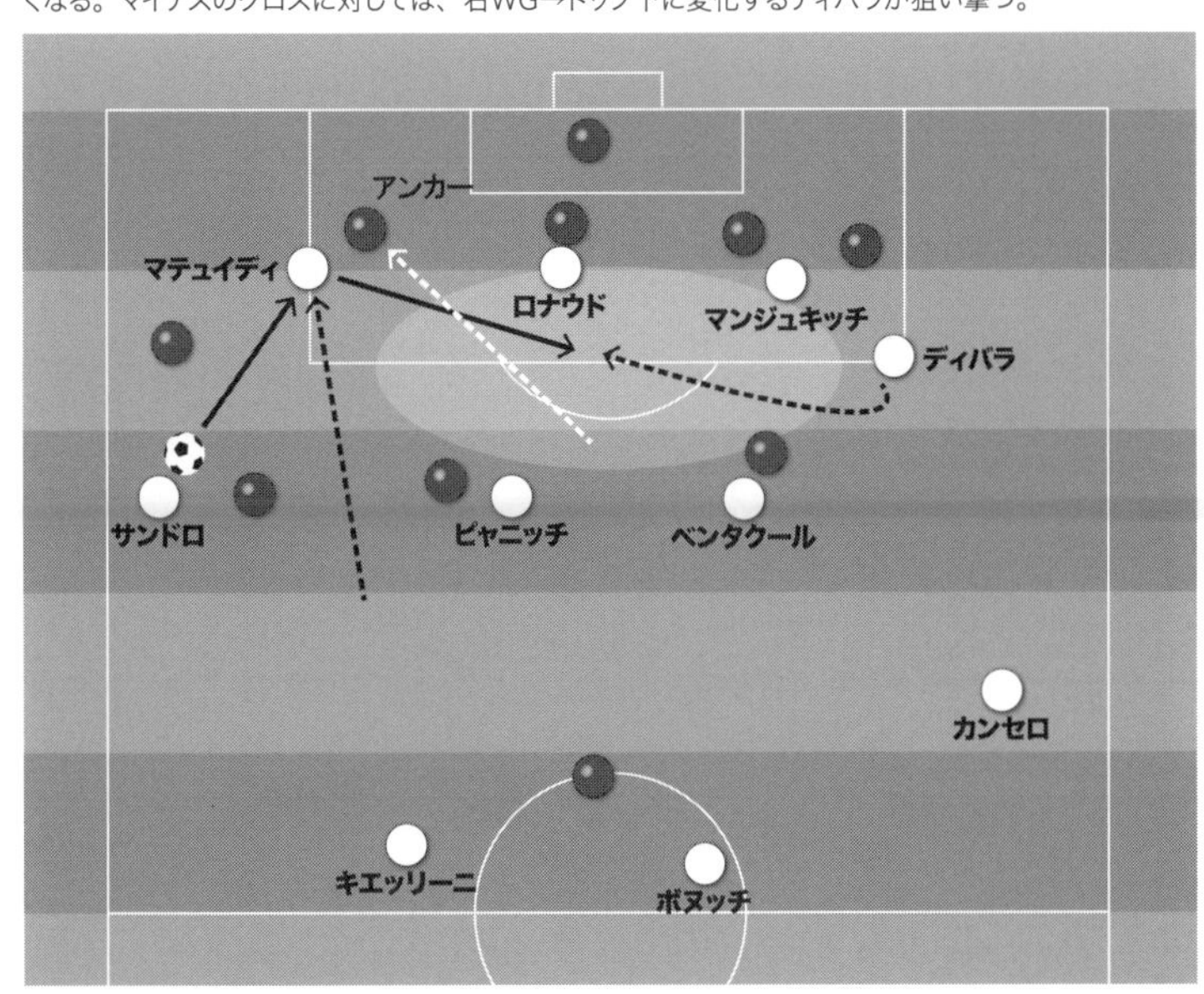

の抜け出すチャンネルのケアを行うのであれば前述の通りマイナスのクロスをディバラが狙う。中にマンジュキッチしかいないためCBが対応に出ても良いが、結局マンジュキッチvsアンカーのミスマッチの誘発や、ディバラがニアやCB間を突く形を狙うことができる。

このようにマテュイディのチャンネルへのランニングはゴール前の情勢を変化させる効果を持つ。こういった動きが4-3-3から4-3-1-2に変化しながら行われるという点も敵を苦しめる要因となっている。単純な2トップではなくポジション移動が発生するため、守備側からすれば状況に応じてよりこまめな判断が求められる。さらにゴール前には強力なフィニッシャーが位置するため、求められる判断の頻度と精度も増す。

ボールがクリアされると、彼らのクロスボール戦術の最大の特徴である、守備戦術で記載したセカンド回収が行われるのだ。

■中盤3枚の役割

特徴ある前線3枚を活かすのが、優れたバランサーの揃う中盤3枚だ。守備戦術でも触れたが、マテュイディ、ピャニッチ、ベンタンクールで構成される中盤3枚のバランス調整力は非常に優れている。それは守備だけでなく攻撃においても言える。

カウンターのリスク管理と攻撃の厚み出しのバランスを考慮してプレーできる3人は柔軟にプレー選択を変えることができるが、当然ある程度の役割分担が存在する。マテュイディの役割は前述の通り。この項はピャニッチとベンタンクールに触れる。この2人は低い位置での組立てに関与、クロスのセカンドボールを回収し、二次攻撃に繋げる役目を務める。

ピャニッチはチェルシーのジョルジーニョのように、キエッリーニやボヌッチからこまめに引き出したり、自身を囮に使ったりすることで前進するのに有利な状況を作るのが上手い。加えて、自身も前進することでFWのマークから逃れる絶妙なポジショニングが光る。FWとしてはどこまで追走するか判断に迷うところだ。FWの守備位置が下がればカウンターが難しくなるうえに、CBへのプレッシャーもかからなくなるため守備が後手に回る。

ピャニッチとベンタンクールの2枚を残すことで、先述した前進の動きを図っても中盤が空にならないのだ(プレッシング、セカンド回収時にも前進が必要)。ベンタンクールはカバーシャドウや死角からのボール奪取などのカウンター対応だけでなく、ターンの技術が非常に高い。小さな動作で色々な方向に身体を向けることができる。これは敵の視線を釘付けにするとともに、敵の動きを止めるという牽制の効果を持つ。

牽制が入れば守備側はとりあえず絞って中央を固めるだろう。絞って外が空けばクロスボールを入れやすい環境が出来上がる。それに対してSBが対応に出てくればマテュイディがチャンネルを陥れるだろう。

これら組立てで役立つスキルを備えた2人が細かいパス交換でボール保持を安定させ、良い形で前線に繋げるのだ。

■おわりに

守備時は4-4-2→4-2-3-1、攻撃時は4-3-3→4-3-1-2と非常に変則的な動きを見せたユベントス。ロナウドのようなスーパースターが加入すれば、彼を活かすことを最優先とし、バランスを取るために選択肢が絞られ、チームとしての柔軟性が損なわれるかに思えた。

しかしアッレグリは、逆に柔軟にシステム変更を加えることでロナウドという良い意味での異物をチームに組み込んでみせた。予想外のアプローチである。

これはロナウドのマイナスの部分をカバーし、ロナウドの長所を活かす、ロナウドが動くから全体のポジションを微調整するというロナウドが居てこその変則システムだ。ただしアッレグリであれば当然応用を利かせることもできるのだろう。

ロナウドを組み込むという困難なミッションを短期間で、高レベルでこなしてみせたアッレグリはやはり世界屈指の名将と言えるだろう。

5back

System formation

chapter.05

アタランタ

Atalanta ITALY SERIE A

season 18-19

CL出場を成し遂げたプロビンチャ 奇跡ではない。

18-19シーズンのセリエAにおいて、最大のサプライズとなったのがアタランタの躍進だ。リーグ最多の77ゴールを挙げ、CL出場圏内である3位でのフィニッシュを果たしたのだ。これはクラブ初の快挙であり、他のプロビンチャにも勇気を与えるものとなった。

ガスペリーニ率いるアタランタが採用したシステムは5-3-2。守備においては次々とスペースが埋まっていき、攻撃においては逆に流れ込む水のようにスペースに続々と侵入していく。「ただ守るだけ」とはほど遠い、スペクタクルなサッカーを展開した。

守備編

■基本布陣

アタランタの基本布陣は5-2-1-2。5バックは左から185㎝、187㎝、190㎝、185㎝、187㎝と、大柄な選手が並ぶ。中盤2CHには守備の得意なデローンとフロイラー。前線のプレッシングへの連動と後方スペースのカバー＆リスク管理で全体のバランスを調整するキーを担う。2トップ＋トップ下はテクニックのあるイリチッチと、アジリティも備えたアレハンドロ・ゴメス、パワーとスピードのサパタが配置されている。

■コンセプトと前提条件

アタランタの守備のコンセプトは、「中央を使わせずサイドに誘導し、仕留める」だ。「中央を使わせない」のは、5バックならではの弱点を隠すという意味合いも強い。多くの場合5バックを採用するチームは片方のWBを中盤に上げDFラインをスライドさせることで4バックに変化する。こうすることでサイドでの数的不利の発生抑止、中盤のスライド負担の軽減を図る。

【「アタランタ基本布陣」】

これを行うにあたり、攻撃側にされたら都合が悪いこと。それが中央の支配＋WGの張り出しだ。中央でボールを持たれた、両WGが張っている、となるとWBは両サイドとも1列前に上がることができない。両サイド共に背後を突かれる可能性があるからだ。攻撃側にとってこれはCFを含めた3トップで5人の敵を釘付けにすることができるということだ。となると残るは守備側5人、攻撃側(GK除いて)7人。各所で数的優位を作りやすい状態となる。特にサイドでは、WBが1人で大外エリアを担うような現象も発生する。【図1「5バック弱み」】

逆に両WGに張られても、中央の支配は阻止する。つまりどちらかの「サイド」で持たせることができたら、ボールサイドのWBが前進し、残りがスライドして4バックを形成できる。WBの前進の判断もつきやすいのだ。

以上の点から、アタランタがサイドで仕留めるための前提条件が「中央を使わせない」ということになる。中央を使わせたら、仕留めるはずのサイドで数的不利となってしまうのだ。

その前提となる「中央を使わせない守備」を担うのが主に2トップ＋トップ下だ。彼らが敵の2CB＋アンカーを見る。数的不利を受容せず、同数でのプレッシングを行うからこそ、確実にサイドに誘導できる。そのため、2トップ＋トップ下の逆三角形構成が効果的なのだ。1トップ＋2シャドーの正三角形では、敵の形と合わなくなってしまう。相手が2CHを採用する場合等は当然噛み合わせが外れるが、そこの調整役を2CHが担う。2CHのフロイラーとデローンにはその見極め能力が求められており、相手がどのシステムを採用しても中央で同数のプレスをかける守備方法を採用するケースが多い。

ビルドアップの要となる中央ポジションの選手を潰せば、自然と攻撃の起点はサイドもしくはロングボールとなる。ロングボールに関しては、DFラインに大柄な選手を揃えているため、それほどの脅威とはならない。

■サイド攻撃対応

では、先述の前提を満たしたうえでサイドを起点にされた時はどうするか？　まずはWBが前進しホルダーにアプローチ、HVがWGを捕まえる。その際WBは内側ではなく縦方向のパスを切るように寄せる。なぜなら、内側にはショートカウンターを発動させられる前線5枚の選手、最終ラインに残っている3枚のDFがおり、さらには受け渡しのリスクのある外側のWGをケアする必要があるか

【図1「5バック弱み」】

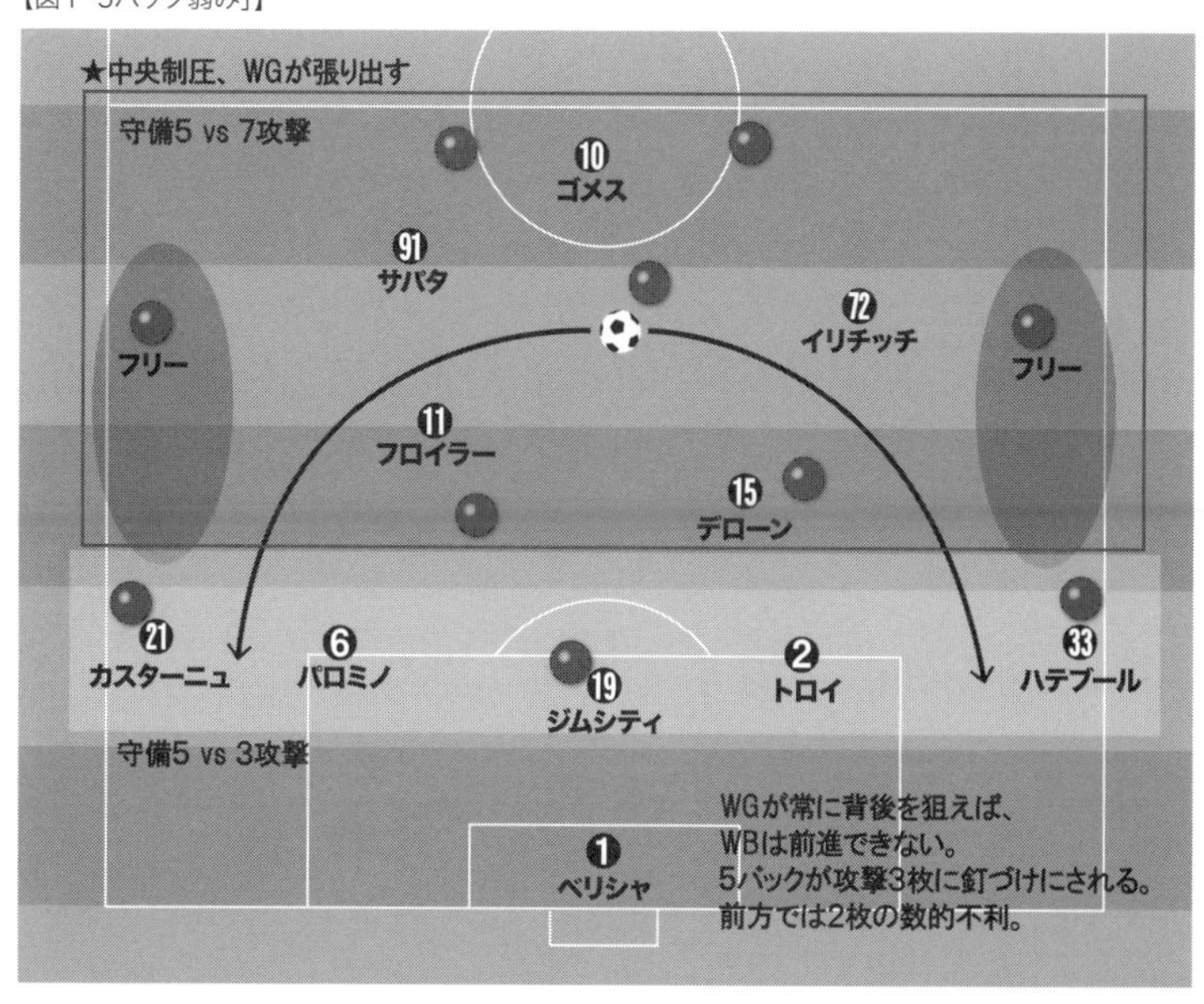

らだ。

さらに敵WGが引いて受ける動きを見せれば躊躇なくHVも奪取に行く。ではその背後を誰がカバーするか。これは選手の特性により、左右で若干異なる。左サイドの場合は【図2】の通り、CBのジムシティがカバーする。左CHのフロイラーは守備も無難にこなせるが、デローンに比べて機動力に長けており、攻撃参加のタスクも担う。そのため彼はDFライン背後のボールに対してカバーシャドウでの制限に留め、ジムシティにケアを託す。

逆に【図3】ように右サイドの場合、CHのデローンがHVの背後をカバーすることが多い。サイズのあるデローンは低い位置でのプレーが多く、DFラインに入って敵の攻撃を跳ね返すことも可能だ。つまりサイド誘導後、WB・HV・CB(or CH)という「三重の網」


【図2「三重の網」】

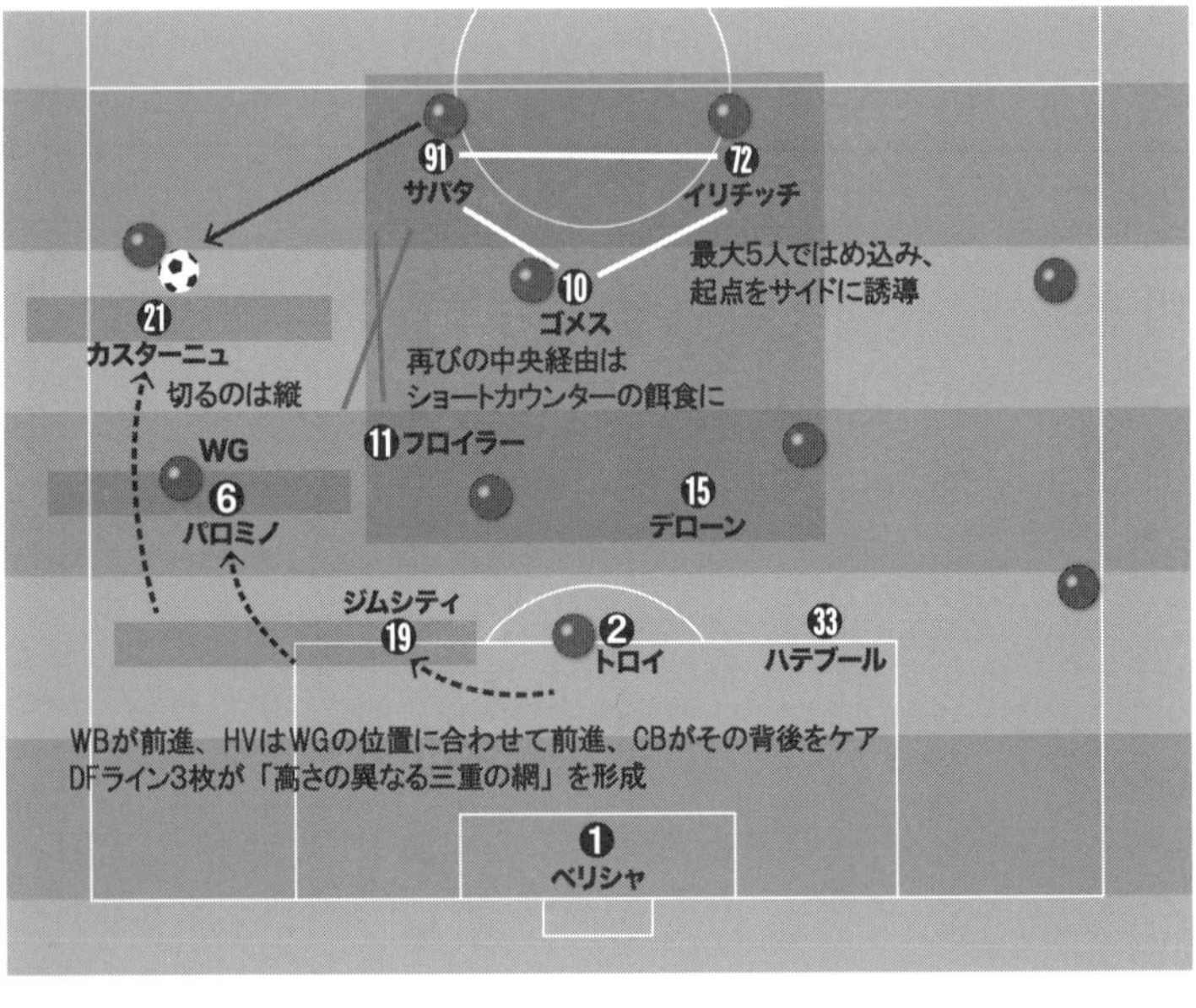

が張られることとなる。この3人は全員違う高さに位置し、それぞれが背後をケアすることができるため非常に厚みのある守備となる。

「5バックシステムの守備はしばしばサイドでの数的不利を招くことがある」と言われる。しかしアタランタのようにチームとしての前提条件を掲げることで、前述のようにWB・HV・CB（or CH）という三重の網を張ることもできるのだ。サイドの厚い守備を見て、再び中央を経由しようとすれば前線の5枚が絡め取り、ショートカウンターを発動させる。サイドチェンジに対しては、ボールの滞空中にWBが対応のため距離を詰めることも可能だ。

■CHの負担軽減のために

先述の通り、CHには前線のプレッシングへ

【図3「右の場合」】

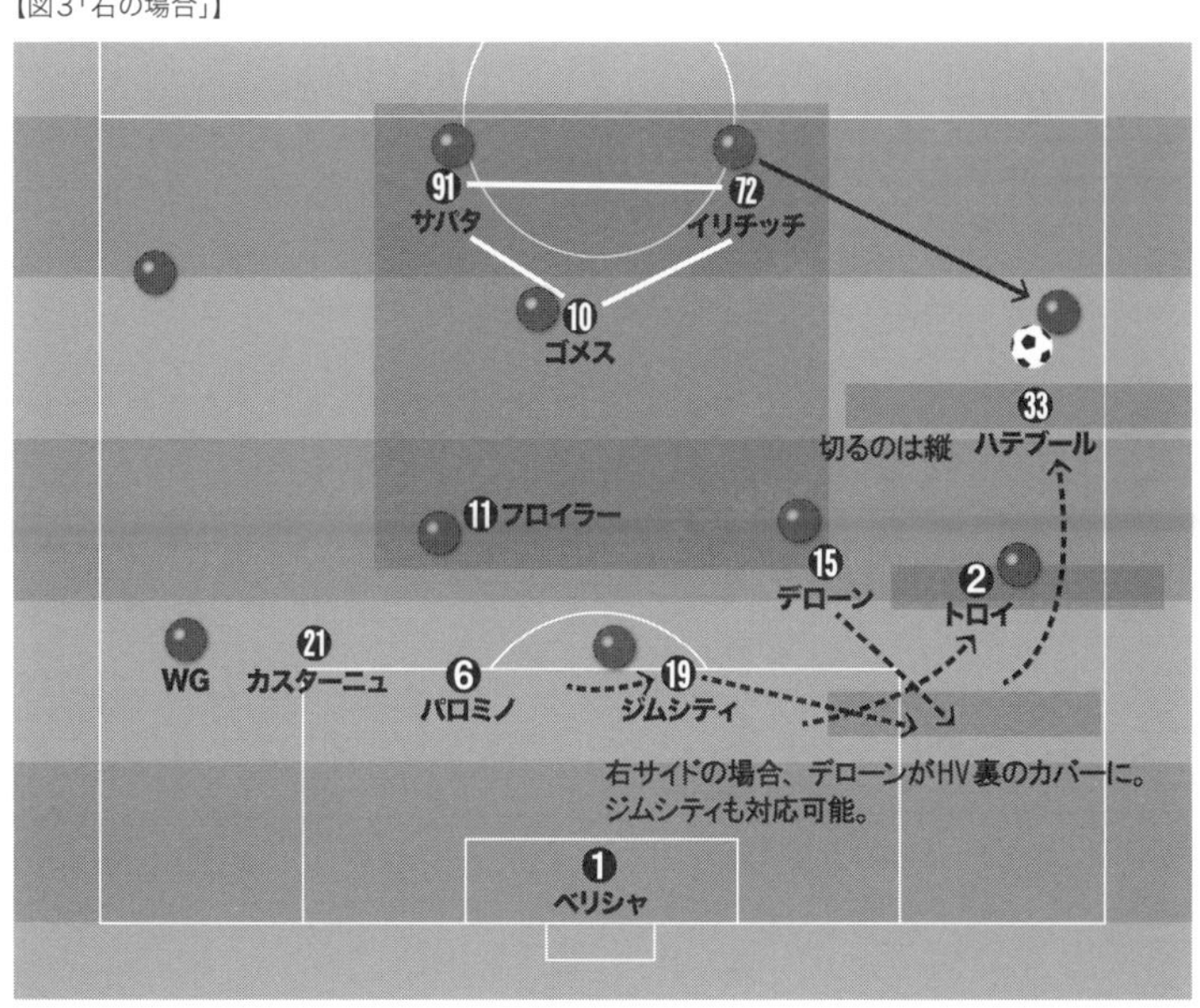

の連動、後方のカバーリングといったタスクが課せられている。さらに加えて、状況次第ではWB手前のスペースへとスライドしてボールホルダーにアプローチするという仕事もこなす必要がある。攻撃面でのタスクがそれほど多くないとはいえ、当然毎回これだけのタスクを消化するのは難しい。

　そのため、CHのスライドが間に合わない範囲はHVとCBが前進して寄せる。これは5バックを採用するどのチームも行っているだろう。前進した選手が空けたスペースは残りの最終4枚で埋めるか、CHが落ちて埋める。

　特徴的なのはWBが敵WGに釘付けにされた状態で、サイドの浅い位置に渡った時の対応だ。

【図4「HVの前進」】

　WBが前進して敵SBにプレスをかけるのがベターだが、WGに釘付けにされており、受渡

【図4「HVの前進」】

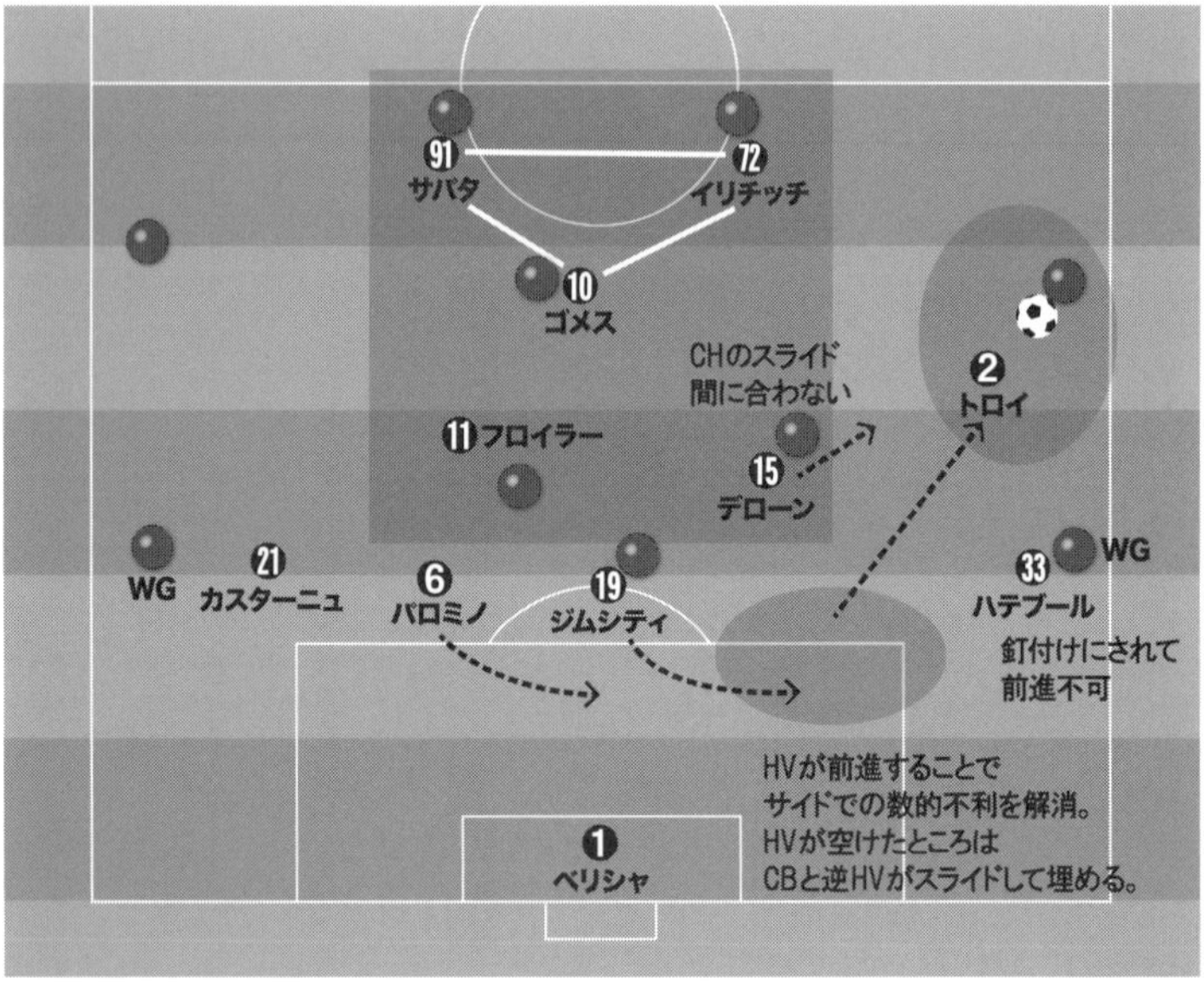

しの調整が難しい。CHもスライドが間に合わない。そんな時にアタランタはHVがSBにアプローチをかける。HVがアプローチをかけることで大外の敵WGが空くことはなくなる。HVの裏は泣き所だが、CBのジムシティが持ち前のカバーリング能力で蓋をする。CHがまっすぐ降りて、入れ替わりでDFラインに入る「省エネ」も可能だ。

ミスの出やすい受渡しのリスクを回避し、CHの負担を抑える上で非常に効果的な守備方法となっている。

■味方を意識したスライド

アタランタの守備での連動性の根底にあるものは何か。それは味方の位置とスペースを意識したスライドだ。敵とボールの位置に応じてスライドを行うのはもちろんだが、さらに味方の位置とスペースの有無を判断材料にしている。

例えば敵がサイドチェンジをかけてきた場合だ。WBの選手は、隣り合う味方のスライドが間に合わなければ、自身もあえて寄せのタイミングを遅らせる。なぜなら、彼だけ寄せに走り出せば当然DFラインに穴を空けてしまい、守備組織を崩壊させてしまうからだ。敵の位置だけでなく味方とスペースを意識し、穴を空けないことを優先するのだ。これは前線でのプレッシングでも同じだ。ボールホルダーに寄せる際、後方の味方に合図を送り、自身が見ていた選手のマークを確実に丁寧に受け渡す。

どちらも、前の選手が後方の選手を意識した上で守備を行っている。「周囲を見渡すことのできる後方の選手が指示を出せ！」というのはよく聞く言葉だが、それだけではアタランタの様な守備組織の構築は難しい。前の選手も首を振り、周囲の状況を確認し、味方とスペースも意識した的確な判断が求められているのだ。早いプレッシングは議論の余地なく賞賛されることが少なくないが、「素早いプレッシング」と「やみくもなプレッシング」の見分けをつける必要がある。

■ネガティブ・トランジション

アタランタの攻撃はFWが流れてのサイド攻撃が基本となる。サイド深い位置で失った場合、基本的に近くの選手(主にFWとWB)からプレッシングを行う。その時も中央の利用を制限するためトップ下とCHが中央のスペースを封鎖する。プレッシングの先鋒となるWBとFWに続いてCH+HV、その背後をCBという形で、こちらも先述の「三重の網」を構築する。

■ウィークポイントと攻略法

アタランタのウィークポイントは大きく2つ。まずは前提条件の破壊だ。中央を使わせないという前提が破壊され、WBが釘付けにされてしまうと、CH周辺から簡単に破られてしまう。特に危険なのはWGのカットイン。カットインに対してWBがどこまでついていくか、どのタイミングでHVに受け渡すか、といった問題が出てくる。ここのタイミングを誤れば裏に入られてしまったり、プレッシャーがかからずミドルシュートや、裏への抜け出しを許したりと、様々なリスクにさらされることとなる。

そしてもう1点がHVの裏だ。裏をカバーする仕組みと意識があるとはいえ、頻繁にDFラインの出入りが行われるアタランタの守備はエラーが発生しやすい環境であると言える。攻撃側としてはそれをいかに誘発し、侵入するための駒を用意するかという点がポイントになるだろう。配役としては①WBを釘付けにする役、②CBを釘付けにする役、③HVを釣り出す役、④HV裏に侵入する役が必要だ。これらの準備が整えば攻略可能である。また、4人4役を揃えなくとも一人二役をこなせば少ない人数でも攻略可能だ。

例えばマンチェスター・シティなら、WGのレロイ・サネが①WBの釘付け役と④HV裏への侵入役をこなす。バルセロナならCFのスアレスが②CB釘付けと④HV裏侵入を兼任。シティのデブルイネやダビド・シルバ、PSGのドラクスラー、バイエルンのレオン・ゴレツカ等は③HVの釣り出し役から④HV裏侵入までこなす。【図5「画像「5バック攻略」】

【図5「5バック攻略」】

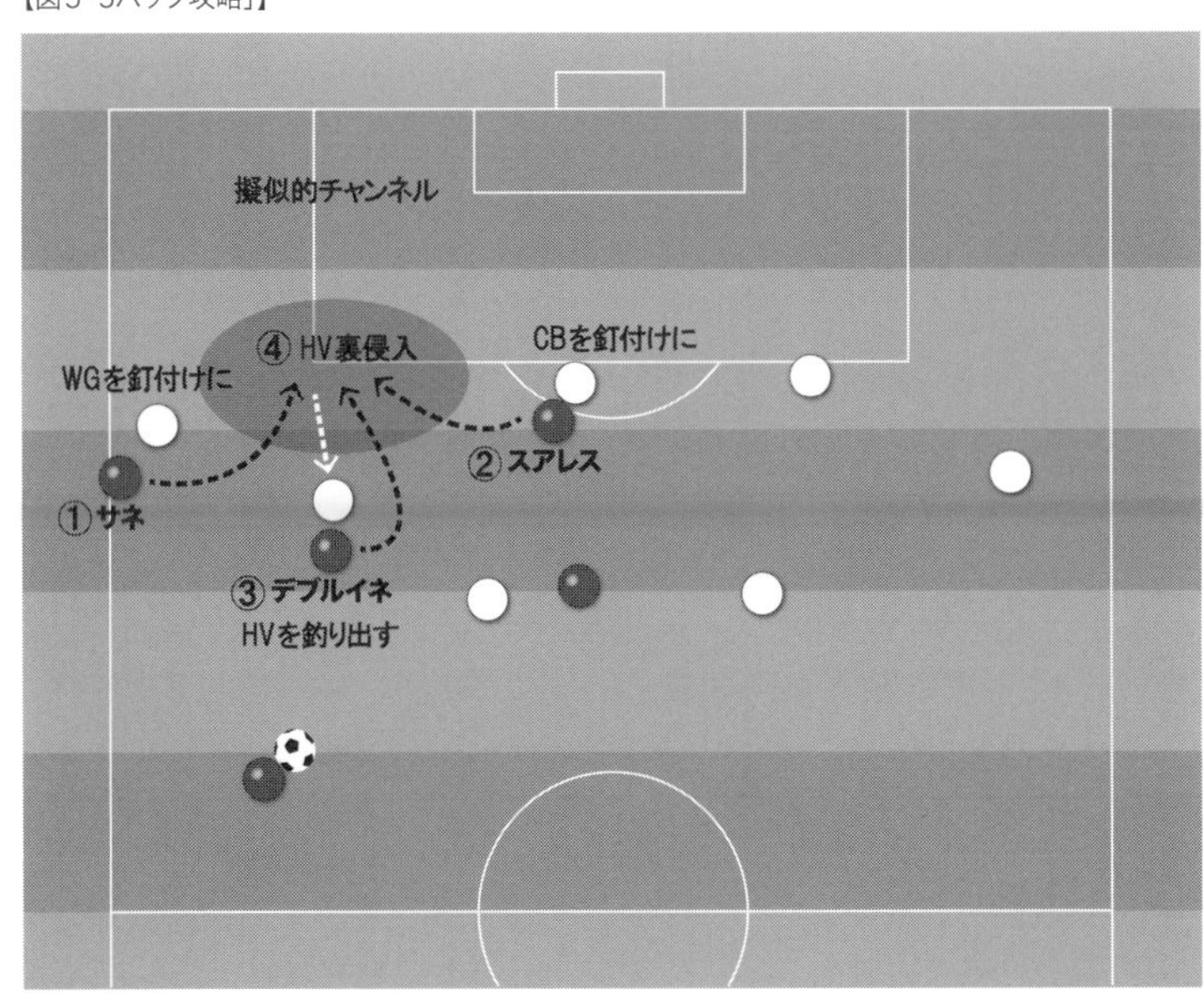

つまり、①or②or③+④、敵の位置取りを強制する3役のうちの誰かがHV裏侵入を兼務すれば、3人での攻略が十分に可能ということである。これは結局、4バック化させて擬似的チャンネルを広げて突くという攻略法だ。いかにチャンネルの攻略が重要かという話にもつながる部分である。5バックの距離間で釘付けすれば、4バックよりもチャンネルが広くなり、攻略しやすいのだ。

■**おわりに**

ガスペリーニ・アタランタの5-2-1-2は「前提条件」を掲げることで5バックの弱点を晒すことなく自分たちの土俵に持ち込めるという点において、非常に優れた守備戦術であると言える。

弱点を隠す↓自分たちのエリアに誘導↓三重の網で仕留めるという流れのパッケージ化。その根底にある味方とスペースをも意識した判断能力。この2つが、選手間の意思の疎通を容易にし、発生する穴を次々と埋める柔軟な守備戦術を形作っている。アタランタの守備戦術は5バックを採用するチームの手本であり、スペースを埋める守備という意味ではどのチームも手本にすべきチームである。

攻撃編

■**ハーフスペース起点のひし形**

アタランタのビルドアップにおける形は様々だ。5バックのまま、片方のWBを上げた4バック、片側サイドのWBとHVを上げ、CHを落とした4バックなどだ。

これら多彩なビルドアップの鍵を握るのは右サイドの3人。HVトロイ、WBハテブール、CHデローンだ。この3人が状況に応じて柔軟にポジションを入れ替えることによってボールを前進させる。

以下が主なパターンとなる。

パターン① デローン落ち&ずれ込み型【図6】

CHのデローンがDFラインに落ち、ハテブールが高い位置に移動し敵のSBを釘付けにする。さらにトップ下のゴメスが敵のCHを引き付け、イリチッチをフリーにする形だ。

パターン② デローン落ち&HVパラレラ&3オンライン型【図7】

【図6「パターン①」】
CHのデローンがDFラインまで落ち、ハテブールが高い位置に移動し、敵SBを釘付けに。さらにトップ下のA・ゴメスがCHを釣り出すことによって空いたハーフスペースでイリッチをフリーにする。

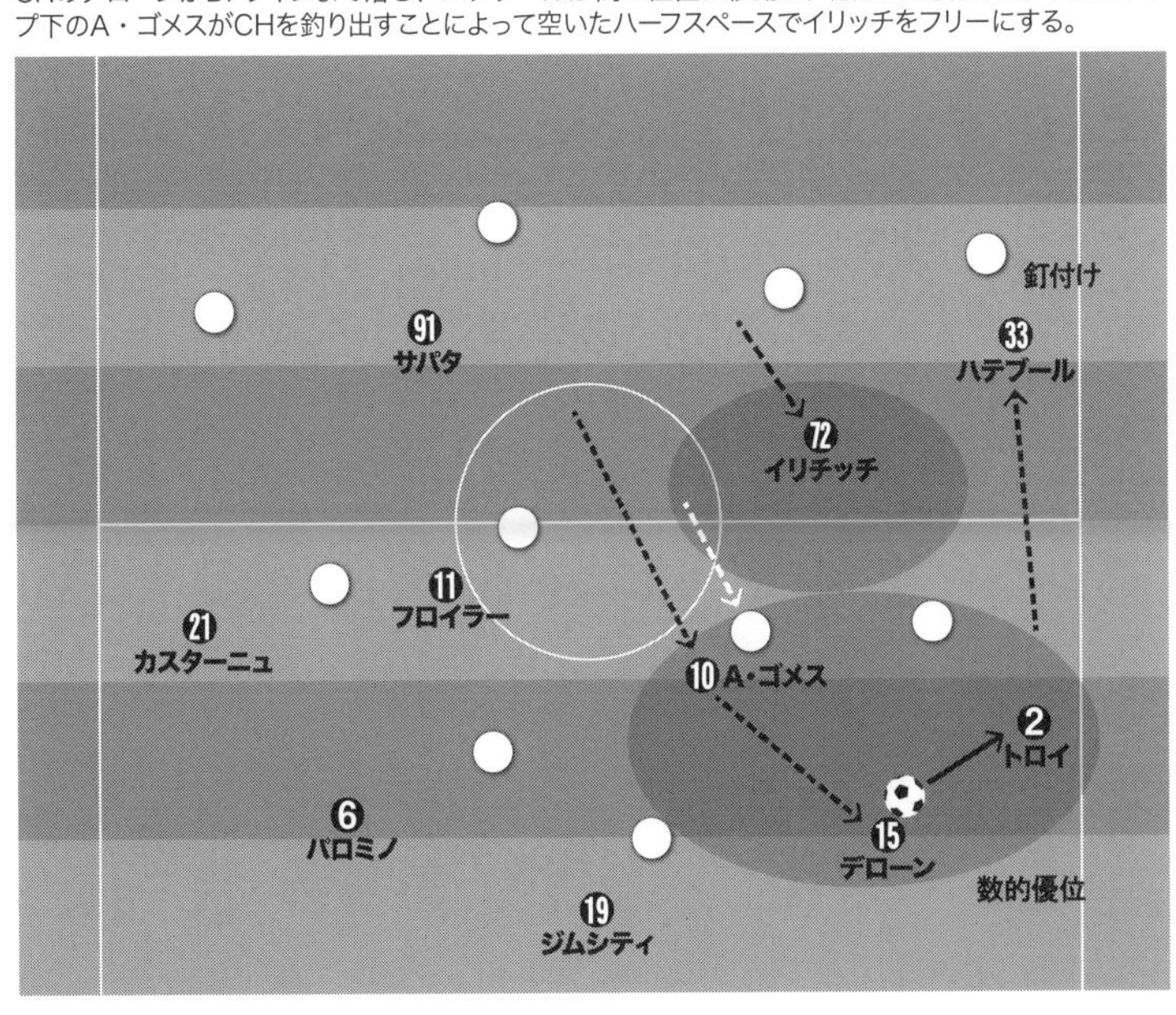

①HVトロイがDFラインに落ちたデローンにボールを預けてパラレラ。デローン-ハテブール-トロイの3オンラインが完成する。

②ハテブールが内側に抜ける。この動きに敵SHがついてくる。

③デローンがトロイへパス。トロイに対して敵CHが大外まで対応に出ればハーフスペースでイリチッチがフリーになる。敵CHが大外のケアを渋って中を固めれば、トロイがフリーで外から前進する。

パターン③ ローテーション型【図8】

3人が立ち位置をローテーションすることでマークを攪乱すると共に、中央とサイドの両方で数的優位を作り出す。

パターン④ CH-HV交換型【図9】

CHとHVのポジションチェンジの過程で敵に受渡しとプレッシングに迷いを生じさせ、時

【図7「パターン②」】

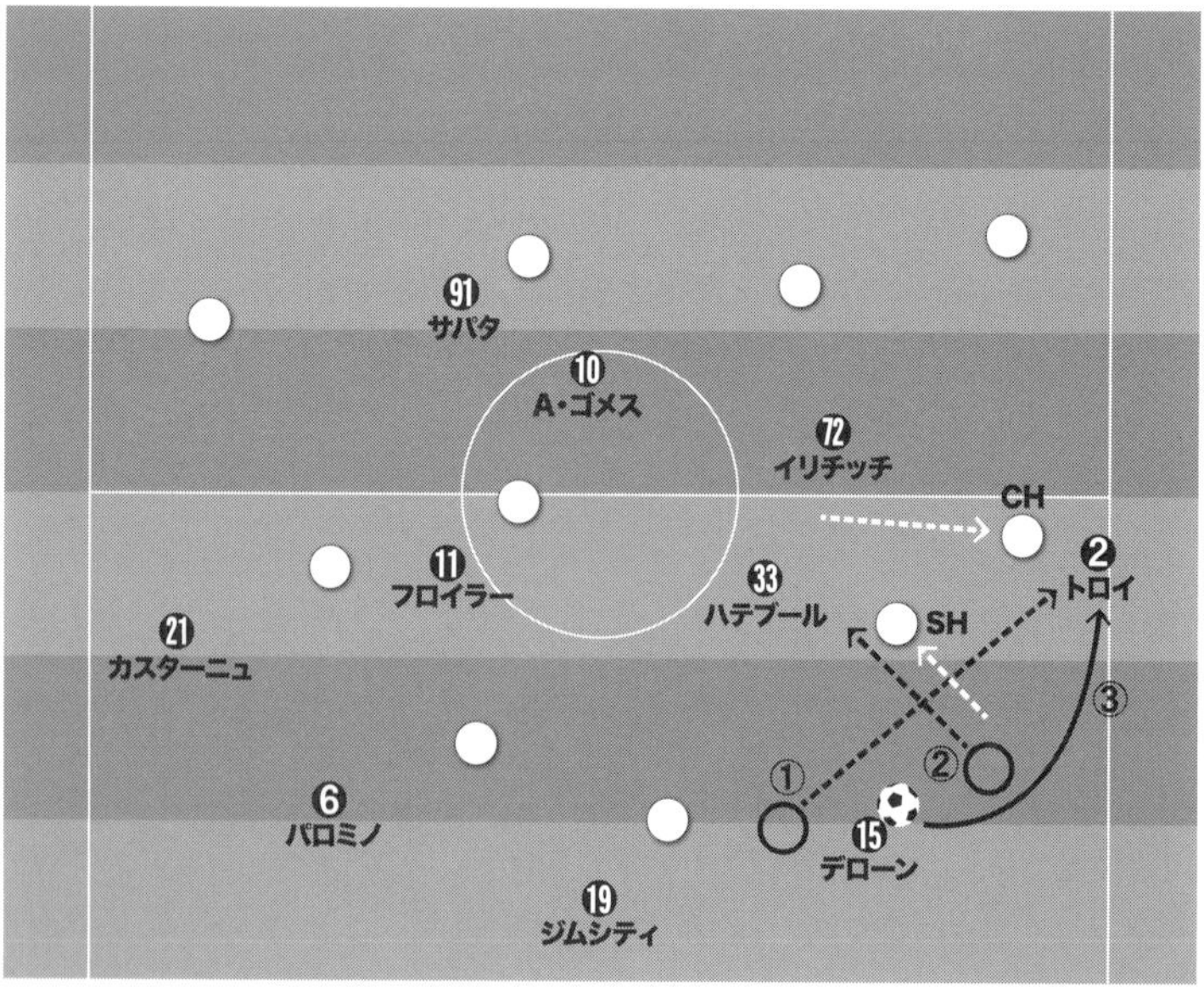

間的余裕と数的優位を作り出す。デローンが降りる際、敵のCHが不用意についていけば最も警戒すべきハーフスペースのイリチッチへのケアが抜けるという効果も持つ。

ここまで見てあることに気づいた読者も多いかもしれない。実は、WB・HVを中心にビルドアップの段階から柔軟なポジションチェンジを繰り返してはいるが、ほとんどのケースでポジションチェンジ後の「配置」（=ひし形）に関しては変わっていない。基本的にはハーフスペースを起点にFW、WB、CH、HVの4人からなるひし形が形成される。このハーフスペース起点のひし形こそがアタランタのベースとなる。

※ハーフスペース起点のひし形の利点はスペースとパスコースを創り出しやすいという点にある。敵からすると、サイドの選手か中央の選手、

【図8「パターン③」】

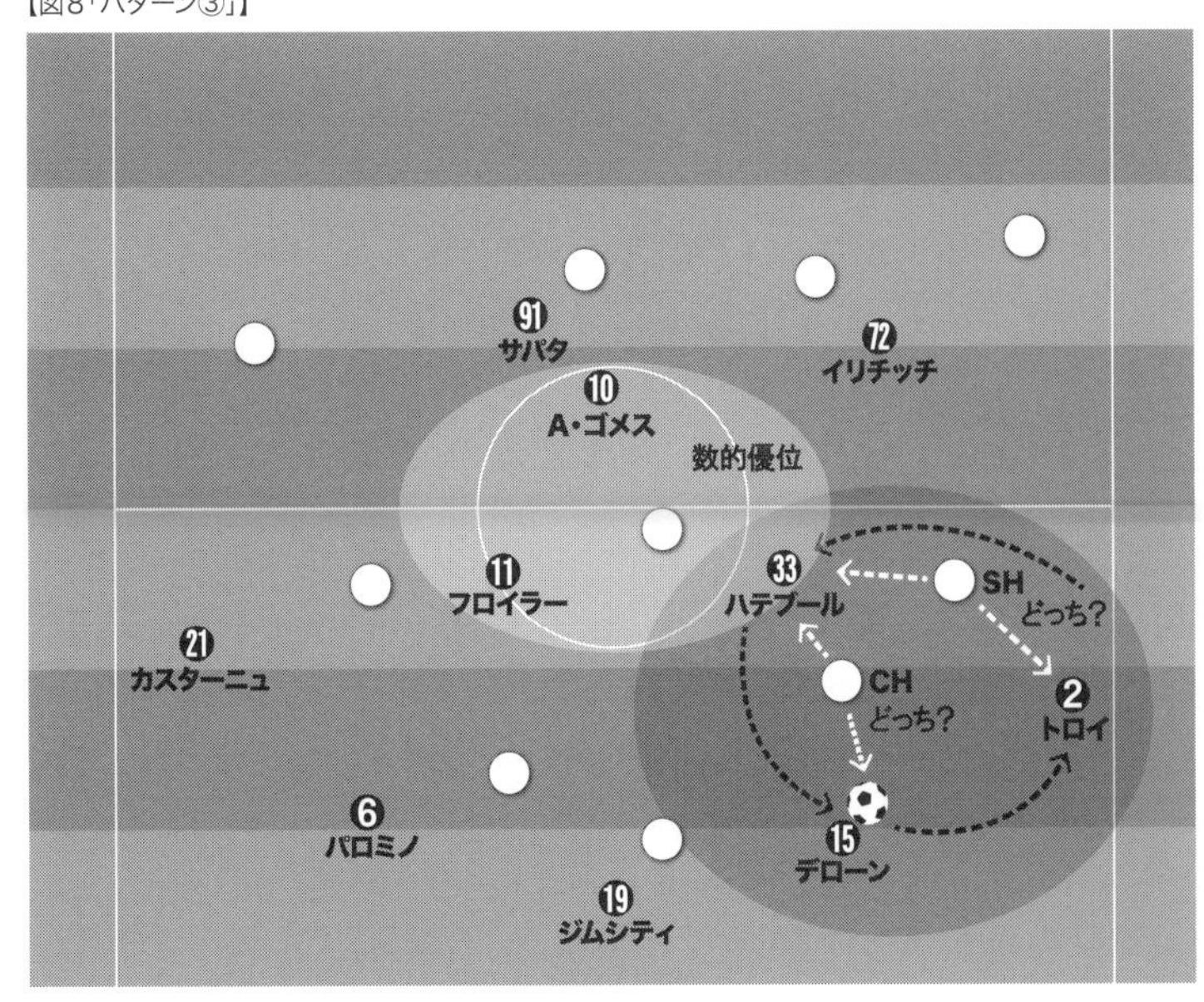

どちらが対応に出るか悩ましいエリアとなっている。そしてどちらが動くにせよ、選手が移動する＝元いた位置にスペースができるのだ。

ポジションチェンジによって変わるのは、この4人がひし形のどの頂点に位置するか、である。ひし形という形自体に変化は無い。「ハーフスペースの魔術師」の風格さえ漂うイリチッチのみ、最も上の頂点に固定されるパターンが多い。

パターン①のようにSBの釘付け役を設けるわけではなく、形自体ひし形で変わらないのなら、常にひし形ポジションを固定し、チェンジなく前進すれば良いと思う読者もいるかもしれない。しかし、このポジションチェンジを行う意図は、受渡しミス

【図9「パターン④」】
ポジションチェンジの過程で受け渡し、プレッシャーの迷いを生じさせ、時間的余裕と数的優位を作る。
デローンが落ちていく際、CHが不用意についていけばイリチッチへのケアが抜けるという罠。

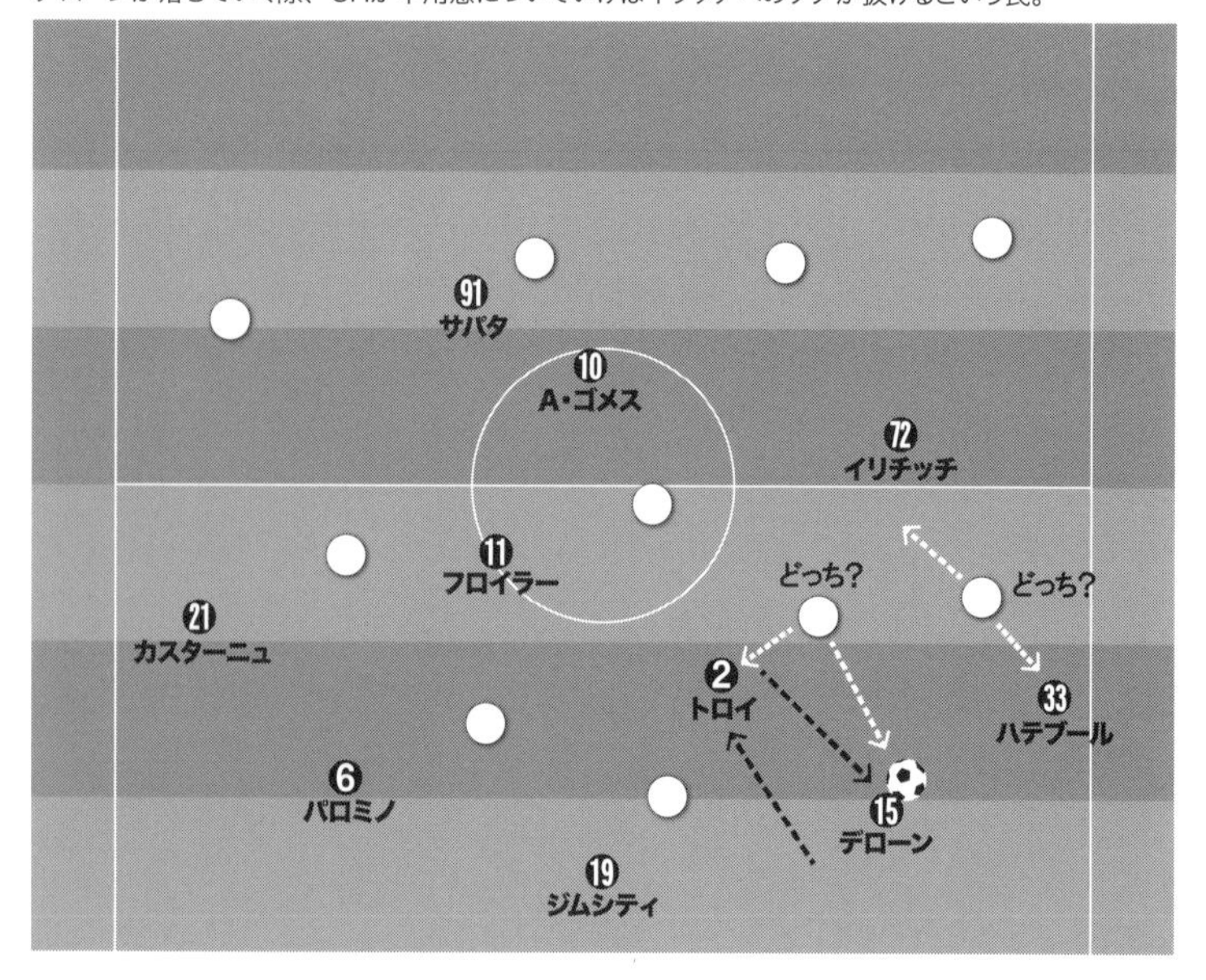

の誘発やスペースの創出にある。

自分たちが動けば相手としても複数の判断を行い、動かざるを得ない。動いた分だけパスコースも数的関係も変わるため、対応が必要だからだ。敵を動かすことで新たなスペースが生まれる。敵CHが大外に回れば、WBとの走力的ミスマッチが生まれる可能性もある。持ち場を必要以上に変えたくない守備側は受渡しを行うが、その際にミスやラグが生まれる。

ハーフスペースを活かした攻撃は有効だが、レベルが上がるほど敵の対応速度・精度も上がり、配置的な噛み合わせも行い、ポジション固定の攻撃は通用しなくなっていく。そもそも毎回同じ形で前進できるのであれば、フットサルのチームがめまぐるしくポジションチェンジを行う必要もないだろう。

そういった意味でポジションチェンジが必要なのだ。ただポジションを入れ替えれば良いと言うわけではない。ポジションを入れ替えることにより敵に複数の判断を迫り、ラグやミスを生じさせ、敵を動かし、パスコースやスペースを創出することに意味があるのだ。

■ひし形の再構築

ひし形という枠組みが決まっていれば、ポジション移動による分解と再構築を行うことも可能だ。
初めはベーシックな形で運ぶ。この状態から左頂点を成すCHがDFラインに落ちて一度ひし形を分解する。【図10「再構築①」】
このCHの落ちる動きに対して敵のIHがついていく。空いたスペースにFWが落ちて左頂点に変化。こ

の動きにSBの選手がついていくと、空いたスペースにもう一方のFWが流れて上頂点を担う。【図11「再構築②」】

CHがひし形を分解することで敵の陣形も一度破壊。ポジションチェンジを交えてひし形を再構築することで、敵の守備陣形に穴を空けた面白いプレーである。

守備においてもそうであったが、アタランタは基本的な軸がしっかりしている。サイド起点のひし形ベースという共通理解があるからこそ、こういった動きも可能であるのだ。

■HVの攻撃活用

機動力に欠けるCBの代わりに、スピードあるSBをHVに置きカウンター対策を講じる。本職CHをSBにコンバートし、偽サイドバックとして活用する。近年DFには多様な役割が求められるようになり、それに応じるように進化を遂げている。

アタランタにおいてはHVを攻撃面で活用しようという狙いが見られる。ビルドアップに関しては先述の通りだ。ただし、求められているのは通常の「運ぶドリブル」だけではない。ビルドアップにおけるポジションチェンジに加え、それより先、チャンネルを駆け上がるプレーや数的優位を確立するための補佐のプレーだ。

■HVトロイの前進

アタランタの攻撃戦術を語るうえで欠かせない、HVの前進だ。ビルドアップの説明の中でも、他のチー

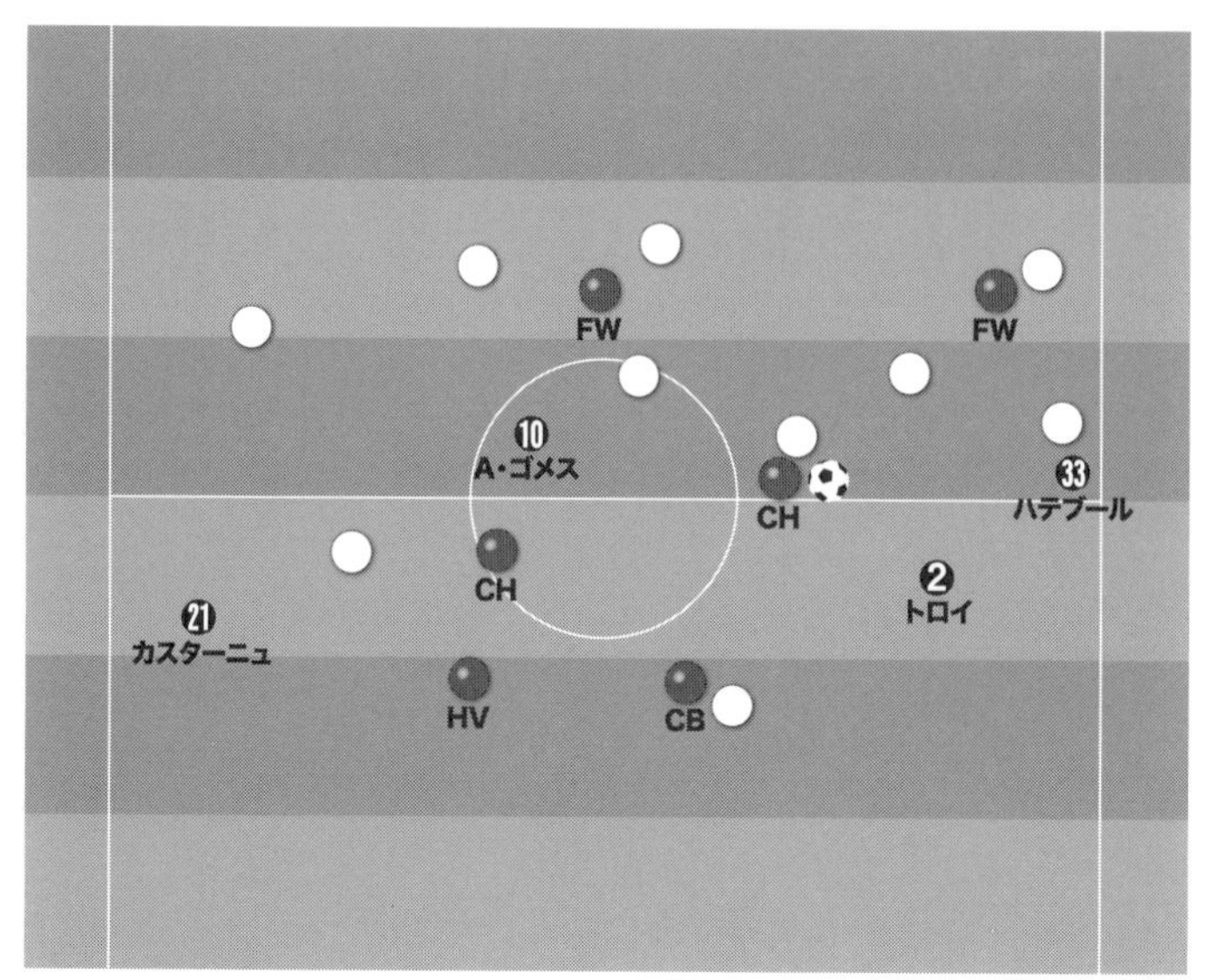

【図10「再構築①」】

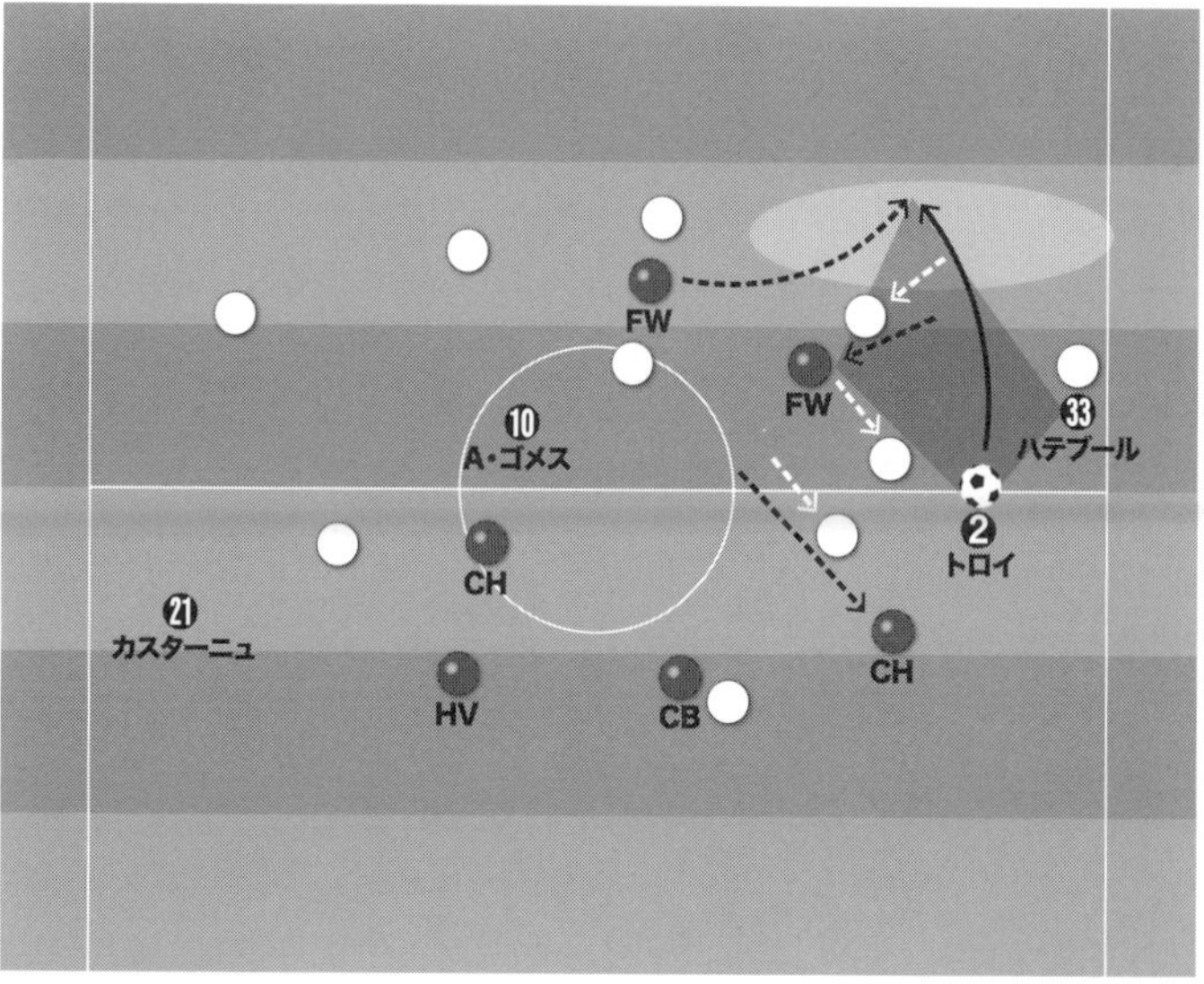

【図11「再構築②」】

ムに比べてHVのポジションチェンジ、稼働域が非常に広いことは分かるだろう。ここからは、HVの特殊な役割についてさらに詳しく触れていく。アタランタは主に右サイドでオーバーロードをかけるため、主人公は背番号2、右HVトロイとなる。

①最小単位の数的優位の確立

オーバーロードをかける上で最小単位の数的優位を築くことは非常に重要だ。2vs1を築くことで前を向きやすくなる。さらに安定したボール保持を実現することで、敵を数的不利の状態に長くさらすことができる。これを嫌がれば敵のブロック全体が片側サイドに寄ってくるため、逆サイドの抜け出しを仕掛けやすくなる。トロイが築く最少単位の数的優位は大きく分けて2つ。1つはWBと組むもの。もう1つがトップ下(またはトップ)と組むものだ。【図12「HVと

【図12「HVとWB」】

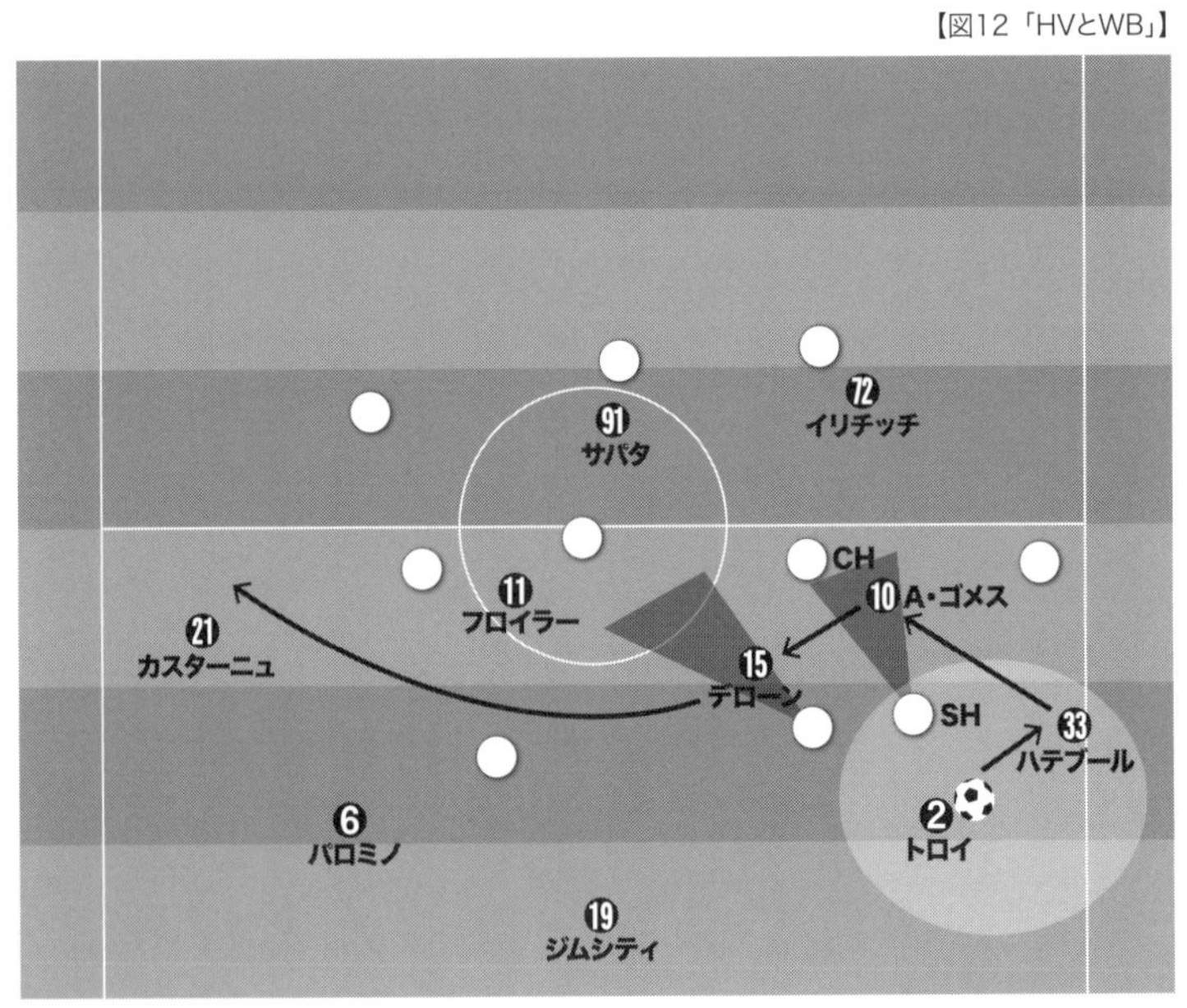

WB」】

WBと組むパターンは主にプレス回避の役割を果たしている。サイドの浅い位置で数的優位を作られると、守備側としてはどこまで、そして何人で寄せていくかの判断がつきにくい。さらにイリチッチやゴメスという楔の受け手を置けば、角度を少し変えるだけで楔のパスコースを容易に作ることができる。この「カバーシャドウを無効化する関係性」を駆使し、敵FW-中盤のライン間経由でボールを逃がす。この方法を用いてのプレス回避成功シーンが多々みられる。

トップ下・トップと組むパターンは、ゴメスやイリチッチに前を向かせるために用いられる。個のクオリティでフィニッシュまで持ち込める彼等に前を向かせることができるのは、攻撃の大きな助けとなる。エリア的には敵の中盤ラインの手前、ハーフスペース付近だ。【図13「HVと

【図13「HVとFW」】

FW」】

この時、ワンツーが可能であればそのままゴール前まで前進することもある。

②チャンネルへの侵入

チャンネルへの侵入はトロイがチームにもたらす大きなプラス作用のひとつである。トロイが行うチャンネル侵入は数的優位作りと同じく、主にWBを助けるもの、FW陣を助けるもの、さらにフィニッシュを狙ったものに大別される。

【図14「WB補助」】

まずWBを助けるチャンネル侵入。これは敵のSBを内側にひきつけることで大外のWBをフリーにする効果を持つものだ。浅い位置でのパス回しでサイドを起点に深さを出して敵の守備ブロックを揺さぶりたい時、速攻でサイドから前進したい時に用いられる。当然トロイの動きにDFが反応しなければ、彼自身がフリーの

【図14「WB補助」】

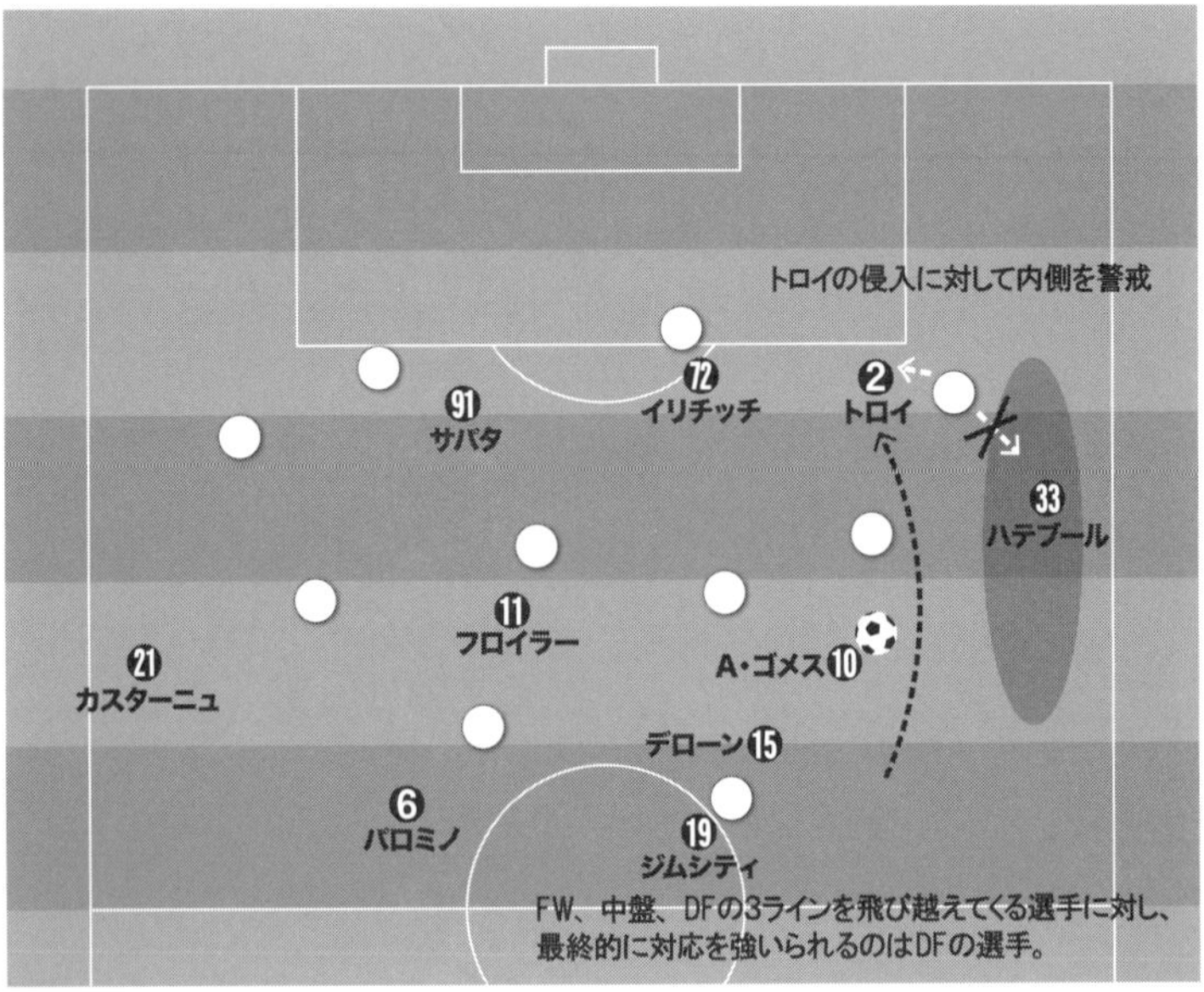

状態で危険エリアに顔を出すことができるわけだ。

WBのハテブールはハーフスペースでもプレー可能であり、そうなった際、トロイが外を回ることでWBを助けることになる。

次にFW陣を助けるチャンネル侵入。これはサイド深い位置でボールを握ることができた際に行う。彼がチャンネルに侵入することで敵の中盤の選手をDFラインに吸収させる。その中盤の選手が空けたスペースをイリチッチやゴメスに使わせるのだ。サイド深い位置で手詰まりになった際、トロイが動きをつけることで打開策を見出す。【図15「FW補助」】

最後はフィニッシュに絡むチャンネル侵入だ。これはWBが敵SBを外にひきつけている際に行うものだ。先述2つの侵入で、DFがトロイに対応できなかったパターンと言っても良い。

【図15「FW補助」】

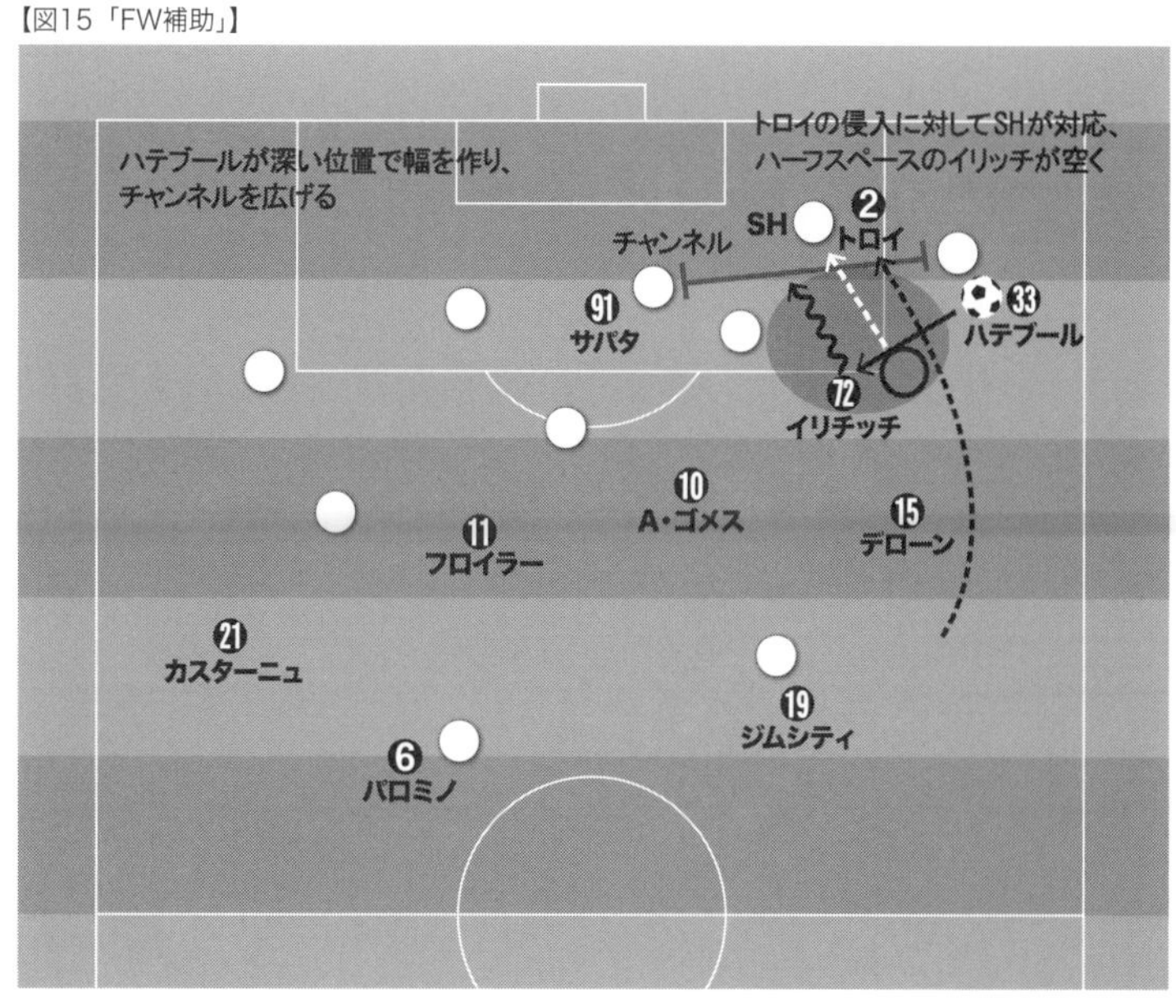

【図16「フィニッシュ」】

サイドチェンジ等で敵ブロックを動かし、適切な選手間の距離を奪った状態で彼が侵入する。HVのトロイが前進するということは、複数の守備ライン(DF、中盤、前線)を越えた攻撃参加ということになる。守備側にとって複数のラインを越える攻撃参加は受け渡しが非常に難しい。横の連携よりも縦の連携をとる方が難易度は高いのだ。ましてやチャンネルに入られると、その難易度は跳ね上がる。横の受け渡しだけでなく縦の受け渡しも強いることで、守備側に安全な受け身の策をとらせることができれば、主導権を握った攻撃が可能となるのだ。

また、複数ラインを越えた攻撃参加に対して、マークの受渡しが上手くいかなければ最終的にカバーを行うのはDFの役目となる。DFに過度な負荷がかかればカバーしきれずにフリーの

【図16「フィニッシュ」】

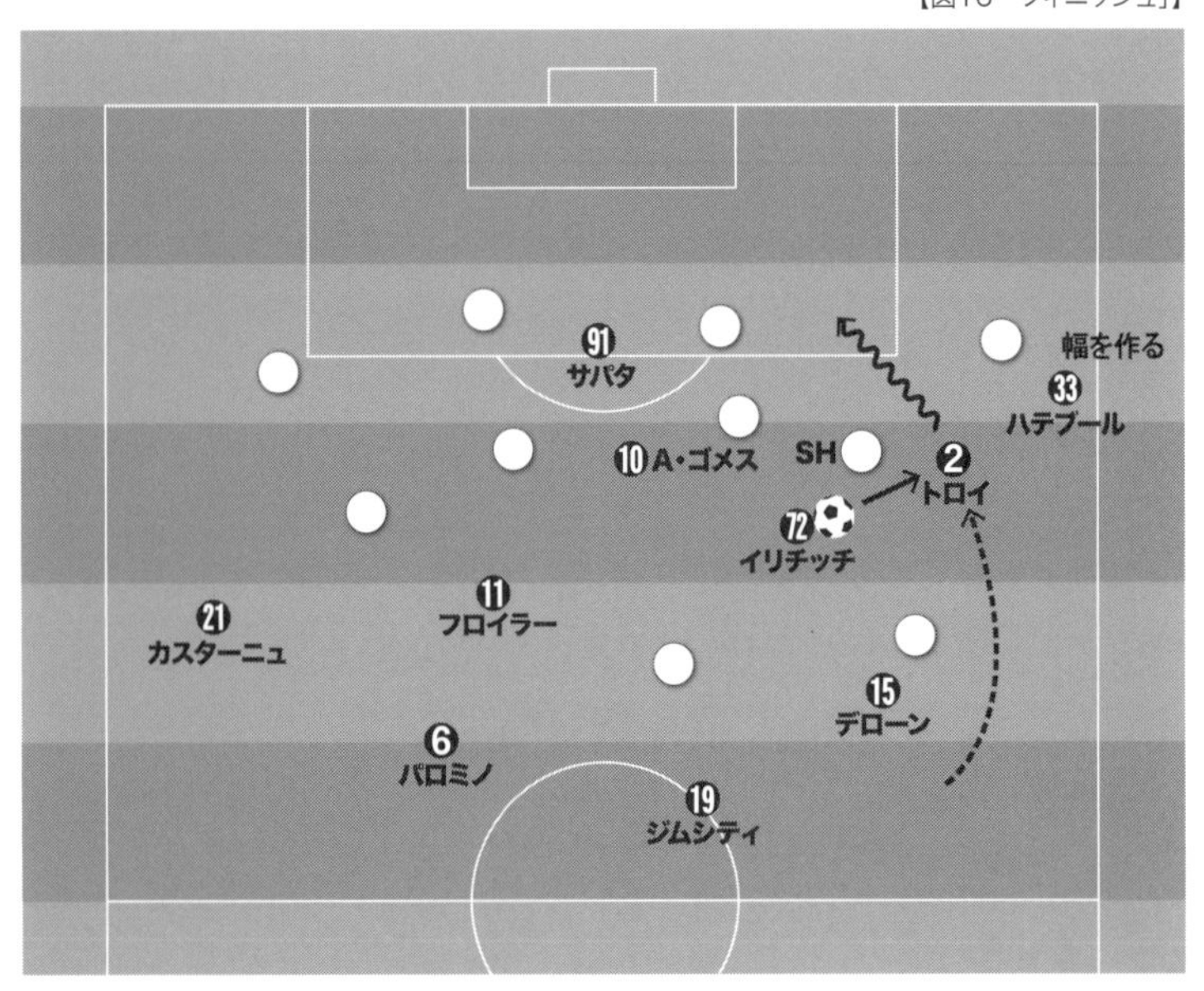

選手が生まれやすくなる。

■近年最高のポジションレスサッカーへ

19-20シーズンのアタランタの攻撃はさらにポジションレス化が顕著となった。まずはビルドアップの部分だ。CHが降りる機会が多いのは先述の通りだが、その頻度が跳ね上がった。さらにトップ下のゴメスも降りることで、全体が三日月状にポジションをとることが増えた。【図17「ポジションレス①」】

一般的にビルドアップでは敵の前線の人数+1〜2人で組み立てることが多いが、アタランタは8人ほどの人数をかけて前進する。縦方向にコンパクトな陣形を保ち、後方の人数が非常に多くなる形だ。そして、ハーフウェイラインを越えたあたりでサイドにひし形を形成し、攻撃を行う。これが他のチームとの最大の違いだ。

【図17「ポジションレス①」】

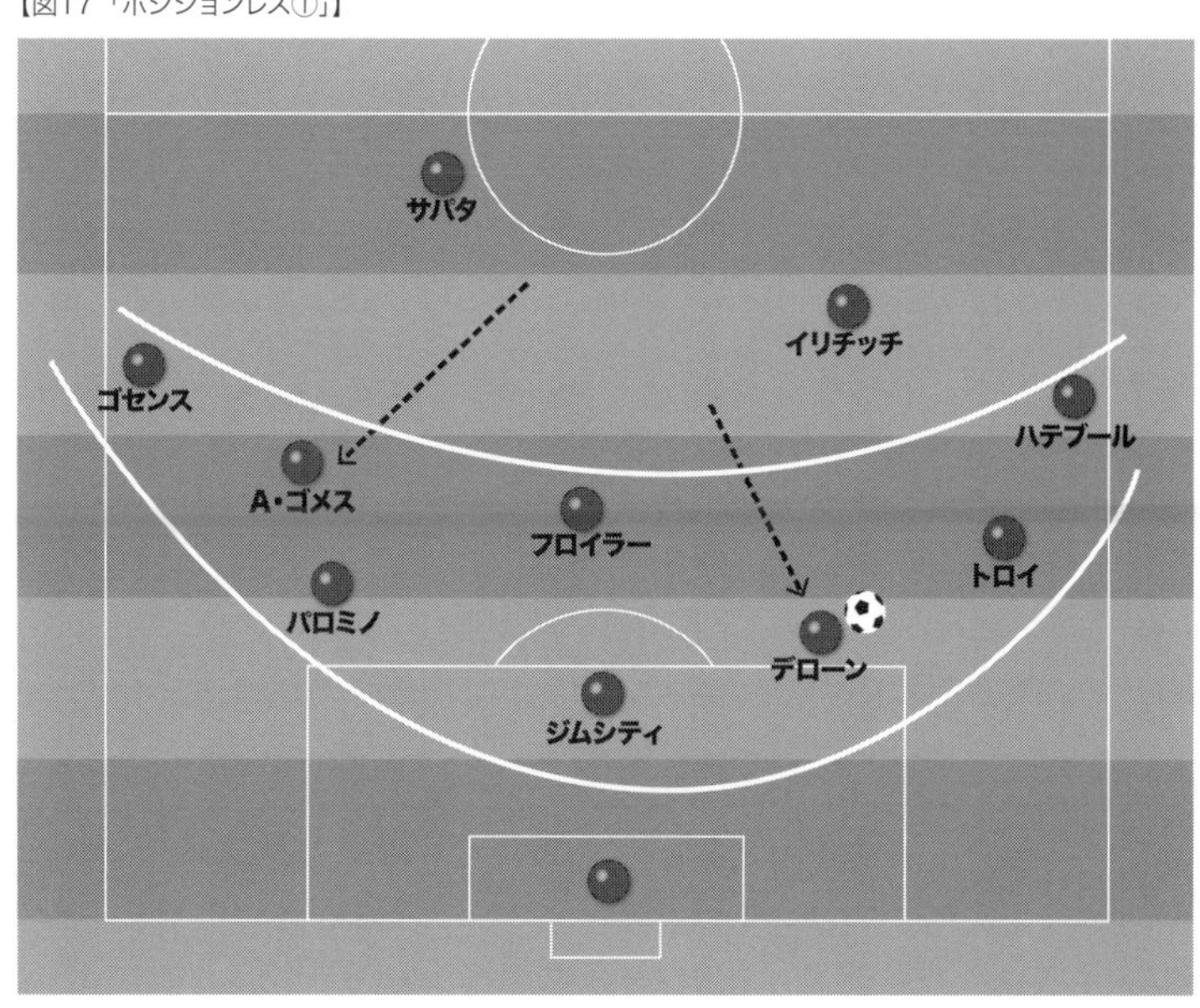

これにはどのような利点があるのだろうか？
　まずはポジションの循環に目を向ける。トップ下やCHといった中央の選手が降りてくる代わりに、WBやHVが外に押し出されつつ前進する。そのため、サイドでのポジションチェンジが活発となり、かつ数的優位が作り出しやすくなることで効果的なサイド攻撃を繰り出すことが可能となる。【図18「ポジションレス②」】
　FWが流れれば敵SBに対して数的優位を確立でき、手数をかけずに前線に運ぶこともできる。CBが寄ってきて数的同数となっても攻撃側はチャンスと捉えるべきだ。同数といっても例えば守備側にとって2vs2より8vs8の方が敵に与えるスペースを制限できるうえにカバーリングを幾重にも施すことができるため守りやすい。2vs2であれば片方の選手がかわされてしまうと圧倒的な不利となってしまう。当然だが

【図18「ポジションレス②」】

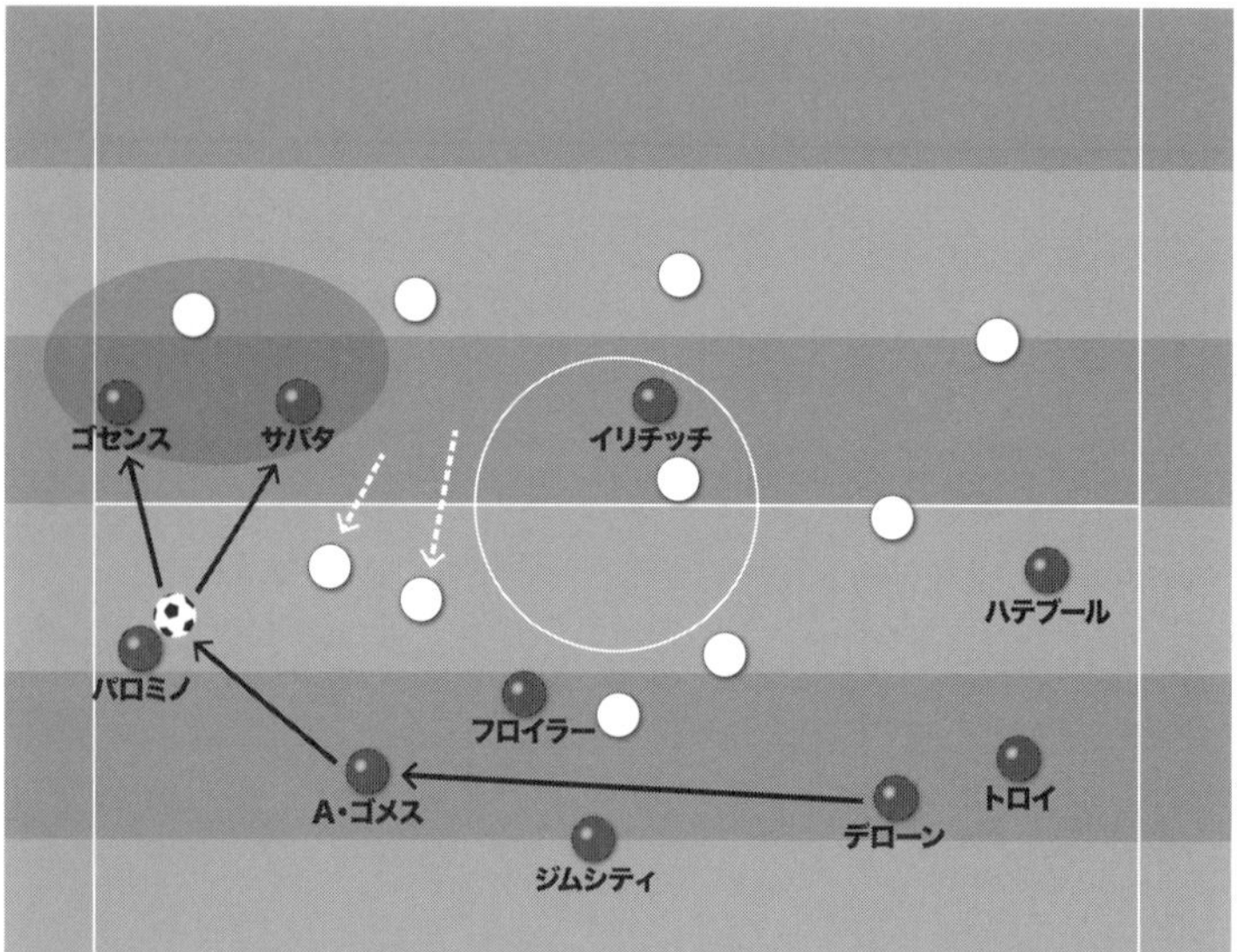

8vs8よりも4vs4、4vs4よりも2vs2と、人数が少ないほど「1人」の持つ価値(=「1人」が抜かれた際の影響)は大きくなるのだ。

敵が重心を高くしてボールを奪いにくればテクニックのあるイリチッチやフィジカルの強いサパタが広大なスペースでプレーを行うことが可能となる。

後ろに比重がかかるということは追い越してサポートする選手が増えるということを意味する。例えばゴメスが引いてボールを受けた際、敵のSHは外を警戒し、敵CHがゴメスについてきたとする。その場合、中盤とDFラインの間、さらには敵のCH間にギャップができる。それをフロイラーが感じ取り、ゴメスを追い越しながらボールを要求しその空いたスペースに入る、というプレーが可能となる。【図19「ポジションレス③」】

【図19「ポジションレス③」】

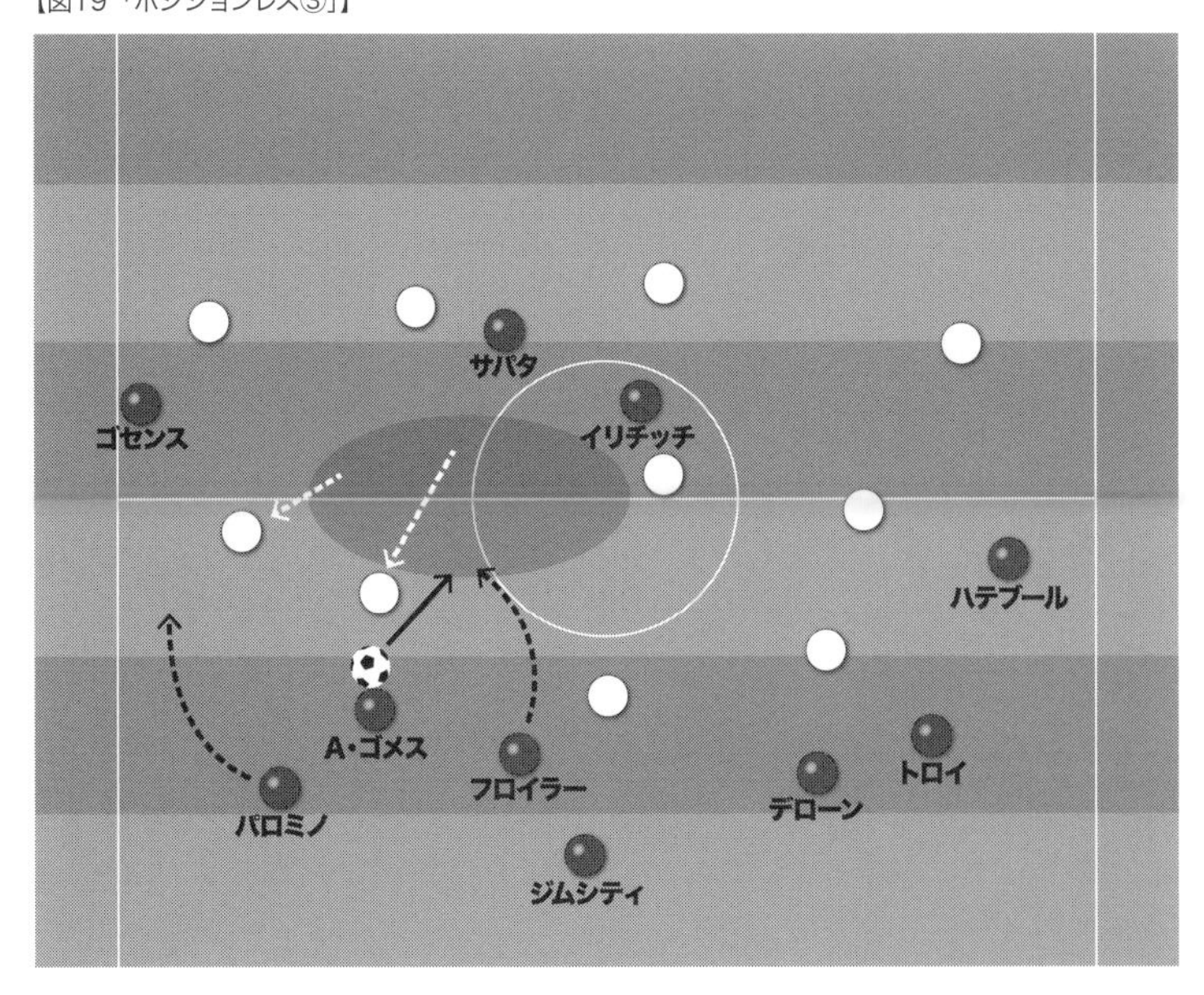

後ろから飛び出してくる選手というのは対応するのが難しく、このアタランタの組み立ては後方に選手が多数残る形となるため、「空いたスペースに最も近い位置にいる選手が飛び出してボールを受ける」というプレーを仕掛けやすくなっている。敵のリアクションに応じて後出しジャンケン的に攻撃を進められるのだ。元から高い位置にいるのではなく上がりながら受けるため、敵は初めからそれを警戒したポジショニングをとるというのが難しい。さらに、追い越して前を向いた状態でボールを受けることができるというのも大きな利点だ。

これはゴメスとフロイラーの入れ替わりだけでなく、CBや両HVも隙さえあれば積極的に仕掛けていく。後ろに選手が少なければ追い越す選手を確保することは難しく、発生したスペースの側に選手がいなければ適当なタイミングでスペースに入るということもできない。カウンターのリスクも考慮するとそういった仕掛けを行うことは難しくなる。例えばこの状況でフロイラーがいない場合、同様のプレーをジムシティが行うには距離的に、そしてカウンターのリスクを考慮すると厳しいだろう。そういった意味で、この三日月型が効果を発揮するのだ。

このような形で前進していき、ハーフウェイラインを越えたあたりでサイドにひし形を形成する。隙を見つけた選手が前進する三日月型ビルドアップであるため、ひし形の各頂点に誰が入るのかは状況に応じて変化する。例えば先ほどはフロイラーが前進する例を挙げたが仮にHVのパロミノが隙を見つけて前進した際は、トップ下のゴメスがひし形の底に位置し、パロミノが最前線に位置するという構成となることもある。

最前線の選手が変わるということは、ファイナルサードで仕掛ける際の武器も変化することを意味する。

例えばゴメスが最前線であれば、ファイナルサードでの仕掛けはスピードやテクニックを活かしたものとなるが、パロミノやジムシティであれば仕掛ける武器は高さとなり、ハテブールやゴセンスといったWBが頂点であればそれはスピードもしくは高さとなる。つまり敵は全く違った対応を強いられるのだ。

全く原形の無い状態からひし形が形成されるため、守備側は対処に苦労する。これらは当然、「前進が完了したらサイドでひし形を形成する」という約束事があるからこそ成せる技である。でなければ前進したHVは最後方まで戻るため、ひし形形成のタイムロスを生んでしまう。攻撃においても間延びしておらず、後方から前線までの距離がコンパクトであるというのも、こういったポジションチェンジを可能とする要因の一つだ。

チームとして行うことは決まっているが、それを誰がやるのかは状況次第。それによって攻撃に良い意味での変化が加わる。これこそが、アタランタの近年最高のポジションレスサッカーの仕組みである。

■ひし形＋1の構築

アタランタはサイドでひし形を形成して攻撃を仕掛けていくが、19-20シーズンにはもう1枚が絡んでひし形＋1を形成する機会も増えていった。「＋1」はどこに位置するのかというと、内側の頂点となる選手のさらに内側だ。これは主にトップ下やFWが担う役割となるが、低い位置であればCBやHVが担うこともある。ここの選手は、ひし形を形成する選手たちへのマークが厳しい際に顔を出して別の展開を模索するために利用される。底の選手からのパスを受けるための顔出しとしても利用されるが、より効果的なのはワイドの選手が持った際の顔出しだ。
　ワイドのボールホルダーが前を向いている状態の時、＋１は引きながらボールを受ける。ホルダーが前を向けば守備側は自然とそちらに注意を向けるため、引くことでフリーの状態でボールを受けることが可能となるのだ。中央のエリアで前を向いてボールを受けることで次の攻撃に繋げていく。特にアタランタはゴメス、イリチッチ、マリノフスキ等、＋１を担う選手にミドルシュートを得意とする選手が多く、そのままゴールを脅かすことも可能である。【図20「ひし形＋１」】
　ワイドのホルダーが斜めもしくは横を向いている場合、＋１は最前線や内側の選手を追い越して斜めにチャンネルを抜けるプレーを行うこともある。イメージとしては、ひし形の再構築で説明したプレーに近い。

【図20「＋1①」】

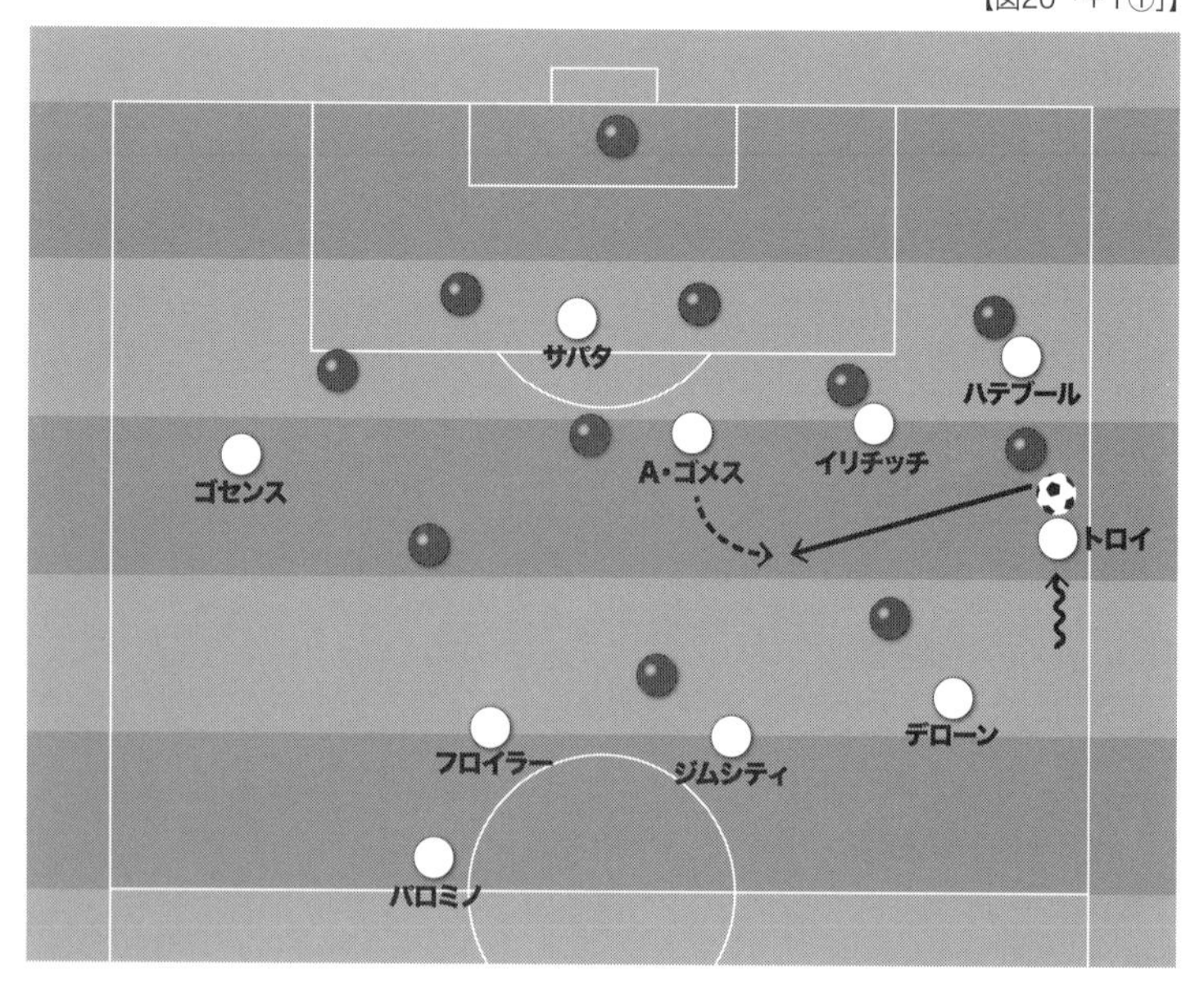

サイドの深い位置まで進出した場合はマイナスのグラウンダークロスを受けるのも＋1の役割だ。サイド突破が攻撃のメインとなっているため、この役割の重要性は非常に大きくなっている。

■おわりに

限られた戦力で18-19シーズンリーグ3位という好成績を収めたアタランタの攻撃は、流動的にポジションチェンジを繰り返すものの、カオスではなく明確な型を持つ、非常にシステマチックなものであった。「ひし形」の意識がチームに浸透しているため、ポジションチェンジを行っても結果的にひし形の陣が形成される。チームとしての軸が定まっているからこそできるアレンジだ。

19-20シーズンにはさらにポジションレス化を進め、近年最高と言えるレベルまで昇華させた。初出場となったCLではベスト8まで進出する快進撃を見せた。近年はどのポジションもオールマイティーな能力を求められるようになってきているが、ポジションそのものを入れ替えてしまうようなポジションレスサッカーはアタランタをおいて他にない。彼等以外のチームでもこのようなスペクタクルなポジションレスサッカーを見ることができるようになるのはまだまだ先なのかもしれない。

ラツィオ

Lazio ITALY SERIE A

season 19-20

シンプルでスピーディーな攻撃を実現した2トップと中盤の核

19-20シーズンセリエA、首位ユベントスとのポイント差5の4位でフィニッシュしたのがシモーネ・インザーギ率いるラツィオだ。どのスタッツも平均的な数値であり、一言でチームの色を表すのは難しい。しかし、リーグ4位の79得点、リーグ2位の42失点でフィニッシュした彼らは非常にシンプルにチーム戦術を機能させていた。

ルイス・アルベルトのパス能力、クリスティアーノ・ロナウドを抑えて36ゴールで得点王となったインモービレ等選手個人の能力の高さだけではなく、ライン間を活用した攻撃、そこに至るまでのビルドアップ、そしてカウンターと、チーム戦術に選手の持ち味が合致している点が魅力の好チームであった。

■基本布陣

インザーギ・ラツィオの基本布陣は5-3-2だ。5バックの中央には鋭い楔を打ち込めるアチェルビが入り、本職SBのラドゥが左HVに。右WBにはスピードのあるラッザーリが起用され、攻撃に幅を加えた。

中盤は守備的なアンカーであるルーカス・レイヴァ、このチームの核である左ＩＨルイス・アルベルト、高さとパワーのある右ＩＨミリンコヴィッチ＝サビッチで構成される。

２トップはクリスティアーノ・ロナウドを抑えてこのシーズンの得点王に輝いたチーロ・インモービレ、ボールを引き出すのが得意なホアキン・コレアがメインで組み、驚異の身体能力を見せるカイセドが状況に応じて投入される。

守備時は引いてブロックを作るためポゼッションはそれほど高くない。２トップを中心としたカウンターを得意とし、遅攻ではルイス・アルベルトをキーに、スイッチが入った瞬間に素早く展開して攻撃を仕掛ける。

【ラツィオ「基本布陣」】

■サイドに追い込む守備

ラツィオが前線からプレッシャーをかける機会はそれほど多くない。ハーフウェイラインまで引き、敵の攻撃を待ち受ける。【図1「サイドに追い込む守備」】

2トップは中央に位置する敵CHへのパスを遮断するように位置を取る。サイドにボールを展開させたのち、敵がこちらのIHの高さまで前進すると、アルベルトは横を切るようにホルダーに寄せる。WBは縦を切って前進を食い止め、斜め前方へのパスはアンカーのルーカス・レイヴァが豊富な運動量を活かしたスライドで遮断する。

レイヴァの負担が非常に大きくなっているが、2トップにそれほど運動量を求めることのない守備方法となっており、カウンターに備えることができる。このサイドのエリアで

【図1「サイドに追い込む守備」】

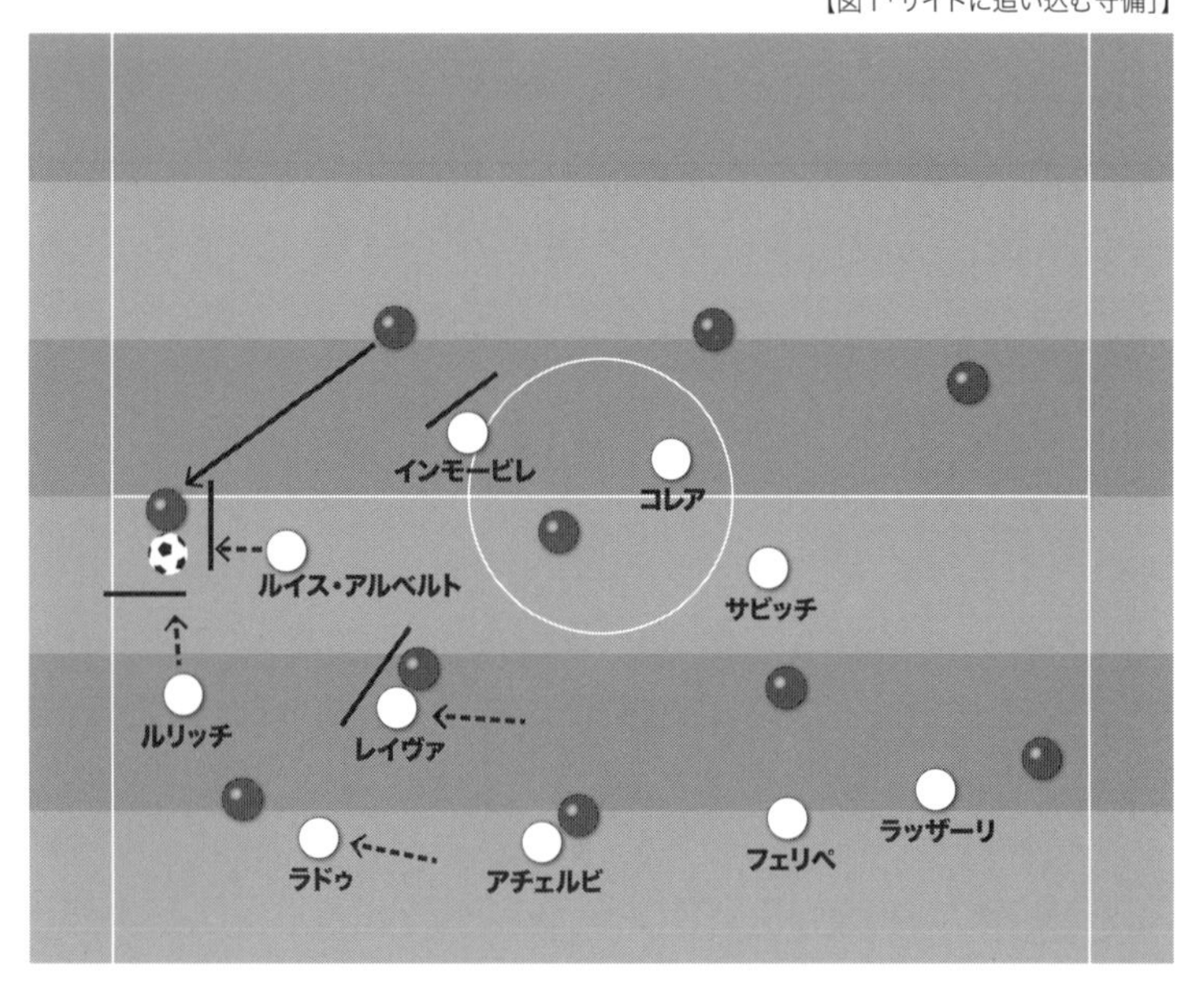

はめきれずに何度もやり直しをされると、ラツィオとしては相手のミスを待つしかない苦しい状況となる。最終的に5バックがペナルティエリア周辺で人海戦術を繰り広げる形だ。

先制さえしてしまえば敵が前への意識を強めるため、やり直される回数も減り、ワンチャンスをものにできるカウンターを持つ自分たちの土俵に持って行きやすい。まさに我慢比べといえる。

■カウンター

ラツィオのカウンターは2トップを中心に繰り出され、斜めに離れるような動きを見せるのが特徴だ。サイドではめ込む守備の方法は先述の通りである。カウンターに関しては、サイドから中央に逃げようとする敵のパスを引っ掛けて発動することが多いため、自ずと

【図2「カウンター」】

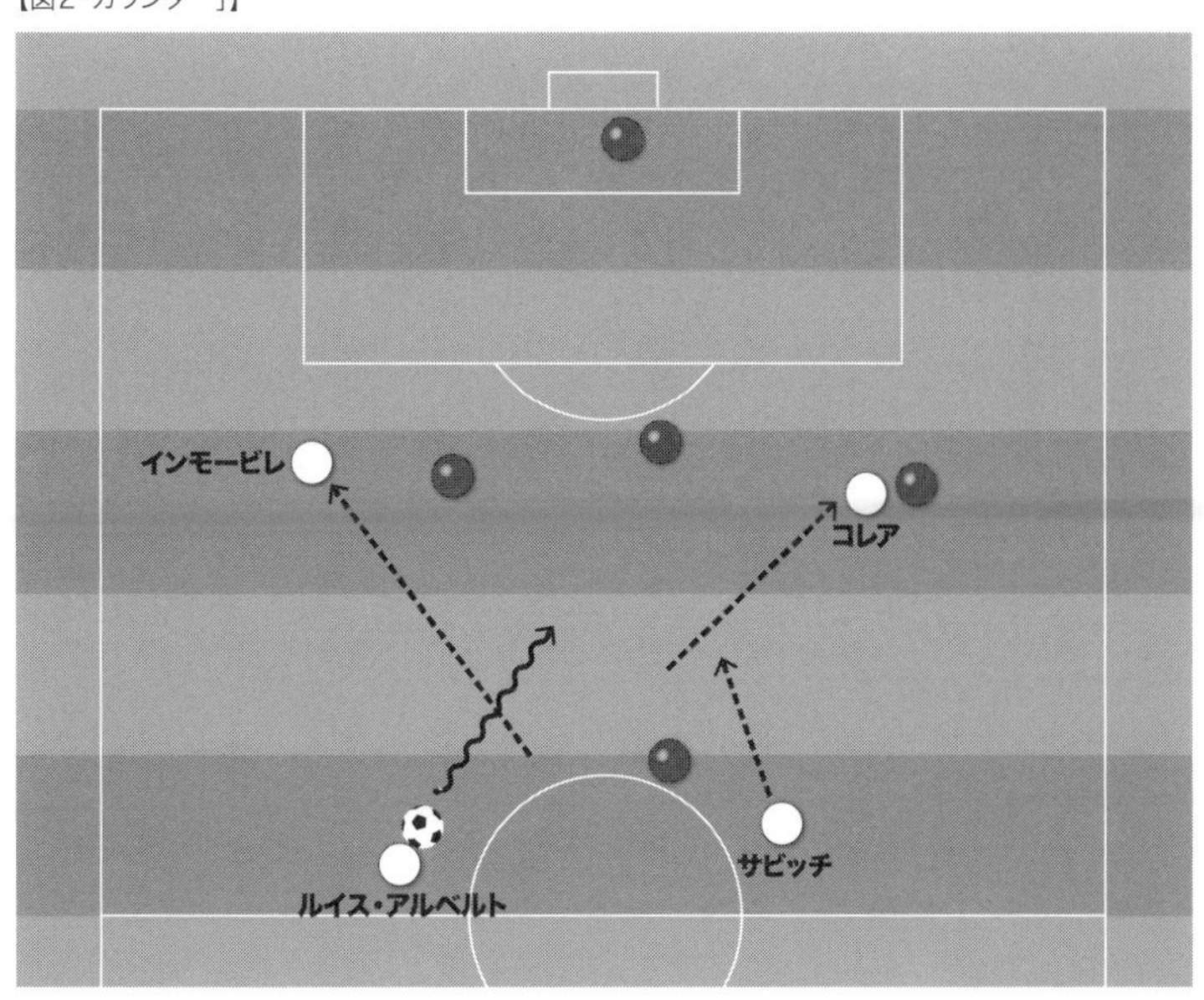

起点も中央に近くなる。【図2「カウンター」】

ボールホルダーは中央へ向かうようにドリブルで運んでいく。コレアはCBから離れつつ、敵SBの内側に位置を取るように走り込む。この状況でボールを受ければ、CBに触れられず、SBの内側をとった状況を作り出すことができるのだ。

インモービレは外に流れていき、左45度に入るように抜け出す。これは敵の守備方法や状況云々というよりも自身の得意の型で勝負するというストライカーの動きである。彼はこの動きで当該シーズン、いくつものゴールを奪ってきた。

■ビルドアップ

ラツィオのビルドアップは基本的に3バック+レイヴァの4人、状況に応じてWBかルイス・アルベルトのどちらかも絡んで行われる。

彼らの攻撃は敵の中盤とDFのライン間へボールを入れ、そこからスピードアップし細かいパスを1、2本繋ぎ裏に抜け出しゴールに迫っていく。つまりビルドアップの目標はライン間へボールを入れることとなる。

ライン間には基本的に2トップとサビッチが入る。精度の高い楔を入れられるアチェルビを中心に、最終ラインから直接ライン間に入れられるのであればそれにこしたことはない。ただ、守備側もそう簡単には通させてくれない。そういった時のサポート役がWBとアルベルトである。

WBがビルドアップに関わる際、自身の位置する高さを①CBと同じ高さ②敵の中盤ラインの高さ③敵のSBの高さ、と3段階に変化させて攻撃の流れを作る。【図3「ビルドアップ」】

CBとほぼ同じ高さに位置する際WBの役割は、サイド低い位置から角度をつけ、斜めに楔を打ち込むことにある。CBの位置からは打ち込めない角度であり、状況によっては敵の中盤のプロテクトを掻い潜るように、ラインの間を縫うことができる。

また②WBが敵の中盤ラインの高さに入る際は、敵SBを釣り出す役割を担う。【図4「WBの役割」】

ラツィオはあくまでライン間で味方同士の距離を短く保って崩すスタイルである。そのためSBの釣り出しは、SBの裏を狙

【図3「ビルドアップ」】

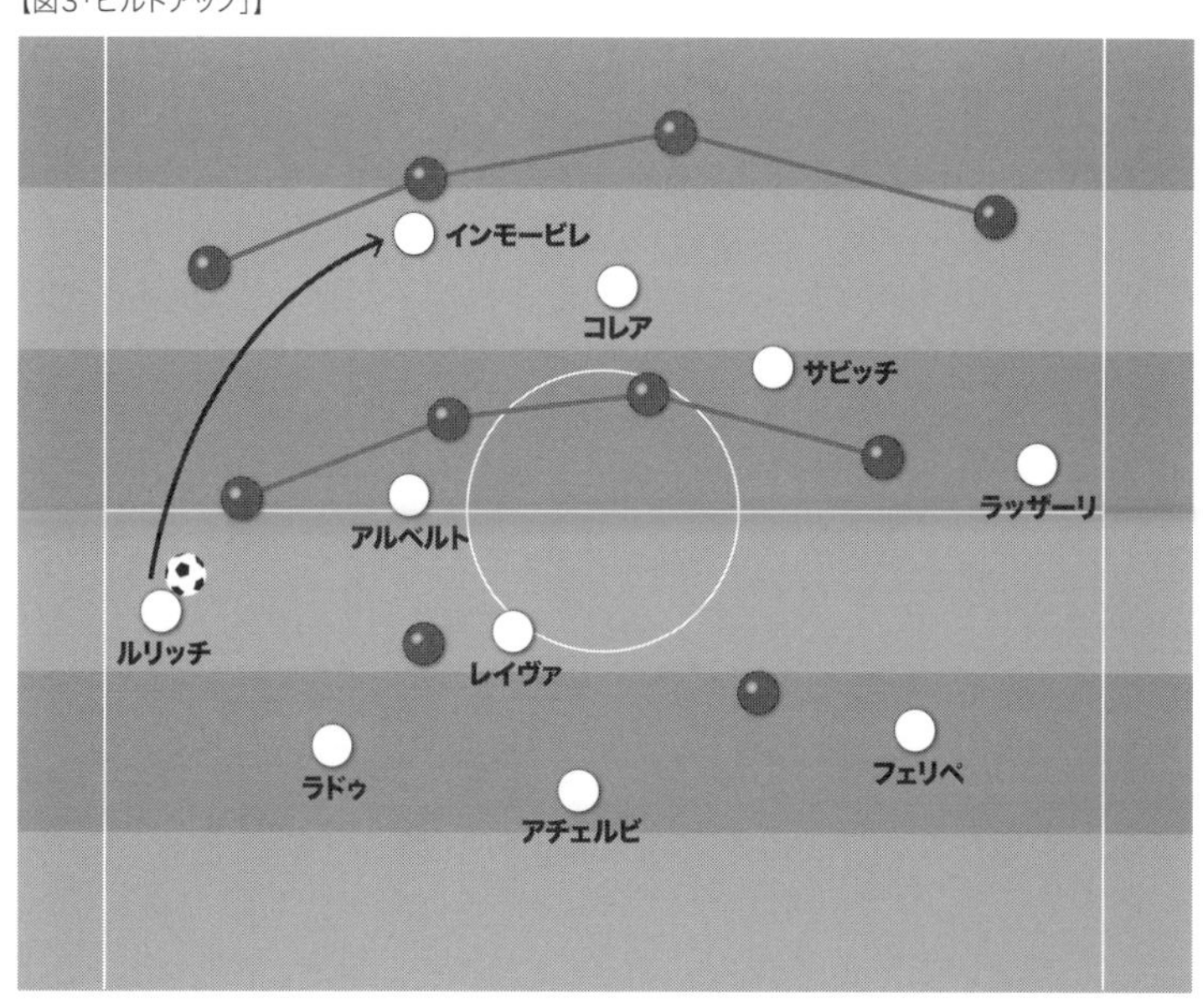

うためというよりもライン間にボールが入った時に前進して食い止めようとするDFを減らすという意味合いが強い。最終ラインの人数を減らすことで2トップが連携をとってパスを繋ぎ、DFラインの隙間を抜けやすくするのである。

そしてWBが敵のSBの高さに位置を取る際は敵を押し込み、前進守備を阻む役割を担う。高い位置をとることで敵を押し込むと同時に、後述するHVの前進を促す。押し込むことで前進守備を阻めばポゼッションが安定し、アルベルトのパスに2トップの抜け出し、サビッチのミドル等様々な攻撃を展開することができる。こういったWBの動きと連動してビルドアップに加わるのが、このチームの核である左IHルイス・アルベルトである。

【図4「WBの役割」】

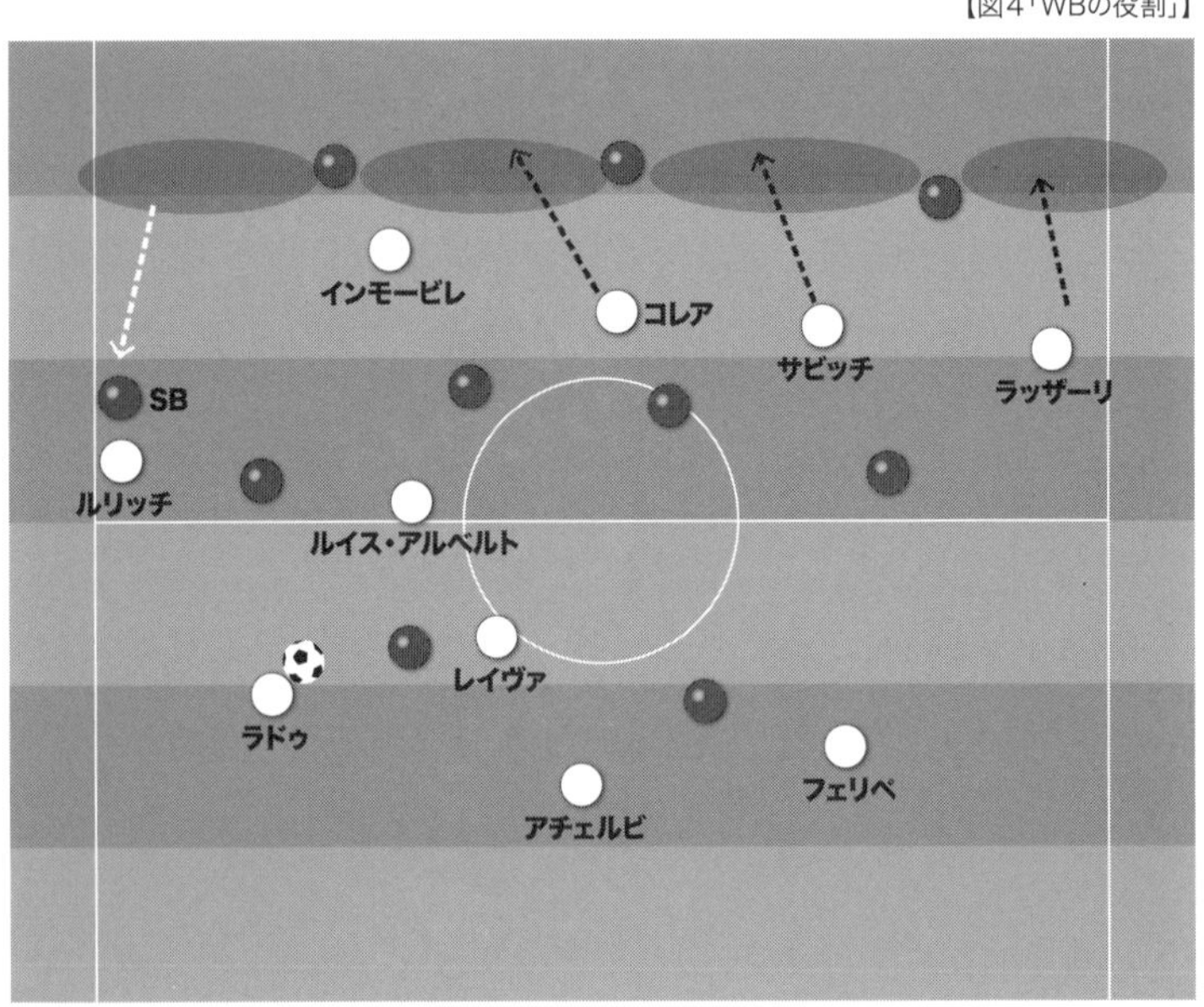

■ルイス・アルベルトの役割

　このチームの核でもあるアルベルトが担う役割はキープ力とパス能力を活かしたリンクの役割と、角度を作る役割だ。【図5「アルベルトの役割①」】

　アルベルトは非常に広範に動き、それほどプレーエリアに縛りがない。ただ、主戦場といえるのは敵の中盤ライン手前だ。このエリアでボールを呼び込み、敵の中盤を引き付けてライン間へとボールを送り込む。右-Hのサビッチはライン間に入ることが多く、アルベルトはアンカーのレイヴァと共にビルドアップに参加することが多い。サビッチとの役割の住み分けが出来ている形だ。

　またアルベルトはライン間の狭いスペースでもダイレクトで正確にボールを捌くことができる。そのため、彼自身がライン間に入る

【図5「アルベルトの役割①」】

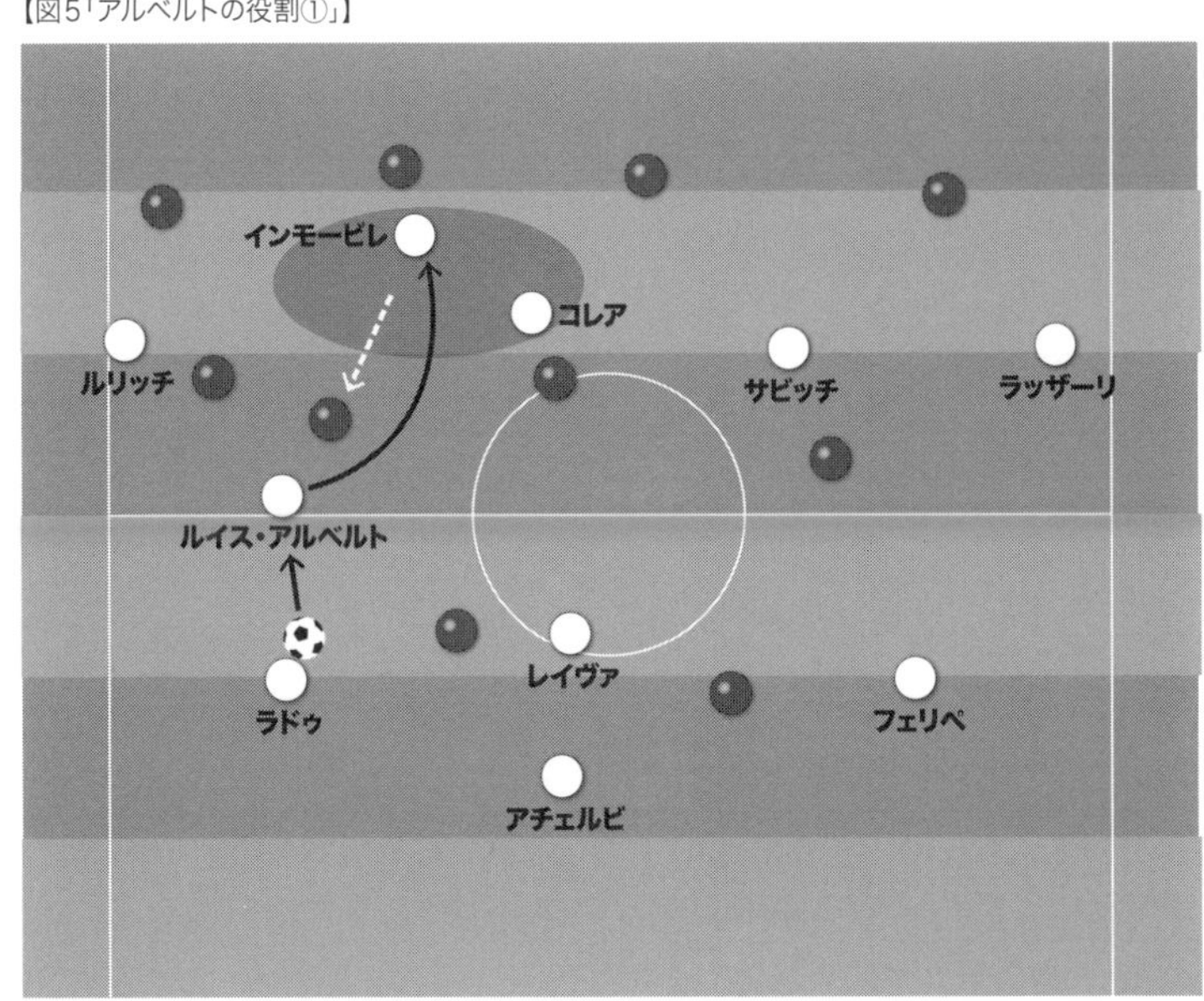

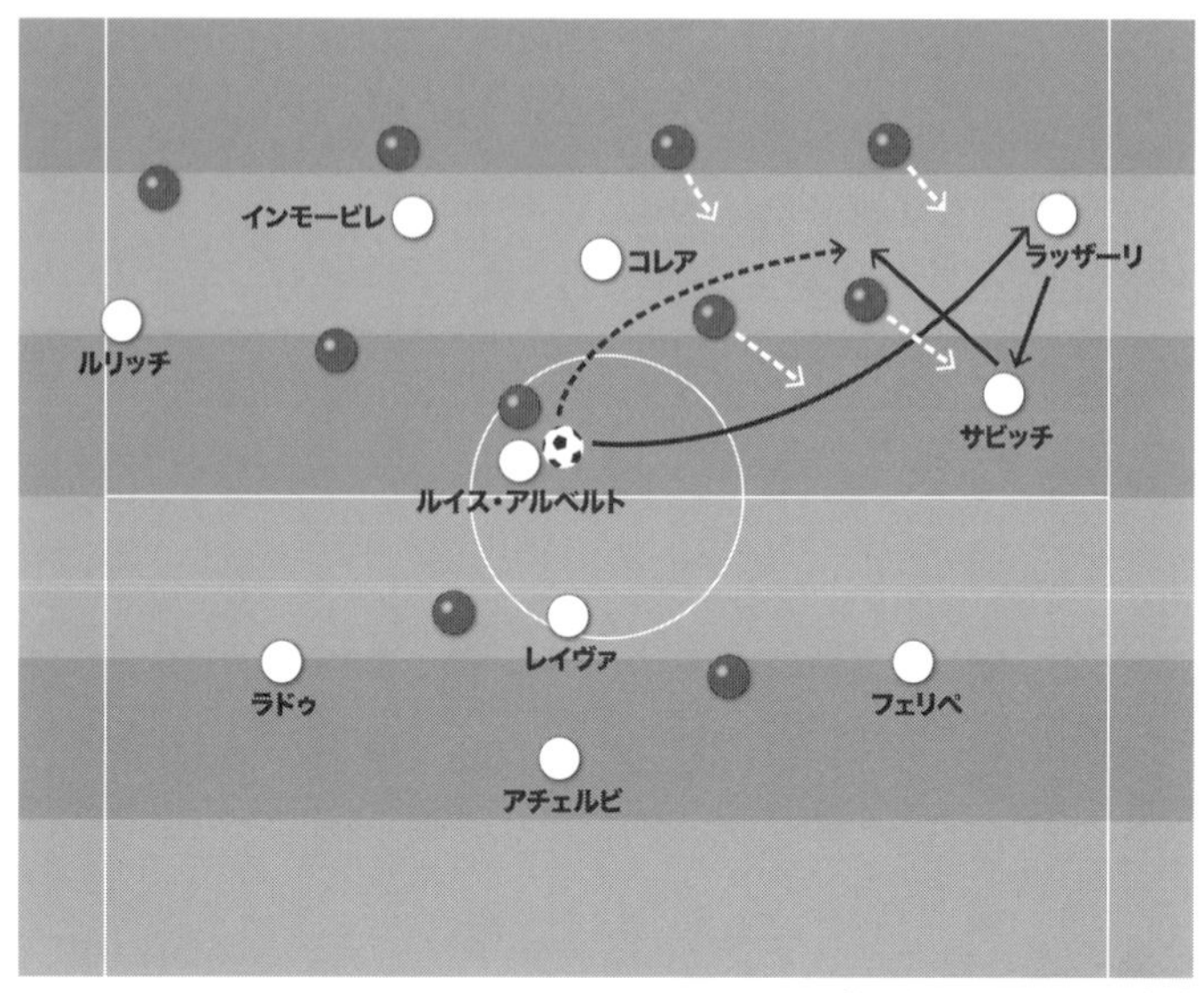

【図6「アルベルトの役割②」】

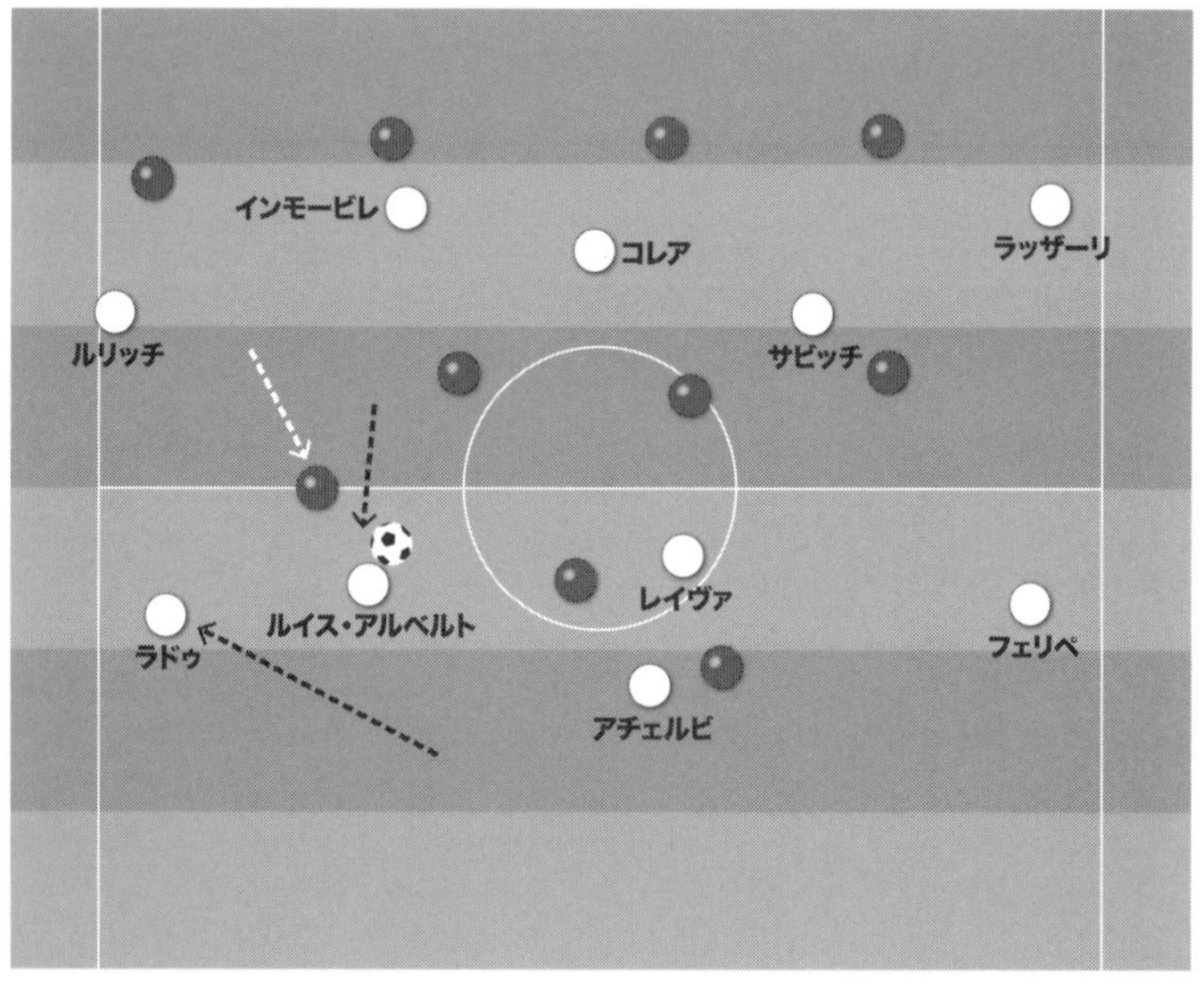

【図7「アルベルトの役割③」】

機会も少なくない。そんな彼は敵中盤ライン間へ侵入する動きにも長けている。その際、トリガーとなるのは味方のバックパスだ。【図6「アルベルトの役割②」】

中盤のライン手前でボールを受けるアルベルトが真っ先に狙うのはライン間へのパスだ。ここでパスコースが無い、もしくはプレッシャーが激しい場合はサイドへの展開を試みる。WBがこのボールを後ろに返す際、敵の守備陣はボールに合わせてラインを上げる。バックパスのタイミングでラインを上げて守備陣形を整えるのは守備のセオリーである。この時にアルベルトは守備陣と逆の動きをとるように前進することで、ノーマークでライン間に侵入していくのだ。

このようにスピードアップすることなく、敵の動きを利用することでボールの配球役から受け役にシフトチェンジするのが非常に上手い。広範に動き回るためマークもつきにくい上に、今まで受け役として存在しなかった選手が急に出現するため、フリーにさせてしまうのだ。

またアルベルトは敵の中盤ラインよりもさらに低い位置、味方DF陣の近くでプレーする場合においては、HVを押し上げる役割を担う。【図7「アルベルトの役割③」】

アルベルトがアンカーかそれより低い位置まで降りることで、一時的にDFラインは4枚になる。この状態から敵の守備陣の様子を伺い、穴になりそうなエリアに近い選手が前進していく。アルベルト一人でそのエリアに移動するのは難しいが、ポジションを入れ替えることで効果的にそのエリアに侵入することができるのだ。図のようにアルベルトが降りた際に敵のSHが前進してくるようであれば、同じサイドのHVが開いて前進して穴を突いていく。

アルベルトのこういったビルドアップでの関与の仕方や中盤ラインをまたぐ動きはIHとして手本となる動きである。最近の流行であるIHが外に流れる動きを行うことは少なく、チームとしてSB裏を狙う意図も強くない。そのためリンク役のアルベルトが機能しない展開となると、幅の出ない単調な攻撃となってしまうケースも少なくない。

■2トップのボールの受け方

カウンター時はそれほど連携を行わない2トップであるが、遅攻の際は近い距離感を保ち、こまめに連携をとってボールを引き出す。ライン間にパスを送り込み、手数をかけず素早く抜け出すラツィオの攻撃において、ライン間での2トップの連携は非常に重要な位置づけとなっている。

多いパターンが2トップvs敵2CBという同数の構図を作り出せるシステム的利点を活かした連携だ。【図8「2トップの連携①」】

楔のパスを受けたコレアは相方のインモービレがいる方向へフリックパスを送る。楔を受けたコレアに対しては当然CBがアプローチに出てくるため、それにより空いたスペースへインモービレが斜めに侵入する。

この動きに敵CBが反応して抜け出せなかった場合、インモービレは一度溜めを作る。この間に敵CBがスライドして空いたスペースへコレアが侵入する。これにも対応してくるようであれば、IHのサビッチ、アルベルトが五月雨式にサポートに入る。【図9「2トップの連携②」】

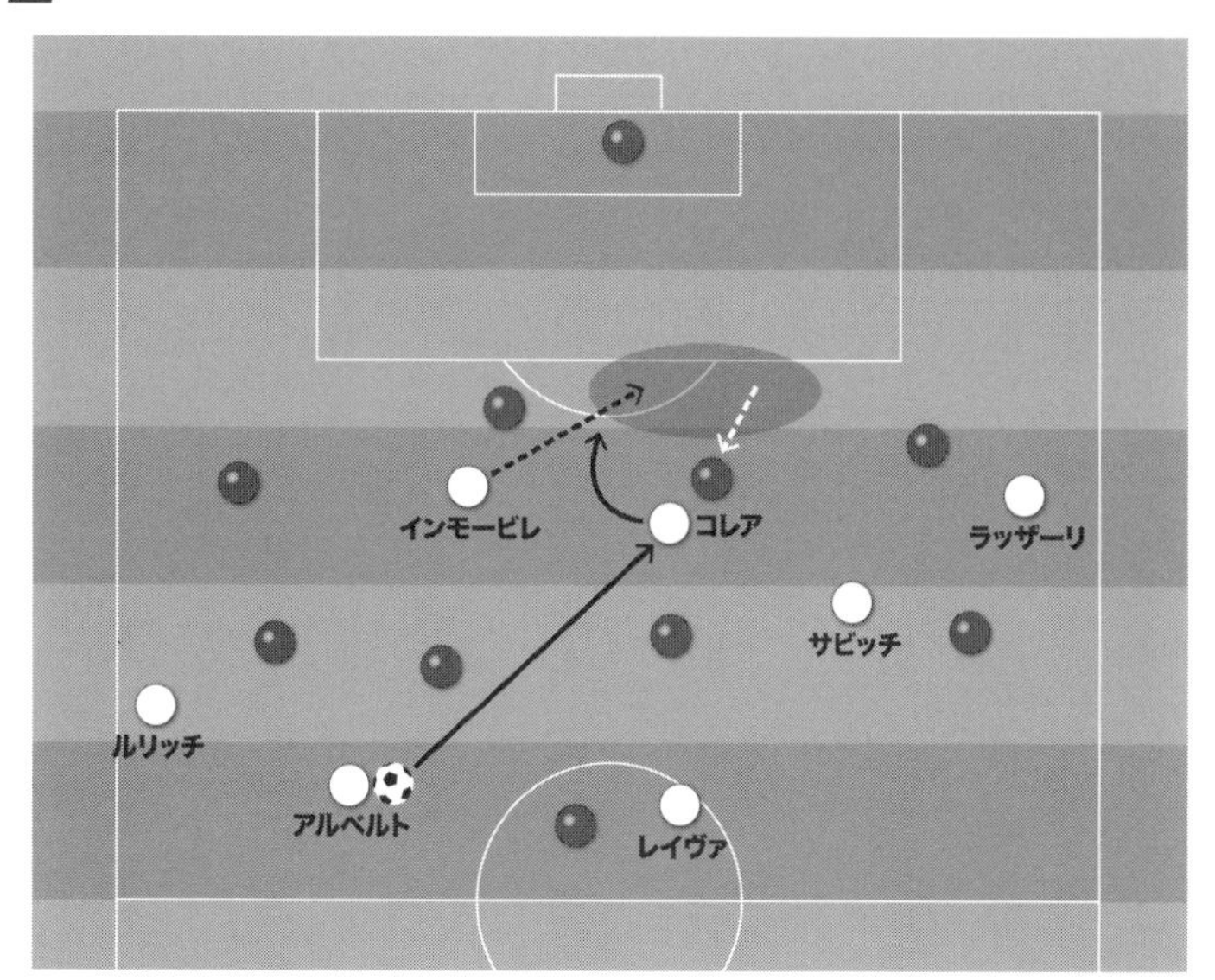

【図8「2トップの連携①」】

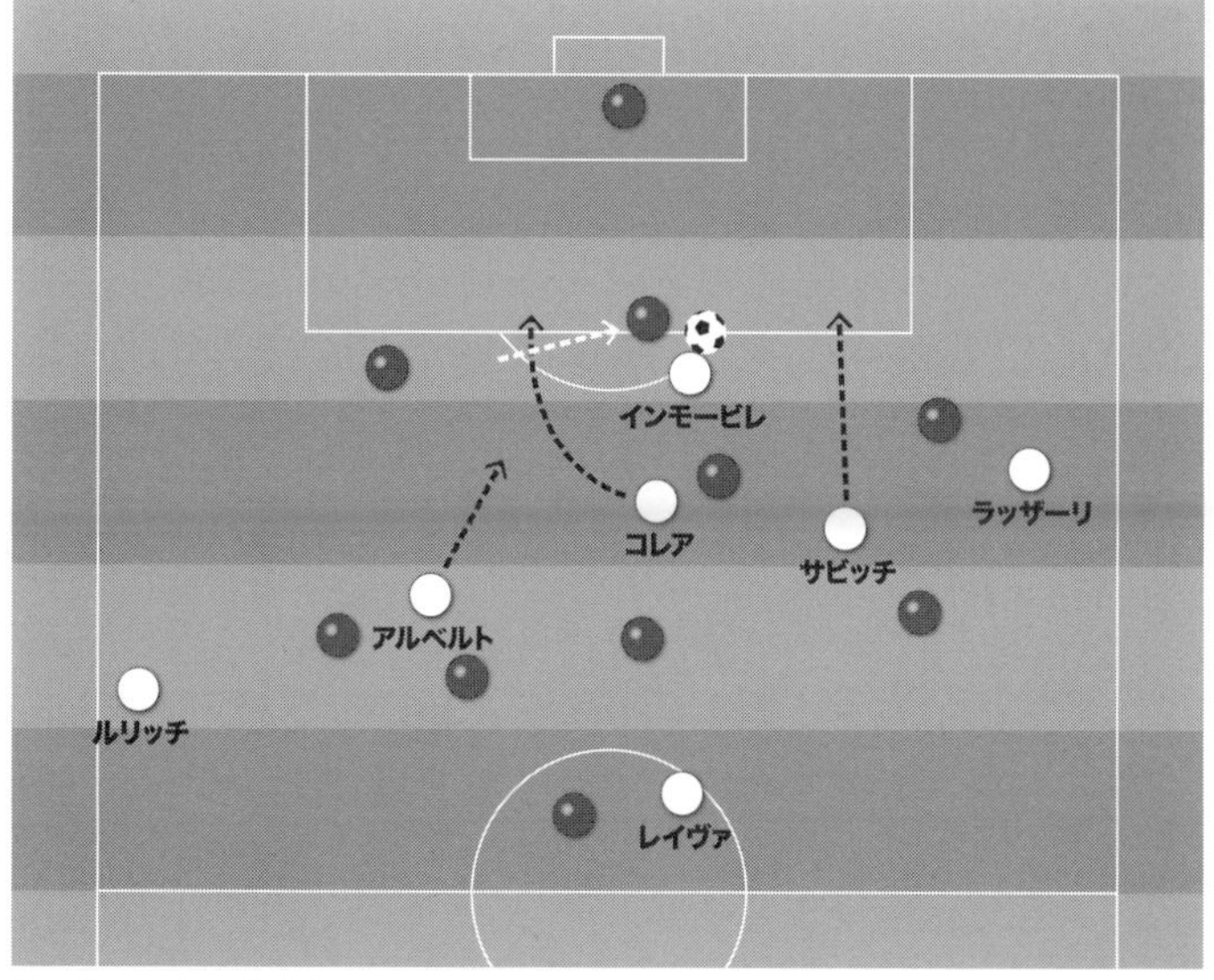

【図9「2トップの連携②」】

CB間を近い距離感で抜けていくような形となるため、フリック自体が敵に引っかかることはない。マイボールをいかにシュートへ持ち込むか、はたまた溜めを作るかという点が難しいところであるが、コレアもインモービレもそつなくこなすことができる。

このような連携を行うためには相方のプレーをよく見ておく必要がある。【図10「コレアの動き】

常に相方の動きを観察し、相方が元居た位置へ移動するのが鉄則となる。これは楔を受ける段階でも同様で、縦関係を作っている状態でパサーに近いインモービレが横に移動すれば、コレアはインモービレの元居た位置でボールを受けようと試みる。こういったプレーが上手いのがコレアの特徴だ。得点数はインモービレに遠く及ばなかったものの、コ

【図10「コレアの動き」】

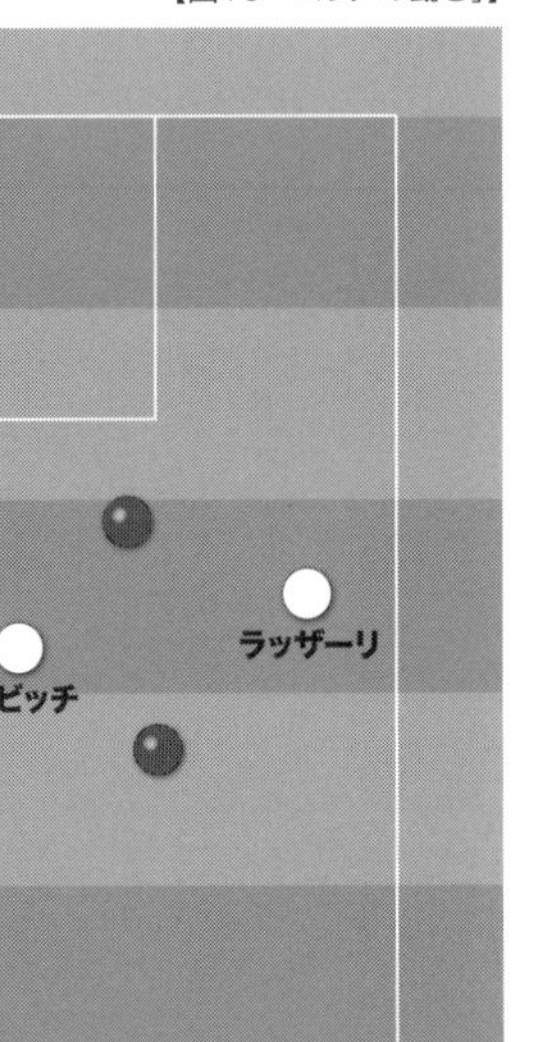

レアの働きはチームの攻撃を展開するうえで良い影響をもたらしていた。

そして敵を押し込んでいる状態の際インモービレやコレアはペナルティエリア内で斜めに抜け出す動きを頻繁に用いる。WBが高い位置で敵SBの注意を引き、パサーとなるアルベルトが溜めを作り、2トップは斜めに抜ける動きとそれに対する連動を行う。これが押し込んでからのラツィオの攻撃パターンとなる。【図11「押し込んでからの攻撃パターン」】

■ミリンコヴィッチ・サビッチ

敵の守備位置が高い時のラツィオは3-1-5-1の布陣をとり、CBからの縦パスが入った瞬間に2列目の5枚が上下に移動するというビルドアップパターンも持つ。【図12「ターゲットマン・サビッチ」】

【図11「押し込んでからの攻撃パターン」】

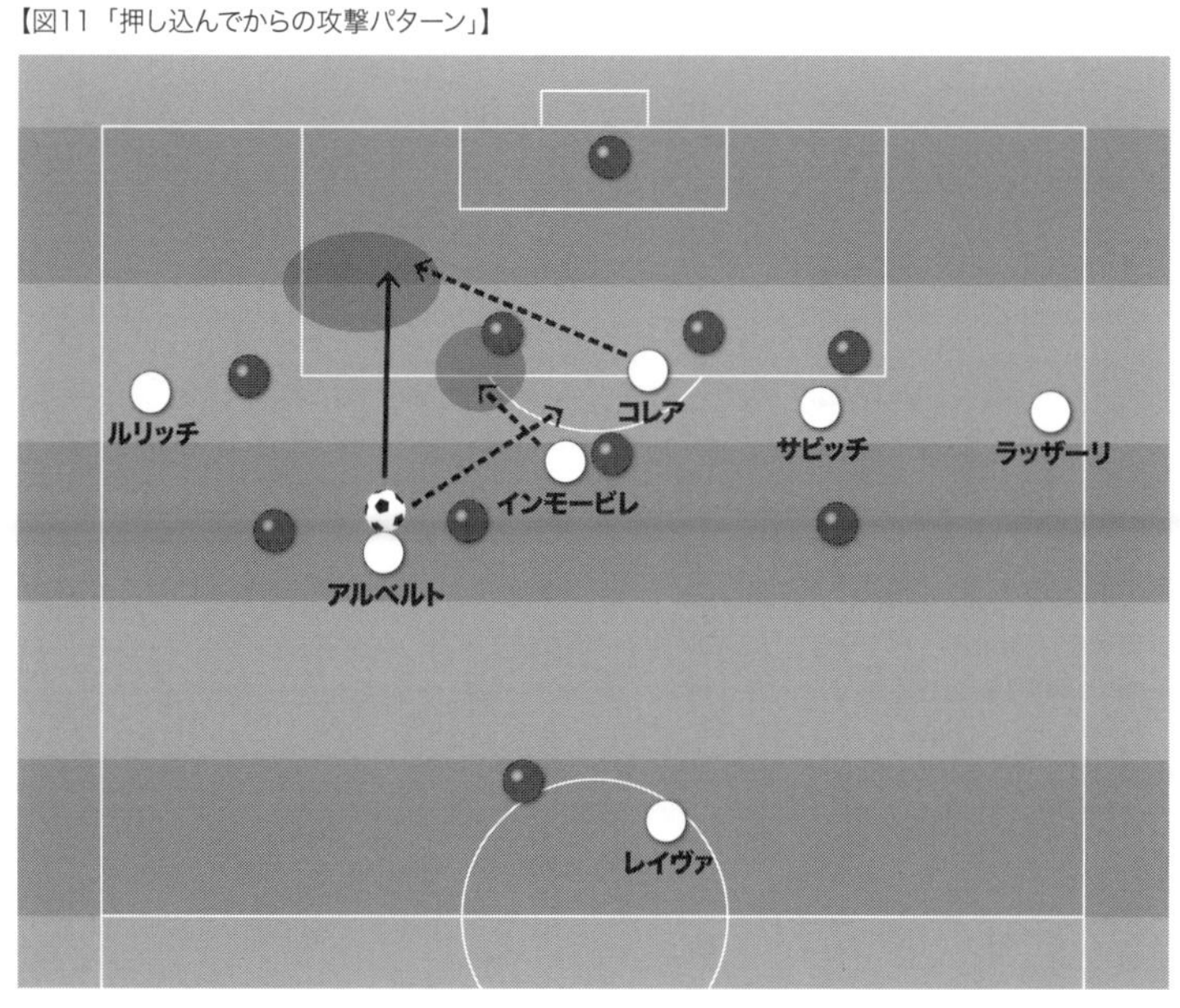

こういったビルドアップを用いても前進できない時はサビッチへのロングボールを選択する。191cmの大型IHをターゲットにすれば、敵のCHは簡単には対応できない。この間にインモービレやコレアはセカンドボールを拾える位置にポジションをとる。長身のCBが空中戦に参戦しようにも、空いたスペースに2トップが流れ込むという恐れがあるため迂闊には前進できなくなる。こういったフィジカル的な特徴を活かした攻撃もできるのが、IHに大型のサビッチを配置しているラツィオの強みである。

【図12「ターゲットマン・サビッチ」】

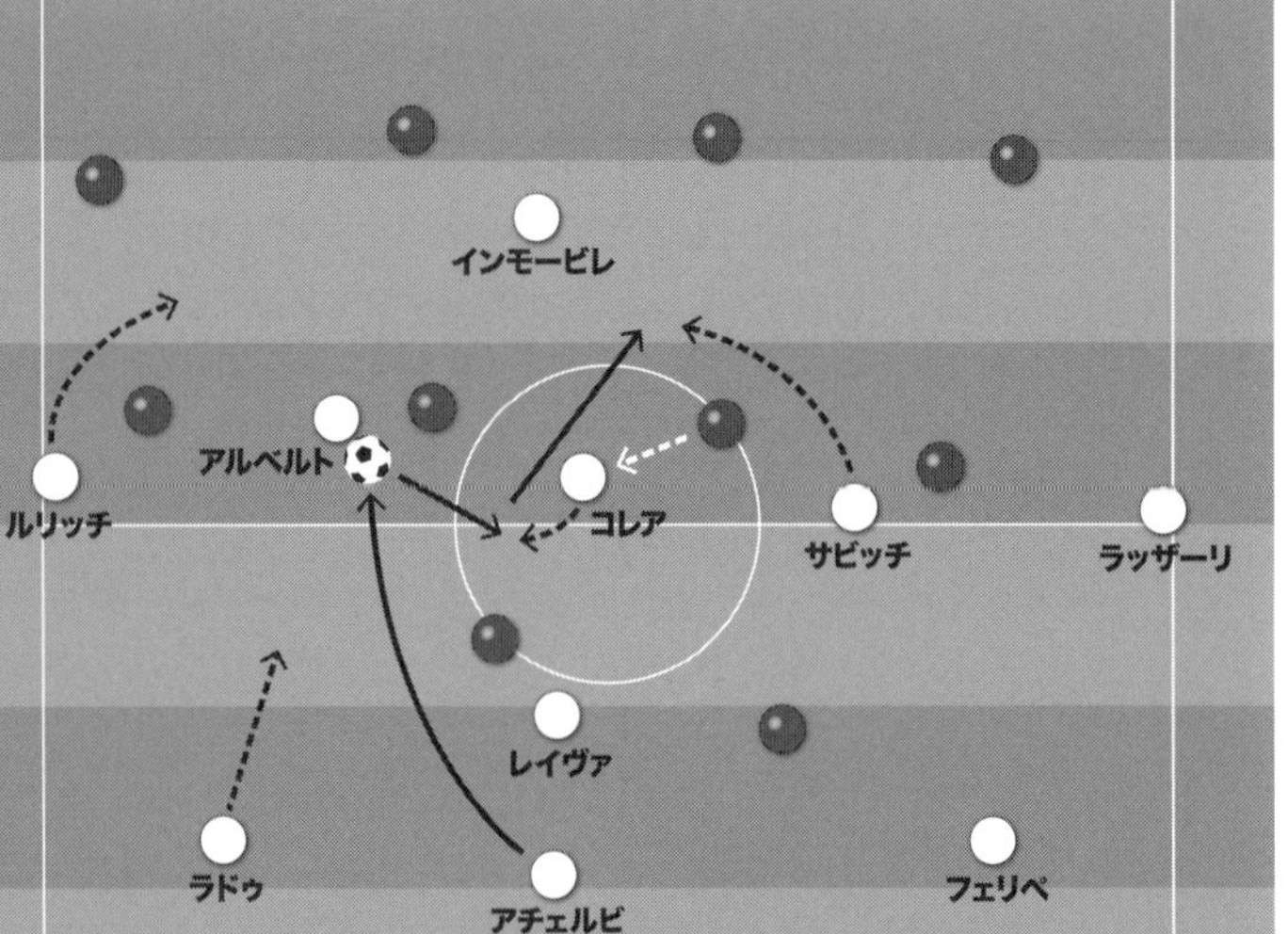

■おわりに

冒頭でも述べたが、ラツィオの特徴を一言で表すのは難しい。時にボールを捨ててカウンターを狙い、時にボールを保持してゴールに襲いかかる。この掴み所の無さがラツィオの魅力であり、分かりやすい形でメディアに取り上げられる機会の少なかった理由であろう。

守備では敵のミス待ちの状態に陥る点、攻撃では幅に欠けることで単調となってしまう点があり、これによりゲームをコントロールできなくなってしまう試合も見られた。掴み所の無さは利点であるが、自らの展開に引き込む力が磨かれればさらに上位でフィニッシュする可能性を感じさせるチームであった。

ドルトムント

Dortmund GERMANY BUNDESLIGA

season 19-20

独特でスペクタクルなパスサッカー

19-20シーズン、ルシアン・ファブレ体制2年目を迎えたボルシア・ドルトムント。彼らが駆使した3-4-2-1というシステムはJクラブでも多く採用されている。このシステムをベースに戦う彼らの特徴は、ジェイドン・サンチョを筆頭とした足元のテクニックに優れた選手たちにより生み出される、爆発的な得点力にあった。

彼らのパス回しには、パスで敵を崩すのに必要な様々なエッセンスが豊富に凝縮されていた。3バックシステムでの普遍的な崩し方に加えてこの時期のドルトムントでは、世界中探してもほとんど見られない彼ら特有のポジションチェンジがブレンドされ、独特でスペクタクルなパスサッカーが展開された。

■基本布陣

基本布陣は3-4-2-1。3バックはペナルティエリアの幅程度に広がって位置をとる。2CHは敵の中盤ラインの手前に位置をとり、WBはCHと同じかやや高めの位置をとる。2シャドーは基本的に敵のDFと中盤のライン間に入るが、2人ともボールサイドに流れてSB裏に入ったり、

WBとの入れ替わりを行ったり、CHのラインまで降りて組み立ての補助を行ったりと非常に広範囲に動き回る。1トップは中央で敵の守備ラインを下げるだけでなく、2シャドーの代わりにサイドに流れる役割も負う。

■3バックシステムで敵を崩すロジック

敵を崩せるチームと崩せないチーム。その最も分かりやすい違いは何かというと「スペースを作り出せるか否か」である。スペースはゴールへ向かうための道だ。それが細く入り組んでいれば前進するのが難しく、広く開けていればたやすく目的地へと到達できる。

この「道」は初めから敷かれているわけではない。敵が道にブロックを構築し、妨害をかけるからだ。そのため自分たちで道を作り出す必要がある。つまり、前進させるのはボールだけではない。

【ドルトムント「基本布陣」】

スペース（道）もゴールへ向かって伸ばしていく必要があるのだ。

ここではまず、3バックでの普遍的な道の作り方（前進方法）をみていく。当然、ドルトムントも取り入れていたものであり、サッカーにおいて「敵を崩す」という考え方のベースになるものだ。敵は4-4-2と想定する。

このシステムの数的優位作成ポイントは【図1「数的優位」】の通りだ。数的優位は、ボールとスペースを前進させるうえで最も効果的な手段となる。

初期段階で3バックvs2トップという数的優位を確保する。【図2「3バック①」】

ボールを動かし敵を走らせれば、疲労とスライドミスの誘発によりスペースの生まれやすい環境へと近づいていく。敵のFWを引き付けていなし、CHに繋ぐことができれば、敵のファー

【図1「数的優位」】

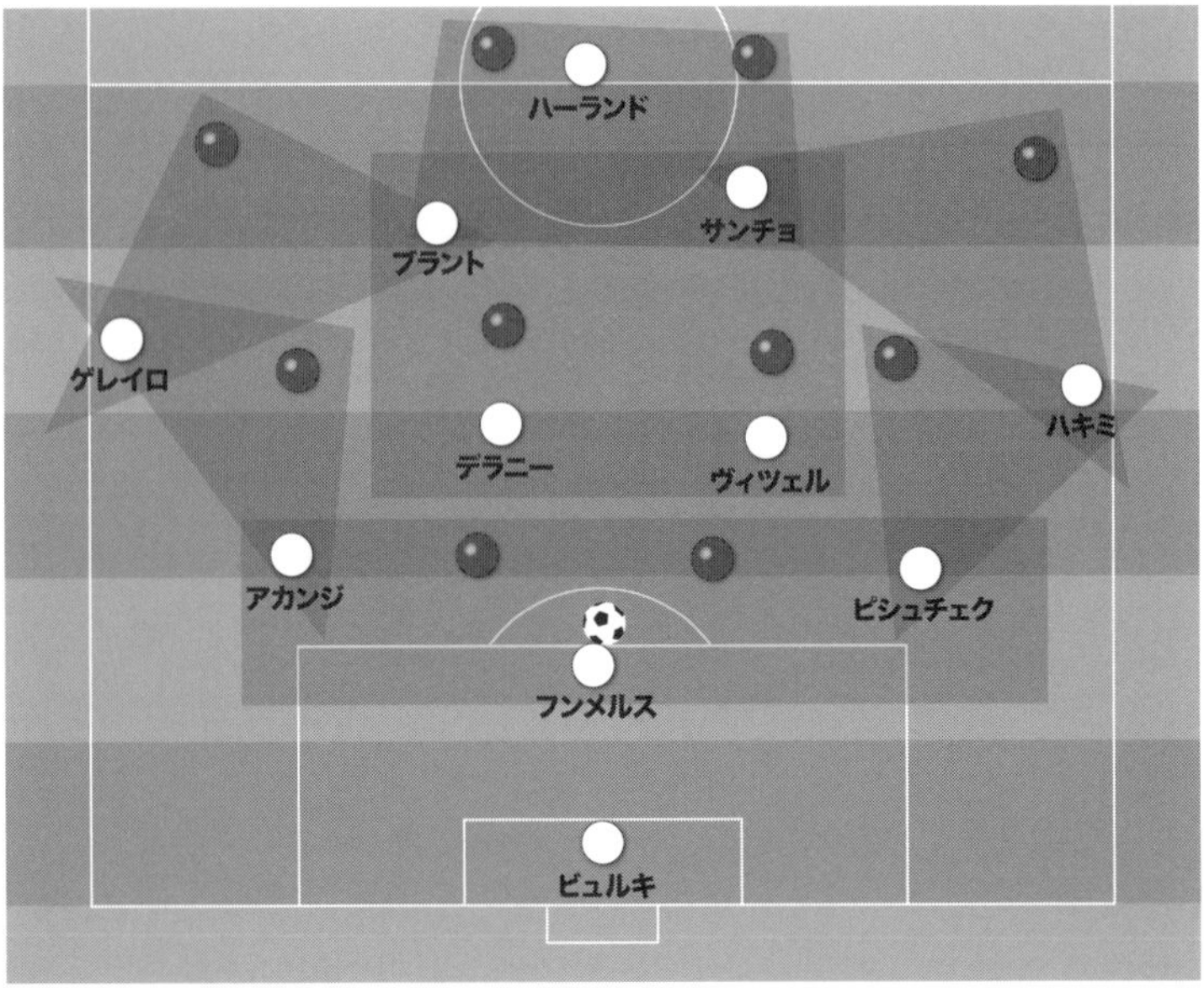

ストラインは突破となる。世界で最も偉大な監督の一人であるペップ・グアルディオラが「敵を自分に引き付けてからパスを出せ！」とメンバーに口酸っぱく言い聞かせるのはスペースを作り出すためなのだ。

敵のＦＷをいなしてＣＨがパスを受けると、中央で４vs２の数的優位を生み出すことができる。【図３「３バック②」】

敵ＣＨが前進すれば、中盤とＤＦの間にスペースが生まれる。ここでシャドーにボールを入れることができれば、最後に2シャドー＋ＣＦvs２ＣＢという数的優位が生まれ、ＣＢが飛び出した裏のスペースを使えるようになる。

【図４「３バック③」】のように3バックがボールを保持している場面で敵のＳＨが数的優位の解消に動いた場合は、外にスペースが空くこととなるため、ＨＶとＷＢの数的優位を利用する。

【図2】

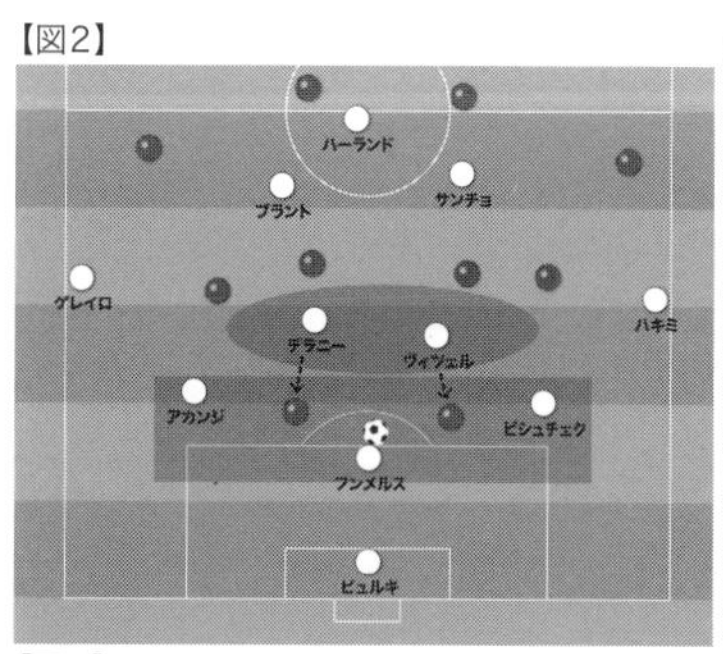

【図3】

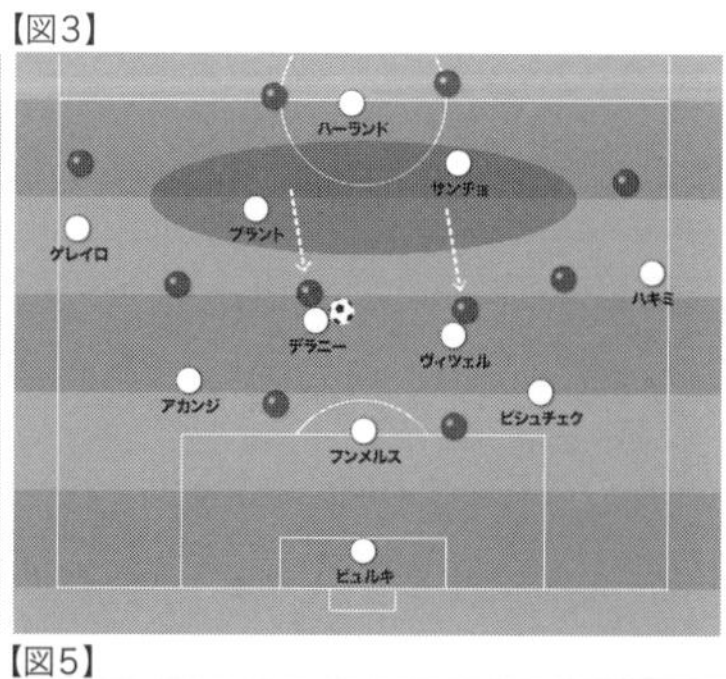

【図4】

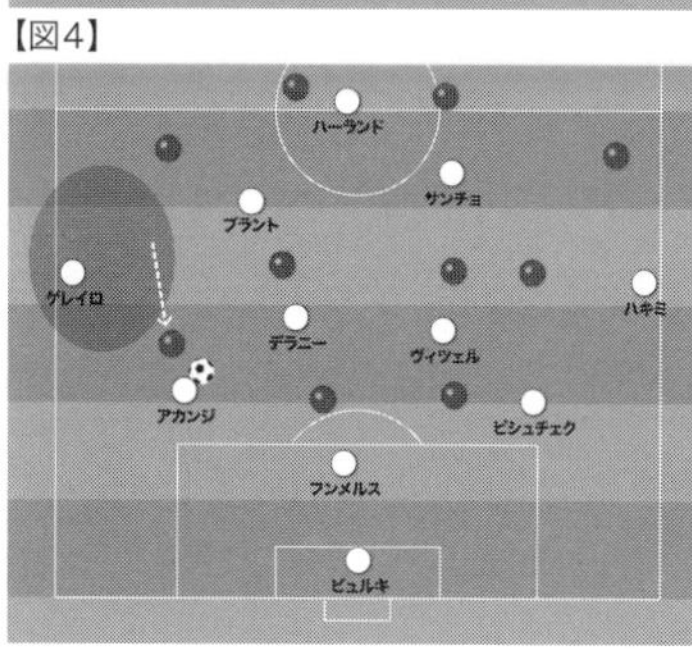

【図5】

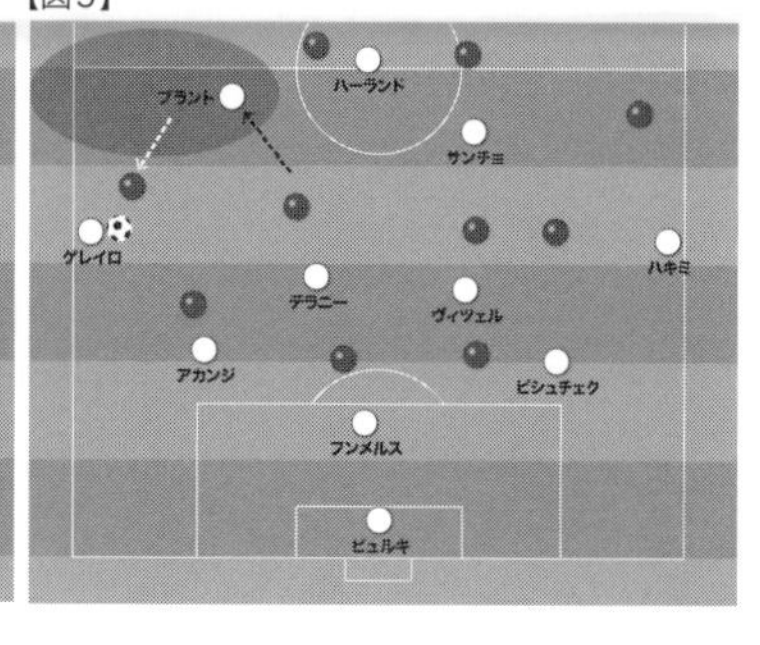

また【図5「3バック④」】のようにWBがボールを持つと、敵のSBが対応する必要がある。敵SBが前進してくれれば、その背後にスペースが空くため、シャドーの選手がサイドに流れて数的優位の作成と前進を試みる。

　これが数的優位を活かしたスペースの前進だ。図を見るとボールだけでなく、スペースも前進しているのがわかるだろう。分かりやすいようシンプルに具体例を出したが、当然守備側はさらに動いて妨害をかけるため、攻撃側もさらなる工夫を凝らす必要がある。ただし、崩すという点においての考え方は全てこれと同じだ。非常に重要な考え方となる。いかにスペースを作り出してボールを前進させるか。ボールの前進が上手いチームはスペースの作り方も上手いのだ。

■第一に狙うはDFと中盤の「ライン間」

　ドルトムントが攻撃を仕掛けるうえで優先的に狙っていくスペースは、敵のDFと中盤の「ライン間」だ。このエリアでジェイドン・サンチョ、ユリアン・ブラント、マルコ・ロイスといったテクニックに優れた選手が前を向いてボールを持つことができれば様々な攻撃を繰り出すことができる。ドルトムントはこのスペースにボールを送り込むために様々な工夫を凝らしていた。ではこのスペースにボールを送り込むためには何が必要であるか？

　はじめに、このスペースを「広げる」必要がある。いかにテクニックに優れた選手が並んでいるとはいえ、多数の敵に囲まれた狭いスペースの中で安定して輝くことはできない。後方の選手が楔を打ち込むのも一苦労だ。それではいかにして広げるか？

ポイントとなるのは2CHだ。【図6「ライン間を広げる」】

敵の中盤の手前に位置する2CHが、3バックと連携してパスを回して敵のCHを釣り出すことができれば、DFと中盤のライン間は広がる。CHは敵の中盤の手前で、かつ3バックにパスコースを提供することのできる位置にポジションをとる。複数の選択肢を与えることで敵の守備に迷いを生み出すのだ。この時のCHのポジショニングは、CBとHVどちらがボールを持つかによって変わってくる。

アカンジやピシュチェクといったHVがボールを持つ場合、CHは中央への横パスを受けられる位置に移動する。【図7「アカンジの動き」】

サイドのWB、縦のパスコースを作るシャドーと共にひし形を作るイメージだ。アカンジやピシュチェクが目指すのは何よりもライン間に楔

【図6「ライン間を広げる」】

を入れることだ。そのため彼らは横方向にドリブルをして敵を外し、パスコースを作る動きを駆使する。カバーシャドウで消されたパスコースを復活させるためには、妨害する敵を受け手もしくはボールホルダーが外す必要がある。アカンジのこの動きは、ポジションを修正する手間の省ける前線のメンバーにとって非常に貴重な動きとなる。

両脚で精度の高いボールを蹴ることのできるフンメルスは、左右どちらかの斜めにボールを運ぶ。【図8「フンメルス」】

この時、反対サイドのＣＨがフンメルスに並ぶ低い位置にサポートに入り、もう一方は中央に位置する。こうすることでフンメルスの前にスペースが生まれる。この時のシャドーの動きは第一にライン間で楔を受ける動き、それがだめならＣＨの位置まで降りてボールを受け、敵のＣＨを釣り出す役割に加わる。もしくは隣のアカンジに繋ぎ、アカンジがスペースに向かっての横のドリブルを開始し、再度楔の打ち込みにトライする。

以上のようにしてドルトムントはライン間のスペースを広げて楔を打ち込んでいる。これらに加えて、ライン間への入り方にも特徴を持つ。

■敵の背中をとるパス＆ムーブ

ライン間への入り方の前にドルトムントのパス回しの特徴を見ていく。彼らは敵の背中をとるパス＆ムーブが非常に巧みであった。これは複数人でのポジショニングによるものと、ボールの動きによるものの2種類

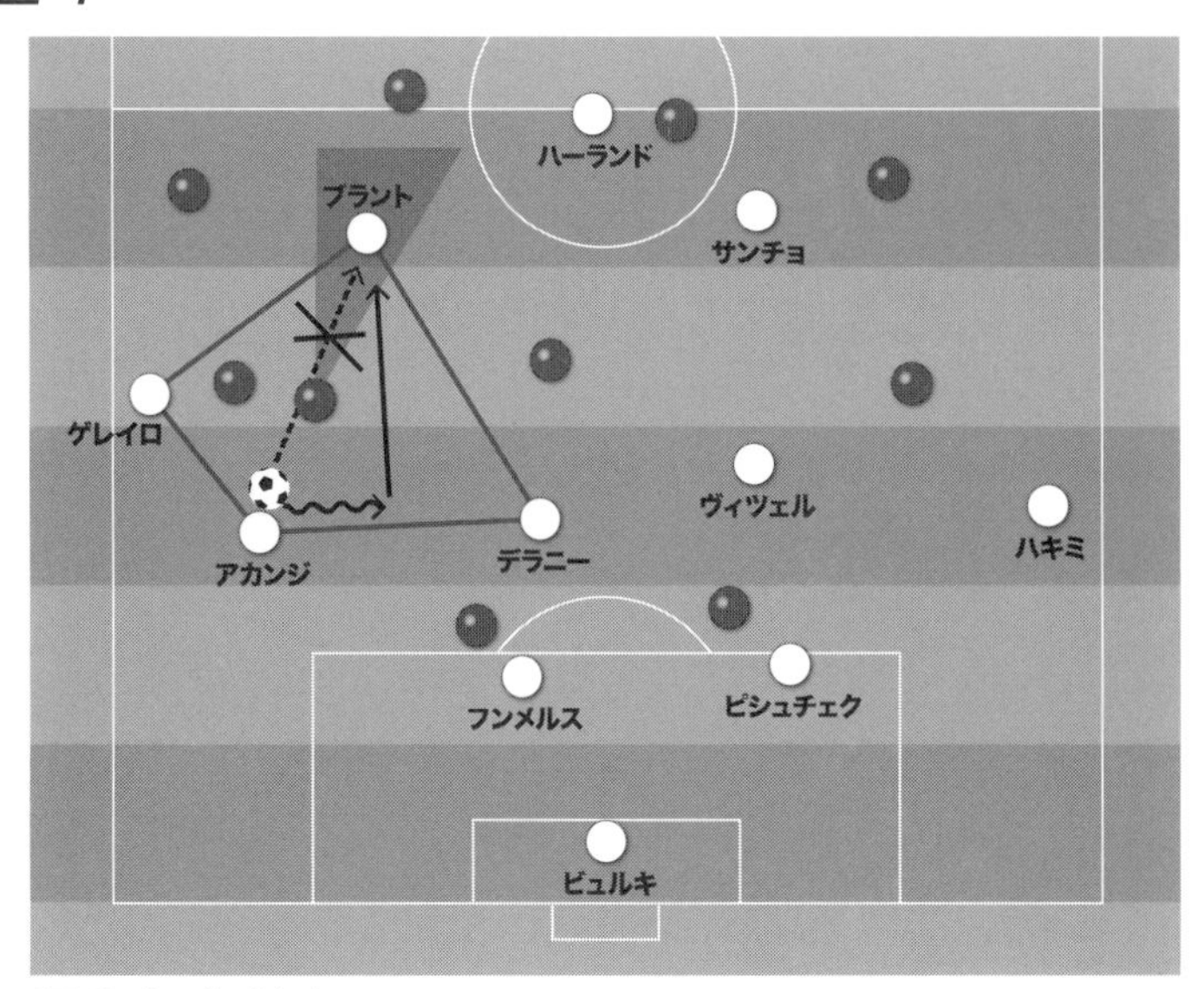

【図7「アカンジの動き」】

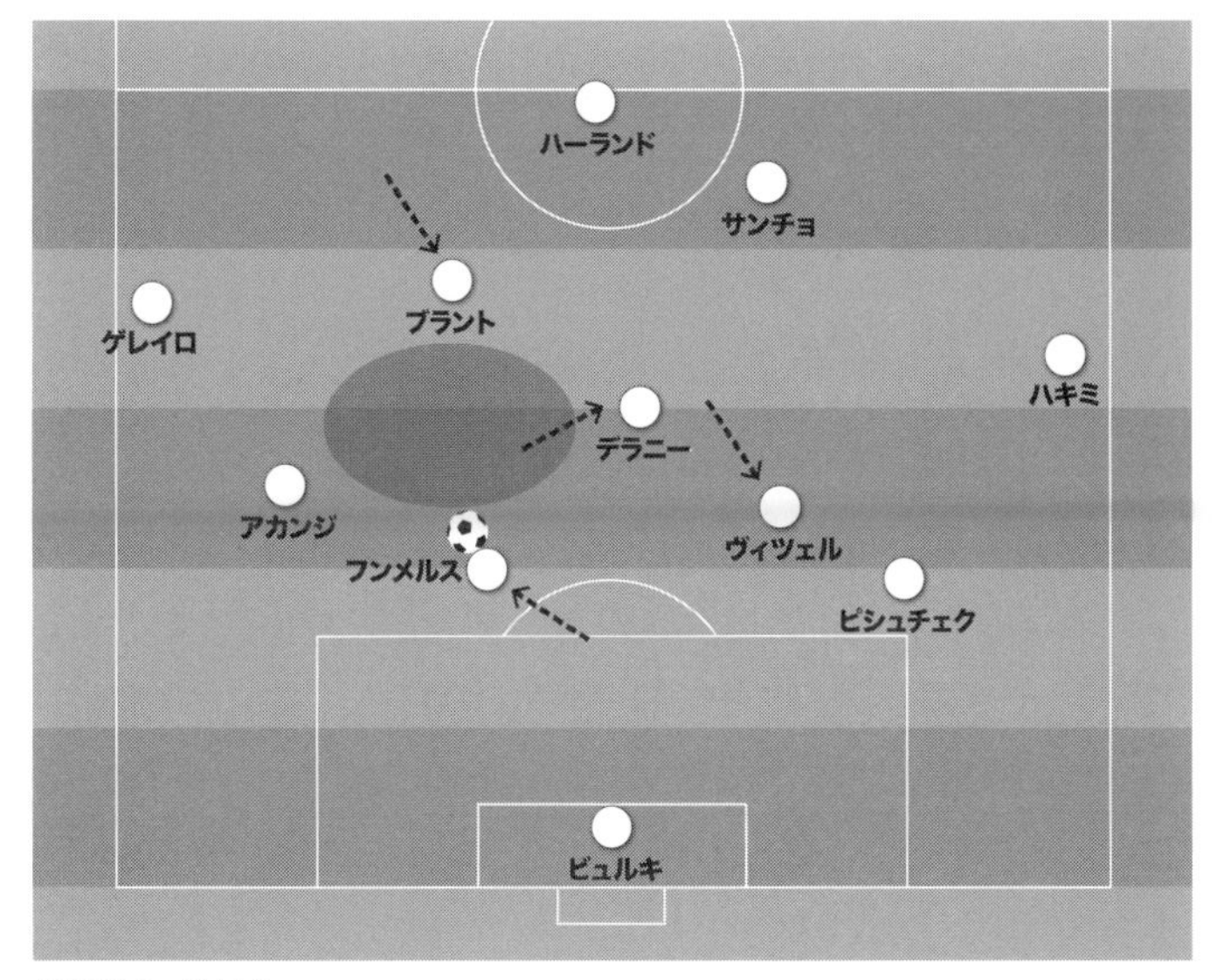

【図8「フンメルス」】

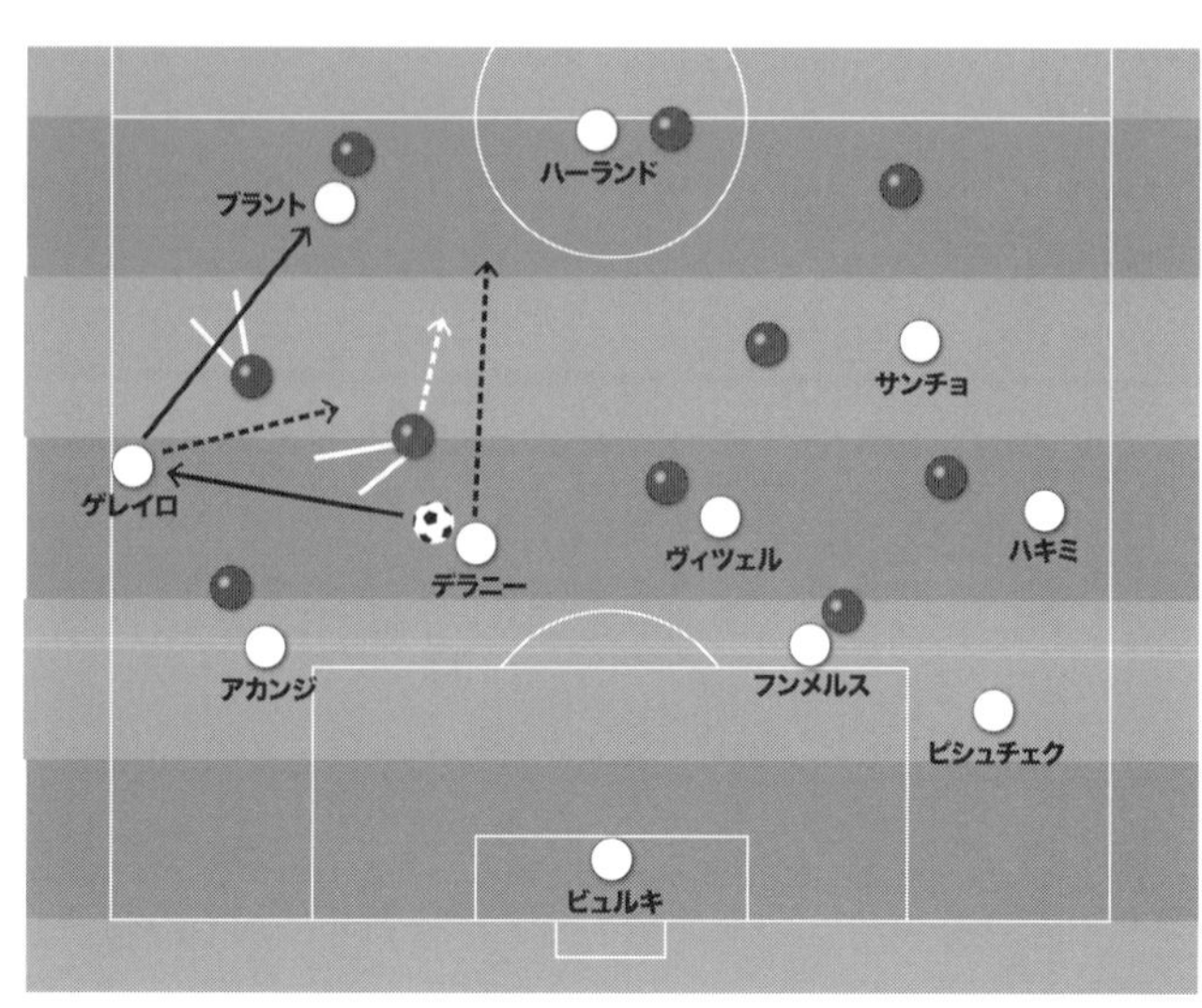

【図9「逆方向」】

ある。ポジショニングによるものは先述の「CHが敵の中盤を釣り出し、ブラントがその背後をとる」等である。つまり複数の選手のポジショニングで敵の背後にスペースを作り出す形だ。では、ボールの動きによるものとは何であろうか？　簡単に言うと、「ボールの動きと反対方向に動く」というワンツーパスと同じ原理だ。

例えば【図9「逆方向」】の通りデラニーからゲレイロ、そしてブラントへとパスを繋ぐシーン。デラニーが左のゲレイロにパスを送ると、マーカーは必ずボールを目で追う。守備を行う選手としては当然の動作だ。すると死角となる右側をデラニーが前進する。マーカーは対応が遅れるため、ブラントへとパスが渡ればデラニーの抜けだしを許してしまう形となる。敵の寄せに来るスピードが速ければなおさら効果的に背中側に入ることができる。

ゲレイロがボールを素早く縦のブラントに叩くと、彼のマーカーも当然ボールを目で追う。ゲレイロはマーカーの死角となる右側に入りバックパスを受ける態勢をとる。

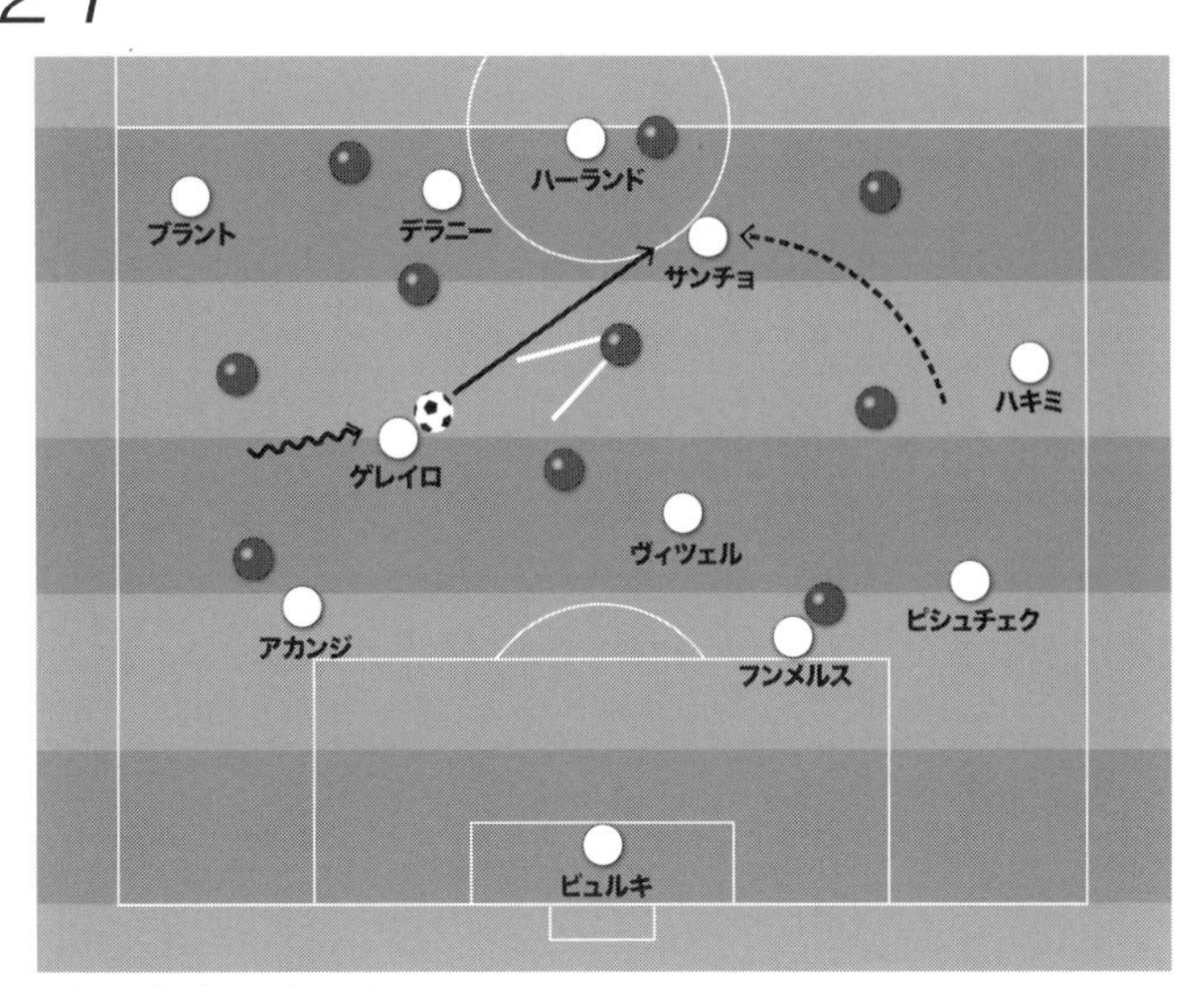

【図10「斜めに入る動き」】

こうして敵の対応を後手に追いやり、かつ確実にパスコースを生み出してボールを回す。最もシンプルな例がワンツーパス(壁パス)だが、その原理を複数人で活用する形となる。

こういった背中をとるパス&ムーブをライン間に入る際にも取り入れているのだ。【図10「斜めに入る動き」】

例えば、前述した例の続きで、バックパスを受けたゲレイロがアカンジのように内側にボールを運ぶと敵のCHは彼に気を取られるはずだ。すると反対サイドのサンチョがボールの進行方向と反対に動き出し、敵の背後でパスを受ける。

この柔軟に中央へとポジションを移すゲレイロ、そしてハキミのWBコンビの動きはこのチームのポジションチェンジにおいて非常に大きなポイントとなっている。前の例では横へのドリブルからライン間へパスを送り込む役割となっているが、彼ら自身がライン間でボールを受ける役割もこなすことができる。

【図11】で、ゲレイロがボールを持った際に、ブラントがサイドに流れていく。この時ブラントが元居た位置にはスペースが生まれる。

ゲレイロはデラニーにボールを預けるとボールと反対方向に動き出し、すかさずこのスペースに侵入することができる。ゲレイロ、ハキミ共にこういったインサイドでのプレーを全く苦にしない稀有なタイプであり、ドルトムントの柔軟なポジションチェンジを支えている。WBがボールを持った際にシャドーの選手がサイドに流れるシーンは非常に多いため、WBの柔軟性はより一層重要性を増す。このポジションチェンジののち、ボール保持が終わるまでゲレイロとブラントは役割を交換したままとなる。これにはブラントやサンチョといったシャドーの選手の負担を軽減する効果がある。また、WBとシャドーの入れ替わりは頻繁に発生し、

【図11「WBがライン間」】

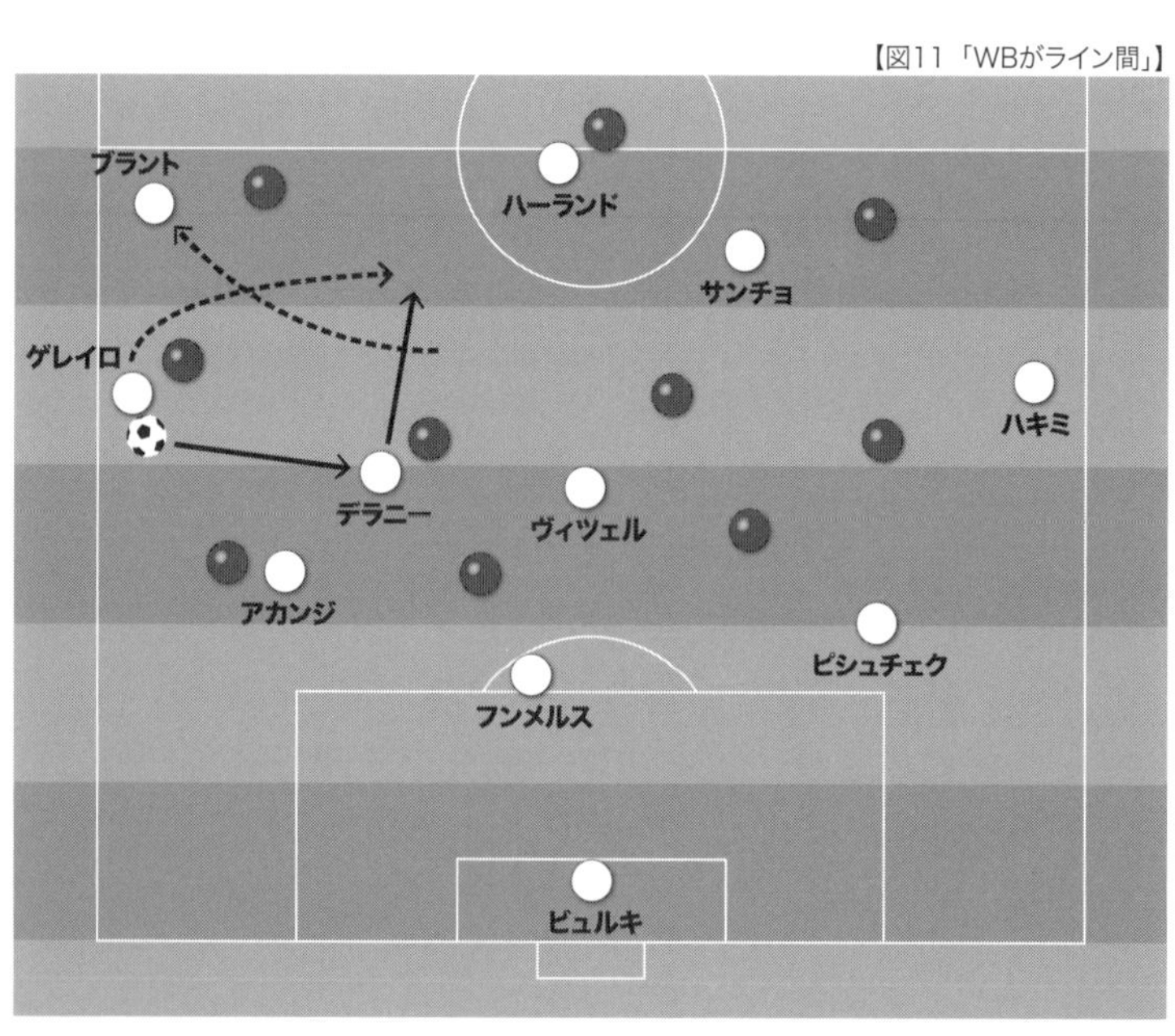

どの選手も攻撃面においてはシャドー、WBの両ポジションで適切なプレーをこなすことができるため、都度戻す必要もないのだ。

シャドーがポジションをサイドや低い位置に移してスペースが空けば、CHも入れ替わりでライン間に侵入することができる。ライン間を使うのはシャドーだけではないのだ。

ライン間に入れたボールをすぐ後方にリターンするだけでも、敵の視野を振り回すという意味で効果がある。敵の背中側に入るムーブが上手いドルトムントであればなおさらだ。近い距離間でパスを回して敵を密集させれば別のエリアにスペースが生まれ、そのスペースを効果的に利用して攻めることもできる。

■SBの裏のスペースの活用

DFと中盤のライン間を効果的にプロテクト

【図12「SB裏のスペース」】

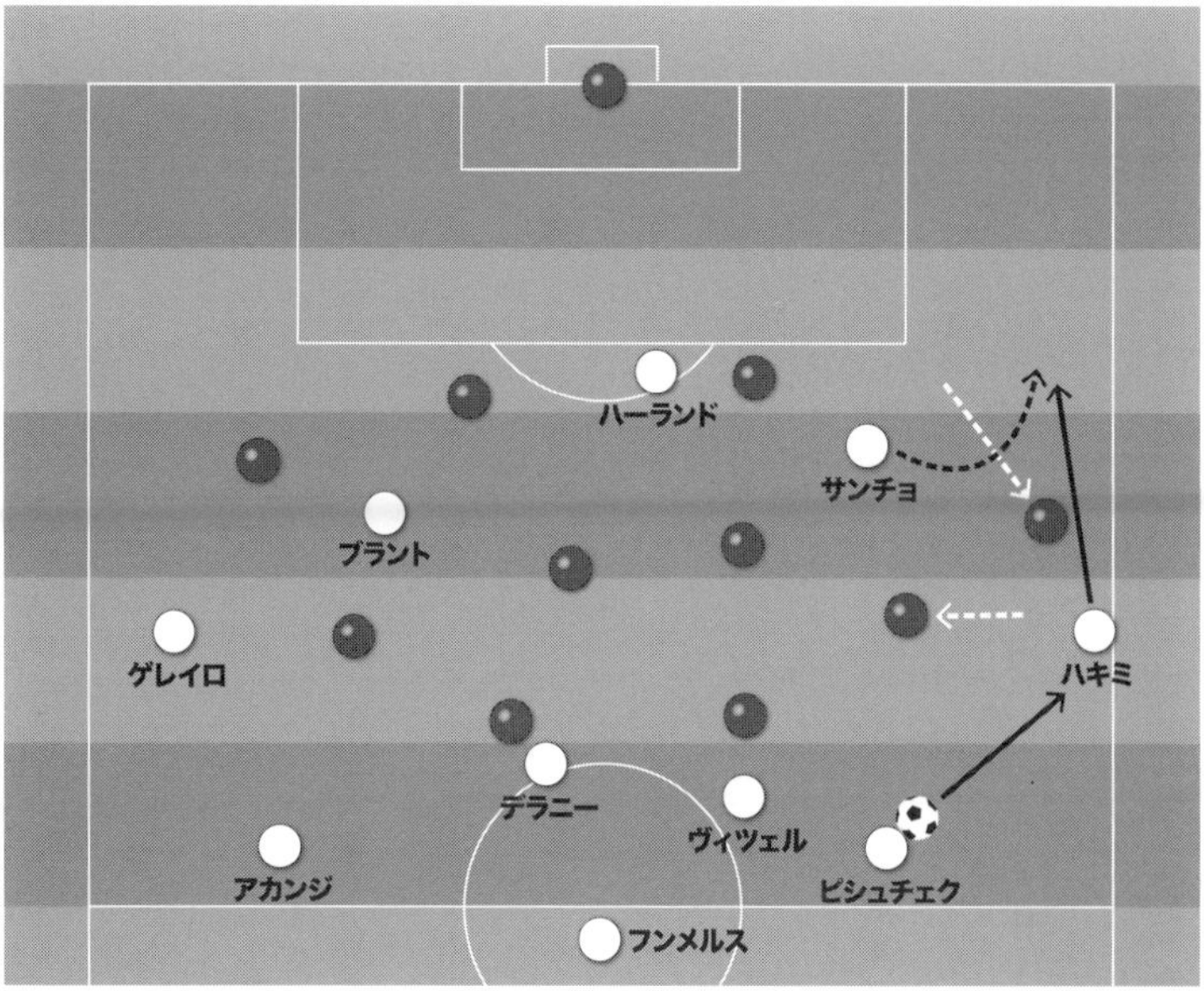

された場合、次にドルトムントが狙うのは敵SBの裏のスペースだ。カギとなるのはWBとシャドーの関係性だ。【図12「SBの裏のスペース」】

WBが敵のSBを釣り出し、シャドーがその背後に侵入するのが最もオーソドックスな崩し方である。WBは外に開くが、高い位置に張ることはしない。シャドーもベースはDFと中盤のライン間で、かつハーフスペースに入っていることが多い。つまりサイドの高い位置を初期位置にしている選手がいない。ここはシャドーが流れるためのスペースとして、予め空けておくのだ。

シャドーがハーフスペースに位置することで敵のSHを内側に釘付けし、WBに対して敵のSBが対応に出るようなシチュエーションを作る。そのうえでシャドーがサイドに流れていくのがパターンとなっている。

敵のCBがサイドまで対応に出てきた場合、CB間のスペースが大きく空くこととなる。ここにトップのハーランドやもう一方のシャドーが入り込み、オーバーロードを形成していく。

ボールを持ったWBには多くの選択肢が用意されることになる。サイドに流れるシャドーへの縦パスから、SBの背中側に入りワンツーを狙う。中央へ斜めにパスを打ち込む。バックパスでやり直す。こういったどの選択肢をとるにしても、WBは内側に入り込んでいくケースが多い。サイドに流れるシャドーと入れ替わる形だ。

例えば、WBのハキミが内側にボールを運んでからバックパスを選択したとする。この時守備陣には2つの考えが頭をよぎるはずだ。一つは「マーカー（ボールホルダー）に自由を与えてはならない」というSBの心理。もう一つが「所定の位置に戻りスペースを埋めなければならない」というCBの心理だ。

【図13】のようにハキミがバックパスを選択し、そのまま中央に入ると、SBとしては受渡しがされるまでマークを外すことができないため、サイドの位置に戻れない。逆にCBとしては、より危険な中央にスペースを空けたままではいられないので、サイドから中央に引き返していく。つまりCBもSBも内側に絞ることとなるためサイドに流れたシャドーはフリーでボールを受けることが可能となる。CBの戻りたがる心理を利用して、ドルトムントのシャドーは中央に戻らないのだ。

　こういった守備側の心理を逆手に取り、WBとシャドーがポジションチェンジを繰り返し、攻撃が切れるまで位置を元に戻さない。

■コリンチャンス

　ドルトムントはサイド攻撃を仕掛ける際、フットサルで言う「コリンチャンス」という動きを多用する。これは前方の選手が降りてボール

【図13「WBハキミ」】

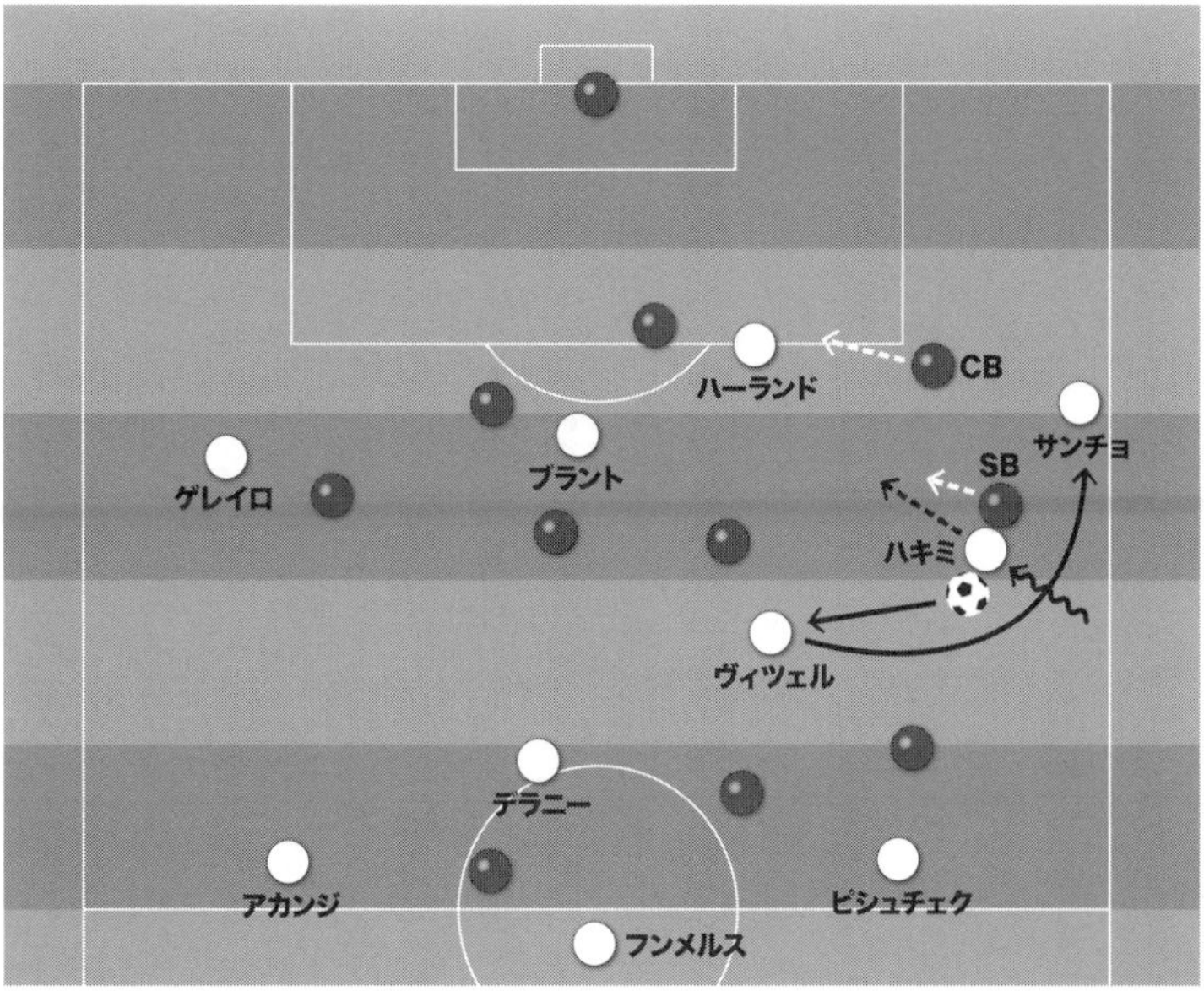

を引き出す動きだ。

例えば【図14】の局面、ゲレイロが降りてボールを引き出すことで、敵はゲレイロについていくか、いかないかの判断を迫られる。さらに、ハーフスペースを降りることになるためケアをするのはCBかSBかという判断も加わる。必要となる判断が多いほど守備の難易度は上がっていく。ここで敵がゲレイロについてこなければゲレイロはハーフスペースでフリーの状態で次のプレーを展開することができる。SBがついてくればその背後が空くため、サンチョがワンツーで抜け出すことが可能となる。

■大外を使った攻撃
ドルトムントはそのシステム上、そして攻撃の仕組みから、大外が空く状況を作り出しやすくなっている。それは二つの要因からであり、

【図14「コリンチャンス」】
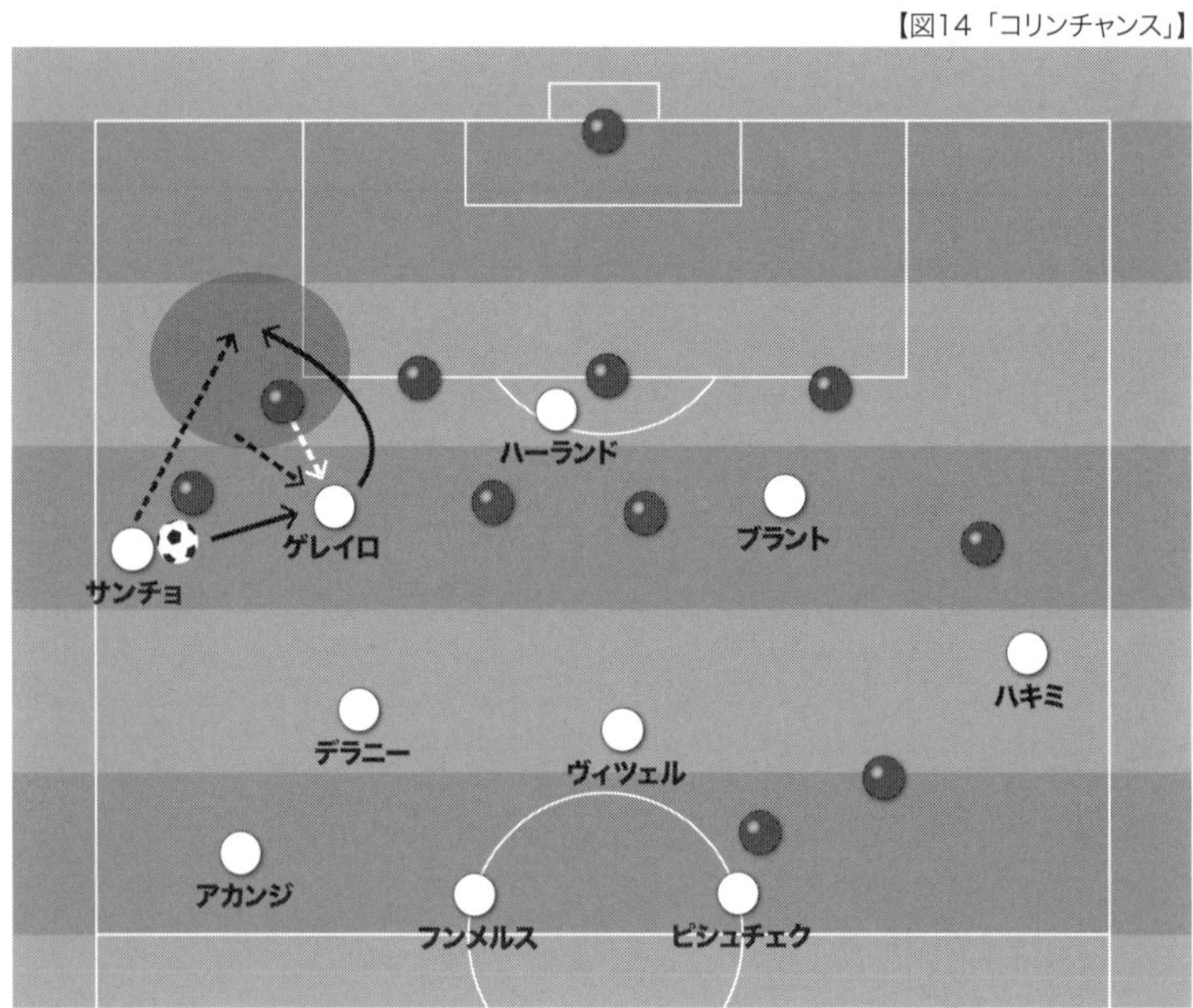

どちらもすでに例に出している。一つはポジショニングの観点だ。通常シャドーがDFと中盤のライン間で、かつハーフスペースに位置しているという点から、敵のSHはパスコースを警戒し、SBもすぐにアプローチに迎えるよう絞る傾向があるため大外が空く。

もう一つが攻撃の仕組みの観点だ。シャドーが外に流れることで片方のサイドにオーバーロードをかける攻撃となる。DFがボールサイドにスライドをかけていけば、逆サイドのWBに対してのケアが疎かになる。サイドを抜け出してマイナス気味のグラウンダーのクロスにWBが合わせるというシーンはドルトムントの得点パターンの一つになっている。

■**おわりに**

ファブレ体制2年目のドルトムントは3-4-2-1というシステムの特徴を十分に活かし、その枠の中で柔軟なポジションチェンジとパス&ムーブを繰り返すことで爆発的な攻撃力を発揮した、魅力的なチームであった。DFと中盤のライン間へどの程度楔が入るのか、そして入らない場合にいかにサイド攻撃を機能させるのか、という点がこのチームのパフォーマンスのバロメーターであった。

3-4-2-1を採用するチームには、前線の距離感が開き気味で人数がかからず、フィニッシュまで持ち込むことのできないことも多い。そんな中見せつけたドルトムントの圧倒的な得点力の要因は、ただ単に「彼ら一人一人が上手いから」だけではないのだ。

ホッフェンハイム

Hoffenheim GERMANY BUNDESLIGA

season 18-19

残留争いからCL出場へ。最年少監督の手腕

15-16シーズン、降格の危機を迎えていたホッフェンハイムの監督にその男は電撃就任した。当時28歳のユリアン・ナーゲルスマンだ。本来翌シーズンからの就任予定となっていた彼は、前任ステフェンスの健康上の理由により急遽監督の座に就くと、チームを見事残留に導いた。本格的なチーム作りを行い挑んだ翌シーズンはなんとリーグ戦を4位でフィニッシュ。プレーオフでリヴァプールに敗れCL本戦出場こそ逃したものの、17-18シーズンはリーグ戦を3位でフィニッシュ。ストレートでのCL本選出場を果たした。

19-20シーズンにはRBライプツィヒの監督に就任。バイエルン、ドルトムントを抑えてヘアプストマイスター（秋の王者）に輝いた。最年少という「年齢」で大きな注目を集めた彼も、わずか数年でその「戦術」にフォーカスされる名将へと成長した。

ナーゲルスマンは一つのシステムに固執しない。4-3-3、5-3-2、4-4-1-1等を状況に応じて使い分ける。この章ではホッフェンハイム時代のメインシステムであり、まさに教科書と呼ぶに相応しい機能性をみせた5-3-2システムについて解説する。

■基本布陣

基本布陣は5-3-2。攻撃においては3バック＋アンカーによる安定したビルドアップからゴールに迫り、守備においては中盤より前の5人で「五角形」を形成し、中央を封鎖する守備を見せた。5バックだが破壊力のある攻撃が持ち味のチームであった。味方同士の複雑なポジションの「交換」は行わないが、敵のリアクションに応じたポジションの「移動」は非常に多いというのが彼らの特徴だ。まさに「配置」で勝負するチームである。以下は攻撃における各選手の役割である。

★HV：ハーフスペースでボールを運ぶ。敵SHもしくはCHを釣りだす。

★CB：敵のプレッシングの状況に応じてDFラインから抜け、第2のアンカーとしてパス回しに参加する。

【ホッフェンハイム「基本布陣」】

★アンカー：CBからボールを引き出すだけでなく、IHからのレイオフを受ける役割を担う。2手先を考えてポジショニングする能力が必要。
★WB：SBもしくはSHを釣り出す。大外からの抜け出しを図る。
★IH：最も役割が多岐にわたるポジション。その役割は以下の4つ。①SB裏に流れる、もしくはSB手前に流れてSBを釣り出す②流れることでHVからFWへのパスコースを作り出す③FWからのレイオフの受け手④FWがCBを釣り出して空いたスペースへ抜け出す。
★FW（フリーマン）：作り出されたスペース（SB裏、SB-CH間等）を使う役割。
★FW（ターゲット）：楔の受け手、CBの釣り出し役。前を向く必要はないが、強いボールでも確実に味方に繋ぐレイオフの技術が必要。

では、これらの役割を実行することでチームとしていかに機能するのか？ ポイントをひとつずつ解説する。

■3バック＋アンカーによるビルドアップ

ホッフェンハイムの攻撃にはいくつかのパターンが存在する。ただ、どの攻撃においても土台となるのが3バック＋アンカーでのビルドアップだ。HVは開きすぎずハーフスペースに位置することで4人の距離が離れすぎないように、ひし形を形成するようにポジションバランスをとる。そうすることでビルドアップに詰まっても複数のパスコースが確保されている状況であるためやり直しがきくような体制が構築されていた。

最重要ポジションはアンカーのルディだ。彼は常に敵の中盤とFWのライン間にポジションを取り続けた。【図1「レイオフを受けるアンカー・ルディ」】

こうして敵のCHの意識を手前に向けさせれば、DFと中盤のライン間で楔を受ける2トップやIHはスペースを確保できる。敵FWの意識を後ろに向けさせれば、味方DF陣はドリブルや楔のパスを打ち込む時間を確保できる。さらに、DF陣のパス交換への参加、前線からのレイオフの受け手のどちらにも対応できる、まさにポジショニングの鬼であった。配置で勝負するホッフェンハイムにとって不可欠のゲームメイカーとして君臨した。

もう一点特徴的なのがCBに入るフォクトによる、DFラインから抜ける動きだ。【図2

【図1「レイオフを受けるアンカー・ルディ」】

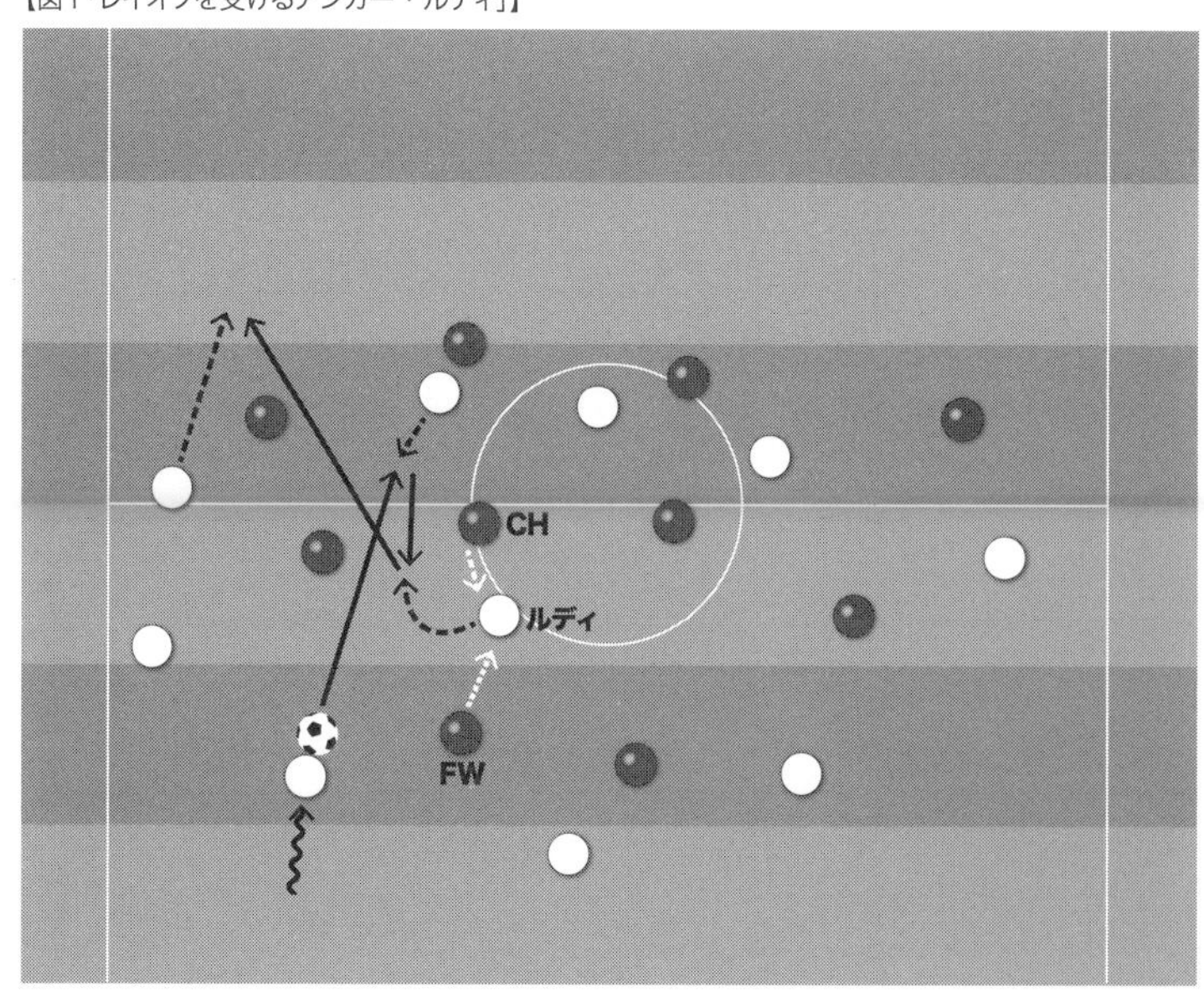

「CBフォクト」】

敵のプレッシングにはまった際、DFラインから抜けることでHV間でのパスコース、そしてフォクト自身へのパスコースのどちらか一方が確保されるのだ。

ただし、以上のようなビルドアップを行うホッフェンハイムにも苦手とする守備があった。それは4-2-3-1でのプレッシングだ。前線の「3-1」がホッフェンハイムの3バック＋アンカーと配置的にがっちり噛み合い、マンツーマンのような形となるのだ。そうなった時、WBへのパスで迂回することができればよいのだが、WBへのパスコースを切るような形でSHに寄せられてしまった際は、前線へのロングボールを余儀なくされていた。

【図2「CBフォクト」】

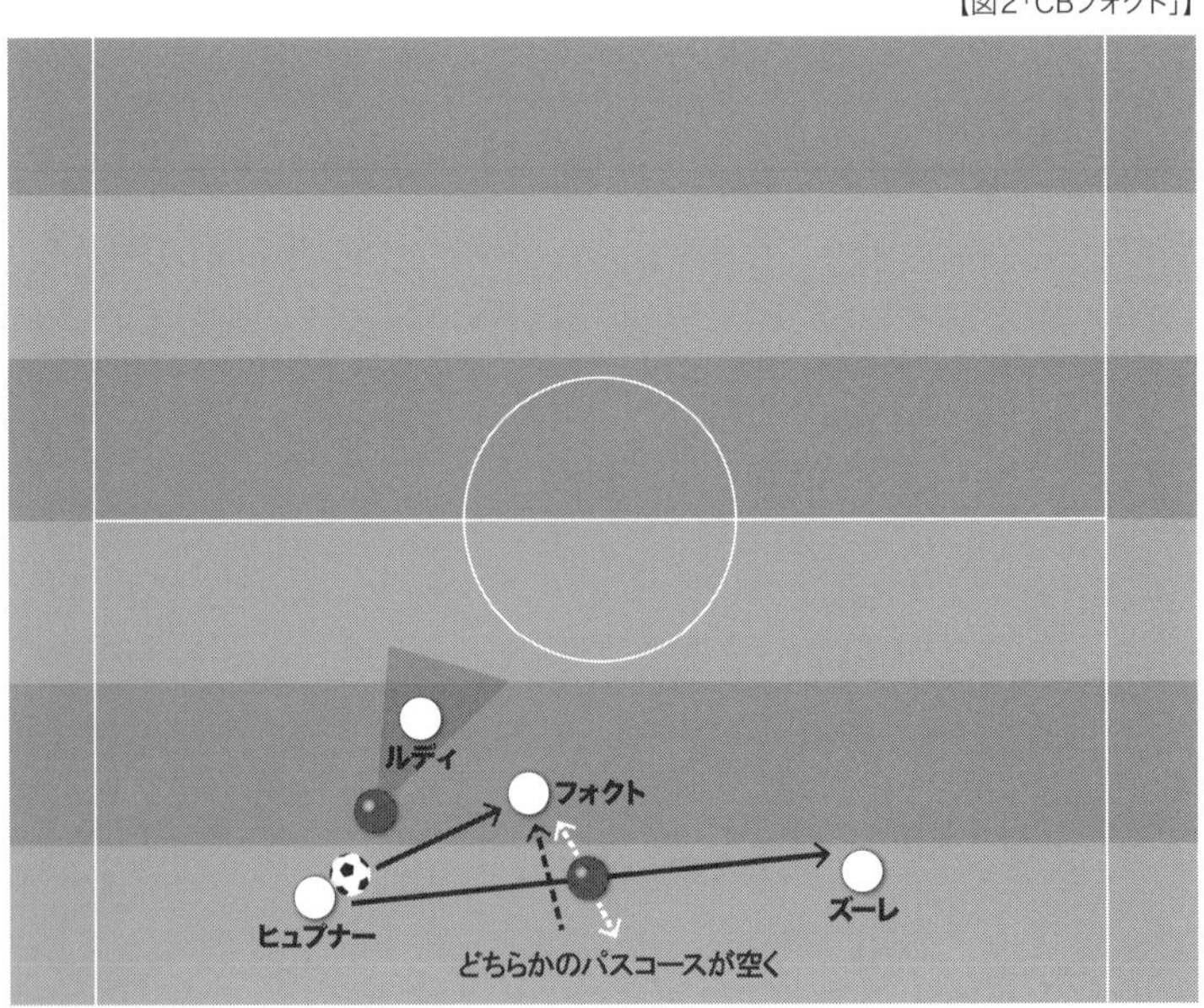

■左サイドでのオーバーロード

ホッフェンハイムは左サイドに人数をかけるオーバーロードを用いた攻撃を行う傾向が強かった。左サイドのHV、WB、IH、FWが、状況に応じて適宜サイドに流れて数的優位を作って攻め込む形だ。

まず【図3】のようにHVのヒュブナーがハーフスペースでボールを運ぶ。この時の彼は敵のプレイヤーを一人、確実に引き付けてからボールを放す。多くの場合は敵のSHとなるだろう。そうなった場合、外に位置するWBのツバーがフリーとなる。ここにSBが食いつけば、その裏にIHのアミリを送り込む。これが最もベーシックな崩し方となる。またアミリに敵CHがついていけば中央へのパスコースが空くこととなる。WBのツバーは右利きであり、カットインしながら自身の

【図3「SBの裏へ」】

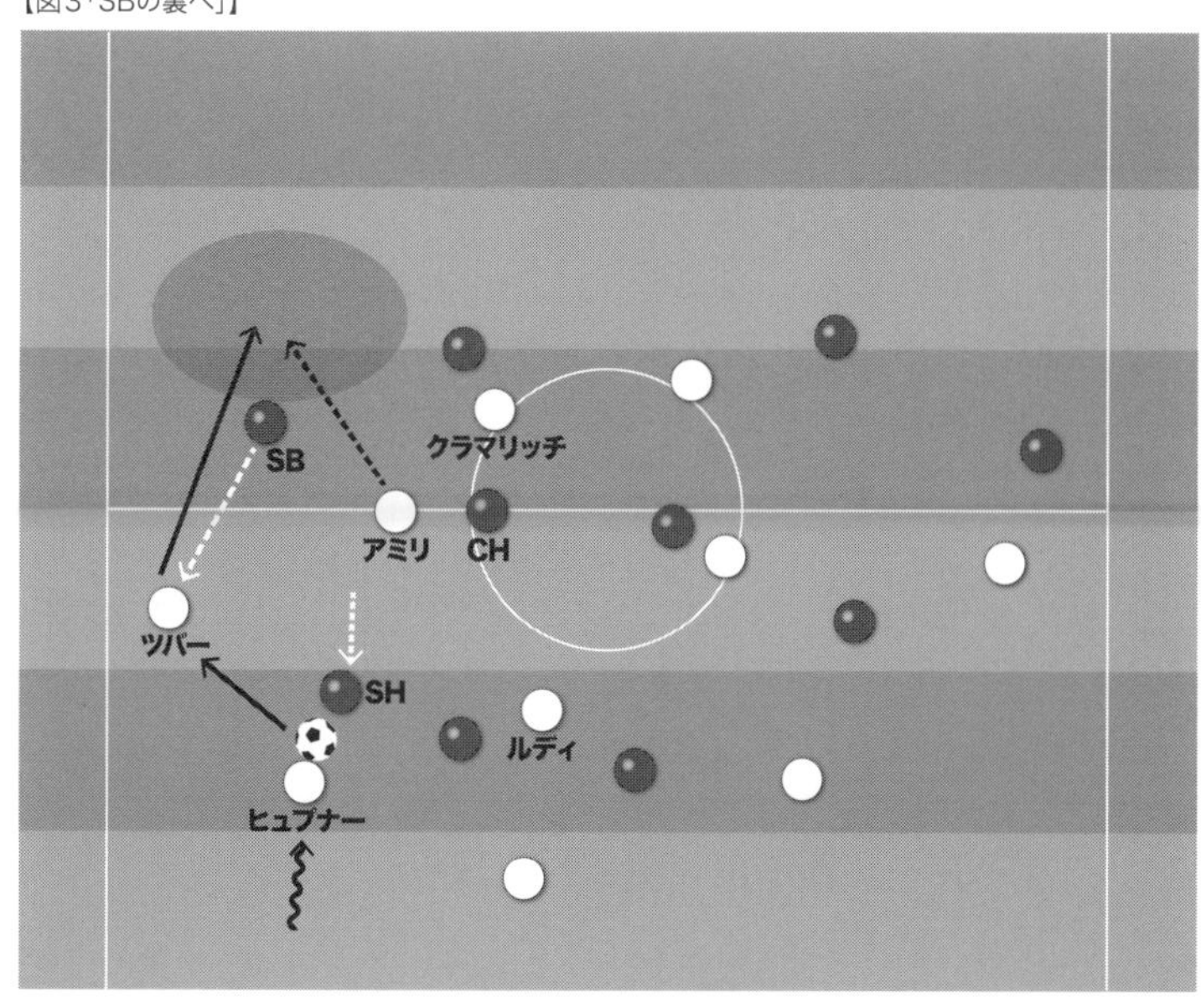

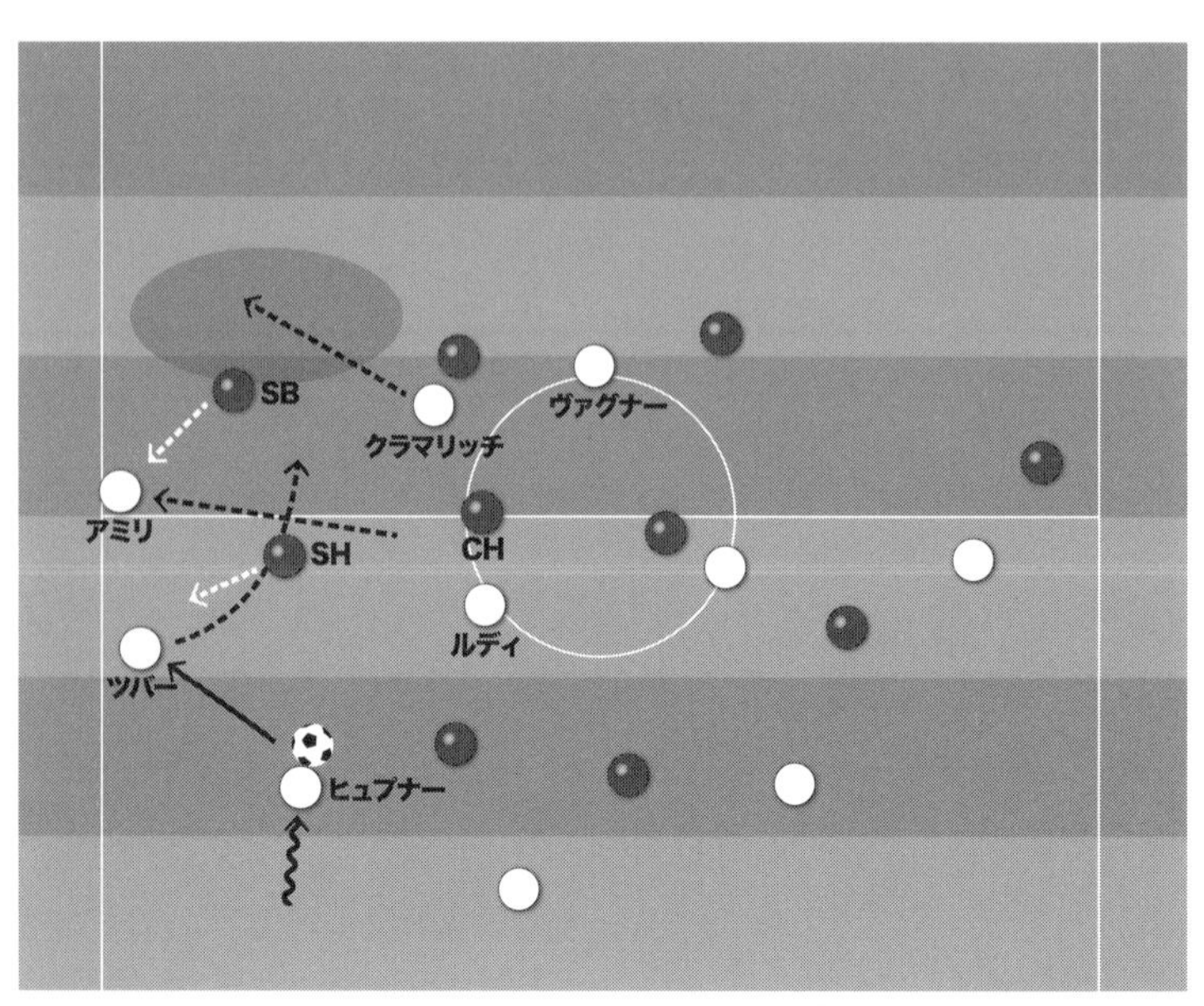

【図4「クラマリッチへ引き継ぎ」】

体でSBからボールを隠しつつFWへ楔をつけることも可能であった。

では逆に、ヒュブナーの持ち出しに対しSHが食いついてこなかった場合はどうだろうか？　その場合【図4】のように、アミリがSB手前のスペースに流れて外にさらなる人数をかける。そしてSB裏へ侵入する役割はクラマリッチへと引き継がれる。ヒュブナーへのプレッシャーが弱まり、アミリの動きとルディの立ち位置で敵CHのポジションバランスが崩れれば、ヒュブナーからFWへ一気に楔を入れることも可能となる。

そして、そうなった場合、ヴァグナーからのレイオフはアンカーのルディが受ける形となる。ルディはHVからのパスを受けるべきか、FWからのレイオフを受けるべきかを戦況に応じて判断する能力に優れており、2手先を考えたポジショニングでホッフェンハイムの淀みない攻撃を実現するうえでのキーマンとなった。ヴァグナーからのボールを受けた彼は逆サイドへの展開、もしくはヴァグナーの背後に抜ける右ーＨへのスルーパスをメインの選択肢として持ち、その後の攻撃を展開した。

ツバー、アミリの連携で崩す場合は、ツバーがインナーラップを仕掛ける形となる。敵ＳＨは内側から外側に向かってツバーにプレスをかけることになるわけだが、そのベクトルを逆に利用してＳＨの背後を突くインナーラップは非常に効果的な攻撃手段となった。

■レイオフ

ホッフェンハイムに強く意識付けされていたのがレイオフだ。楔のボールを落とすこの技術は、当然落としたボールを受ける選手がいないと成立しない。逆に言えば、受ける選手さえいれば、ターンをして前を向くという技術的負荷を軽減し、レイオフの受け手が前を向いてプレーすることが可能となる。ポストプレイヤーは「落とす」ことに集中することができるため、楔の出し手としても鋭いパスを打ち込むことができるのだ。

レイオフは出し手と受け手、レイオフの受け手の3選手が必要となる。特にレイオフの受け手は2手先を見据えたプレーを行わなければならないため、ポジショニングセンスが問われるが、このプレーをチーム全体で共有すれば楔のパスの試行に対する躊躇が減り、攻撃の推進力が格段に増す。

これをマスターしていたからこそ、ホッフェンハイムの攻撃は観る者を魅了し敵チームを混乱させるスピーディーなものであったのだ。

■ロングボール戦術

　ホッフェンハイムは、対角線へのロングボールの活用頻度が高い。その傾向は18-19シーズンでより顕著となった。カギとなるのは2トップという構造的な部分。常時ボールサイドのSBの裏を狙い所としているのは前述の通りだ。そうなるとゴール前で2トップとの空中戦を担当するのは「+1枚の原則」でいくと2CBと逆サイドのSB。つまり大外のWBはフリーとなる。【図5「ロングボール戦術」】

　2トップが横並びとなる場合、遠いサイドのFWはチャンネルに位置する。そうなるとどうしてもSBの注意は内側に向き、外の

【図5「ロングボール戦術」】

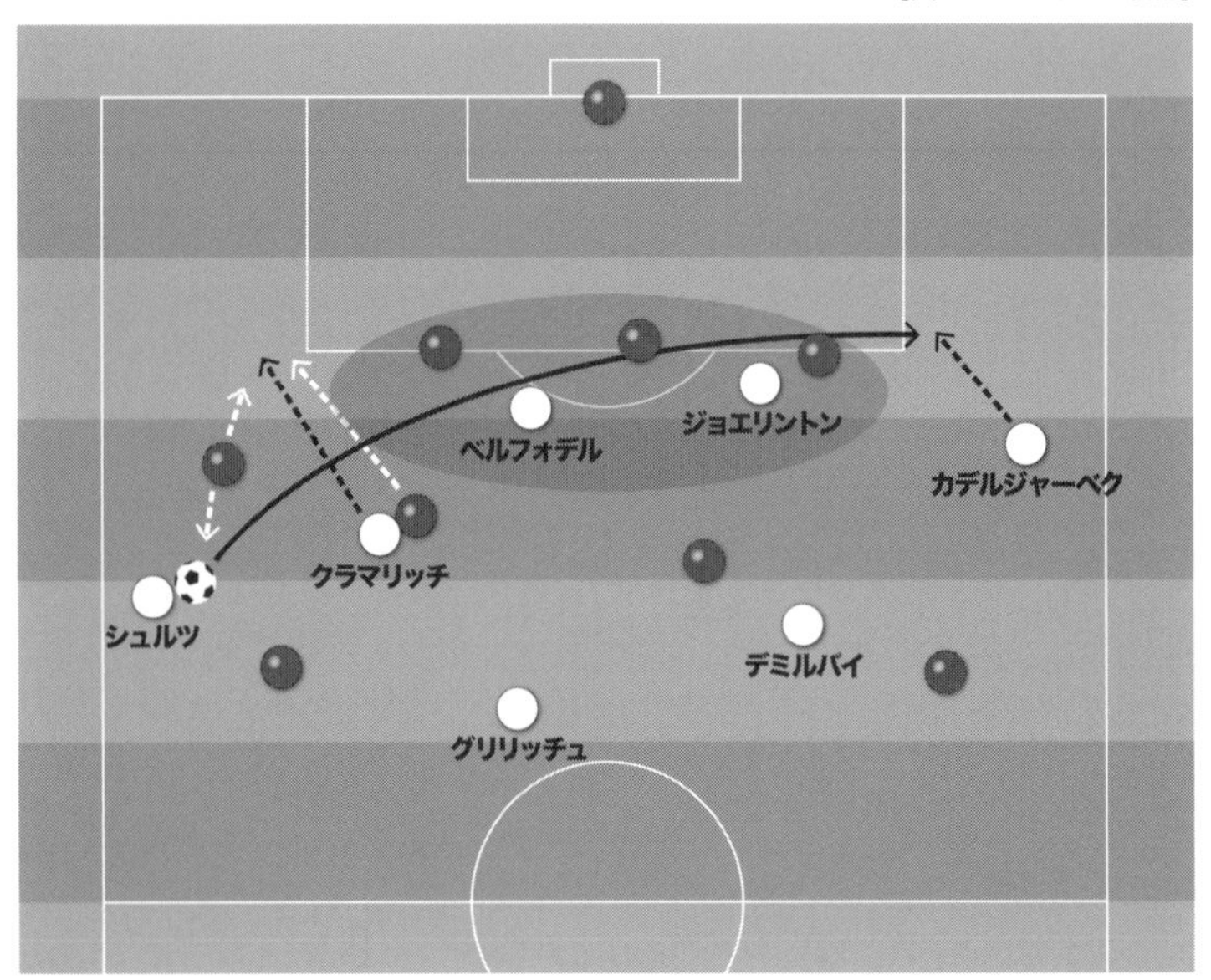

WBを視野に入れることが難しくなる。フィジカルの強いCBよりもSBとの空中戦を選びミスマッチを狙った方が勝率は高くなる。アッレグリ・ユベントスがマンジュキッチをサイドで起用するようなイメージだ。ホッフェンハイムの場合、FWがSBに競り勝たなくても、後ろに流すことができれば、浮いたWBが拾えるため波状攻撃を行うことが可能なのだ。

このように様々な困難をSBに強いるのがホッフェンハイムのロングボール戦術の特徴であると言える。

■守備戦術

ホッフェンハイムの守備は5バック＋五角形からなる。【図6「守備戦術①」】

2トップはカバーシャドウでアンカーを消

【図6「守備戦術①」】

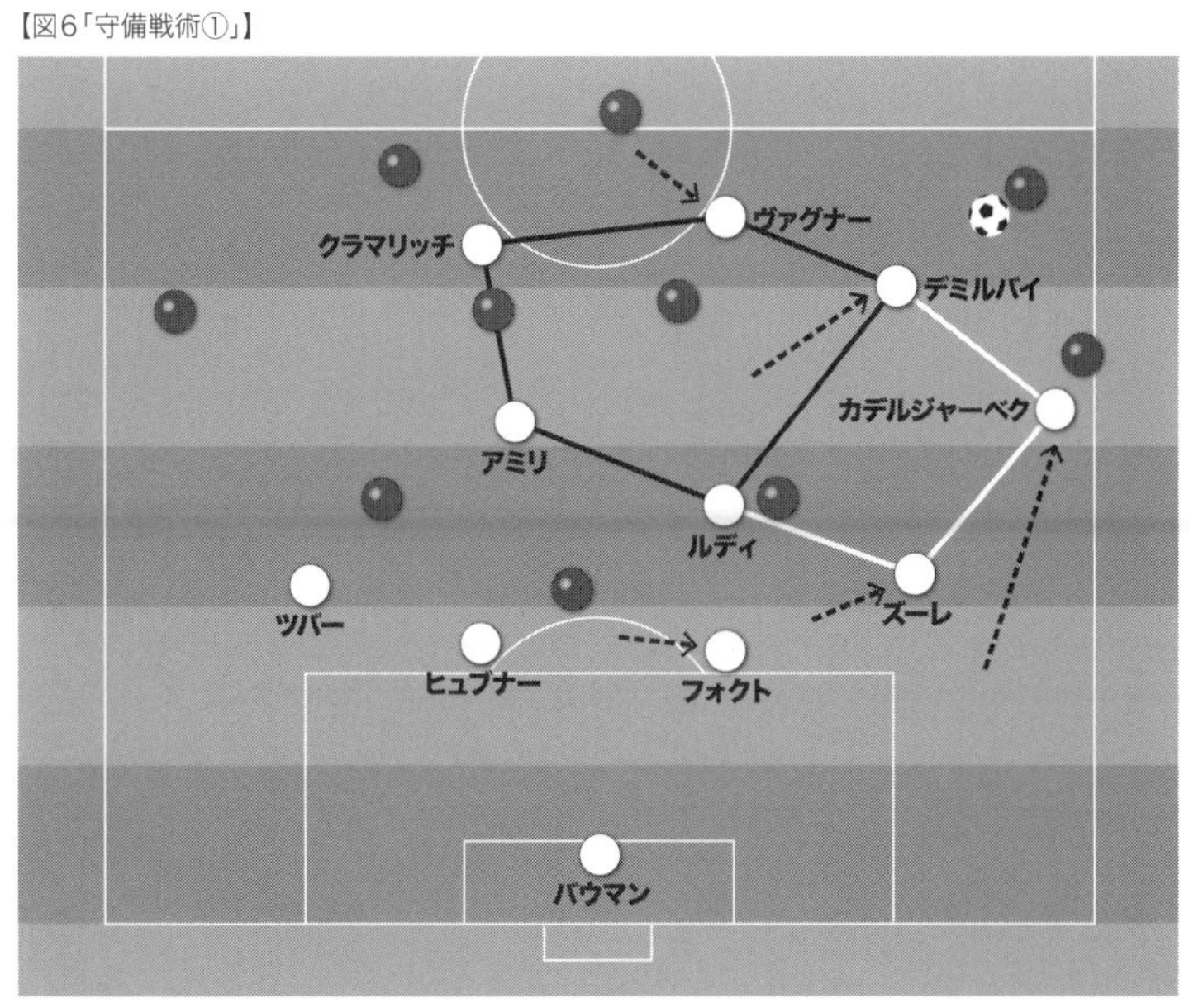

し、中央に蓋をする。起点がサイドに移るとIHがハーフスペースを抑えながらプレッシャーをかける。この時も2トップはアンカーのケアを怠らず、中盤3枚と2トップによる五角形を形成する。五角形の内部を決して使わせないようにすることでアンカー経由のやり直し・展開を制限するのだ。

同時にHVとWBが前進し、アンカーとIHを加えたひし形を形成し、サイドで絡めとる。これが彼らの守り方だ。近い距離間を保ちつつ、2トップはそれほど守備に奔走することなくカウンターに備えることができる。非常に効率の良い守り方だが、明確な弱点を持っていた。それは敵WGが高い位置に張った場合の対応だ。

【図7「守備戦術②」】のようにWGが高い位置に張った場合、WBはマークに付かざるをえず、

【図7「守備戦術②」】

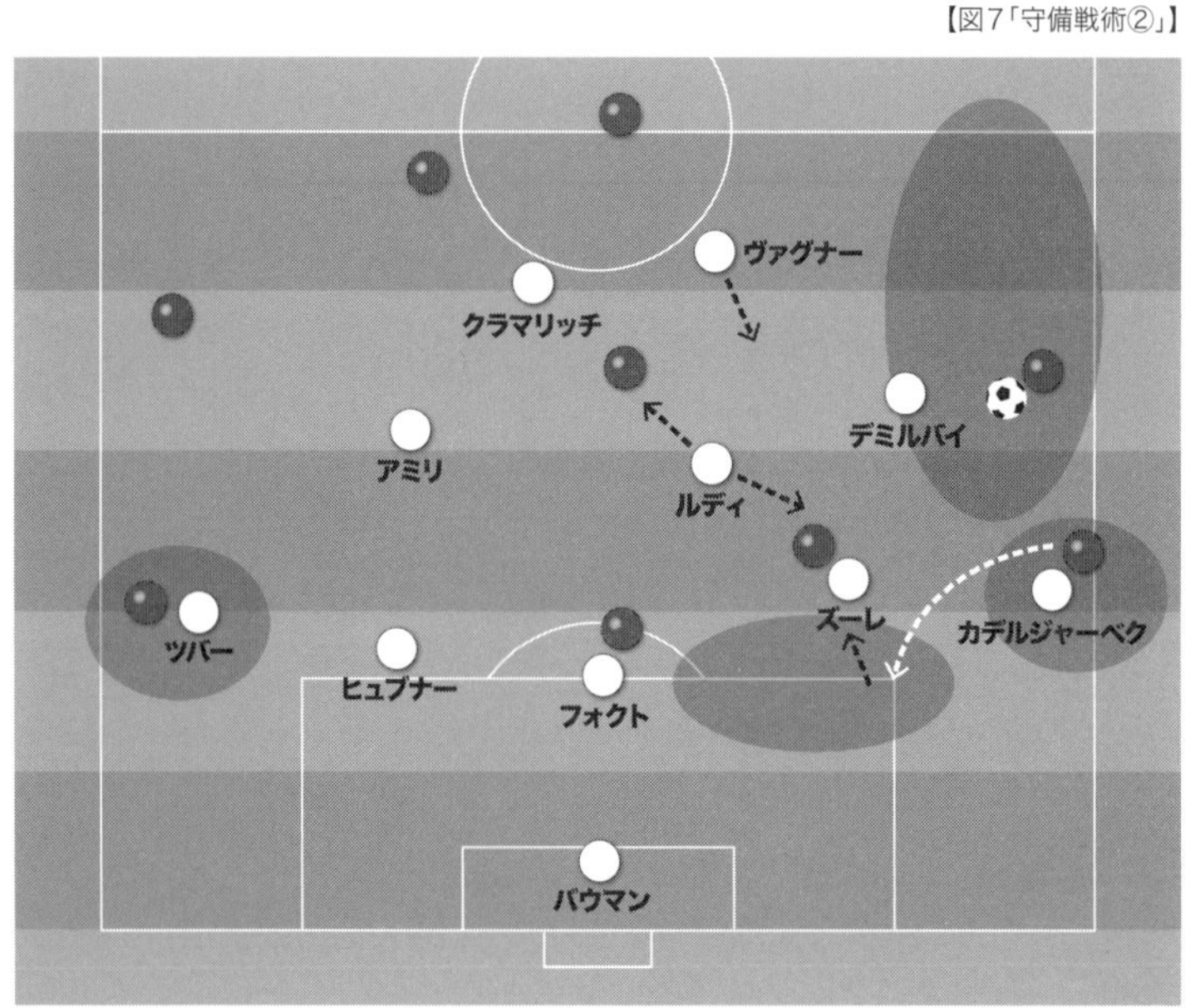

前進することができない。サイドのケアを行うはずのWBが釘付けにされると、IHの守備負担が激増する。IHの守備位置が下がればFWの位置もズルズル下がるため、五角形の形成が難しくなる。サイドに誘導するはずが、サイドで主導権を握られる形となるのだ。さらにその状態でHVが釣り出された場合、CBとWBの間に非常に大きなスペースが生まれることとなる。外に張っていたWGがこのスペースに侵入し、失点を喫するというのは最も多い失点パターンであった。

以上のように、外に張ったWGとHVの裏のケアが、ホッフェンハイムの弱点となっていた。

■おわりに

ナーゲルスマンの率いたホッフェンハイムは、このシステムにおける手本と呼べる攻撃パターンを揃えていた。各ポジションに明確な役割が与えられており、どこも欠かすことのできないピースとなっていたが、やはりアンカーのゲームメイク、ポジションバランスはこのシステムにおける最重要項目となっていた。実際、ルディがバイエルンに移籍した直後は攻撃に小さなズレが散見された。

とはいえ5バックシステムとして歴代屈指の攻撃力を誇るチームを作り上げたという点に変わりはない。

おわりに

「人を動かす2つのテコとは恐怖と利益である」。これはフランスの皇帝ナポレオン・ボナパルトが放った言葉だ。人間の性を的確に表現した名言である。

ただ、私がサッカーの戦術にのめりこむ理由はきっと恐怖でも利益でもなく「好奇心」なのだと思う。

サッカーの戦術は時代と共にアップデートされていく。圧倒的なポゼッションからゴールに襲い掛かるバルセロナのサッカーが良くも悪くも世界中で模倣され、それに対する守備ブロックとカウンター戦術が発展し、カウンターを食い止めかつパス回しを円滑に行うための「偽SB」のような工夫が施され、ポゼッションとカウンターの二極論を破壊するようにプレッシング戦術を用いたシームレスなサッカーが発展し…。

インターネットが普及したことで簡単に世界中のサッカーを観戦できる時代が到来し、情報の海に様々な知識がアウトプットされることで戦術の伝播とアップデートのスピードも跳ね上がった。

サッカーのシステムや戦術はジャンケンのような関係性で、最強の戦術など存在しない。つまり、戦術のアップデートに限りはない。途轍もないスピードで進化していく「戦術」という果ての無い世界に私は魅了されているのだ。

戦術的知識はプレーをするうえで、そして観戦するうえで大いに役立つものだ。そんな戦術的知識を養うには、やはり教科書といえるチームの機能性を学ぶ必要がある。ベースとなる知識を持つことで「対比」が可能となるため、各チームの戦術的特徴をよりくっきりと、明確に感じ取ることができる。

ピッチ内外問わず、好奇心に突き動かされ戦術の世界に魅了される人間が増えれば、サッカーはさらに奥深いスポーツへと進化していくだろう。

とんとん

著者PROFILE

とんとん

1993年生まれ。長野県出身。愛するクラブはボルシアMG。当時の監督ルシアン・ファブレのサッカーに魅了され戦術の奥深さの虜に。サッカーを戦術的な視点で捉えることで、今まで見えてこなかったチーム、選手の「良いところ」を新たに発見でき、より深くサッカーという戦術ゲームを堪能できるようになるのではと考え、その手助けになればと2018年4月にサッカー戦術分析ブログ『鳥の眼』(https://birdseyefc.com/)を開設。ここでは欧州・Jリーグ・代表問わずチーム戦術分析や選手個人のプレー分析記事を執筆。フォーメーション図や試合映像を用いた丁寧で専門性の高い解説は多くのサッカーファンの間で話題に。最近では『サッカーキング』『フットボリスタ』『フットボール批評』等サッカー専門誌に多数寄稿。

twitter: @sabaku1132

サッカー戦術分析『鳥の眼』
(https://birdseyefc.com/)

TACTICS VIEW
鳥の眼で観る一流サッカーチームの戦術事例

2021年3月 5 日初版第1刷発行
2022年5月25日初版第3刷発行

著　者：とんとん

発行人：後藤明信

発行所：株式会社 竹書房

〒102-0075
東京都千代田区三番町8-1
三番町東急ビル6F
email:info@takeshobo.co.jp
http://www.takeshobo.co.jp

印刷所：共同印刷株式会社

帯・本文写真：アフロ

ISBN 978-4-8019-2558-8